Introducción a la lingüística hispánica

Introducción a la lingüística hispánica

JOSÉ IGNACIO HUALDE
ANTXON OLARREA
Y
ANNA MARÍA ESCOBAR

CAMBRIDGE
UNIVERSITY PRESS

CAMBRIDGE UNIVERSITY PRESS
Cambridge, New York, Melbourne, Madrid, Cape Town, Singapore, São Paulo, Delhi

Cambridge University Press
The Edinburgh Building, Cambridge CB2 8RU, UK

Published in the United States of America by Cambridge University Press, New York

www.cambridge.org
Information on this title: www.cambridge.org/9780521803144

First published 2001

Reprinted 2006, 2007

Printed in Spain by Artes Gráficas Toledo

A catalogue record for this publication is available from the British Library

ISBN 978 0 521 80314 4

Índice

Prefacio

Este libro está concebido para servir como manual en un curso introductorio sobre lingüística hispánica. La idea de escribir el libro surgió de la experiencia de los autores enseñando un curso de este tipo en las universidades de Illinois y Arizona. El libro está, pues, dirigido en primer lugar al estudiante norteamericano interesado en seguir estudios sobre lengua y literatura española a nivel avanzado. De todas formas, creemos que este libro puede resultar igualmente útil a otros tipos de lectores y en otros contextos académicos.

El libro contiene seis capítulos. En el primer capítulo se discuten los objetivos y metodología de las ciencias del lenguaje. Los siguientes tres capítulos describen los principales aspectos de la estructura fónica, morfológica y sintáctica de la lengua española (sonidos, palabras y oraciones), al mismo tiempo que introducen y explican los conceptos básicos en estas áreas de la lingüística. Los restantes dos capítulos tratan de la historia del español y de variación lingüística en el ámbito de la lengua española. Todos los capítulos van acompañados de ejercicios, ideados para servir como práctica de las técnicas de análisis y conceptos estudiados. Algunos ejercicios, intercalados en el texto, contienen también materia nueva que nos ha parecido más oportuno, desde un punto de vista pedagógico, presentar en forma de problemas para resolver. En nuestra experiencia, la presentación en clase de toda la materia incluida en los seis capítulos de este libro de texto excedería algo el número de horas lectivas generalmente disponibles en un semestre académico. Nuestro objetivo ha sido, pues, ofrecer al enseñante cierta flexibilidad para que pueda seleccionar aquellos capítulos y secciones que le parezcan más adecuados a sus fines específicos y para su alumnado. Algunos capítulos contienen secciones cuyo epígrafe lleva un asterisco al final. Estas secciones incluyen temas que por su carácter teórico o por otros motivos nos parecen de nivel algo más avanzado que el resto del texto y que consideramos, por tanto, de carácter optativo.

En cuanto a la orientación teórica, hemos optado por aquellas técnicas de análisis que nos han parecido que pueden ofrecer una descripción más clara para alumnos a este nivel, al mismo tiempo que pueden dar una base a aquellos alumnos que deseen continuar con otros cursos más avanzados de lingüística hispánica o general.

El campo de conocimiento que este libro abarca y que hemos tratado de condensar en unas pocas páginas es un vasto océano por el que a los autores no nos ha resultado siempre fácil navegar. No todo el mundo estará de acuerdo en la selección de temas (podríamos haber visitado unas islas en vez de otras en este viaje). Inevitablemente habrá errores y la forma de presentar los conceptos seguramente no ha sido siempre la más adecuada. Agradeceremos al lector tanto el que nos llame la atención sobre errores y gazapos que hayan escapado a nuestros ojos como cualquier otra sugerencia.

Para terminar, queremos dar las gracias a cuantos han contribuido a mejorar este libro: a Francisco Ordóñez, Silvina Montrul y María José González, que se sirvieron de varios borradores de este libro en la enseñanza y nos ofrecieron su opinión sobre aspectos que debían mejorarse; a Tim Face, que leyó la penúltima versión; a Xabier Artiagoitia por sus comentarios a los capítulos 1 y 4; a Montse Sanz por los suyos al capítulo 4, y a Pilar Prieto, que leyó una versión del capítulo 2. Gracias también a los lectores anónimos de Cambridge University Press, cuyos comentarios y sugerencias nos han sido utilísimos, y a Marisa Barreno que, con competencia y profesionalidad, guió nuestros pasos durante las últimas etapas en la preparación del libro. Por su apoyo y confianza en nosotros, queremos también hacer patente nuestro agradecimiento a la doctora Kate Brett de Cambridge University Press.

El libro lo dedicamos, con afecto, a todos nuestros alumnos, para quienes lo hemos escrito, y a nuestras personas más cercanas: Joyce Tolliver y Nico Hualde, Beatriz Urrea y Mikel Olarrea y Bill, Natalia y Gabriella Pagliuca.

Enero de 2001
Urbana, Illinois y Tucson, Arizona
JIH, AO, AME

1 La lingüística: Ciencia cognitiva

1 Introducción

La lingüística es la disciplina que estudia el lenguaje humano. El lenguaje es, posiblemente, el comportamiento estructurado más complejo que podemos encontrar en nuestro planeta. La facultad de lenguaje es responsable de nuestra historia, nuestra evolución cultural y nuestra diversidad, ha contribuido al desarrollo de la ciencia y la tecnología y a nuestra capacidad de modificar nuestro entorno al tiempo que nos ha permitido desarrollar formas variadas de apreciación estética y artística y una enorme variedad de modos de comunicación interpersonal. El estudio del lenguaje es, para empezar, un reto intelectual y una actividad fascinante en sí misma, el intento de recomponer y de desentrañar el funcionamiento de un rompecabezas enormemente estructurado y complejo, responsable en gran parte de lo que los seres humanos somos como especie en el mundo natural. Por ello no resulta sorprendente que el análisis sistemático del lenguaje tenga varios milenios de antigüedad. Su análisis se remonta a la India y la Grecia clásicas y ha producido un cuerpo de conocimiento extenso y variado. Filósofos, filólogos, gramáticos, lingüistas, psicólogos, lógicos, matemáticos y biólogos han reflexionado durante siglos sobre la lengua y el lenguaje desde un número variado de perspectivas.

Pero además de estudiar el lenguaje en sí mismo, o de estudiar sus aspectos sociales o históricos, o la relación entre las unidades que lo forman y las categorías de la lógica, de intentar analizar los significados transmisibles por medio de él o cualquiera de las innumerables perspectivas de análisis desarrolladas durante siglos, podemos también estudiar el lenguaje porque el lenguaje constituye una ventana que nos permite describir la estructura de la mente humana. Esta manera de enfocar su estudio, que recibe el nombre de perspectiva cognitiva, aunque en cierta medida tiene también sus raíces en la antigüedad clásica, ha sufrido un enorme empuje en los últimos cuarenta

1

años. En este capítulo de introducción vamos a prestar atención específica a esta manera de enfocar el objeto de estudio de la lingüística.

1.1. De la gramática tradicional a la lingüística moderna: Gramáticas prescriptivas y descriptivas

Hasta el siglo XIX, la lingüística era una disciplina fundamentalmente prescriptiva, es decir, las gramáticas tradicionales, desde los tiempos de la antigüedad india y griega, primordialmente se han preocupado de describir y codificar la "manera correcta" de hablar una lengua. A pesar del cambio de punto de vista desarrollado en los últimos años en el estudio de la facultad humana del lenguaje, este tipo de gramáticas tradicionales, que en general intentaban clasificar los elementos de una lengua atendiendo a su relación con las categorías de la lógica, nos han proporcionado una larga lista de conceptos de uso evidente en análisis más modernos.

La lingüística tradicional, a pesar de haberse desarrollado durante varios siglos y a pesar de englobar un gran número de escuelas distintas y de perspectivas de análisis muy diferentes, ofrece un cuerpo de doctrina bastante homogéneo cuyos presupuestos teóricos comunes pueden resumirse del siguiente modo:

(1) Prioridad de la lengua escrita sobre la lengua hablada. El punto de vista tradicional mantiene que la lengua hablada, con sus imperfecciones e incorrecciones, es inferior a la lengua escrita. Por eso en la mayor parte de los casos los gramáticos confirman la veracidad de sus reglas y de sus propuestas gramaticales con testimonios sacados de la literatura clásica.

(2) Creencia de que la lengua alcanzó un momento de perfección máxima en el pasado, y que es preciso atenerse a ese estado de lengua a la hora de definir la lengua "correcta". Un gramático tradicional del español podría, por ejemplo, defender la idea de que nuestra lengua alcanzó su momento de máxima perfección en la literatura del Siglo de Oro y afirmar por un lado que desde entonces la lengua no ha hecho sino deteriorarse y por otro que todos deberíamos aspirar a usar la lengua como lo hacía Cervantes.

(3) Establecimiento de un paralelismo entre las categorías del pensamiento lógico y las del lenguaje, ya que los estudios gramaticales nacieron en Grecia identificados con la lógica. De ahí viene la tradición de hacer corresponder a la categoría lógica de 'sustancia' la categoría

gramatical de 'sustantivo', a la de 'accidente' la de 'adjetivo', etc. La clasificación de las partes de la oración que nos resulta tan familiar hoy en día, por ejemplo, tiene su origen en la Grecia clásica.

(4) Convicción de que la función de los estudios lingüísticos y gramaticales es enseñar a hablar y a escribir correctamente una lengua. Esta concepción de la función de los estudios lingüísticos merece especial atención, pues establece un contraste entre los enfoques modernos y los tradicionales.

Las reglas prescriptivas, que a menudo encontramos en las gramáticas tradicionales y en los manuales de enseñanza de segundas lenguas, nos sirven para ayudar a los estudiantes a aprender a pronunciar palabras, cuándo usar el subjuntivo o el pretérito en español, por ejemplo, y a organizar de manera correcta las oraciones de la lengua que estudiamos. Un gramático prescriptivo se preguntaría cómo debería ser la lengua española, cómo deberían usarla sus hablantes y qué funciones y usos deberían tener los elementos que la componen. Los prescriptivistas siguen así la tradición de las gramáticas clásicas del sánscrito, el griego y el latín, cuyo objetivo era preservar manifestaciones más tempranas de esas lenguas para que los lectores de generaciones posteriores pudieran entender los textos sagrados y los documentos históricos.

Una gramática prescriptiva o tradicional del español nos señalaría, por ejemplo, que debemos decir "se me ha olvidado" y no "me se ha olvidado", que la oración "pienso que no tienes razón" es la correcta, en lugar de la frecuente "pienso de que tienes razón", que es más correcto decir "si dijera eso no lo creería" en lugar de "si diría eso no lo creería", que lo adecuado es decir "siéntense" en vez de "siéntensen". Dichas gramáticas intentan explicar cómo se habla la lengua con propiedad, empleando las palabras adecuadas con su sentido preciso, y con corrección, construyendo las oraciones de acuerdo con el uso normativo de la lengua.

Los lingüistas modernos, en cambio, intentan describir más que prescribir las formas lingüísticas y sus usos. A la hora de proponer reglas descriptivas adecuadas, el gramático debe identificar qué construcciones se usan en realidad, no qué construcciones deberían usarse. Por ello un lingüista descriptivo se preocupa en descubrir en qué circunstancias se usan "me se ha olvidado" o "siéntensen", por ejemplo, y en observar que hay distintos grupos sociales que favorecen una u otra expresión en la conversación, mientras que éstas, en general, no aparecen en la escritura. Por el contrario, un prescriptivista argumentaría por qué el uso de ellas es incorrecto.

La pregunta que surge entonces es: ¿quién tiene razón, los prescriptivistas o los gramáticos descriptivos? Y, sobre todo, ¿quién decide qué usos de la lengua son los correctos? Para muchos lingüistas descriptivos el problema de quién tiene razón se limita a decidir quién tiene poder de decisión sobre estas cuestiones y quién no. Al ver el lenguaje como una forma de capital cultural nos damos cuenta de que las formas estigmatizadas, las declaradas impropias o incorrectas por las gramáticas prescriptivas, son las que usan típicamente grupos sociales distintos de las clases medias —profesionales, abogados, médicos, editores, profesores. Los lingüistas descriptivos, a diferencia de los prescriptivos en general, asumen que la lengua de la clase media educada no es ni mejor ni peor que el lenguaje usado por otros grupos sociales, de la misma manera que el español no es mejor ni peor, ni más simple o complicado, que el árabe o el turco, o que el español de la península Ibérica no es mejor ni peor que el hablado en México, o que el dialecto australiano del inglés no es menos o más correcto que el británico. Estos lingüistas insistirían también en que las expresiones que aparecen en los diccionarios o las gramáticas no son ni las únicas formas aceptables ni las expresiones idóneas para cualquier circunstancia.

¿Se deteriora el lenguaje con el paso de las generaciones, tal como afirman algunos prescriptivistas que intentan "recuperar la pureza de la lengua"? Los lingüistas descriptivos sostienen que, de hecho, el español está cambiando, tal como debe, pero que el cambio no es señal de debilitamiento. Probablemente el español está cambiando de la misma manera que ha hecho de nuestro idioma una lengua tan rica, flexible y popular en su uso.

Las lenguas están vivas, crecen, se adaptan. El cambio no es ni bueno ni malo sino simplemente inevitable. Las únicas lenguas que no cambian son aquéllas que ya no se usan, las lenguas muertas. El trabajo del lingüista moderno es describir la lengua tal como existe en sus usos reales, no como debería ser sino como es, lo que incluye el análisis de las valoraciones positivas o negativas asociadas a usos concretos de la misma.

1.2. La lingüística moderna

Un giro crucial en el desarrollo de la lingüística tuvo lugar a fines del siglo XVIII, en una época de gran progreso en las ciencias naturales, cuando se descubrió que existía una conexión genealógica entre la mayor parte de los idiomas de Europa y el sánscrito y otras lenguas de la India y el Irán. Esto produjo un enorme desarrollo en estudios del lenguaje desde una perspectiva histórica y un gran avance en los estudios comparativos entre lenguas próximas o remotas cuyos objetivos eran tanto definir parentescos entre las mismas como descubrir la existencia de familias de lenguas caracterizadas por rasgos comunes. Se propusieron, de esta forma, leyes de correspondencia entre unas lenguas y otras y leyes de evolución entre una lengua y sus dialectos. Las leyes de este tipo conferían a la lingüística un carácter científico que no estaba presente en las gramáticas tradicionales.

A principios del siglo XX muchos lingüistas trasladaron su atención, siguiendo el ejemplo del gramático suizo Ferdinand de Saussure, de los estudios históricos (o "**diacrónicos**") al estudio **sincrónico** de la lengua, es decir, a la descripción de una lengua en un momento determinado en el tiempo. Este énfasis en los estudios sincrónicos fomentó la investigación de lenguas que no poseían sistemas de escritura, mucho más difíciles de estudiar desde un punto de vista diacrónico puesto que no existían textos que evidenciaran su pasado. La principal contribución de este modelo de investigación fue señalar que toda lengua constituye un **sistema,** un conjunto de signos relacionados entre sí en el que cada unidad no existe de manera independiente sino que encuentra su identidad y su validez dentro del sistema por relación y oposición a los demás elementos del mismo.

En Estados Unidos este giro produjo un creciente interés en las lenguas indígenas nativas y en la enorme diversidad de lenguas en nuestro planeta, de las cuales las lenguas indoeuropeas, las más estudiadas hasta entonces, constituyen una fracción menor. Al ampliar la perspectiva del estudio fue necesario que la metodología lingüística ampliara también sus herramientas descriptivas ya que no era excesivamente productivo el imponer la estructura y las categorías de análisis de las lenguas conocidas y bien estudiadas (latín e inglés, por ejemplo) a lenguas cuya estructura era radicalmente diferente. Estos estudios contribuyeron a mostrar las debilidades que presentaban las categorías tradicionales de análisis y propusieron un modelo analítico y descriptivo para descomponer las unidades del lenguaje en sus elementos constituyentes. Algunos lingüistas, especialmente Edward Sapir y Benjamin Lee Whorf, exploraron la idea de que el estudio del lenguaje podía revelar cómo piensan sus hablantes, y centraron sus teorías en explicar cómo el estudio de las estructuras de una lengua podía ayudarnos a entender los procesos del pensamiento humano.

En la segunda mitad del siglo XX tanto la invención del ordenador como los avances en el estudio de la lógica matemática dotaron a nuestra disciplina de nuevas herramientas que parecían tener una aplicación clara en el estudio de las lenguas naturales. Un tercer paso en el desarrollo de los estudios del lenguaje en esta mitad de siglo fue el declive del modelo conductista en las ciencias sociales. Al igual que ocurría en otras disciplinas, la lingüística, especialmente la norteamericana, estaba dominada por el modelo conductista, que asumía que el comportamiento humano, en cualquiera de sus manifestaciones, relacionadas o no con el lenguaje, no podía ser descrito apropiadamente proponiendo la existencia de estados o entidades mentales determinados que explicaran dicho comportamiento: el lenguaje humano no puede ser descrito mediante la creación de modelos que caractericen estados mentales sino que debe ser descrito simplemente como un conjunto de respuestas a un conjunto concreto de estímulos. Hacia 1950 varios psicólogos comenzaron a cuestionar esta idea y a criticar la restricción absoluta que imponía sobre la creación de modelos abstractos para describir lo que sucedía en el interior de la mente humana.

A principios de los años 50, y en cierta medida basado en los desarrollos mencionados anteriormente, un joven lingüista, Noam Chomsky, publicó una serie de estudios que iban a tener un impacto revolucionario en el planteamiento de los objetivos y los métodos de las ciencias del lenguaje. Por un lado, Chomsky describió una serie de resultados matemáticos sobre el estudio de los lenguajes naturales que establecieron las bases de lo que conocemos como la "teoría formal del lenguaje". Por otro lado, este lingüista propuso un nuevo mecanismo formal para la descripción gramatical y analizó un conjunto de estructuras del inglés bajo este nuevo formalismo. Por último, Chomsky publicó una crítica del modelo conductista en el estudio del lenguaje, basado en la idea de que la lengua no puede ser un mero conjunto de respuestas a un conjunto determinado de estímulos ya que una de las características de nuestro conocimiento de la lengua es que podemos entender y producir oraciones que jamás hemos oído con anterioridad.

A partir de la década de los 60 Chomsky ha sido la figura dominante en el campo de la lingüística, hasta tal punto que podemos afirmar que gran parte de los estudios modernos son, o bien una estricta defensa de su ideas y de los formalismos por él propuestos, o estudios del lenguaje basados en un rechazo de los postulados básicos de su teoría. Por eso en este capítulo introductorio vamos a repasar cuáles son los postulados de su teoría y cuáles son las críticas que a menudo se han aducido en su contra.

2   La lingüística como ciencia cognitiva

La ciencia cognitiva es el estudio de la inteligencia humana en todas sus manifestaciones y facetas, desde el estudio de la percepción y la acción al estudio del raciocinio y del lenguaje. Bajo esta rúbrica caen tanto la habilidad para reconocer la voz de un amigo por teléfono, como la lectura de una novela, el saltar de piedra en piedra para atravesar un arroyo, el explicar una idea a un compañero de clase o el recordar el camino de vuelta a casa.

La perspectiva cognitiva en el estudio del lenguaje asume que el lenguaje es un sistema cognitivo que es parte de la estructura mental o psicológica del ser humano. Frente a la perspectiva social del lenguaje, que estudia, por ejemplo, la relación entre la estructura social y las diferentes variedades o dialectos de una lengua determinada, la perspectiva cognitiva propone un cambio de perspectiva desde el estudio del comportamiento lingüístico y sus productos (los textos escritos, por ejemplo), a los mecanismos internos que entran a formar parte del pensamiento y el comportamiento humanos. La perspectiva cognitiva asume que el comportamiento lingüístico (los textos, las manifestaciones del habla) no debe ser el auténtico objeto de estudio de nuestra disciplina sino nada más que un conjunto de datos que pueden aportar evidencia acerca de los mecanismos internos de la mente y los distintos métodos en que esos mecanismos operan a la hora de ejecutar acciones o interpretar nuestra experiencia. Una de las ideas básicas en el modelo chomskyano del estudio del lenguaje que ha sido mayor motivo de polémica en los últimos cuarenta años es precisamente ésta, que el objetivo de nuestra disciplina debe ser el conocimiento tácito del lenguaje que posee el hablante y que subyace a su uso, más que el mero estudio de dicho uso. Éste es un enfoque metodológico que va en contra de las ideas de los modelos anteriores de estudio del lenguaje, tanto modernos como tradicionales. Para Chomsky la gramática debe ser una teoría de la **competencia**, es decir, del conocimiento tácito que tiene el hablante de su propia lengua y que le permite cifrar y descifrar enunciados o mensajes, más que un modelo de la **actuación**, el uso concreto que el hablante hace de su competencia. El conocimiento de la lengua y la habilidad de usarla son dos cosas enteramente distintas según su teoría. Dos personas pueden tener el mismo conocimiento del idioma, del significado de las palabras, de su pronunciación o de la estructura de las oraciones, etc., pero pueden diferir en su habilidad a la hora de usarlo. Uno puede ser un poeta elocuente y el otro una persona que usa la lengua de manera coloquial. Del mismo modo, podemos perder temporalmente nuestra capacidad de hablar debido a una lesión o un accidente y más tarde recobrar el habla. Debemos pensar en este caso que hemos perdido temporalmente la habilidad pero hemos mantenido intacto nuestro conocimiento del idioma, lo que nos ha permitido recuperar luego su uso. El modelo cognitivo es, puesto que afirma que el lenguaje tiene su realidad en el cerebro humano, un modelo **mentalista**, está interesado en las operaciones de la mente que nos llevan a producir e interpretar enunciados lingüísticos.

Podemos resumir en cuatro las preguntas básicas acerca del lenguaje a las que el modelo cognitivo intenta responder:

(1)   ¿Cuál es la naturaleza del sistema cognitivo que identificamos como el conocimiento de nuestra propia lengua?

(2)   ¿Cómo se adquiere dicho sistema?

(3)   ¿Cómo usamos dicho sistema en la comprensión y producción del lenguaje?

(4)   ¿Cómo y dónde se halla este sistema localizado en nuestro cerebro?

En las próximas secciones vamos a repasar las respuestas que el modelo cognitivo en el estudio del lenguaje ofrece a estas preguntas.

2.1.   La naturaleza del lenguaje: Competencia y actuación

Chomsky identifica nuestro conocimiento del lenguaje con la posesión de una representación mental de una gramática. Esta gramática constituye la competencia del hablante nativo de dicha lengua. En otras palabras, la gramática es el conocimiento lingüístico de un hablante tal como está representado en su cerebro. Una gramática, entendida en este sentido, incluye todo lo que uno sabe acerca de la estructura de su lengua: su **léxico** o vocabulario mental, su **fonética** y **fonología**, los sonidos y la organización de éstos en forma sistemática, su **morfología**, la estructura y las reglas de formación de las palabras, su **sintaxis**, la estructura de las oraciones y las restricciones sobre la correcta formación de las mismas, y su **semántica**, es decir, las reglas que rigen y explican el significado de palabras y oraciones. Pero debemos observar que este conocimiento que el hablante tiene de su propia lengua no es un conocimiento explícito. La mayor parte de nosotros no somos conscientes de la complejidad de dicho conocimiento porque el sistema lingüístico se adquiere de forma inconsciente, de la misma manera que aprendemos los mecanismos que nos permiten caminar o golpear un balón de fútbol. El uso normal del lenguaje presupone por tanto el dominio de un sistema complejo que no es directamentente accesible de forma consciente.

Desde este punto de vista, entender nuestro conocimiento de una lengua es entender cómo funciona y cómo está estructurada esa gramática mental. La teoría lingüística se ocupa de revelar la naturaleza de la gramática mental que representa el conocimiento que tiene un hablante nativo de su propia lengua. Este conocimiento no es fácilmente accesible al estudio, puesto que la mayoría de los hablantes no son capaces de articular explícitamente las reglas de su propia lengua, de explicar, por ejemplo, por qué decimos *Lamento molestarte* pero no *Te lamento molestar*. El lingüista cognitivo debe, por tanto, encarar las propiedades de este sistema tácito de conocimiento indirectamente.

Los métodos que los lingüistas usan para inferir las propiedades sistemáticas de la lengua son variados. Algunos estudian las propiedades del cambio lingüístico mediante la comparación de etapas diferentes en el desarrollo de un idioma con el fin de deducir qué propiedades sistemáticas podrían explicar los cambios históricos. Otros analizan las propiedades del lenguaje en pacientes que presentan determinadas patologías e intentan encontrar las propiedades que pudieran explicar el uso irregular de la lengua debido a lesiones o traumas. Podemos también estudiar las propiedades comunes a todas las lenguas humanas para deducir las reglas que permiten explicar sus rasgos comunes. Con frecuencia, especialmente dentro de la escuela chomskyana, se intenta averiguar las propiedades regulares del lenguaje mediante la formulación de hipótesis y la evaluación de sus predicciones basadas en los juicios intuitivos del hablante acerca de la gramaticalidad de las oraciones. Esta metodología consiste en preguntar al hablante nativo cuestiones como: ¿Es aceptable en tu idioma la oración X? ¿Dadas dos oraciones aparentemente relacionadas, tienen ambas la misma interpretación? ¿Es ambigua la oración X, es decir, podemos interpretarla de más de una manera? ¿En la oración X, pueden la palabra A y la palabra B referirse a la misma entidad?

Prestemos atención a un ejemplo concreto. En la oración *El profesor piensa que él es inteligente*, ¿pueden "el profesor" y "él" referirse a la misma persona? Es indudable para un hablante nativo de español que la respuesta es afirmativa, aunque no es la única interpretación posible de la oración, puesto que "él" y "el profesor" pueden referirse a dos personas distintas también. ¿Y en la oración *Él piensa que el profesor es inteligente*? La respuesta en este caso es sorpendentemente distinta, aunque sólo hemos cambiado el orden de los elementos oracionales: ahora sólo es posible interpretar la oración de manera que ambos segmentos se refieran a dos personas distintas. Con datos de este tipo, el lingüista intenta formular hipótesis sobre las propiedades del sistema de conocimiento interno del hablante que pudieran explicar estos juicios sobre la correferencialidad de dos elementos en la misma oración, sobre la posibilidad de que ambos tengan el mismo referente. Podría proponer, por ejemplo, que es imposible que un pronombre como "él" sea correferente con una expresión que no le precede en el discurso. Esta hipótesis establece automáticamente una serie de predicciones sobre el comportamiento de los pronombres en una lengua determinada que deben ser contrastadas con nuevos datos, derivados de cuestiones similares a las anteriores. Podemos preguntarnos no sólo si este comportamiento se puede generalizar a todas las oraciones de una lengua en la que aparezcan pronombres como "él" y expresiones referenciales como "el profesor", sino también preguntarnos si éste es un rasgo específico de la lengua que estudiamos o un rasgo común a todas las lenguas.

Hay que señalar dos características importantes de este tipo de investigación. Primero, que si el lingüista es un hablante nativo del idioma que se está estudiando, el propio lingüista realiza, en muchos casos, las funciones simultáneas de informante e investigador, usando sus propios juicios como datos para la investigación. Estos datos introspectivos reflejan una de las idealizaciones del modelo chomskyano, que asume la existencia de un **hablante–oyente ideal**, que vive en una comunidad de habla perfectamente homogénea, que domina su lengua a la perfección, que no se ve afectado por "condiciones gramaticales irrelevantes" tales como pérdida de memoria o de atención, que no produce errores en el uso de su competencia lingüística y cuyos juicios de gramaticalidad han de ser la base para nuestra descripción de la gramática. Pero en muchos de los casos, es el propio lingüista el informante, el hablante-oyente ideal que se tiene más a mano. La validez y objetividad de este tipo de análisis se ha puesto en entredicho con frecuencia y su uso ha sido motivo de constante discusión entre lingüistas. Muchos de ellos piensan que otras herramientas de análisis más fiables, métodos experimentales cuantitativos y cualitativos más rigurosos, deberían ocupar el lugar de los datos derivados de la mera introspección. Y opinan así mismo que la idealización de un hablante ideal que no comete errores, aunque directamente ligada a la propuesta de que el objetivo de estudio de nuestra disciplina es la competencia y no la actuación, constituye una idealización no intuitiva que va en contra de los hechos observables.

En segundo lugar debemos señalar que el lingüista, al intentar describir las regularidades del sistema lingüístico de un hablante nativo, está en realidad intentando construir una teoría de un sistema que no es directamente observable basándose en datos observables; en este caso, los juicios de un hablante nativo. La distinción entre teorías y datos es de crucial importancia en cualquier tipo de estudio sistemático o científico. Muchos autores dudan de la validez de datos derivados única y exclusivamente de los juicios de gramaticalidad de los hablantes nativos.

Además de proponer que el estudio del lenguaje ha de ser fundamentalmente **mentalista**, es decir, que su objeto de estudio ha de ser el sistema

10

psicológico inconsciente que nos permite producir e interpretar oraciones en nuestra lengua nativa, Chomsky propone que la mente humana es **modular**, es decir, que posee "órganos mentales" designados para realizar determinadas tareas en modos específicos. Existe un módulo específico en nuestro cerebro, un "órgano mental lingüístico" designado inequívocamente para realizar tareas lingüísticas. Este "órgano del lenguaje" es un fascinante objeto de estudio porque es único entre las especies animales y característico de la especie humana. Todos los seres humanos poseemos una lengua y, según la teoría chomskyana, ninguna otra especie animal es capaz de aprender una lengua humana. Por tanto, al estudiar la estructura de las lenguas humanas estamos investigando un aspecto central de nuestra naturaleza, un rasgo distintivo de *trait* nuestra especie.

Si estamos de acuerdo con esta manera de razonar, la lingüística es, en cierta medida, parte de la psicología, puesto que estudia el lenguaje como ventana al funcionamiento del cerebro humano, y parte de la biología, puesto que estudia el lenguaje como rasgo característico de una especie animal, la especie humana. El lingüista Steven Pinker explica de manera muy clara por qué, entonces, la lingüística cognitiva es descriptiva y no prescriptiva: Supongamos que somos biólogos interesados en rodar un documental para un canal educativo de la televisión de nuestro país, y que nuestro objetivo es estudiar el canto de las ballenas, un método de comunicación complejo y exclusivo de esa especie animal. Probablemente, una de las afirmaciones más irrelevantes que podríamos proponer sería: "Esta ballena no canta correctamente". O, de la misma manera, "las ballenas del Pacífico Norte cantan peor que las del Pacífico Sur". O "las ballenas de esta generación no cantan tan bien como las ballenas de generaciones pasadas". De la misma manera, no tiene demasiado sentido decir que "esta persona no sabe hablar correctamente", que "el habla de Valladolid es más correcta que el habla de Tijuana" o que "los jóvenes no hablan español tan bien como sus abuelos". La lingüística moderna es, por la naturaleza de sus propuestas, fundamentalmente descriptiva.

2.2. Comunicación animal. Características del lenguaje humano

La facultad del lenguaje es característica de la especie humana y la habilidad que tenemos de desarrollar la gramática de una lengua es única entre las especies animales. Durante siglos se ha pensado que sólo los humanos somos capaces de pensamiento racional —sólo los seres humanos tenemos un alma porque sólo los humanos poseemos lenguaje, tal como afirmaba Descartes. Pero es indudable que en todas las especies animales existe la **comunicación,** entendiendo por comunicación toda acción por parte de un organismo que pueda alterar la conducta de otro organismo. También es evidente que muchas especies animales tienen sistemas de comunicación propios, e incluso que estos sistemas de comunicación son en determinados aspectos similares al lenguaje humano. Sabemos que las ballenas poseen uno de los sistemas de señales más complejos que existen en nuestro planeta, que determinados simios poseen la habilidad de transmitir llamadas de peligro de contenido variado y de cierta complejidad, que los delfines se comunican entre sí o que las abejas, por citar un último ejemplo, pueden transmitir información acerca de la distancia y de la orientación con respecto al sol de la fuente de alimento, así como de su riqueza.

DANZA DE LA ABEJA

Fuente: Carl Hyden Bee Research Center.

Cuando la abeja completa su trayectoria rectilínea de vuelta del lugar donde ha encontrado alimento, vibra su cuerpo lateralmente, haciendo el mayor movimiento en la extremidad del abdomen y el menor en la cabeza. Al concluir la trayectoria gira de nuevo a su posición inicial, alternando su danza de derecha a izquierda. Las abejas seguidoras adquieren la información sobre el hallazgo de la comida durante la trayectoria. Si la abeja efectúa la danza fuera de la colmena (a), la trayectoria recta de la danza señala directamente el lugar de la comida.

Si lo hace dentro de la colmena (b) se orienta ella misma por la gravedad, y el punto sobre su cabeza hacia el lugar del sol. La danza de la abeja comunica la dirección y la distancia de la fuente de comida. Consta de tres componentes: 1) un círculo, 2) una trayectoria rectilínea (indicada en la figura (b)) en la que mueve el abdomen a derecha e izquierda, y 3) otro círculo en sentido contrario al primero.

Si el alimento está a menos de 50 m la danza es simple. Si la distancia es mayor, la abeja mueve el abdomen. Cuanto más lejos está el alimento, mayor es la duración de la danza: a 100 metros el ciclo dura 1,25 segundos, a 8 km dura 8 segundos, etc. Como puede apreciarse, el ángulo que reproduce la abeja es una representación directa del ángulo que forman el panal, el sol y la fuente de comida. Esta danza compleja constituye una señal icónica, no arbitraria y sus componentes·no se combinan, aunque puede transmitir un número indefinido de informaciones sobre fuente de alimento y distancia.

¿Podemos por tanto afirmar que sólo la especie humana posee la facultad del lenguaje? ¿Es el lenguaje humano especial, diferente de los demás sistemas de comunicación? El origen de la confusión parece estar en el uso más o menos restringido del término "lenguaje". ¿Qué es un lenguaje? ¿Es el sistema de comunicación de las abejas un lenguaje? ¿Y el sistema de llamadas de los simios? ¿Son las matemáticas un lenguaje? ¿Qué podemos afirmar de los intentos de enseñarles un lenguaje humano a los chimpancés o a los delfines?

Aunque la respuesta que la lingüística moderna pretende dar es que las diferencias entre las lenguas naturales y los sistemas de comunicación animal son cualitativas y no sólo variaciones de grado, lo importante es recordar que la comparación entre los sistemas de comunicación animales y las lenguas humanas nos puede decir algo importante acerca del lenguaje humano. En particular, pueden servir como evidencia para afirmar o negar la idea de que para tener un lenguaje humano hay que estar biológicamente especializado para ello, que el lenguaje no es sólo el resultado natural de obtener un cierto grado de inteligencia en el proceso de evolución de la especie.

El primer paso en esta línea de razonamiento es, entonces, examinar las semejanzas y las diferencias entre los sistemas de comunicación animal y la comunicación humana para aislar las características específicas del lenguaje. En segundo lugar examinaremos brevemente los intentos de enseñar algún tipo de comunicación humana a determinadas especies animales para comprobar o refutar la propuesta de que ningún animal puede adquirir una lengua natural.

Las características específicas del lenguaje humano (de todas las lenguas humanas), no compartidas por otros sistemas de comunicación, pueden ser resumidas del siguiente modo:

(1)   *Arbitrariedad.* Cuando no existe una relación directa o una dependencia entre los elementos de un sistema de comunicación y la realidad a la que se refieren se dice que son **arbitrarios**. Los signos de la lengua son en su mayoría arbitrarios. No hay nada en la palabra *caballo* que se comporte, parezca o relinche como un caballo, del mismo modo que no hay una relación entre las palabras *horse* o *cheval* y el animal cuadrúpedo aunque ambas signifiquen 'caballo' en inglés y en francés respectivamente.

Si hay motivación o relación directa entre señal/signo y referente se dice que la comunicación es **icónica**. En todos los sistemas lingüísticos hay un porcentaje de iconicidad, aunque éste constituye una parte menor del lenguaje. Las onomatopeyas, por ejemplo, son esencialmente icónicas, aunque en un grado menor que el que podríamos esperar a primera vista. Vemos que las onomatopeyas no son totalmente icónicas en el hecho de que varían de lengua a lengua: los hablantes del inglés afirman que los gallos dicen *cock-a-doodle-do* mientras que los de español sabemos perfectamente que lo que dicen es *kokorikó* en algunos dialectos y *kikirikí* en otros.

La frecuencia en el movimiento de la danza de las abejas es icónica puesto que es directamente proporcional a la distancia a la fuente de alimento. Las llamadas de alerta entre determinados primates, que permiten diferenciar el tipo de peligro según el animal que los amenaza son, en cambio, arbitrarias, puesto que no existe ninguna relación entre los sonidos producidos para expresar una alerta y los depredadores que los provocan.

(2)   *Desplazamiento.* Hablamos de desplazamiento cuando las señales o signos pueden referirse a eventos lejanos en el tiempo o en el espacio con respecto a la situación del hablante. La mayor parte de las llamadas y señales en el mundo de la comunicación animal reflejan el estímulo de su entorno inmediato y no pueden referirse a nada en el futuro, en el pasado o a ningún lugar distinto del compartido entre emisor y receptor. Sería difícil pensar que nuestro perro pudiera comunicar la idea "*quiero salir de paseo mañana a las tres en Estambul*". O, usando el ejemplo del filósofo Bertrand Russell, que un simio pudiera expresar la idea "*mi padre era pobre pero honrado*". Uno de los

rasgos predominantes de la comunicación animal es que no presenta desplazamiento.

(3)　*Articulación dual.* Los sonidos de una lengua no tienen significado intrínseco pero se combinan entre sí de diferentes maneras para formar elementos (palabras, por ejemplo) que poseen significado. Un sistema de comunicación que se organiza de acuerdo con dos niveles, uno en que los elementos mínimos carecen de significado y otro en que esas unidades se agrupan formando unidades significativas, es un sistema dual. Toda lengua humana posee esta propiedad. La dualidad en sentido estricto permite la combinación de palabras de forma ilimitada, y ello constituye un procedimiento que permite una gran simplicidad y economía característica de los sistemas lingüísticos. Los sonidos se organizan en sílabas y forman palabras. Éstas se articulan o combinan en frases y oraciones, y éstas se combinan entre sí formando textos, discursos, etc. Los signos en los sistemas de comunicación animal, en cambio, raramente se combinan entre sí para formar nuevos símbolos.

(4)　*Productividad.* Existe en las lenguas humanas una capacidad infinita para entender y expresar significados distintos, usando elementos conocidos para producir nuevos elementos. El sistema de la lengua nos permite formar un número infinito de oraciones. Los sistemas de comunicación animal presentan, por el contrario, un número finito y delimitado de enunciados posibles.

(5)　*Prevaricación.* Consiste en la posibilidad de emitir mensajes que no sean verdaderos, en la posibilidad de mentir. En general ninguno de los sistemas animales de comunicación posee esa propiedad, aunque en años recientes se ha demostrado que algunos simios son capaces de producir la señal de alarma que significa la presencia próxima de un depredador, para asegurarse de que otros simios se mantengan alejados de la comida, lo que constituye un claro ejemplo de prevaricación. Es decir, hay simios que mienten como si fueran humanos.

(6)　*Reflexividad.* Cuando un sistema de comunicación permite referirse a él mismo decimos que el sistema es reflexivo. El lingüista Roman Jakobson afirmó que una de las funciones del lenguaje es precisamente ésta, la función metalingüística o reflexiva. Con la lengua podemos producir enunciados que tengan a la lengua como objeto: *"un" es un artículo indeterminado.* Los sistemas de comunicación animal no poseen esta propiedad.

(7)　*Unidades discretas.* Las lenguas usan un conjunto reducido de elementos (sonidos) que contrastan claramente entre sí. Cuando las unidades de un sistema de comunicación son claramente separables en elementos distintos decimos que el sistema es discreto. Los sonidos de la lengua son perceptibles por el oyente como unidades diferenciadoras. En los sistemas de comunicación animal las señales (gruñidos, por ejemplo) tienden a ser analógicas, es decir, se presentan en escalas continuas de intensidad variable, de manera que la longitud, el tono o la intensidad de la señal puede variar con el grado de la emoción o el contenido informativo que se intenta expresar. Pero un "liiiibro" no es un objeto más grande o más pesado que un "libro" en ninguna lengua natural.

(8) *Creatividad.* El uso del lenguaje humano no está condicionado por estímulos exteriores ni interiores en la producción de un enunciado. Los enunciados son impredecibles en condiciones normales, mientras que la comunicación animal tiende a estar controlada mucho más rígidamente por estímulos externos que el comportamiento humano. Excepto en casos irrelevantes, como las expresiones hechas tales como *Buenos días, Mi casa es su casa*, etc., no nos limitamos a repetir frases que ya hemos escuchado, sino que tenemos la capacidad de crear frases nuevas adecuadas a las necesidades cambiantes de cada momento. Y a la inversa, entendemos oraciones que otros producen a pesar de no haberlas leído o escuchado con anterioridad.

Estos rasgos, *arbitrariedad, desplazamiento, articulación dual, productividad, prevaricación, reflexividad, uso de unidades discretas* y *creatividad,* son compartidos por todas las lenguas humanas, definen el lenguaje humano y lo diferencian de los sistemas de comunicación animal. Podemos así defender la idea de que el lenguaje, caracterizado mediante estos rasgos, es único en el mundo animal y característico de nuestra especie. Pero la lingüística cognitiva defiende además la idea de que ningún animal no-humano es capaz de adquirir un lenguaje que presente dichos rasgos. Se ha intentado enseñar sistemas de comunicación similares al lenguaje a otras especies: delfines, loros, palomas, periquitos o leones marinos. Sin duda, los intentos más interesantes son aquéllos que tienen como objeto enseñar un lenguaje a los simios, y especialmente a los chimpancés, puesto que es indudable que éstos son nuestros parientes más próximos en el mundo animal y que la distancia genética entre ellos y los humanos es muy pequeña (debemos tener en cuenta que nuestros genes son idénticos a los de los chimpancés en un porcentaje superior al 95%).

Los primeros intentos de enseñar a los chimpancés a usar una lengua se vieron frustrados por una limitación insalvable: el aparato fonador de los simios no está diseñado para producir los sonidos del habla. A partir de los experimentos iniciales con Vickie, un chimpancé que aprendió a pronunciar cuatro palabras en inglés en la década de los cuarenta, los investigadores se dieron cuenta de que las lenguas humanas no están limitadas a las modalidades orales y que los lenguajes de signos son lenguajes humanos plenos, simples modalidades gestuales de nuestra capacidad lingüística que presentan toda la complejidad y capacidad expresiva de los lenguajes orales. Por eso se intentó enseñar a varios chimpancés lenguajes de signos manuales, en particular el lenguaje de signos americano o ASL (American Sign Language). Los experimentos más conocidos son probablemente los intentos de enseñárselo a Washoe, Nim Chimpsky y Koko.

El chimpancé Washoe adquirió, entrenado por Allen y Beatrice Gardner, un vocabulario de 130 signos y enseñó 31 signos a otro chimpancé, Lulis. De acuerdo con sus entrenadores Washoe era capaz de identificarse a sí mismo en un espejo ("Yo, Washoe") y de establecer combinaciones de dos signos ("bebé mío", "más fruta"), lo que constituye un primer indicio de capacidad sintáctica y de productividad.

Nim Chimpsky fue educado como si fuera un niño por Herbert Terrace con la intención de determinar si un chimpancé podía producir una oración. Bajo condiciones experimentales estrictamente controladas, que incluían varias horas diarias de grabaciones en vídeo, Nim aprendió unas 125 señales de ASL. Sin embargo, jamás produjo combinaciones de más de dos signos que no fueran repetitivas o redundantes. Además, Nim nunca usó el sistema de comunicación aprendido de manera espontánea sino que la mayor parte de sus comunicaciones estaban relacionadas con la imitación directa de sus entrenadores (el cuarenta por ciento de los casos), respuestas directas a preguntas simples o señales relacionadas con la comida, la bebida o los juegos. Es decir, respuestas controladas por estímulos directos. Terrace llegó a la conclusión de que un chimpancé no puede producir una oración.

Koko era un gorila nacido en 1971 a quien Francine Patterson enseñó ASL por un periodo de once años. Según su entrenadora, Koko utilizaba señales para hablarse a sí misma, era capaz de combinar signos y podía usar nuevas combinaciones para producir significados nuevos, ("pulsera-dedo" para expresar "anillo" o "tigre-blanco" para describir "cebra"). Según ella Koko usaba el sistema de signos del que disponía para mentir, cotillear o bromear, tal como usa el lenguaje un ser humano.

Más recientemente, Kanzi y Panbabisha, chimpancés pigmeos que parecen ser mucho más inteligentes que los demás primates y que han sido entrenados por Savage-Rumbaugh, muestran habilidades lingüísticas equiparables a las de un niño de dos años y medio mediante el uso de un lenguaje simbólico que pueden producir usando las teclas de un ordenador. Su entrenador afirma que no sólo son capaces de expresar conceptos nuevos sino que son capaces también de inventar reglas de combinación de signos que no les han sido enseñadas.

Existe una gran discrepancia sobre cómo interpretar los resultados de estos experimentos. Para muchos lingüistas estas habilidades no son mucho más relevantes que los trucos que aprenden los animales de circo, un ejemplo más de condicionamiento conductista, y los animales no comprenden lo que están diciendo ni usan sus signos simbólicamente. Según muchos lingüistas, por tanto, no deberíamos dar importancia a estos experimentos mientras que no tengamos evidencia irrefutable no sólo de comprensión de lenguaje, sino de producción de estructuras complejas y creativas entre los animales involucrados en ellos. Los investigadores encargados de entrenar a estos animales acusan a estos lingüistas de usar una escala de valoración doble: no le dan importancia a la adquisición de ciertas habilidades en primates, como la de combinar cadenas de dos signos (sustantivo-verbo para expresar una acción, por ejemplo), mientras que un ejemplo de dicha combinación se consideraría muestra de habilidad lingüística incipiente en un niño.

Es indudable que estos experimentos nos han ayudado a comprender muchos aspectos de las habilidades cognitivas en los simios, al tiempo que nos muestran de manera inequívoca la singularidad y la complejidad del lenguaje humano. También nos ayudan a reflexionar sobre lo notable que es el hecho de que los niños, sin un tipo de instrucción explícita similar a la usada en los intentos de enseñar una lengua a los chimpancés, puedan, a una edad temprana, crear nuevas oraciones complejas que jamás hayan oído con anterioridad.

2.3. Adquisición del lenguaje: La hipótesis innatista

Chomsky afirma que uno de los rasgos más sobresalientes de la lengua es la discrepancia entre su aparente complejidad y la facilidad con que los niños la adquieren, en un periodo muy corto de tiempo y tomando como base un conjunto de datos muy reducido. Las lenguas humanas son mucho más complejas que las lenguas artificiales que usamos para programar ordenadores, por ejemplo, o que los sistemas matemáticos más complicados. Sin embargo, aprender dichos lenguajes artificiales requiere instrucción explícita mientras que aparentemente los niños aprenden su lengua materna simplemente por estar expuestos a ella. Cualquier niño normal tiene la capacidad para convertirse en un hablante nativo de cualquier idioma (español, inglés, chino, guaraní, etc.). De la misma manera que la aparición del lenguaje en nuestra especie es probablemente el aspecto más importante de nuestra evolución, la adquisición de una lengua determinada es la proeza intelectual más importante en el individuo.

La explicación que propone la escuela chomskyana para dar cuenta de este hecho innegable es que la mayor parte de lo que sabemos sobre nuestra propia lengua no tiene que ser aprendido porque nacemos con ese conocimiento. Nuestro cerebro está "preprogramado" para adquirir una lengua. La hipótesis más razonable que podemos postular para explicar la uniformidad y la velocidad con la que adquirimos nuestra lengua es proponer que el desarrollo de la adquisición de una lengua está determinado por una facultad lingüística innata en nuestro cerebro, al igual que hay aspectos del comportamiento animal que son innatos, tales como la capacidad que tienen las arañas de tejer sus telas o ciertos patrones en la migración de las aves. Esta facultad se halla presente desde el nacimiento y nos dota de la habilidad para entender y producir oraciones en la lengua que adquirimos como hablantes nativos, a partir de los datos derivados de nuestra experiencia. Esta propuesta recibe el nombre de **hipótesis innatista**. El lenguaje es algo que la biología crea en los niños, de la misma manera que la biología hace que los murciélagos se cuelguen boca abajo y las termitas construyan casas comunales. La información lingüística innata debe ser parte de la información codificada en el código genético del niño que aprende una lengua. Esto significa que determinados aspectos del lenguaje se desarrollarán en el niño de la misma manera que se desarrollarán el cabello y las uñas en vez de aletas o alas. Adquirir una lengua es parte del ser humano, algo que no podemos evitar.

Del hecho de que los niños tengan la habilidad de adquirir cualquier lengua natural se deriva que la facultad humana de adquisición del lenguaje no debe ser específica con respecto a una lengua determinada. Si esta facultad es capaz de explicar la rapidez y la uniformidad en la adquisición de una lengua, el español por ejemplo, debe ser capaz de explicar la rapidez en la adquisición de cualquier otro idioma como lengua materna, inglés, vasco, swahili, etc. Es generalmente aceptado que, mientras que los niños son capaces de convertirse en hablantes nativos de por lo menos una lengua, ningún adulto que estudie una segunda lengua es capaz de igualar dicha "proeza". Además, mientras que algunos idiomas extranjeros presentan mayor dificultad para su aprendizaje como segundas o terceras lenguas a hablantes de lenguas determinadas, todas las lenguas son igual de fáciles para un niño.

Hay miles de lenguas en el mundo, y la lengua que un niño aprende depende de la sociedad en la que nace. Es necesario aclarar que la hipótesis innatista no afirma que un niño está preprogramado para aprender específicamente la lengua de sus padres. Esto es obvio porque los padres pueden trasladarse a otro país de lengua distinta o el niño puede ser adoptado por otra familia y el niño va a aprender de todas formas la lengua de la sociedad en la que crece. Pero podemos suponer que aquello que es común a todas las lenguas humanas está presente en la mente del niño cuando éste nace, por lo que hay determinados aspectos del lenguaje que no tiene que aprender. De aquí se deriva que la facultad humana del lenguaje debe incorporar un conjunto de reglas o principios universales que le permiten al niño procesar e interpretar oraciones de cualquier lengua. Lo que aprendemos mediante la experiencia no son estas reglas sino los hechos adicionales que diferencian unas lenguas de otras, la lengua de la sociedad en la que el niño crece de las demás. Esto le proporciona al niño una enorme ventaja inicial a la hora de aprender una lengua y permite explicar la rapidez en la adquisición. Al conjunto de reglas y principios comunes a todas las lenguas que la hipótesis innatista asume están presentes desde el nacimiento lo denominamos **gramática universal**. Entendemos como tal el estadio inicial de conocimiento de la estructura y funcionamiento del lenguaje que tiene el hablante desde el momento de su nacimiento, antes de ser expuesto a datos concretos de su idioma.

El lenguaje es uno de los primeros sistemas cognitivos que desarrollamos. Los niños, a una edad muy temprana, cuando aún no saben atarse los zapatos o hacer matemáticas, ya usan el lenguaje. Entender cómo funciona el lenguaje nos ayuda a entender cómo funciona la adquisición del conocimiento, y a contestar preguntas más complejas sobre la arquitectura cognitiva.

La cuestión de si el conocimiento es innato o adquirido es una de las cuestiones filosóficas tradicionales. Platón discute la idea de que el conocimiento es innato en los diálogos entre Sócrates y Menón. Este último se pregunta cómo podemos preguntar acerca de lo que desconocemos si no sabemos qué preguntas hacer. Sócrates responde que el conocimiento es innato porque el alma es inmortal. El alma de cada persona ha existido desde siempre: sabemos lo que sabemos porque nuestro saber proviene de una existencia anterior. Nuestro saber no es consciente pero podemos recordar las cosas que sabemos.

Hay que aclarar que los ejemplos del conocimiento innato del que habla Sócrates no están relacionados con el lenguaje, sino con la geometría y la virtud. Pero sus ideas pueden aplicarse al lenguaje. Nos puede parecer extraño en el siglo XXI el pensar que sabemos lo que sabemos porque nuestro conocimiento proviene de una existencia anterior. Pero usamos en la actualidad un tipo de explicación muy similar: parte de lo que sabemos está programado en nuestro código genético. Proviene, en ese sentido, de algo que ha existido antes, y que, en cierta medida "recordamos".

La idea de que el conocimiento es innato no es la única posible. Los empiricistas, cuyas ideas se remontan en este sentido a Aristóteles, creen que la mente, en el momento del nacimiento, es una *tabula rasa*, una tablilla en blanco en la que la experiencia de lo que nos rodea inscribirá nuestro conocimiento. De la misma manera, el pensamiento aristotélico afirma que el lenguaje es sólo el producto de nuestra experiencia del mundo que nos rodea, de los datos lingüísticos a los que nos vemos expuestos y de los que aprendemos nuestra lengua por imitación o analogía.

Resulta evidente que no todo en el lenguaje es innato, y que para que exista el lenguaje necesitamos tanto "herencia" como "cultura", tanto a la naturaleza como a la experiencia de lo que nos rodea. Lo interesante es observar que el lenguaje constituye un área de estudio privilegiada para discernir qué parte de nuestro conocimiento está programada genéticamente y es, en ese sentido, similar a los instintos animales, y qué parte se deriva de la experiencia y del entorno. Es ésta una cuestión que ha despertado el interés de pensadores en todo tipo de disciplinas desde los comienzos del pensamiento filosófico y que, desde la propuesta chomskyana a principios de los sesenta de que los seres humanos poseen un conocimiento innato de las lenguas naturales, ha intensificado el interés de filósofos y psicólogos sobre las cuestiones relacionadas con el aprendizaje y la adquisición del conocimiento.

El hecho de que parte de lo que sabemos acerca de nuestra lengua sea innato puede parecer una hipótesis razonable en mayor o menor medida. Pero cabe preguntarse qué tipo de evidencia empírica apoya esta hipótesis. La lingüística cognitiva encuentra datos para favorecer esta idea en los siguienes argumentos:

(1)   *La universalidad del lenguaje*
El hecho de que todos los grupos humanos posean un lenguaje no es indicio suficiente por sí mismo para afirmar que el lenguaje es innato, puesto que hay muchas cosas que son universales pero no innatas (la afición a determinados refrescos o la televisión, por ejemplo, son universales pero no deberíamos afirmar que la televisión es parte de nuestro código genético, aunque a veces parece haber evidencia a favor de esta propuesta). Para los lingüistas de la escuela chomskyana lo crucial no es sólo que todas las culturas posean un lenguaje, sino que las aparentemente grandes diferencias entre las lenguas no son tales. Ellos proponen que a determinado nivel de descripción y abstracción las lenguas poseen muchas más características similares

que características diferenciadoras; en ese sentido el lenguaje presenta _características universales_. No sólo el hecho de que todas las lenguas tengan sujetos y predicados, por ejemplo, sino fenómenos aún más curiosos como que la relación entre la posición de los pronombres y la interpretación del antecedente a que se refieren parecen ser comunes en todos los idiomas o que los mecanismos de formación de preguntas son compartidos por todas las lenguas conocidas. Por ejemplo, no hay lenguas en que, a partir de la oración _Toco la guitarra y el piano_ podamos formular la pregunta _¿Qué tocas y el piano?_, aunque la pregunta es de una lógica impecable, sin recurrir a circunloquios como _¿Qué instrumento tocas además del piano?_

Si estamos de acuerdo en que las diversas lenguas del mundo tienen muchas cosas en común, el argumento de la universalidad del lenguaje es razonable. Si asumimos que estos rasgos comunes son innatos podemos explicar por qué son comunes a lenguas diversas. Hay que considerar también que las lenguas han cambiado y evolucionado a lo largo de miles de años. Si no existieran límites innatos a lo que constituye una lengua humana no podríamos explicar por qué las lenguas no se han desarrollado hasta convertirse en sistemas completamente diferentes, similares sólo en el sentido de que sirven para comunicarse.

_(2)_   _El argumento de la pobreza de estímulos_

Éste es uno de los argumentos cruciales en el modelo chomskyano y en general, en los modelos que asumen que parte de nuestro conocimiento es innato. Dicho argumento está basado en la enorme separación entre la información acerca del mundo exterior que es accesible a nuestros sentidos y el conocimiento complejo que adquirimos acerca de él. Lo que sabemos es mucho más complejo que lo que podemos deducir de los meros datos de la experiencia.

En el caso de la adquisición del conocimiento lingüístico el argumento está relacionado con los datos fragmentarios que el niño recibe de su lengua materna y la distancia entre estos datos y la complejidad del sistema lingüístico que el niño adquiere en un periodo de tiempo asombrosamente corto. Según la escuela chomskyana, los datos lingüísticos que nos rodean son tan fragmentarios e incompletos que deberían hacer imposible el aprendizaje de una lengua. Evidentemente, el contexto y la experiencia juegan un papel crucial en la adquisición, pero es inconcebible dejar de lado la participación de la herencia y la naturaleza.

Por poner un ejemplo muy simple: ¿cómo se adquieren los significados de las palabras? Supongamos que alguien señala en una determinada dirección y pronuncia la palabra *puerta* o cualquier otra palabra que el niño oye por primera vez. ¿Cómo sabe el niño que la palabra *puerta* se refiere al objeto físico que nosotros intentamos describir, y no a su marco, o al picaporte, o a una sección específica de la misma, o a su color, a cualquier objeto que tenga forma rectangular, a un fragmento formado por la puerta y la pared? ¿Cómo sabe que lo que describimos no es una acción y sí un objeto? Podemos buscar distintas explicaciones para este ejemplo simplificado, y probablemente podamos asumir que hay toda suerte de indicios contextuales, tanto gramaticales como extragramaticales, de información repetida o de pistas en nuestra actitud o comportamiento que ayudan al niño a determinar el significado de la palabra. Pero las explicaciones que proporcionemos se verán sin duda debilitadas si pensamos que los niños aprenden el vocabulario a una velocidad sorprendente, entre nueve y diez palabras nuevas al día. De hecho sabemos muy poco en detalle acerca de cómo los niños adquieren los significados de las palabras, o de cómo adquieren las estructuras gramaticales de su lengua. La pregunta es fascinante, sin duda.

Numerosos estudios han demostrado que el desarrollo gramatical no depende de la instrucción explícita de la lengua, que los niños no aprenden la lengua porque estemos continuamente explicándoles qué oraciones son gramaticales y cuáles no. Podríamos pensar que si los padres o los demás adultos corrigieran la gramática de los niños esta información podría ayudar en el proceso de adquisición. Pero a los padres no les preocupa en general la gramaticalidad o la corrección de las expresiones de sus hijos, tal como han demostrado centenares de horas de grabación de intercambios entre padres e hijos, sino que les preocupa más si lo que los niños dicen es cierto o falso. O que se porten bien.

Existen argumentos para apoyar la idea de que no sólo no aprendemos mediante instrucción explícita, sino que tampoco lo hacemos por imitación de la lengua de nuestros padres ni por analogía. O al menos, puesto que tanto la imitación como la analogía son procesos que evidentemente forman parte de los mecanismos de adquisición, que hay numerosas áreas de nuestro conocimiento del lenguaje que no pueden ser explicadas de esta manera.

En primer lugar, si aprendiéramos únicamente por imitación no podríamos explicar determinados errores que cometen los niños pero que no cometen las personas a su alrededor. Las generalizaciones en los procesos de formación de palabras son un buen ejemplo: los niños tienden a decir *esté* en vez de *estuve* o *saliré* en vez de *saldré*. Al hacer esto, el niño aplica por analogía, y con mucha lógica y sentido común, reglas productivas de formación de palabras, ignorando que las formas verbales presentan irregularidades que aprenderá poco a poco. Lo interesante, además de la lógica impecable de los niños, es que, por mucho que corrijamos este tipo de error, el niño seguirá cometiéndolo hasta determinada edad, aquélla en que se aprenden de manera uniforme las irregularidades de la lengua. La imitación del habla de los padres no es suficiente para adquirir el lenguaje en su totalidad.

El mismo ejemplo anterior plantea el problema del aprendizaje por analogía. Está claro que las generalizaciones de reglas de formación de palabras se pueden aprender por analogía con las reglas regulares de la lengua. Pero hay construcciones que no se pueden aprender por analogía. El ejemplo clásico es el siguiente: Supongamos que la formación de oraciones interrogativas totales se produce mediante la anteposición del verbo auxiliar; es decir, que formamos la pregunta *¿Es Juan inteligente?* a partir de la oración *Juan es inteligente* colocando el primer verbo al principio de la oración. Este mecanismo debería ser fácil de observar y de adquirir mediante analogía, una propuesta razonable. Pero si aprendiéramos por analogía, esperaríamos que de la oración *El niño que está a mi lado es inteligente* el niño formara la pregunta *¿Está el niño que a mi lado es inteligente?*, un error que un niño jamás comete. El conocimiento necesario para formar la interrogativa correcta *¿Es el niño que está a mi lado inteligente?* es bastante complejo, tal como veremos en el capítulo de sintaxis, y no es fácilmente explicable por analogía con otros ejemplos ni es producto de instrucción explícita.

La explicación que ofrece la lingüística chomskyana del aprendizaje de la lengua, si éste no se da como resultado de instrucción explícita, por imitación de nuestros padres o de las personas encargadas de cuidarnos o educarnos, o por medio de mecanismos generales de aprendizaje como son las generalizaciones por analogía, es la siguiente: Existe en nuestra mente o cerebro un módulo cognitivo independiente especializado en la adquisición del lenguaje. El estado inicial de este módulo está formado por los principios comunes a todas las lenguas —referidos tanto a sonidos, como a significados o construcción de palabras y oraciones—, que se hallan presentes en nuestra mente gracias a la herencia genética. Este módulo inicia un proceso de maduración cuando se ve expuesto a datos lingüísticos relevantes por medio de la experiencia y observación de la lengua que nos rodea. El resultado final de este proceso de maduración es un estado diferente del inicial y que corresponde a la gramática de una lengua particular: español, inglés, vasco, etc. —según la lengua a la que haya sido expuesto el niño.

(3)   *Las lenguas criollas*

Denominamos lengua *pidgin* a la desarrollada en la comunicación verbal entre hablantes que no comparten una lengua común. Estas lenguas surgen, en general, cuando dos o más personas entran en contacto en una situación de intercambio o comercio. Si estas personas no comparten una lengua común, desarrollan una lengua simplificada para facilitar el intercambio y la comunicación. Un par de ejemplos son la jerga chinook, usada por los indígenas americanos y los comerciantes franceses y británicos para comunicarse entre sí en la costa noroeste del Pacífico norteamericano en el siglo XIX, y el pidgin vasco-islandés del siglo XVII del que tenemos muestras como *for ju mala gisona* "eres un mal hombre" y *for mi presenta for ju bustana* "yo te daré la cola (de la ballena)". Similares ejemplos se encuentran en situaciones de contacto entre misioneros o comerciantes y las poblaciones nativas en otras partes del mundo. Estas lenguas se caracterizan por tener un conjunto muy limitado de palabras y reglas gramaticales muy simples, de manera que la comunicación depende en su mayor parte de la información que provee el contexto concreto de la comunicación para desambiguar los significados posibles o del uso de metáforas y circunloquios complejos. En general, en todas estas lenguas es imposible expresar morfológicamente la función gramatical de las palabras y el caso (sujeto, objeto, etc.), las diferencias temporales (presente, pasado o futuro), y las diferencias de aspecto (acción terminada o incompleta) o modo (subjuntivo o indicativo). Los *pidgin* carecen de preposiciones o presentan un número muy reducido de ellas. Una de sus características cruciales es que no existen hablantes nativos de una lengua *pidgin*. Ahora bien, cuando un *pidgin* es adoptado por una comunidad de hablantes, los niños de dicha comunidad pueden adquirirlo como lengua nativa. Decimos que esa

25

lengua se ha convertido entonces en una **lengua criolla**, que se ha criollizado. Las lenguas criollas se convierten, en una sola generación, en lenguas totalmente desarrolladas que presentan un vocabulario extenso y una complejidad en sus estructuras idéntica a la de cualquier otra lengua humana. De alguna manera, en un espacio de tiempo muy reducido, los niños que se ven expuestos a una lengua *pidgin* como lengua materna la dotan automáticamente de complejidad estructural, de una gramática, y la consolidan en una lengua criolla. El lingüista Derek Bickerton sugiere que el estudio de las lenguas *pidgin* y las lenguas criollas puede ofrecer datos relevantes para las implicaciones de nuestras teorías acerca del lenguaje. Dos de los rasgos de estas lenguas plantean problemas interesantes a la hora de analizar los mecanismos de adquisición y aprendizaje de una lengua. Primero, la aparición de una lengua criolla a partir de una lengua *pidgin* supone que los hablantes son capaces de añadir a ésta rasgos gramaticales que no estaban presentes históricamente en la lengua *pidgin* original. La criollización, incluso en un grado mayor que la adquisición normal de un idioma, presupone que es posible el aprendizaje sin instrucción explícita. En segundo lugar, todas las lenguas criollas del mundo presentan rasgos similares (todas marcan, por ejemplo, la diferencia entre la presencia y la ausencia de complementos directos mediante mecanismos gramaticales de concordancia y todas tienden a presentar el mismo orden de los elementos oracionales). Para Bickerton sólo existe una hipótesis que pueda explicar estos datos: la existencia de un "bioprograma" innato para el lenguaje que especifica un conjunto de estructuras gramaticales específicas a las que el niño tiene acceso en el caso de que los datos de la lengua a la que se ve expuesto sean incompletos o inestables, evidencia de que parte de nuestra facultad de lenguaje es innata.

(4)   *Las etapas en la adquisición de la lengua*

A pesar de que postulemos que el lenguaje es innato, los niños no nacen hablando. El conocimiento de su lengua se desarrolla en periodos o etapas muy delimitadas, de manera que cada etapa es sucesivamente más cercana a la gramática del lenguaje adulto. Al observar las etapas del desarrollo en distintas lenguas se ha notado que las etapas en la adquisición de la lengua por parte del niño son muy similares, y a juicio de algunos lingüistas, universales.

Estas etapas se dividen normalmente en periodos pre-lingüísticos y periodos lingüísticos. Los primeros ruidos, ronroneos o gritos no son más que respuestas a estímulos del entorno, hambre, incomodidad, etc., y podemos dudar de su carácter exclusivamente lingüístico. Alrededor de los seis o siete meses de edad, los niños comienzan a balbucear y producen sonidos reduplicativos como *bababab* o *dadadada*. Muchos de los sonidos que los niños producen en esta etapa no son sonidos característicos de la lengua de sus padres, pero a los diez meses de edad usan ya sólo los sonidos de su lengua materna y no distinguen los fonemas de lenguas que no sean la propia. Al final del primer año los niños aprenden a cambiar el contenido de las sílabas, que dejan de ser necesariamente reduplicativas (*da-di, ne-ni*). Los mecanismos de aprendizaje de la lengua ya están en funcionamiento.

Los niños producen sus primeras palabras aisladas a los diez u once meses, aunque entienden ciertas palabras meses antes de llegar a este momento. Las clases más frecuentes de palabras que un niño produce en esta edad son nombres de individuos específicos (*papá*), de objetos (*mesa*) o de sustancias (*agua*). Estas palabras aparecen de forma uniforme en todas las lenguas y culturas. A partir de ahí los niños adquieren algunos verbos (*dar*) y adjetivos (*grande*). Las primeras palabras tienden a reflejar objetos que sobresalen en su entorno y no incluyen palabras que nombren objetos o acciones abstractas.

Alrededor de los dieciocho meses de edad se produce una explosión en el número de palabras que el niño usa y comprende. Esta explosión va acompañada de la aparición de combinaciones de dos palabras (*da agua* o *coche grande*), una primera muestra de productividad y creatividad en el uso del lenguaje. Existe en todas las lenguas una correlación entre el aumento del número de palabras y la aparición de frases rudimentarias formadas por dos elementos. Las frases que el niño produce parecen telegramas en los que se han dejado de lado las preposiciones y los morfemas de concordancia (*a, de,* la *-s* del plural o *-aba* para expresar pasado). Sin embargo, incluso en esta etapa inicial, los niños producen muy pocos errores en el orden de palabras (no dicen, por ejemplo, *grande coche* o *agua da*). Cuando estas palabras de contenido gramatical aparecen, tienden a hacerlo en un orden determinado (en inglés, los gerundios en *-ing* antes que la flexión de tercera persona, por ejemplo).

Alrededor de los dos años y medio de edad la etapa telegráfica termina abruptamente y empiezan a aparecer enunciados de longitud variable, al tiempo que aparecen de manera uniforme en su habla las palabras de contenido gramatical, la mayoría de las preposiciones que faltan en la etapa anterior, por ejemplo. Las estructuras que usa el niño se hacen más y más complejas: surgen oraciones interrogativas (*¿Tienes hambre?*), oraciones de relativo (*El coche que me gusta*) y cierto tipo de subordinadas (*Quiero comer*). Son frecuentes en este periodo las generalizaciones erróneas de procesos de formación de palabras (*andé* en lugar de *anduve*, *hací* en vez de *hice*). El vocabulario crece a un ritmo trepidante, un promedio de nueve palabras diarias entre los dieciocho meses y los seis años de edad.

Cualquier niño normal que es parte de una comunidad lingüística adquiere por lo menos una lengua a una edad temprana. Una vez llegada la pubertad, el desarrollo de su conocimiento lingüístico ha alcanzado un nivel estable que no difiere en términos generales del nivel alcanzado por otros niños de la misma edad en la misma comunidad. En este sentido, el desarrollo del lenguaje presenta las mismas características que todo comportamiento animal que esté condicionado biológicamente, tal como señaló por primera vez Eric Lenneberg, puesto que tanto uno como otro se desarrollan siguiendo etapas claramente diferenciadas y que además presentan un "periodo crítico" para la adquisición de dicho comportamiento. Así las neuronas visuales en los gatos se desarrollan y ajustan para percibir líneas horizontales, verticales y oblicuas sólo si se ven expuestos a ellas antes de alcanzar deteminada edad. Lo mismo sucede con el instinto de algunas aves para seguir a su madre o con la capacidad de algunos pájaros como los canarios para aprender a silbar como sus padres. ¿Existen periodos críticos en el aprendizaje de la lengua? Si la adquisición del lenguaje no sólo se desarrolla en etapas bien diferenciadas e independientes de la lengua en cuestión, y si la adquisición presenta un periodo crítico para el aprendizaje, tenemos datos relevantes para deducir por analogía que el lenguaje está biológicamente condicionado al igual que lo están determinados instintos animales.

(5)   *La hipótesis del periodo crítico*
Todos sabemos que es mucho más difícil aprender una segunda lengua durante la madurez que una lengua materna durante la infancia. Los adultos raras veces dominan una segunda lengua que han aprendido después de la pubertad, especialmente la fonética y la fonología de la nueva lengua. No tenemos más que pensar hasta qué punto está presente en cualquier cultura la noción de "acento extranjero".

Muchas explicaciones son posibles: en primer lugar se ha propuesto que hablamos a los niños de una manera especial, que curiosamente sería común a todas las lenguas, en habla lenta y pausada, en un tono muy alto y con exageraciones marcadas en la entonación. Este tipo de lengua característica del habla de la madre, que recibe a veces el nombre de "madreleño", presenta beneficios lingüísticos puesto que los límites de las construcciones sintácticas están marcados a menudo por un cambio en el tono o por una pausa que le confieren al niño información relevante para adquirir la estructura sintáctica de la lengua. Para explicar la diferencia entre la adquisición de primeras y segundas lenguas se ha propuesto que los adultos no obtienen este beneficio puesto que no nos dirigimos a ellos en "madreleño". Se ha propuesto también que los niños no tienen consciencia de sus propios errores, frente a los adultos que se cohíben al producirlos y eso detiene o dificulta el proceso de aprendizaje. Se ha dicho que los niños no tienen otra lengua que interfiera en el aprendizaje, a diferencia de los adultos. Pero sabemos que los niños adquieren su lengua aunque no se les hable en "madreleño" (hay culturas en las que no se les habla directamente a los niños hasta una edad bien madura y en las que, sin embargo, los niños presentan las mismas etapas en la adquisición que en el resto de las culturas), que cometen un número reducido de errores y que éstos no son corregidos en la mayoría de los casos. La explicación auténtica de las diferencias en los procesos de aprendizaje de una lengua entre niños y adultos radica en la edad.

Se han hecho estudios en los que se compara la lengua de inmigrantes que han residido más de diez años en su país de adopción con la lengua de los nativos de ese país. Las personas que inmigraron entre los tres y los seis años obtienen los mismos resultados en las pruebas gramaticales propuestas y producen los mismos juicios de gramaticalidad que los hablantes nativos, mientras que los que inmigraron entre los ocho y los quince años de edad obtienen resultados mucho peores. Y los resultados de los que inmigraron cuando tenían más de diecisiete años son los peores desde un punto de vista gramatical. En este grupo, a pesar de las diferencias de edad entre las personas que lo constituyen, no existen curiosamente diferencias observables en cuanto al uso de la nueva lengua.

Parece evidente que existe un límite de edad para aprender una lengua materna, cierto plazo dentro del cual hay que aprenderla. Aunque los casos de hablantes que han alcanzado la pubertad sin haber aprendido una lengua son escasos, no son inexistentes, y su estudio es fundamental para corroborar la hipótesis de la edad crítica. El caso de Genie, una muchacha que, debido a trágicas circunstancias familiares, se vio completamente aislada del mundo exterior hasta alzanzar los trece años de edad, encerrada en una buhardilla y sin verse expuesta a ninguna lengua, es uno de los más famosos. Genie comenzó el proceso de adquisición del lenguaje durante la pubertad. Curiosamente, su desarrollo lingüístico contrastaba enormemente con su capacidad comunicativa. Mientras que las oraciones que Genie era capaz de producir, incluso varios años después de su liberación, estaban constituidas meramente por una sucesión de frases nominales muy simples, ella había creado un sistema de miradas, gestos y mecanismos para solicitar la atención que le permitían expresar sus ideas y sentimientos a pesar de que su sintaxis estaba muy poco desarrollada. Es difícil pensar por tanto cómo su falta de recursos gramaticales se podría explicar asumiendo una deficiencia intelectual, ya que sus mecanismos cognitivos estaban enormemente desarrollados pero no eran capaces de proporcionar los medios para adquirir ciertos aspectos del lenguaje. Las producciones lingüísticas de Genie jamás alcanzaron el nivel que correspondería ni siquiera a un niño normal de tres años.

El caso de Genie, muy estudiado, junto con otros casos en la historia de niños que por diversas circunstancias se han visto expuestos por primera vez a una lengua una vez pasada la pubertad, se ha usado como dato tanto para corroborar la hipótesis de que el lenguaje es un módulo cognitivo autónomo, independiente de la inteligencia y otras facultades cognoscitivas, como para apoyar la idea de que existe un periodo crítico en la adquisición del lenguaje, después del cual la adquisición plena de las facultades gramaticales es imposible.

Del mismo modo que el desarrollo de habilidades comunicativas puede ocupar el lugar de las capacidades puramente lingüísticas o gramaticales, el caso opuesto puede también ocurrir. Se han estudiado casos de niños de temprana edad que poseen un dominio admirable de las estructuras de su lengua pero que son incapaces de usarlas para la comunicación interpersonal, o de niños cuyo desarrollo cognitivo se había paralizado en todos sus aspectos excepto en la capacidad de usar el lenguaje. Se ha propuesto que estos casos demuestran no sólo la existencia de un periodo crítico para la adquisición del lenguaje, sino que estos mecanismos son distintos de los mecanismos generales de aprendizaje que conforman el desarrollo de nuestra inteligencia.

Hay una cuestión crucial en la que los científicos cognitivos no están de acuerdo: si la naturaleza nos ha dotado con mecanismos generales de aprendizaje o con mecanismos que están diseñados específicamente para la adquisición y desarrollo de módulos independientes de la mente (el lenguaje, por ejemplo). Volveremos a esta cuestión más adelante.

phases / stages

CUADRO-Etapas en la adquisición del lenguaje

Etapas delimitadas entre el nacimiento y los 4 años:

SONIDOS
(1) Los recién nacidos reconocen los ritmos y la melodía de su lengua materna.
(2) 3 meses: descenso de la laringe, apertura de la faringe=> variedad de sonidos. *larynx opening*
(3) Hasta los 6 meses los bebés son "fonólogos universales". Juegos con sonidos.
(4) 6-10 meses: balbuceo. 7-8 meses: oclusivas sonoras, oclusivas sordas + vocal: ba-ba; ma-ma; pa-pa.
(5) 10 meses: reconocen sólo los fonemas de su propia lengua, antes de usar palabras.
(6) 12 meses: combinación de sílabas distintas (ba-ma-gu).

PALABRAS
(1) 18 meses: primeras palabras. Una palabra. No hay morfología. Nombres de objetos y personas / acciones y rutinas / relaciones sociales.
(2) 18-24 meses: crecimiento enorme de vocabulario; aprenden una palabra nueva cada dos horas, hasta la pubertad. Importante: *la comprensión precede a la producción.*
(3) Errores: generalizaciones morfológicas y semánticas. Todos los errores que cometen son lógicos, aunque incorrectos.

ORACIONES
(1) 18-30 meses: combinaciones de dos palabras. Siempre en el orden correcto (agente, acción, complemento directo, complemento indirecto, lugar).
(2) 30-42 meses: cambio drástico en producción. Sin explicación. El tipo de oraciones crece exponencialmente: recursividad, pasivas, morfemas gramaticales, interrogativas, comparativas, doble negación, género, número.

2.4. Lenguaje y cerebro. Neurolingüística

La **neurolingüística** es el estudio de las estructuras cerebrales que una persona debe poseer para procesar y comprender una lengua. La pregunta básica que la neurolingüística intenta contestar es ésta: ¿cómo está representado el lenguaje en el cerebro? Las investigaciones sobre cerebros tanto humanos como animales, desde el punto de vista psicológico o desde el punto de vista anatómico, han ayudado a responder a algunas de las preguntas sobre los fundamentos neurológicos del lenguaje. Sabemos que hay zonas específicas del cerebro que parecen estar especializadas para el mismo. Bajo la hipótesis innatista esto no es el resultado de una coincidencia o un accidente: el cerebro, al igual que el resto del cuerpo, se desarrolla según un mapa genético que en parte determina cómo procesamos el lenguaje.

A la hora de estudiar el lenguaje, y hasta los últimos años, en los que se ha producido un creciente y espectacular desarrollo en las técnicas de estudio del cerebro, la neurolingüística se ha tenido que conformar con métodos indirectos como son el estudio de los trastornos del lenguaje que sufren determinados pacientes con lesiones cerebrales. Estos métodos son indirectos porque existen consideraciones éticas que nos impiden abrir el cráneo de un ser humano vivo. En muchos de estos casos de pacientes con lesiones, el alcance preciso de las mismas nos es desconocido, lo que inevitablemente ha contribuido a que las conclusiones de dichos estudios hayan sido tentativas.

El cerebro es un organismo extremadamente complejo, formado por aproximadamente diez millones de células nerviosas o **neuronas** y por miles de millones de fibras que las conectan. El cerebro está formado por varias capas o niveles organizadas en dos **hemisferios**, uno a la derecha y otro a la izquierda, conectados entre sí por un cuerpo de fibras nerviosas. El nivel del cerebro que se ha desarrollado en los primates es el que llamamos corteza cerebral o **córtex**, la superficie rugosa del cerebro que contiene lo que llamamos comúnmente **materia gris**. Es en el córtex donde se localizan las funciones intelectuales más elevadas o especializadas, incluido el lenguaje.

Desde mediados del siglo XIX se ha intentado establecer una correlación directa entre regiones específicas del cerebro y diferentes habilidades y comportamientos en los seres humanos. El estudio de lesiones cerebrales en varios pacientes nos ha revelado que distintas áreas controlan o al menos están relacionadas directamente con distintas funciones del cerebro. Existen varias maneras en las que el córtex puede sufrir lesiones (golpes, embolias, hemorragias internas, tumores, infecciones, etc.). Ya en 1861, el neurólogo francés Paul Broca afirmó que es el hemisferio izquierdo del cerebro el que está especializado para el lenguaje puesto que las lesiones en la parte frontal del mismo tienen una repercusión en el uso y procesamiento del lenguaje y dan como resultado, a menudo, la pérdida del habla, mientras que lesiones similares en el hemisferio derecho provocan trastornos de un tipo diferente y que, en general, tienen poco que ver con el uso del lenguaje. En la actualidad se asume que las funciones intelectuales más especializadas, el lenguaje entre ellas, están claramente **lateralizadas**, es decir, que residen de manera preponderante en uno u otro hemisferio cerebral.

Los trastornos del lenguaje que son el resultado de una lesión cerebral reciben el nombre genérico de **afasias**. Las afasias que derivan en una pérdida total del uso de la lengua reciben el nombre de **afasias globales** y, en la mayoría de los casos, aunque los daños producidos afectan a otras funciones intelectuales, los pacientes que sufren dichas afasias retienen gran parte de las funciones cognitivas que tenían antes de presentarse la lesión. Mientras que estos pacientes presentan problemas a la hora de usar y procesar el lenguaje pueden a menudo resolver otro tipo de problemas intelectuales siempre que éstos no estén relacionados con el uso de la lengua. Esto se ha usado como argumento a favor de la idea de que la capacidad del lenguaje es una capacidad cognitiva autónoma e independiente y de que el cerebro es **modular**, tal como habíamos señalado en secciones anteriores.

Además de estas lesiones que afectan al uso del lenguaje en su totalidad es posible encontrar lesiones que afectan a tipos específicos de comportamiento lingüístico. La naturaleza de estas lesiones depende de las áreas concretas del córtex que se ven afectadas. Paul Broca describió a mediados del siglo XIX las lesiones de un paciente que podía articular tan sólo una palabra, como resultado de una embolia. Después de la muerte del paciente, Broca estudió su cerebro y descubrió una lesión en el lóbulo frontal del hemisferio izquierdo, un área que desde entonces recibe el nombre de **área de Broca**. Él concluyó que esta área del cerebro es la responsable de controlar la producción del habla. Los pacientes con afasia de Broca tienen enormes dificultades en la producción de oraciones, se detienen a menudo para encontrar la palabra adecuada, y muestran una ausencia de palabras con función claramente gramatical (aquéllas cuya función es marcar la concordancia entre el sujeto y el verbo, por ejemplo, o las preposiciones). Estos pacientes tienen problemas a la hora de procesar oraciones cuya interpretación depende de su estructura gramatical. Un buen ejemplo lo constituyen las oraciones activas y sus correspondientes pasivas ("*Juan golpeó a Pedro / Pedro fue golpeado por Juan*"), en las cuales la interpretación del agente de la acción y del objeto de la misma depende de factores gramaticales (la aparición de la preposición *por*, por ejemplo). Este tipo de oraciones les resulta muy difícil de interpretar a los pacientes con lesiones en el área de Broca.

Investigaciones posteriores a las realizadas por Broca revelaron que existe otro grupo de lesiones con un efecto directo en la producción y procesamiento del lenguaje. Estas lesiones se producen en un área diferente de la corteza cerebral, no en el lóbulo frontal como en los casos anteriormente estudiados, sino en la porción trasera del hemisferio izquierdo. A diferencia de los pacientes con afasia de Broca, estos pacientes tienen gran dificultad en comprender enunciados y cometen errores semánticos y léxicos en la comprensión de oraciones, pero no en su producción. Este tipo de lesión recibe el nombre de **afasia de Wernicke**, en honor al neurólogo alemán Karl Wernicke, quien la describió por primera vez a fines del siglo XIX. En la mayor parte de los casos estos pacientes son capaces de producir fragmentos de habla con perfecta entonación y pronunciación, y con aparente fluidez, pero con un número elevado de errores léxicos (en general, sustituciones de unas palabras por otras) y errores fonológicos.

Área de Broca

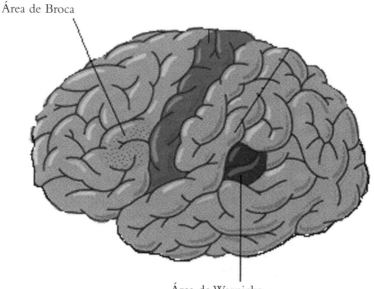

Área de Wernicke

Otro tipo de afasia es la que denominamos **anómica**, que se caracteriza porque los pacientes que sufren de ella no pueden encontrar determinadas palabras que necesitan para expresar sus ideas y tienen que sustituirlas por gestos u oraciones complicadas. Lo interesante en los tres casos es que ninguna de estas afasias deriva en una pérdida total de la facultad del lenguaje, sino en una pérdida de aspectos lingüísticos específicos. Las lesiones en pacientes con afasia no se deben en su mayoría a trastornos intelectuales o cognitivos generales sino que parecen estar relacionadas única y exclusivamente con la producción y comprensión de enunciados lingüísticos. Si esto es cierto, podríamos usar estos datos como evidencia para apoyar la idea de que la facultad del lenguaje en los seres humanos es un módulo cognitivo independiente.

EJEMPLOS DE PRODUCCIONES AFÁSICAS

(Tomado de Belinchón, Riviere e Igoa. 1992: 713. Reproducido con permiso de la editorial.)

Afasia de Broca (agramatismo)

El caballo está galop… galo… galopando por el… desde el cercado aquí el caballo quiero saltar la cerca y éste éste está galop… galopando el está esto parado.

Afasia de Wernicke

Un *poro… poro* (TORO) está *presigando* (PERSIGUIENDO) a un niño o un *scurt* (UN NIÑO SCOUT) …Un sk niño está junto a un *poto… pont e* (POSTE) de madera. Un *poste… ponte* con un, eh, *tranza, traza* (CUERDA) con *propia* (ROPA) y sus calcetines *esedos* (?). Una… una *tena* (TIENDA) está junto a la ropa. *Un un* niño está *jubando* (JUGANDO) en la orilla con *la mano* (LOS PIES) en el agua. Una mesa con una *estrana* (SARTÉN) y… no sé… un *atranqueta* (UNA BANQUETA) con tres patas y un *plisto* (CUBO).

Afasia anómica

No hay que hacer eso en un lugar así, hay que empujarlo y hacer eso (señalando con gestos). Y es lo mismo ahí debajo; también hay uno para hacer eso. Eso tampoco hay que hacerlo… No sé qué ha pasado ahí, pero esto se ha salido. Esto está… mmmm… ahí sin hacerlo, las cosas que están haciendo, ¿sabe lo que quiero decir?… Y eso también; todo está mal. Eso no se debe hacer, hay que hacerlo despacito.

Durante los últimos cincuenta años se ha llevado a cabo un enorme número de estudios sobre diferentes tipos de afasia controlados científicamente. Estos estudios nos han proporcionado evidencia para afirmar que el lenguaje se procesa de manera predominante en el hemisferio izquierdo del cerebro. Esta idea ha sido confirmada también por diversos tipos de estudios, no relacionados con afasias, tales como casos de pacientes a los que ha sido necesario extirparles uno de los dos hemisferios cerebrales. Si es el hemisferio izquierdo el que permanece después de una operación quirúrgica, la capacidad del lenguaje se mantiene intacta, aunque desaparecen otras funciones cognitivas. Otro ejemplo relevante es el hecho de que, si se le pide a una persona que imite el habla de otra al tiempo que tamborilea sobre una mesa con la mano derecha o la izquierda, la tarea de imitar el habla resulta mucho más difícil al usar la mano derecha. Esto se debe a que el cerebro está **contralateralizado**, y el hemisferio derecho controla las funciones de la parte izquierda del cuerpo y viceversa. La explicación reside entonces en que el uso de la mano derecha compite, en cuanto a la actividad del hemisferio cerebral izquierdo, con el lenguaje, otro argumento más a favor de la especialización del hemisferio izquierdo para las tareas lingüísticas.

Desgraciadamente, la idea de que mediante el estudio de pacientes afásicos sería posible identificar y aislar las áreas de la corteza cerebral responsables del uso y comprensión del lenguaje, más allá de su localización preferente en el hemisferio izquierdo, no ha sido corroborada. Se ha demostrado que la mayor parte de las funciones lingüísticas no pueden ser localizadas directamente en una región específica del córtex. De hecho, los últimos estudios científicos demuestran que hay varias regiones que están relacionadas con la producción y comprensión del habla de manera simultánea. Esto no significa necesariamente que la facultad del lenguaje no puede ser localizada en el cerebro, sino que existen representaciones lingüísticas complejas distribuidas en distintas áreas y que necesitamos técnicas más sofisticadas para su estudio. En los últimos años se han desarrollado nuevas técnicas experimentales para el estudio del cerebro. Estas técnicas nos permiten detectar cambios en la actividad cerebral en áreas muy reducidas del cerebro mientras éste desarrolla tareas lingüísticas, y relacionar dichos cambios con tareas cognitivas y lesiones específicas. Es posible que estas técnicas basadas en tecnología sofisticada, que denominamos de acuerdo a sus siglas inglesas (MRI o *Magnetic Resonance Imaging*, PET o *Positron Emission Tomography*, ERP o *Event Related Potentials*), y que nos permiten estudiar la actividad cerebral, nos lleven a una mayor compresión de los mecanismos fisiológicos implicados en el conocimiento de una lengua. Es éste un campo de estudio fascinante y de enorme relevancia para nuestros modelos de explicación del lenguaje.

Como hemos discutido en secciones anteriores, los lingüistas cognitivos asumen que la facultad del lenguaje es parte de nuestra herencia genética. Si la facultad del lenguaje está controlada genéticamente, deberíamos esperar que trastornos lingüísticos específicos pudieran ser transmitidos de padres a hijos. Por eso, aparte de los estudios sobre afasias, existe un enorme interés en un grupo de pacientes que sufre lo que denominamos Trastornos Específicos del Lenguaje, un conjunto de lesiones cerebrales que afectan al lenguaje y que probablemente tienen un origen genético. Estas lesiones no están relacionadas con las afasias descritas anteriormente, que son producto de cierto tipo de lesiones en la corteza cerebral. Estudios estadísticos recientes muestran que estos trastornos son probablemente hereditarios, que se encuentran en miembros de la misma familia y que son más frecuentes en hombres que en mujeres. Además, por ejemplo, si en una pareja de hermanos gemelos uno de los dos presenta este tipo de trastornos, las probabilidades de que el otro presente el mismo tipo de trastorno del habla son enormes. Los pacientes que tienen estos trastornos específicos presentan coeficientes de inteligencia normales y no parecen tener ni deficiencias auditivas ni problemas emocionales o de comportamiento social. La naturaleza de estos trastornos está en general limitada a un conjunto muy reducido de problemas gramaticales específicos tales como la falta de elementos para marcar concordancia entre sujeto y verbo o artículo y sustantivo.

Las futuras conclusiones de estos distintos tipos de estudios son de enorme relevancia para el modelo cognitivo en la lingüística, ya que nos permitirán corroborar o refutar una de las premisas fundamentales de dicho modelo: si el lenguaje es modular y autónomo en su función y estructura anatómica o si, por el contrario, nuestro conocimiento del lenguaje es parte de mecanismos más generales de adquisición de conocimiento y de habilidades cognitivas genéricas en los seres humanos.

3   Críticas al modelo chomskyano

Las propuestas chomskyanas han tenido una influencia enorme en el estudio del lenguaje y de las ciencias cognitivas en los últimos cuarenta años, hasta el punto de que es frecuente referirse al "giro copernicano" en nuestros modelos y en nuestra manera de entender el lenguaje que han supuesto sus teorías. Pero éstas no son, como no debe ser ninguna propuesta intelectual o científica, un credo inquebrantable al que hay que jurar fidelidad ciega y absoluta. En esta sección vamos a resumir brevemente algunas de las críticas más razonables y cruciales que se han propuesto al modelo chomskyano descrito en las secciones anteriores. Estas críticas, y la necesidad de apoyar ideas de un lado o de otro con nuevos datos empíricos y nuevas propuestas teóricas o la de clarificar posiciones y conceptos básicos tienen como resultado, sin duda, un avance en nuestro conocimiento de la facultad humana del lenguaje.

En primer lugar, Chomsky afirma que el objeto de la lengua debe ser <u>el estudio de la competencia del hablante,</u> de su conocimiento, y no de su actuación, de su habilidad o del uso real del lenguaje en situaciones concretas. Muchos lingüistas defienden la idea de que limitar el objetivo de la disciplina al estudio del conocimiento tácito que tiene el hablante de su propia lengua es imponer límites demasiado estrictos a nuestra disciplina, puesto que hay muchos fenómenos interesantes susceptibles de investigación que no entran dentro de este marco reducido. Podemos citar, entre otros, los problemas relacionados con la manera en que se estructuran las conversaciones, las relaciones entre contexto y significado, o la dificultad o facilidad para percibir determinadas estructuras de una lengua. De hecho, numerosos estudios psicolingüísticos han examinado la actuación del hablante para demostrar cómo funciona nuestra mente, y los estudios sobre la producción de errores en el habla y de las condiciones en que éstos aparecen en la producción de oraciones ofrecen un conjunto de teorías enormemente interesantes para nuestra comprensión de la facultad humana del lenguaje.

En segundo lugar hemos visto que uno de los métodos de análisis que se usa con mayor frecuencia entre los seguidores de las propuestas chomskyanas es el de la <u>introspección,</u> el análisis de los juicios propios o ajenos sobre la gramaticalidad y la interpretación de las oraciones. Ya hemos mencionado anteriormente las dudas metodológicas sobre esta manera de acceder a los datos relevantes sobre el conocimiento del lenguaje. Pero existe otro tipo de crítica que se puede hacer a dicho método: La introspección tiene sin duda cierto valor a la hora de definir datos con validez o realidad psicológica, pero es sólo uno de los muchos métodos posibles para alcanzar este objetivo. Los datos sobre percepción del habla y el procesamiento en tiempo real de las oraciones, las palabras y sus significados e interpretaciones, los datos sobre el habla de los pacientes afásicos, los experimentos de laboratorio sobre el comportamiento verbal de los hablantes, los datos sobre las diferencias en la adquisición de primeras y segundas lenguas y las encuestas dialectales, por poner unos cuantos ejemplos, no deben ser olvidados a la hora de corroborar o refutar nuestras teorías. Una teoría de nuestro conocimiento lingüístico que pretenda tener validez psicológica debe hacer compatibles los datos derivados de la mera introspección con todas estas fuentes de información acerca de la lengua.

En tercer lugar Chomsky propone que gran parte de nuestro conocimiento es innato. Aunque ésta es una propuesta generalmente aceptada por los científicos cognitivos, que aceptan que nuestra herencia genética desempeña un papel crucial tanto en el desarrollo físico de nuestros organismos como en parte de nuestros comportamientos, sabemos que no todo nuestro conocimiento de la lengua es producto de la herencia. La solución no es dar preponderancia a la genética sobre la experiencia, sino entender de manera precisa la continua interacción entre ambas. Aunque la facultad del lenguaje es similar a un instinto animal, difiere enormemente, por ejemplo, de la habilidad de las arañas para tejer su tela al primer intento, sin necesidad de observar a otra araña en el proceso. Como hemos visto, un niño tarda casi tres años en desarrollar los aspectos básicos de su lengua y durante ese periodo es crucial que esté expuesto a datos lingüísticos relevantes. Es necesario que la teoría lingüística defina con precisión qué aspectos concretos de nuestro conocimiento son claramente innatos y cuáles son adquiridos, un proceso todavía incompleto pero que ocupa gran parte de los esfuerzos de muchos lingüistas modernos.

Muchos de los argumentos usados a favor de la hipótesis innatista son también objeto de controversia. Algunos expertos en la adquisición del lenguaje sostienen que los datos que demuestran la pobreza de estímulos en el corpus lingüístico de los niños no son ni definitivos ni inequívocos. Otros afirman que del hecho de que la facultad del lenguaje sea única y característica de nuestra especie no se deriva lógicamente que dicha facultad esté bajo el control directo de nuestros genes puesto que nuestro comportamiento es el resultado de la interacción de muchos niveles de especificación genética distintos, con objetivos distintos, no de un conjunto de genes individuales y específicos. Decir simplemente que el lenguaje es el resultado de nuestra herencia genética es una afirmación con escaso contenido dada la complejidad de interacciones que la biología impone para expresar esa herencia. De hecho, la existencia de trastornos específicos del lenguaje, que serviría de apoyo a la idea de que existe una especificación genética exclusiva para el lenguaje, ha sido discutida alegando que los estudios sobre dichos trastornos son incompletos, prematuros y, en cierta medida falsificados por la urgente necesidad de apoyar las ideas innatistas. Se ha argumentado que deficiencias en la producción del lenguaje idénticas a las que presentan las familias con trastornos hereditarios se pueden inducir en hablantes que se ven obligados a procesar oraciones en situaciones de presión o estrés. También se ha argumentado que dichos trastornos se pueden explicar como una deficiencia general en el procesamiento rápido de información secuencial, el tipo de información proporcionada precisamente por el habla.

De la misma manera se ha criticado la idea de que la localización del lenguaje en áreas específicas del cerebro sea un argumento en apoyo de la hipótesis innatista. Es cierto que los métodos modernos de análisis de la actividad cerebral corroboran que existe una mayor actividad en el hemisferio izquierdo mientras se llevan a cabo tareas puramente lingüísticas, pero los investigadores no están de acuerdo sobre las regiones específicas que son responsables, respectivamente, del procesamiento fonológico, morfológico, sintáctico o semántico. Se ha demostrado también que existen áreas específicas del córtex que muestran de manera consistente una mayor actividad mientras realizamos tareas que no están relacionadas con ningún tipo de conocimiento innato, tal como jugar al ajedrez, y que son resultado de una especialización cerebral que se deriva de la repetición de la experiencia y del entrenamiento continuo y no de especificaciones genéticas.

Por último, una de la propuestas chomskyanas más discutidas es la que afirma que el lenguaje es un módulo independiente de nuestro sistema cognitivo, asociado a un mecanismo específico de aprendizaje. Este mecanismo específico impone una serie de restricciones y de limitaciones iniciales sobre la forma posible de las gramáticas de las lenguas naturales, sobre lo que constituye un lenguaje humano o no. Hemos visto que existen argumentos para apoyar la idea de que no aprendemos el lenguaje mediante el mero uso de analogías o de que el lenguaje no está necesariamente relacionado con la inteligencia u otros aspectos generales de nuestra cognición. Pero nos faltan datos concretos y definitivos sobre cómo funciona dicho mecanismo específico de aprendizaje y en qué difiere de otros mecanismos generales de adquisición de conocimiento.

Los avances recientes en teoría de computación y la creciente facilidad con la que los ordenadores pueden modelar y simular comportamientos humanos han permitido el desarrollo de nuevas teorías que intentan diseñar mecanismos generales de aprendizaje que tengan como resultado limitaciones similares a las impuestas por las gramáticas. Estas teorías, que reciben el nombre de modelos conexionistas, intentan proveer una caracterización independiente de los mecanismos generales de adquisición del conocimiento mediante modelos que se puedan comprobar empíricamente. Aunque los resultados de dichos modelos son por el momento parciales, sin duda nos brindarán, al igual que el resto de las críticas a las propuestas chomskyanas, nuevas oportunidades de discutir, criticar y evaluar nuestras teorías sobre el lenguaje humano.

4   Conclusiones

Como afirmábamos al principio del capítulo, el estudio del lenguaje es un reto intelectual y una actividad fascinante en sí misma, el intento de recomponer y de desentrañar el funcionamiento de un rompecabezas enormemente estructurado y complejo, responsable en gran parte de lo que los seres humanos somos como especie en el mundo natural. La lingüística nos puede proporcionar datos y teorías relevantes no sólo acerca del lenguaje en sí, sino acerca de cuestiones más generales que han sido objeto de estudio sistemático en diferentes campos filosóficos y científicos. Mediante el estudio del lenguaje podemos empezar a entender cómo funciona la mente humana, cómo adquirimos nuestro conocimiento los seres humanos, si éste es el resultado de nuestra herencia genética o de las condiciones de nuestro entorno, cómo se combinan naturaleza y aprendizaje en nuestro desarrollo. Existen numerosas facetas en el estudio del lenguaje que no hemos tenido oportunidad de mencionar aquí, dadas las características de un libro meramente introductorio. Nada se ha dicho de los usos de nuestra teoría en los campos de pedagogía de segundas lenguas, sobre teoría de la traducción, sobre sociolingüística, etnolingüística, antropología o semántica, o sobre planificación y política lingüística, sobre la aplicación de los modelos de estudio del lenguaje al estudio de textos literarios, sobre métodos cuantitivos de análisis del habla o sobre los usos y aplicaciones de la teoría de computación y de las matemáticas en nuestro campo de estudio, por poner unos cuantos ejemplos. La lingüística es, por naturaleza, multidisciplinaria, y el número de aplicaciones prácticas de nuestras teorías en diferentes dominios es extenso y variado. El estudio del lenguaje tiene además la ventaja de que, frente a las disciplinas científicas clásicas, sus datos son fácilmente accesibles y requieren un mínimo de equipo experimental. Es posible, por tanto, usar el estudio del lenguaje como un primer paso para familiarizarse con los métodos científicos y desarrollar la habilidad de proponer hipótesis que expliquen los datos, comparar hipótesis, establecer predicciones de las mismas y evaluar distintas teorías.

Los capítulos siguientes no ahondan en las cuestiones suscitadas por la lingüística cognitiva más allá de lo que hemos discutido brevemente en este capítulo, sino que ofrecen un resumen introductorio a las áreas centrales del estudio de la lingüística en español. En dichos capítulos se describen los sonidos del español y las representaciones mentales que los hablantes nativos de nuestra lengua tienen de esos sonidos (fonética y fonología), los procesos de formación de palabras y su clasificación (morfología), la manera en que las palabras se agrupan para formar unidades mayores y una breve clasificación de los tipos de oraciones en español (sintaxis) y, a continuación de estos capítulos sobre la estructura del idioma, una también breve descripción de la evolución histórica del español a partir del latín, así como una pequeña introducción a las diferencias entre los distintos dialectos del español. Con estos capítulos pretendemos que el estudiante adquiera las herramientas mínimas de análisis necesarias para adentrarse en el fascinante mundo del estudio del lenguaje, independientemente del modelo teórico o de la subdisciplina lingüística de su preferencia y elección.

EJERCICIOS PROPUESTOS

Ejercicio 1. ¿Cuál de las dos oraciones siguientes es más razonable? ¿Por qué?:
(1) "Hoy he aprendido una palabra nueva"
(2) "Hoy he aprendido una oración nueva"

Ejercicio 2. Discuta las siguientes afirmaciones, una lista de algunas de las ideas más comunes sobre el funcionamiento del lenguaje. ¿Son ciertas? ¿Falsas? ¿Podría Ud. proporcionar argumentos en su favor o en su contra?
(1) Es más fácil aprender francés si tus abuelos eran franceses.
(2) Hay lenguas más primitivas que otras.
(3) El español de España es más correcto que el de México.
(4) Las generaciones anteriores usaban el idioma con más propiedad y corrección que las generaciones actuales.
(5) Hay lenguas más difíciles de aprender que otras. El español es más difícil que el inglés, por ejemplo.
(6) Muchos animales se comunican de manera similar a los seres humanos.
(7) Cuando decimos *No quiero nada*, estamos usando la lengua de manera ilógica, ya que dos negaciones se cancelan. El significado lógico de dicha oración es en realidad *Quiero algo*.
(8) Cuanto más a menudo hablemos en nuestro idioma a nuestros hijos, más rápidamente lo aprenderán.
(9) La lengua escrita es más correcta que la lengua hablada.

Ejercicio 3. ¿Cree Ud. que los niños aprenden el lenguaje por mera **imitación** de sus padres? Apoye su opinión con la mayor cantidad posible de ejemplos.

Ejercicio 4. Discuta la relevancia de la diferenciación entre lenguas *pidgin* y *criollas* en nuestra teoría. ¿Qué tipo de evidencia puede proporcionar esta diferencia para corroborar o refutar la idea de que el lenguaje es un instinto?

Ejercicio 5. Creemos que la actividad cerebral asociada con el lenguaje reside primariamente en el hemisferio izquierdo del cerebro. Dé al menos tres argumentos diferentes para apoyar esta hipótesis.

Ejercicio 6. Suponga que Ud. va a formar parte de un experimento en el que se enseñará a un chimpancé a usar un lenguaje de signos humanos. Describa y dé ejemplos de las <u>producciones lingüísticas mínimas</u> que Ud. consideraría prueba de que el experimento ha tenido éxito. Razone su respuesta.

Ejercio 7. Considere las siguientes teorías sobre el aprendizaje de la lengua materna:
(1) Aprendemos mediante un mecanismo de analogía que es parte de la inteligencia general no lingüística, una de las estrategias que la inteligencia general usa para aprender.
(2) Aprendemos por imitación: Imitamos el lenguaje de nuestro padres y/o de las personas que nos cuidan o educan.
(3) Aprendemos tal como explican las teorías conductistas, puesto que el lenguaje es un conjunto de respuestas a un conjunto de estímulos.
(4) Gramática universal: Nacemos con un conocimiento básico de la lengua, programado en nuestros genes.
    Proporcione ejemplos a favor y en contra para cada una de las teorías descritas anteriormente.

Ejercicio 8. Haga una lista con las premisas básicas del modelo chomskyano y proporcione una lista paralela de críticas posibles a cada uno de los elementos de dicha lista.

Bibliografía

Alonso-Cortés, Ángel. 1993. *Lingüística general.* 3ª ed. Madrid: Cátedra.

Belinchón, M., A. Riviere y J. M. Igoa. 1992. *Psicología del lenguaje. Investigación y teoría.* Madrid: Trotta.

Bickerton, Derek. 1995. *Language and Human Behavior.* Seattle: University of Washington Press.

Chomsky, Noam. 1986. *Knowledge of Language: Its Nature, Origin and Use.* Nueva York: Praeger.

Cowie, Fiona. 1999. *What's Within? Nativism Reconsidered.* Oxford: Oxford University Press.

Curtiss, Susan. 1977. *Genie, a Psychological Study of a Modern Day 'Wild Child'.* Nueva York: Academic Press.

Fernández Lagunilla, M. & A. Anula Rebollo, eds. 1995. *Sintaxis y cognición: Introducción al conocimiento, el procesamiento y los déficits sintácticos.* Madrid: Síntesis.

Fromkin, V. y R. Rodman. 1993. *An Introduction to Language.* Nueva York: Harcourt Brace.

Fromkin, Victoria (ed.). 2000. *Lingusitics. An Introduction to Linguistic Theory.* Malden, MA.: Blackwell Publishers Inc.

Jackendoff, R. 1997. *The Architecture of the Language Faculty.* Cambridge, MA: MIT Press.

Jannedy, S., R. Poletto & T. Weldon, eds. 1991. *Language Files.* Columbus: Ohio State University Press.

Jeffrey, Elma L. *et al.* 1998. *Rethinking Innateness. A Connectionist Perspective on Development.* Cambridge, MA: MIT Press.

Moreno Cabrera, Juan Carlos. 1991. *Curso universitario de lingüística general.* Madrid: Síntesis.

Newmeyer, Frederick J. 1983. *Grammatical Theory: Its Limits and Possibilities.* Chicago: University of Chicago Press.

O'Grady, William *et al.* 1997. *Contemporary Linguistics - An Introduction.* Nueva York: Longman.

Parker, Frank. 1986. *Linguistics for Non-linguists.* Boston: College Hill Press.

Pinker, Steven. 1994. *The Language Instinct.* Nueva York: Harper Collins.

Radford, Andrew, *et al.* 1999. *Linguistics. An Introduction.* Cambridge, UK: Cambridge University Press.

Strozer, Judith. 1994. *Language Acquisition after Puberty.* Washington D.C.: Georgetown University Press.

2 Los sonidos de la lengua: Fonética y fonología

1 Algunos conceptos

1.1. Concepto de fonema

Una característica importante de las lenguas humanas es que mientras que nos permiten expresar un número ilimitado de enunciados con significados diferentes, todas las palabras, todos los enunciados posibles en la lengua, se pueden descomponer en un número relativamente pequeño de unidades de sonido contrastivas que, de por sí, carecen de significado. Así en la palabra *pan* por ejemplo podemos distinguir tres sonidos /p/, /a/ y /n/ y en la palabra *guerra,* cuatro /g/, /e/, /r̄/ y /a/ (usamos el símbolo /r̄/ para representar el sonido de la "*r* fuerte" escrita -*rr*- en *guerra* y *r*- en *roca*. Notemos también que el grupo ortográfico *gu*- representa un solo sonido /g/). Como hemos dicho, aunque el léxico de una lengua y el número de enunciados expresable con este léxico son en principio ilimitados, cada lengua tiene sólo un número reducido de sonidos contrastivos. En español, sólo tenemos 5 sonidos vocálicos contrastivos y menos de 20 sonidos consonánticos (su número exacto depende del dialecto). Los mismos sonidos se combinan para formar unidades léxicas diferentes. Así, reemplazando la primera consonante de /ger̄a/ por la primera de /pan/ obtenemos /per̄a/; si reemplazamos la primera vocal por /a/ tenemos /gar̄a/, etc. Vemos que por sí mismos los sonidos que combinamos no tienen ningún significado. No tiene sentido preguntar qué significa la /p/ en /pan/ o en /per̄a/. Es decir, la combinación de un número reducido de unidades fónicas sin significado propio da como resultado un número ilimitado de unidades léxicas con significado.

Utilizamos el término **fonema** para referirnos a un sonido contrastivo en una lengua determinada. Así diremos que en /pan/ tenemos tres fonemas /p/,

/a/ y /n/. Como hemos visto en los ejemplos que acabamos de dar, aunque de por sí un fonema no tiene significado alguno, al reemplazar un fonema por otro en una palabra podemos obtener una palabra diferente. Dos palabras que sólo se diferencian en un sonido (y tienen significados diferentes) forman un **par mínimo**. Por ejemplo, *pan* y *van* o *guerra* y *perra* son pares mínimos. El encontrar pares mínimos es útil para determinar qué sonidos corresponden a fonemas diferentes en una lengua. Por ejemplo, pares mínimos como *peso/beso*, *pan/van* y muchos otros establecen que en español /p/ y /b/ son fonemas diferentes.

También es posible que al reemplazar un fonema por otro obtengamos una palabra no existente, pero que podría existir. Por ejemplo, si en /geɾa/ reemplazamos la /ɾ/ por /p/ obtenemos /gepa/, que no es una palabra en español, aunque podría serlo (si existiera, se escribiría *guepa*).

La convención es escribir los fonemas entre barras oblicuas / /, para dejar claro que no nos estamos refiriendo a cómo se escriben las palabras sino a los sonidos contrastivos o fonemas.

Cuando un lingüista empieza a estudiar una lengua desconocida, una de sus primeras tareas es determinar cuáles son los fonemas, los sonidos contrastivos de esa lengua. Todas las lenguas humanas que se han estudiado hasta ahora han resultado ser reducibles a escritura fonémica utilizando un número reducido de signos.

La ortografía tradicional de las lenguas que utilizan un alfabeto como el latino se basa en general en el principio fonémico de utilizar una letra para cada sonido contrastivo, aunque por motivos históricos de todo tipo las ortografías convencionales suelen apartarse de este principio en mayor o en menor medida. En inglés la distancia entre la ortografía convencional y lo que sería una escritura fonémica es bastante grande. En español la distancia es menor y la ortografía convencional es en gran medida fonémica. De todas formas, la correspondencia entre fonema y grafía no es perfecta en español tampoco. Así la *u* que escribimos en *guerra* no tiene el sonido de la *u* de *puerta*. En realidad la *u* de *guerra* no representa ningún sonido. Está sólo para indicar cómo ha de pronunciarse la consonante inicial. La letra *h* que se escribe en palabras como *hormiga* o *haba*, tampoco representa ningún sonido. Fonémicamente escribiríamos /ormíga/ y /ába/ (a partir de aquí indicaremos también con un acento la sílaba que pronunciamos como acentuada en cada palabra). Por otra parte, *jesuita* y *general* comienzan con el mismo sonido consonántico, aunque en una palabra escribamos *j* y en la otra *g*. Éste es también el mismo sonido que escribimos con *x* en *México*. En representación fonémica utilizaremos el símbolo /x/ para este sonido en todas las palabras que lo contienen: /xesuíta/, /xenerál/, /méxiko/. El sonido que escribimos con *rr* en *guerra* no es distinto del que representamos con una sola *r* en *roca*. Las dos son una "*r* fuerte" y utilizaremos /r̄/ en ambos casos: /gér̄a/, /r̄óka/. Por motivos etimológicos escribimos *conversar* con -*nv*- y *combatir* con -*mb*-, y, sin embargo, ambas secuencias se pronuncian de la misma manera. Por estos y otros motivos, al estudiar los fonemas de la lengua es útil tener un sistema de transcripción diferente de la ortografía corriente. Sería bastante sencillo adaptar la ortografía convencional del español para que fuera totalmente fonémica /i kon ún sistéma berdadéraménte fonémiko no abría fáltas de ortografía, porke los ablántes sabrían kómo eskribír tódas las palábras/. Las dificultades ortográficas del español resultan de la existencia de dos o más formas diferentes de representar un fonema o secuencia de fonemas. Como hemos dicho, la distancia entre la ortografía convencional y la representación fonémica es mucho mayor en una lengua como el inglés.

Un problema para la posible adopción de una ortografía completamente fonémica en español es que, como hemos mencionado antes, hay algunas diferencias entre los dialectos del español en cuanto al número de fonemas consonánticos. Para la mayoría de los hablantes de España, la diferencia ortográfica entre *abrasa* y *abraza* o *siento* y *ciento* representa una auténtica diferencia de pronunciación: estos pares de palabras difieren en un fonema en este dialecto del español. Mientras que *abrasa* y *siento* tienen /s/, *abraza* y *ciento* tienen un sonido interdental similar al del inglés *think* y que representaremos como /θ/. En el español latinoamericano, por el contrario, no hay ninguna diferencia de pronunciación entre estos pares de palabras. En una ortografía completamente fonémica para el español latinoamericano escribiríamos *abrása* tanto para *abrasa* como para *abraza*, dado que estas dos palabras se pronuncian exactamente igual en estos dialectos. Pero esta ortografía no valdría para el español peninsular. En transcripción fonémica la palabra *abraza* la representaremos como /abráθa/ cuando hagamos referencia al español peninsular y como /abrása/ al referirnos al español latinoamericano (y varios dialectos del sur de España).

Para algunos hablantes de español siempre está claro cuándo se escribe *ll* y cuándo se escribe *y*, porque estas dos letras corresponden a dos fonemas diferentes en su sistema fonológico. Los dialectos donde esta distinción se mantiene son, sin embargo, cada vez menos; es decir, ésta es una distinción que se está perdiendo. Para la mayoría de los hablantes nativos de español palabras como *cayó* y *calló* se pronuncian exactamente igual; es decir, las dos representaciones ortográficas corresponden a una única realidad fonémica.

47

Fonemas del español y correspondencia ortográfica
(español latinoamericano general)

Fonemas	letras	ejemplo
/a/	a	pasa /pása/
/e/	e	pesa /pésa/
/i/	i, y	pisa /písa/ pan y vino /pán i bíno/
/o/	o	sopa /sópa/
/u/	u	duna /dúna/
/p/	p	pino /píno/
/b/	b, v	boca /bóka/, vaca /báka/
/t/	t	tos /tós/
/d/	d	dos /dós/
/k/	c(a,o,u), qu, k	casa /kása/, queso /késo/, kilo /kílo/
/g/	g(a,o,u), gu(e,i)	gato /gáto/, guiño /gíño/
/č/	ch	chapa /čápa/
/y/	y, ll	yeso /yéso/, llano /yáno/★
/f/	f	foca /fóka/
/s/	s, c(e,i), z	saco /sáko/, cena /séna/, escena /eséna/, azul /asúl/★
/x/	j, g(e,i), x	jota /xóta/, gente /xénte/, mexicano /mexikáno/
/m/	m	mapa /mápa/
/n/	n	nota /nóta/
/ñ/	ñ	año /áño/
/l/	l	palo /pálo/
/r/	r	aro /áro/
/r̄/	rr, r	parra /pár̄a/, honra /ónr̄a/, rato /r̄áto/

La letra *h* no representa ningún fonema.
La letra *x* normalmente representa el grupo /ks/ en palabras como *taxi*.

★Contrastes fonémicos que sólo existen en algunos dialectos
Norte y centro de España:

/s/	s	saco /sáko/
/θ/	z, c(e,i)	zapato /θapáto/, escena /esθéna/

Algunas zonas de España y de la región andina:

/y/	y	vaya /báya/
/ʎ/	ll	valla /báʎa/

Ejercicio 1. Escriba las siguientes frases en transcripción fonémica (siendo consistente en cuanto al dialecto). No se preocupe mucho por los acentos. Ejemplo:

> Miguel es hijo de aquel ingeniero mexicano.
> /migél és íxo de akél inxeniéro mexikáno/

Los peces nadaban en la piscina.
Jorge cultivaba geranios en el balcón.
Los valientes guerreros llegaron cansados.
No es cierto que en Mallorca nunca haya llovido en mayo.
Los ágiles gatos hallaron un ratón en el hoyo debajo del peral.
Comimos queso de cabra y de oveja en aquellos hayedos.
Gonzalo conducía un vehículo acorazado cuando estaba en el ejército.

1.2. Alófonos

Consideremos, por ejemplo, la palabra *dedo* pronunciada sola. La ortografía convencional de esta palabra es perfectamente fonémica. Su representación fonémica sería /dédo/. Pero si nos fijamos un poco en cómo pronunciamos esta palabra aisladamente, sin ningún contexto, notaremos que las dos *d*-s no se pronuncian igual. Al pronunciar la primera *d* apoyamos la punta o ápice de la lengua contra los dientes superiores impidiendo totalmente el paso del aire en ese punto. Es lo que llamamos una consonante oclusiva. Por el contrario, al pronunciar la segunda *d*, el ápice sólo se aproxima hacia los dientes superiores, sin tener contacto completo. Su articulación es la de una aproximante. Las dos articulaciones son, pues, diferentes. Sin embargo está claro que, a pesar de la diferencia, las dos *d*-s son percibidas como el mismo sonido por los hablantes nativos. Los hablantes no son conscientes de pronunciar las dos *d*-s de manera diferente. Utilizamos el término **alófono**, para referirnos a los sonidos concretos que constituyen variantes de un único fonema. Diremos, pues, que en español el fonema /d/ tiene un alófono oclusivo [d] y un alófono aproximante [ð]. Notemos que los alófonos los indicamos entre corchetes [ ]. Al estudiar la estructura fónica de una lengua tenemos que tener presentes tanto los fonemas como los alófonos principales de cada fonema. En nuestro ejemplo, lo que en términos de sonidos contrastivos transcribimos como /dédo/ suele pronunciarse [déðo] cuando pronunciamos la palabra aislada. La representación entre líneas inclinadas /dédo/ es la transcripción fonémica, mientras que la representación entre corchetes [déðo], que incluye detalles alofónicos o no contrastivos, es una transcripción fonética. Un motivo por el que los hispanohablantes no son conscientes de la existencia de dos sonidos [d] y [ð] es que los dos sonidos alternan en pronunciaciones de la misma palabra en contextos diferentes. Así, la primera /d/ de /dédo/ también se pronuncia como aproximante en una frase como *a dedo* [aðéðo], donde las dos consonantes están entre vocales.

Comparemos ahora las palabras *caso* y *quiso*. En la conciencia de los hispanohablantes, estas dos palabras empiezan por el mismo sonido, que representaremos con el fonema /k/: /káso/, /kíso/. De nuevo, si nos fijamos atentamente en la pronunciación precisa, podemos notar que al articular la consonante /k/ el dorso de la lengua ocupa una posición bastante más avanzada en /kíso/ que en /káso/. Lo mismo ocurre en inglés cuando comparamos la articulación de la primera consonante de *key* y *car*. Podríamos representar el alófono más adelantado, que ocurre ante las vocales /i/ y /e/, como [k'], reservando el símbolo [k] para el alófono más posterior: [k'íso], [káso]. En algún momento, sin embargo, debemos decidir cuánto detalle incluir en una representación fonética, porque lo cierto es que la pronunciación de todos los sonidos varía más o menos bajo la influencia de otros sonidos cercanos, la rapidez con la que hablamos, el estilo, etc. Una transcripción que incluye un gran número de detalles de pronunciación se denomina **transcripción fonética estrecha**, mientras que en una **transcripción fonética amplia** sólo se incluyen los detalles no contrastivos de la pronunciación que se consideran más importantes o relevantes. En general nuestras transcripciones serán bastante amplias y sólo incluiremos los detalles alofónicos principales (por ejemplo, no representaremos los alófonos de /k/ que acabamos de discutir).

Generalmente los hablantes de una lengua son conscientes de las diferencias entre sonidos que son contrastivas (diferencias entre fonemas), pero no de las diferencias de pronunciación que son meramente alofónicas. Cualquier hispanohablante sabe que *palo* y *paro* tienen consonantes intervocálicas diferentes, porque es precisamente esta diferencia la que nos permite distinguir una palabra de otra. En otras lenguas, sin embargo, esta misma diferencia puede no ser contrastiva (en japonés o coreano, por ejemplo). Por el contrario el hecho de que la consonante inicial de *casa* tiene una articulación diferente a la de *quiso* o que las dos *d*-s de *un dedo* son distintas es algo de lo que el lector de estas líneas puede no haberse percatado antes. Tendemos a oír sólo aquellas diferencias entre sonidos que son relevantes para distinguir una palabra de otra en nuestra lengua. Por supuesto, diferencias que son alofónicas en una lengua pueden ser fonémicas en otra. Por ejemplo, en inglés las palabras *dough* y *though* tienen sonidos que son bastante parecidos, respectivamente, a las dos *d*-s de *un dedo*. En inglés esta diferencia es contrastiva, fonémica, mientras que en español se trata de dos variantes o alófonos de un único fonema. En español tenemos un sólo fonema /d/ con dos alófonos [d] y [ð], mientras que en inglés /d/ y /ð/ son fonemas distintos.

	Español	Inglés
Fonemas:	/d/	/d/ /ð/
	/ \	| |
Alófonos:	[d] [ð]	[d] [ð]
Ejemplos:	*cada* /káda/ [káða]	*dough, doe* /do/ [dou̯]
	anda /ánda/ [án̪da]	*though* /ðo/ [ðou̯]

Consideremos ahora un caso algo diferente. En muchas regiones de habla española como Andalucía, Canarias, Cuba, Puerto Rico, Chile o Argentina, la *s* se pronuncia frecuentemente como una aspirada [h] ante otra consonante o en final de palabra. Por ejemplo, *esto* puede pronunciarse [éhto]. Este fenómeno se conoce como **aspiración** de la *s*. Muchas veces el mismo hablante puede pronunciar [ésto] o [éhto] según las circunstancias. En algunos de estos países hay una diferencia estilística entre las dos pronunciaciones: la pronunciación [s] aparece más frecuentemente en los contextos más formales y [h] se usa más en contextos informales o familiares. En estos casos, los hablantes son generalmente conscientes de que existen dos (o más) pronunciaciones, [ésto] y [éhto], pongamos por caso. Sin embargo, ésta no es una diferencia que sirva para distinguir una palabra de otra. Tanto [éhto] como [ésto] son dos maneras que el hablante tiene para realizar la palabra *esto* /ésto/ según el grado de formalidad. En casos como éste hablamos también de alófonos de un mismo fonema. Diremos que en dialectos con aspiración el fonema /s/, además del alófono [s], tiene un alófono [h] que puede ocurrir ante consonante o a final de palabra.

Una diferencia interesante entre el español y el inglés en cuanto al sistema de sonidos es la siguiente. En inglés palabras como *thin* y *thing* contrastan en su sonido final, que podemos transcribir como [n] y [ŋ] respectivamente. Claramente se trata de dos fonemas diferentes en inglés, puesto que la sustitución del uno por el otro da como resultado una palabra diferente. Tenemos, pues, dos fonemas distintos en inglés, /n/ y /ŋ/. En español la situación es muy diferente en este respecto. Lo que encontramos es que una palabra como *pan* se pronuncia [pán] en el español de Ciudad de México o de Burgos pero [páŋ] en el español de Cuba, de Asturias, o de Lima. En algunos dialectos los hablantes usan ambas pronunciaciones en variación libre (concepto que discutiremos en la sección siguiente). Al contrario que en inglés, la diferencia entre [n] y [ŋ] en posición final en español es puramente alofónica. A final de palabra, tenemos un alófono o el otro según el dialecto, pero sin contraste posible entre los dos sonidos en ningún dialecto del español.

Ejercicio 2. Fíjese en la pronunciación de las letras subrayadas en las palabras siguientes (la *n*) y trate de determinar cuáles son los diferentes alófonos que se pueden distinguir:

ca_n_tar   ta_n_go   e_n_viar   é_n_fasis   á_n_gel

1.3. Variación libre y distribución complementaria

Decimos que dos o más alófonos de un fonema se hallan en distribución complementaria cuando ocurren en contextos diferentes. Es decir, en los contextos en que ocurre el alófono A no ocurre el alófono B y viceversa. Así por ejemplo, como hemos visto, hay dialectos del español en que [ŋ] y [n] están en distribución complementaria: [ŋ] ocurre a final de palabra, como en *pan* [páŋ], y [n] aparece a principio de palabra como en *nota* [nóta] y entre vocales, como en *panes* [pánes].

Hemos visto también que en español el fonema /d/ tiene un alófono oclusivo [d] que ocurre a principio de enunciado y tras nasal (como en *un día*) (también tras /l/, como en *el día*) y otro alófono aproximante que ocurre entre vocales y otros contextos (como en *cada día*). En la medida en que estos alófonos ocurren en contextos diferentes tenemos una distribución complementaria.

Para dar otro ejemplo, [k'], el alófono más palatalizado o anterior de /k/, ocurre sólo ante vocal anterior, [i], [e], como en *quinto, queso* (y ante semivocal palatal, como en *quiero* —este término se explica después) y está en distribución complementaria con el alófono no palatalizado [k] que se encuentra en el resto de los contextos, como en *casa, cosa* o *cupo*.

Hay otras situaciones en que dos (o más) alófonos pueden ocurrir en el mismo contexto fónico. Por ejemplo, hay hablantes que unas veces pronuncian *esto* [éhto] y otras veces pronuncian [ésto]. Decimos que para estos hablantes [h] y [s] son alófonos que están en variación libre en este contexto (ante consonante). En el inglés americano, para la mayoría de los hablantes la *tt* ortográfica de una palabra como *better* puede pronunciarse como [t] sólo en contextos muy formales o enfáticos. Es más común emplear un alófono muy parecido a la -*r*- del español (como en *pera*). El fenómeno se denomina "flapping" o "tapping" en inglés. Éstos son dos alófonos que se encuentran en variación libre en este contexto específico, pues es posible pronunciar esta palabra (y todas las demás palabras con la misma estructura) con un sonido o el otro sin que esto altere el significado.

Como vemos por los dos ejemplos dados ("aspiración" de /s/ en español y "flapping" de /t/ en inglés), la llamada variación libre no suele ser realmente libre en sentido estricto, dado que el uso de una pronunciación o de la otra tiene connotaciones estilísticas. Por eso es más apropiado hablar de **variación estilística** en casos como éstos.

En otros casos, sin embargo, la variación sí parece ser realmente libre, sin que el uso de un alófono o el otro conlleve ningún matiz estilístico. Así hay hablantes de español chileno que unas veces pronuncian el fonema que escribimos *ch* en español como *sh* en el inglés *sheep* (notaremos este sonido [ʃ]) y otras veces como *ch* en el inglés *cheap* (que escribiremos [tʃ] o [č]). De tal forma que para estos hablantes una palabra como *chileno* puede pronunciarse [ʃiléno] o [tʃiléno] sin que haya, al parecer, ningún valor estilístico asociado con ninguna de las dos pronunciaciones.

2 Clasificación de los sonidos

Al clasificar los sonidos del habla la distinción básica que debemos hacer es entre sonidos consonánticos o consonantes y sonidos vocálicos o vocales. En la articulación de las consonantes se produce una obstrucción o impedimento al paso libre del aire procedente de los pulmones. En la producción de las vocales, por el contrario, el aire pasa por la cavidad bucal sin obstáculo.

En el estudio y clasificación de vocales y consonantes utilizamos parámetros diferentes. Estudiaremos, pues, estas dos clases principales de sonidos separadamente.

2.1. Parámetros para la clasificación de los sonidos consonánticos

Los sonidos consonánticos se clasifican según tres parámetros principales: punto de articulación, modo de articulación y actividad de las cuerdas vocales.

2.1.1. *Punto de articulación*

Como decíamos, en la articulación de los sonidos consonánticos el paso del aire de los pulmones se ve totalmente impedido o parcialmente dificultado. Esta obstrucción del paso del aire se produce al acercar un órgano articulatorio a otro. Por ejemplo, al articular el sonido [p] el labio inferior se mueve hacia el superior hasta juntarse con él, cerrando totalmente el paso del aire por un instante. Al articular el sonido [t], es el ápice o punta de la lengua el que se mueve hasta adherirse a los dientes superiores, cerrando también el flujo del aire. El órgano articulatorio que movemos es el **articulador activo**, mientras que el que permanece inmóvil o presenta menor movimiento es el **articulador pasivo**. En la articulación del sonido [p] el labio inferior es el articulador activo y el labio superior es el articulador pasivo. Decimos que [p] es una consonante bilabial (articulada con los dos labios). Otras consonantes bilabiales (producidas juntando los dos labios) son [b] (como en *bosque* o *vaca*) y [m] (como en *mar*). En el caso de [t], el ápice es el articulador activo y los dientes superiores son el articulador pasivo. [t] es una consonante ápico-dental (o, más brevemente, dental). También [d] es ápico-dental.

> **Ejercicio 3.** Trate de contestar estas preguntas antes de seguir leyendo: ¿Cúales son los articuladores activo y pasivo en la articulación del sonido [f]? ¿Y para producir [k] como en *casa*, qué articuladores entran en contacto?

Al articular el sonido [f] el labio inferior (articulador activo) se acerca y hace contacto con los dientes superiores (articulador pasivo). [f] es una consonante labiodental. También es labiodental la consonante [v] del inglés *very* y del francés *vert* (no así la *v* ortográfica del español *verde*, *vaca*, que es bilabial en la mayoría de los dialectos del español, pronunciándose igual que la *b* ortográfica).

El sonido [k] se articula haciendo contacto con el dorso de la lengua (articulador activo) contra la parte de atrás de la boca, el paladar blando o velo (articulador pasivo). La consonante [k] tiene una articulación dorso-velar (o, en forma abreviada, velar). Las consonantes [x] como en *jaula* y [g] como en *goma* también son dorso-velares.

Términos como bilabial, labio-dental, ápico-dental, dorso-velar, etc. hacen referencia al punto de articulación de la consonante. Éste es uno de los tres parámetros básicos que utilizamos en la clasificación de las consonantes.

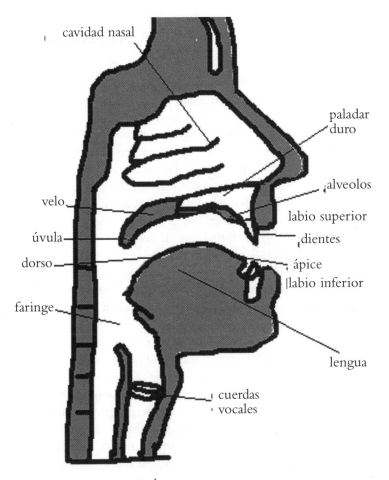

Fig. 1. Órganos articulatorios.

Si nos fijamos, notaremos que al articular [n] como en *nada* o [l] como en *lado*, el ápice está más retraído que en la articulación de [t]. El ápice no hace contacto con los dientes sino con una pequeña prominencia situada inmediatamente detrás, donde se insertan las raíces de los dientes. Ésta es la región alveolar. Por su punto de articulación, [n] y [l] son consonantes ápico-alveolares (o, más brevemente, alveolares). Tanto la [r] de *cara* como la [r̄] de *carro* o *rosa* son también ápico-alveolares en la pronunciación más común en español. En inglés la /t/ se articula más atrás que la /t/ española y es también un sonido ápico-alveolar, en vez de ápico-dental. Si queremos comparar la realización fonética de este fonema en las dos lenguas, podemos indicar que la /t/ en español es dental y no alveolar mediante un diacrítico: [t̪]. Volveremos después sobre este tema.

El fonema /s/ en español puede tener dos articulaciones diferentes según el dialecto. En el norte de España, es un sonido ápico-alveolar como la [n] o la [r]. En el sur de España y en prácticamente toda Latinoamérica, sin embargo, el ápice de la lengua se mueve hacia los dientes inferiores y la constricción se produce entre el predorso de la lengua (parte delantera del dorso) y la región alveolar superior. Es un sonido predorso-alveolar. En estudios dialectológicos, se suelen distinguir estas dos articulaciones utilizando símbolos fonéticos como los siguientes: [ś] = ápico-alveolar (norte de España), [s̄] = predorso-alveolar. Generalmente en nuestras transcripciones utilizaremos simplemente el símbolo [s], sin distinguir entre estas dos articulaciones.

El sonido [ñ] de *año* o *ñandú* se produce elevando el dorso de la lengua hacia la parte más alta del paladar. Los sonidos que se articulan en esta región se conocen como dorso-palatales (o palatales). Con el mismo punto, dorso-palatal, se articulan también la [y] en la pronunciación más común de la *y* y la *ll* de palabras como *mayo, calle*.

Una característica notoria del español de la región de Buenos Aires y Montevideo es que palabras como *mayo* y *calle*, en vez de una consonante dorso-palatal, tienen un sonido similar al de la *j* del francés *jamais* o el que encontramos en inglés en palabras como *pleasure*. Este sonido se produce adelantando el punto de articulación a una zona entre los alveolos y el paladar. Esta articulación se conoce como predorso-palatoalveolar o prepalatal. Éste es también el punto donde se articula la consonante [č] (o [tʃ]) en la pronunciación más extendida del fonema que representamos con *ch* en la ortografía española.

Así, resumiendo lo visto hasta ahora:

	punto de articulación	articulador activo	articulador pasivo
[p], [b], [m]	bilabial	labio inferior	labio superior
[f]	labio-dental	labio inferior	dientes superiores
[t], [d]	(ápico-)dental	ápice	dientes superiores
[n], [l], [r]	(ápico-)alveolar	ápice	alveolos
[s̄]	(predorso-)alveolar	predorso	alveolos
[č]	(predorso-)palatoalveolar o prepalatal	predorso	región postalveolar
[ñ]	(dorso-)palatal	dorso	paladar (duro)
[k], [g], [x]	(dorso-)velar	dorso	velo (paladar blando)

Ejercicio 4. ¿Cuáles de las siguientes palabras empiezan por una consonante (dorso-)velar?
casa pasa cerebro quinientos geranio golosina dinero

Algo de fonética acústica

Veamos cómo tiene lugar la comunicación oral. El movimiento de los articuladores en el habla causa perturbaciones en las partículas del aire transmitidas mediante ondas sonoras que, al llegar al oído del oyente, éste oye y, si conoce la lengua, interpreta como portadoras de un cierto significado.

Para estudiar los sonidos del habla, además de analizar la actividad de los órganos articulatorios requerida en la producción de cada sonido (fonética articulatoria), podemos también investigar la estructura de las ondas sonoras producidas en el habla (fonética acústica). Hoy en día existen excelentes programas de ordenador (*software*) que nos ofrecen una imagen visual de las ondas sonoras y permiten iniciarse en el estudio de la fonética acústica a cualquiera que tenga acceso a un ordenador o computadora personal. Aunque en este capítulo nos concentraremos en la fonética articulatoria, en algunos casos los hechos se ilustran también desde el punto de vista de la fonética acústica. En esta sección nos limitamos a proporcionar los conocimientos mínimos para interpretar las figuras que aparecen en el texto.

En la figura 2a tenemos una visualización de la onda sonora que un hablante de español ha producido diciendo la frase /dós pátas/. A primera vista podemos ver que los diferentes sonidos del habla producen ondas con características diferentes. Es posible determinar dónde empieza y dónde termina cada sonido.

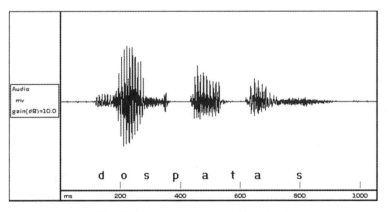

Fig. 2a. Onda sonora de /dós pátas/

En esta representación el eje horizontal indica tiempo (medido en milisegundos (ms.) en la parte de abajo de la figura). De aquí podemos medir la duración de cualquier segmento que nos interese. La dimensión vertical representa la amplitud de la onda. Las ondas más amplias corresponden a sonidos más intensos, con más energía sonora. Si hablamos más fuerte, o nos acercamos más al micrófono, la onda aparecerá con mayor amplitud que si hablamos más bajo o nos alejamos del micrófono. Pero, además, podemos ver en la figura 2a que no todos los sonidos presentan la misma amplitud relativa. En general, las vocales son los sonidos con mayor energía, como podemos ver en la figura. Por el contrario, correspondiendo a las consonantes /t/ y /p/ observamos secciones donde no hay nada de energía, indicando periodos de silencio, sin emisión de sonido. ¿Puede pensar en una explicación para estos hechos?

En la figura 2b tenemos una ampliación de la parte correspondiente a la secuencia /os/ de nuestro ejemplo /dós pátas/. Observemos que la onda de /o/ tiene una estructura que se repite. Decimos que es una onda periódica. En el habla humana las ondas periódicas tienen su origen en la vibración del aire en las cuerdas vocales. Como veremos más adelante, hay también sonidos producidos sin esta vibración. Un ejemplo es /s/ que, como vemos en la figura, tiene una onda aperiódica, no repetida, muy diferente a la de la vocal precedente.

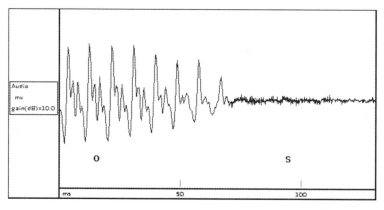

Fig. 2b. Onda sonora de /os/

Un aspecto que nos interesa en las ondas periódicas es la frecuencia con que se repiten. La frecuencia se mide en ciclos por segundo. Un ciclo es una vibración completa, hasta el punto en que empieza a repetirse. Así por ejemplo, si la misma estructura se repite completamente 100 veces cada segundo, decimos que la onda tiene una frecuencia de 100 ciclos por segundo. Como sinónimo de la expresión *ciclos por segundo* se suele utilizar el término hertzio, abreviado Hz. Así si decimos que una onda tiene una frecuencia de 100 Hz es lo mismo que decir que su frecuencia es 100 ciclos por segundo.

Las ondas del habla tienen una estructura compleja. Las ondas periódicas producidas por la vibración en las cuerdas vocales, además de una frecuencia fundamental de vibración, tienen componentes o armónicos a frecuencias más altas que son múltiplos de la fundamental. Según la posición de los órganos articulatorios, unos armónicos o grupos de armónicos adquieren mayor o menor intensidad. El análisis de la distribución de energía a distintas frecuencias nos permite identificar los sonidos con mayor precisión. Este estudio podemos llevarlo a cabo mediante el espectrograma, que nos ofrece una representación diferente de la información presente en la onda sonora.

En la figura 2c tenemos un espectrograma obtenido a partir de la onda sonora en la figura 2a. En el espectrograma, como en la representación de la onda sonora, el eje horizontal indica tiempo. El eje vertical indica aquí frecuencia en Hz. La intensidad del sonido viene indicada por la intensidad del color. Un color más oscuro indica más intensidad del sonido a la frecuencia correspondiente.

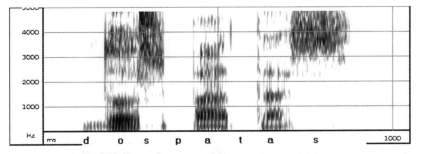

Fig. 2c. Espectrograma de la onda sonora en la figura 2a.

Observemos primero las vocales. El espectrograma de las vocales se caracteriza por la presencia de franjas oscuras horizontales, conocidas como formantes. Cada formante está formado por un grupo de armónicos. La altura de los dos primeros formantes nos sirve para distinguir unas vocales de otras (por ejemplo, el primer formante es más alto en [a] que en las demás vocales). Las estrías verticales observables se producen al abrirse y cerrarse las cuerdas vocales.

59

Observemos también qué diferentes son las secciones del espectrograma correspondientes a las consonantes /t/ y /p/ y las correspondientes a los dos ejemplos de /s/. Discutiremos sus características al hablar del modo de articulación de estos sonidos.

2.1.2. *Modo de articulación*

En la producción de sonidos como [p], [t], [k], el articulador activo y pasivo se juntan, cerrando totalmente el paso del aire. Si, por ejemplo, pronunciamos la secuencia [apa] lentamente notaremos que hay un momento de silencio en que los labios están completamente cerrados. Tenemos el mismo bloqueo total del paso del aire en [ata] o [aka], aunque el punto donde se produce la oclusión es diferente. Este es el modo de articulación de las consonantes **oclusivas**. Las consonantes oclusivas se llaman también **explosivas** porque después del momento de cerrazón u oclusión se produce una explosión al relajarse la oclusión y salir el aire. Estas consonantes tienen, pues, dos fases: oclusión y explosión.

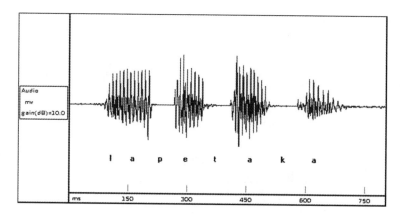

Fig. 3a. La onda sonora de la figura es de la frase *la petaca* /la petáka/. Vemos que la onda está interrumpida por tres momentos de silencio, que corresponden a la fase de oclusión de [p], [t], [k].

El modo de articulación de consonantes como [s], [f] o [x] es diferente. En la articulación de estos sonidos el paso del aire no se corta totalmente. Notemos que podemos mantener sonidos como [sssss] o [fffff] por un tiempo, mientras que esto es imposible en el caso de sonidos como [p] o [t] en los que

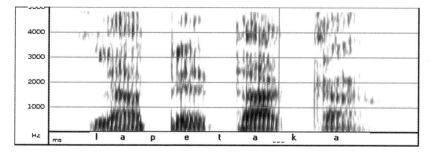

Fig. 3b. Éste es un espectrograma obtenido a partir de la onda sonora de la figura 3a. El espectrograma nos permite observar la distribución de la energía a distintas frecuencias (indicadas en Hz en el eje vertical de la izquierda). Podemos observar también aquí, como en la onda sonora de la figura 3a, que a la fase de oclusión de las tres oclusivas sordas del ejemplo corresponden tres momentos de silencio, sin emisión de energía. La barra vertical después de cada oclusión y al comienzo de la vocal es la explosión de la oclusiva.

el sonido se produce sólo al abrirse la oclusión. Al pronunciar [s], [f] o [x] el articulador activo se acerca mucho al pasivo con fricción o frotamiento entre ambos, obstaculizando, pero sin impedir, el paso del aire. Esto causa turbulencia al pasar el aire. Los sonidos con este modo de articulación se conocen como consonantes **fricativas.**

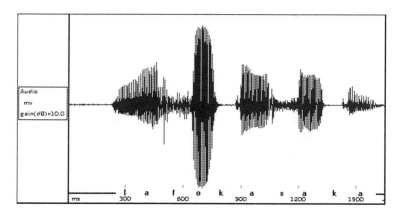

Fig. 4a. Onda sonora de la frase /la fóka sáka/. Puede observarse que las fricativas [f] y [s], al contrario que las dos [k] del ejemplo, presentan energía en toda su duración debido a que el paso del aire se obstaculiza pero sin interrumpirse.

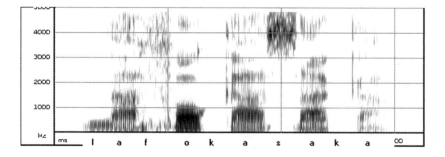

Fig. 4b. Éste es el espectrograma de la figura 4a. Aquí puede verse que el tipo de energía producido por las fricativas es muy diferente del de las vocales. En el caso de la [s] esta energía se concentra en las frecuencias altas del espectrograma. Mientras que en las vocales la onda sonora tiene su fuente en la vibración de las cuerdas vocales (la laringe), en las fricativas sordas la energía resulta de la turbulencia producida por el estrechamiento del canal que permite el paso del aire. Estos dos mecanismos producen ondas sonoras muy diferentes entre sí.

Hay sonidos que empiezan con oclusión pero tienen una explosión de tipo fricativo. Éstos son sonidos del tipo [ts] o [pf] que existen en lenguas como el alemán. Estas consonantes que combinan oclusión con fricción se llaman **africadas**. En español tenemos la africada [č] de *chico* que podríamos representar también como [tʃ], donde [ʃ] es el símbolo fonético que corresponde al sonido inicial del inglés *ship*. De hecho, en algunos dialectos de la lengua española, como los hablados en Chile, Panamá, Sonora y Chihuahua (en el norte de México), y en partes de Andalucía, la africada [č] = [tʃ] tiende a reducirse a la fricativa [ʃ].

En español los fonemas /b/, /d/, /g/ tienen dos tipos de alófonos principales según su modo de articulación. Después de pausa, su articulación es oclusiva. Así, palabras como *vaca* /báka/, *boca* /bóka/, *dama* /dáma/ o *gata* /gáta/ se pronuncian [báka], [bóka], [dáma], [gáta] en este contexto. También tenemos una articulación oclusiva en ejemplos como *con damas, con botas, con vacas, con gatas*, donde los sonidos en cuestión siguen a una consonante nasal. Sin embargo, la articulación no suele ser oclusiva cuando estos fonemas van precedidos por vocal, como en *la vaca, la boca, la dama, la gata*. Una característica del español es que en este contexto (y en otros que veremos) no se produce oclusión en la articulación de /b/, /d/, /g/. En este caso los articuladores se aproximan pero sin llegar a juntarse y sin bloquear el paso del aire. A veces estos sonidos se clasifican como fricativos, pero en realidad el estrecha-

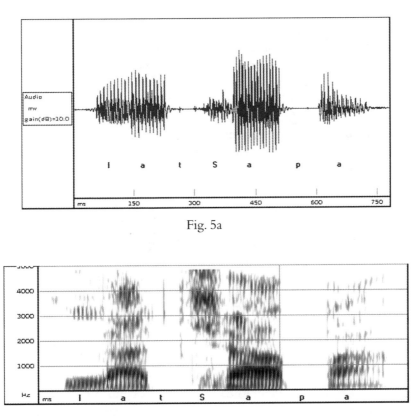

Fig. 5a

Fig. 5b

Fig. 5. La onda sonora en la figura 5a y el espectrograma en la figura 5b corresponden al enunciado *la chapa*. ¿Puede localizar las fases de oclusión y fricción de la africada [tʃ] en ambas figuras?

miento del canal del aire no es suficiente como para producir turbulencia. Por esto es más apropiado utilizar el término **consonantes aproximantes**. Para indicar los alófonos aproximantes de /b/, /d/, /g/, utilizaremos los símbolos [β], [ð], [ɣ] respectivamente. Así transcribiremos [laβáka], [laβóka], [laðáma], [laɣáta] en notación fonética. Hemos notado antes que el sonido que tenemos en [laðáma] es muy parecido al representado por *th* en el inglés *gather*. Los dos sonidos no son, sin embargo, idénticos. El sonido del inglés se pronuncia con bastante más fricción, es una fricativa, mientras que el del español es una aproximante. Utilizaremos el símbolo fonético [ð] en ambos casos, pero

63

en un análisis contrastivo de las dos lenguas podríamos indicar el carácter más abierto del sonido español con un diacrítico subscrito: [ọ].

Otro modo de articulación es el de las consonantes **nasales**. Observemos que al pronunciar el sonido [m] los labios están completamente cerrados, igual que para [b] o [p]. La diferencia es que el aire pasa libremente por la nariz o cavidad nasal (por eso podemos decir [mmmm] manteniendo los labios cerrados). Esto lo conseguimos bajando el velo para permitir el paso del aire por la cavidad nasal. Los sonidos en cuya producción el aire pasa por la cavidad nasal se llaman nasales. La consonante [m] es una nasal bilabial.

> Trate de contestar antes de seguir leyendo:
> ¿Qué otras consonantes tienen un modo de articulación nasal?

En una palabra como *nada*, el primer sonido es una nasal (ápico-)alveolar. La consonante de *año* es una nasal (dorso-)palatal. ¿Qué sonido es la última consonante de *pan*? Es una consonante nasal, cuyo punto de articulación depende del dialecto. En dialectos como los del noreste de España o México tenemos una nasal ápico-alveolar: [pán]. En otros dialectos como los hablados en el Caribe, Perú, Andalucía, Asturias y muchos otros sitios, sin embargo, tenemos una nasal con un punto de articulación dorso-velar, como la nasal del inglés *king*. La nasal dorso-velar la representaremos con el símbolo [ŋ] y transcribiremos [páŋ] cuando deseemos reflejar la pronunciación de los dialectos mencionados. Como hemos notado antes, mientras que en inglés la diferencia entre [n] y [ŋ] al final de palabra es lo que opone una palabra como *thin* a otra como *thing* (que forman un par mínimo), los hispanohablantes no suelen ser conscientes de esta diferencia en español. Tanto [pán] como [páŋ] representan pronunciaciones, en dialectos diferentes, de una única palabra /pán/.

En la articulación de [l], la consonante inicial de *lado* o la final de *mal*, el ápice hace contacto con los alveolos impidiendo el paso del aire por la parte central de la boca. Sin embargo, el aire pasa libremente por uno o ambos lados de la lengua. Este modo de articulación en que el paso del aire tiene lugar por los lados se denomina **lateral**. Diremos que [l] es una consonante lateral (ápico-)alveolar.

En áreas del norte y centro de España y en zonas andinas de Sudamérica hay hablantes que tienen una consonante lateral palatal [ʎ] en palabras donde ortográficamente tenemos *ll*. Para estos hablantes, palabras como *calló* y *cayó* o *pollo* y *poyo* (banco de piedra) tienen pronunciaciones diferentes. En la articulación de [ʎ], la parte central de la lengua hace contacto con el paladar duro y el aire pasa por los lados. En estos dialectos hay, pues, dos fonemas laterales, /l/ y /ʎ/. Así, *el pollo se calló cuando se cayó del poyo* es [elpóʎo sekaʎó ku̯an̠do sekayó ðelpóyo] para estos hablantes y no presenta mayor dificultad de interpretación. En los demás dialectos, la lateral palatal ha desaparecido y se ha confundido con la obstruyente palatal no-lateral /y/. Con esto, nuestro ejemplo resulta bastante menos claro sin otro contexto: [elpóyo sekayó ku̯an̠do sekayó ðelpóyo]

Por último, en el sonido [r] de *cara* y en el sonido [r̄] de *carro* tenemos un modo de articulación que llamamos **vibrante**. El sonido [r] se produce con un golpe rápido o vibración del ápice contra la región alveolar, mientras que en la [r̄] tenemos varias vibraciones del ápice, generalmente dos o tres. En la mayoría de los dialectos del español, tanto [r] como [r̄] son vibrantes ápico-alveolares. Decimos que [r] es una vibrante simple y [r̄] una vibrante múltiple.

Modos de articulación de las consonantes
Oclusivas (oclusión + explosión): [p], [t], [k], [b], [d], [g]
Fricativas (fricción): [f], [s], [θ], [ʃ], [x]
Africadas (oclusión + fricción): [č] = [tʃ]
Aproximantes: [β], [ð], [ɣ]
Nasales: [m], [n], [ñ], [ŋ]
Laterales: [l]
Vibrantes: [r], [r̄]

Algo más de terminología fonológica: Para referirnos a laterales y vibrantes como una sola clase, se utiliza el término consonantes **líquidas**. Las nasales y líquidas agrupadas constituyen la clase de las consonantes **resonantes**. Las oclusivas, fricativas y africadas juntas forman la clase de las **obstruyentes.**

2.1.3. *Actividad de las cuerdas vocales: sonidos sordos y sonoros*

El tercer parámetro principal que utilizamos para clasificar los sonidos consonánticos tiene que ver con la actividad de las cuerdas vocales. Las cuerdas vocales son un par de repliegues musculares y ligamentos simétricos situados a ambos lados de la laringe que pueden juntarse o separarse al paso del aire. Cuando las cuerdas vocales están juntas, al salir el aire de los pulmones entran en vibración, separándose y cerrándose rápidamente y produciéndose así una onda sonora periódica. Los sonidos producidos con vibración del aire en las cuerdas vocales se llaman sonidos **sonoros** (en inglés *voiced*). Los producidos con las cuerdas sonoras separadas durante su pronunciación, sin vibración, son sonidos **sordos** (en inglés *voiceless*). Comparemos, por ejemplo, el sonido de [s] con el sonido de [z], como en inglés *zoo* o *zip*. Si nos llevamos los dedos índice y pulgar a la nuez de Adán (donde está la laringe) y alternamos entre [s] y [z]: [ssszzzssszzz], podemos notar la vibración al pronunciar [zzz] y su ausencia al pronunciar [sss]. Podemos realizar el mismo experimento con [f] y [v] o [x] y [ɣ], etc.

Los sonidos [p], [t], [k] son consonantes oclusivas sordas. Las consonantes [b], [d], [g] son oclusivas sonoras, producidas con vibración en las cuerdas vocales durante la oclusión; [β], [ð], [ɣ], los alófonos aproximantes de los fonemas /b/, /d/, /g/, son también sonoros.

La consonante [č] es una africada sorda. [f], [θ], [s], [ʃ], [x] son fricativas sordas; [v], [ð] (como en inglés *that*), [z] (como en inglés *zip*), [ʒ] (como en francés *jour* o en inglés *pleasure*) son fricativas sonoras. Las fricativas sonoras combinan energía periódica producida por la vibración del aire al abrirse y cerrarse las cuerdas vocales rápidamente con el ruido aperiódico producido mediante la turbulencia causada por el estrechamiento del canal articulatorio. Las fricativas sordas tienen sólo esta segunda fuente de sonido.

Las consonantes resonantes (nasales y líquidas) del español y del inglés son todas sonoras. También son sonoras todas las vocales de estas lenguas.

2.2.   Parámetros en la clasificación de las vocales

Las vocales se clasifican utilizando tres parámetros. Dos de ellos tienen que ver con la posición de la lengua: su altura y su desplazamiento hacia la parte anterior o posterior de la boca. El tercero se relaciona con la posición de los labios. Teniendo en cuenta la altura del dorso de la lengua podemos tener vocales altas, como /i/, /u/, en que el dorso se eleva con respecto a su posición normal de reposo; vocales medias, como /e/, /o/; y vocales bajas, con descenso del dorso, que en español es únicamente la /a/. Según el desplazamiento hacia delante o hacia el velo, tenemos vocales anteriores /i/, /e/, en cuya articulación se adelanta la lengua, una vocal central /a/, y vocales posteriores, con retracción del dorso, /o/, /u/. Por último si consideramos la posición de los labios tenemos dos vocales redondeadas /o/, /u/ y tres no redondeadas, /i/, /e/, /a/.

	anterior	central	posterior
alta	i		u
media	e		o
baja		a	
	no redondeada		redondeada

Así pues, decimos que la /i/ es una vocal alta anterior no redondeada, la /o/ es una vocal media posterior redondeada, etc. Podemos notar que en español, como en muchos otros idiomas, la distinción redondeada/no redondeada resulta redundante: las vocales posteriores son redondeadas y las demás no lo son. Sin embargo, esto no es así en todas las lenguas. Por ejemplo, en francés y en alemán tenemos vocales anteriores redondeadas. La *u* ortográfica del francés *lune* o *plume* se pronuncia colocando la lengua en la posición de la /i/ pero redondeando los labios como para la /u/. Por otra parte en japonés tenemos una vocal que es como la /u/ en cuanto a la posición de la lengua pero sin redondeamiento de los labios.

2.3.   ¿Por qué tenemos fonemas?★

Hemos dicho que todas las lenguas humanas utilizan un número relativamente pequeño, aunque diferente de una lengua a otra, de unidades contrastivas carentes de significado propio o fonemas, de tal forma que es posible descomponer todo enunciado en una serie de fonemas (como se demuestra por el hecho de que es posible idear una escritura basada en el principio fonémico para cualquier lengua). Una pregunta que surge naturalmente es por qué es así. ¿Por qué tenemos fonemas? Un momento de reflexión nos lleva a la conclusión de que el principio fonémico es lo que hace posible, tanto para el niño que adquiere su primera lengua como para el estudiante de una lengua extranjera, el adquirir miles y miles de palabras de una manera relativamente sencilla. Imaginémonos cómo sería si aprendiéramos cada palabra como un todo no descomponible en unidades de sonido y articulación más pequeñas, a la manera que un loro puede aprender algunas palabras y frases. Está claro que esto impondría severas limitaciones en el número de palabras que podríamos aprender.

De hecho todo indica que inicialmente los niños, a una edad muy temprana cuando aún poseen un vocabulario limitado a unas pocas palabras, aprenden cada palabra como una unidad de sonido y articulación que expresa un significado y que no consiste en elementos más simples. Más tarde descubren que, por ejemplo, la coordinación de gestos articulatorios de los labios y las cuerdas vocales que han aprendido en la palabra /pán/ pueden utilizarla también para producir /póko/, /papá/ o /sópa/. Este descubrimiento coincide con un aumento rápido de su vocabulario.

3 Fonemas consonánticos del español y principales alófonos

3.1. Consonantes oclusivas sordas

En español hay tres oclusivas sordas, bilabial /p/, (ápico-)dental /t/ y (dorso-)velar /k/, y tres oclusivas sonoras con los mismos tres puntos de articulación, bilabial /b/, dental /d/ y velar /g/.

Empezando con las sordas, éstas se pronuncian siempre sin aspiración, a diferencia del inglés, donde se aspiran a principio de palabra (como en *pot*) y también en interior de palabra en posición intervocálica antes de vocal acentuada (como en *appear*). Podemos decir que mientras que en inglés el fonema /p/ tiene dos alófonos, aspirado [pʰ], pronunciado con un soplo de aire, como en *pot*, y no aspirado [p], como en *spot*, en español /p/ sólo tiene un alófono [p], no aspirado. Lo mismo ocurre con los otros dos fonemas oclusivos sordos, que en inglés pueden ser aspirados o no serlo y en español nunca son aspirados:

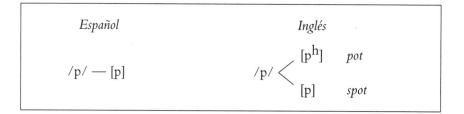

La diferencia entre la aspiración y la no aspiración de las oclusivas sordas tiene que ver con la sincronización entre el momento en que se deshace la oclusión y el momento en que empiezan a vibrar las cuerdas vocales para pronunciar la vocal siguiente. En la secuencia [pa], con oclusiva no aspirada, la explosión y el comienzo de la vibración de las cuerdas vocales son eventos casi simultáneos. Por el contrario, en la pronunciación de [pʰa] transcurren unos 60 milisegundos entre el momento de la explosión y el comienzo de la vibración. En este intervalo se produce la aspiración al salir el aire.

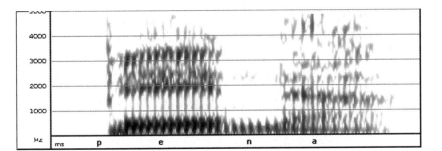

Fig. 6a. Espectrograma de la palabra española *pena* (voz masculina).

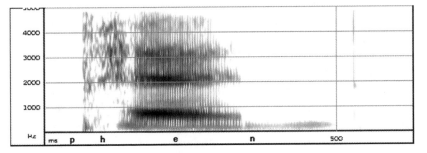

Fig. 6b. Espectrograma de la palabra inglesa *pen* (voz infantil).

Compare las figuras 6a y 6b. En inglés transcurre más tiempo entre la apertura de los labios y la entrada en vibración de las cuerdas vocales para producir la vocal siguiente. Esto da lugar a una fase de aspiración caracterizada por un tipo de energía similar a la de las fricativas sordas y que es claramente observable en la figura 6b.

Cuando comparamos el fonema /t/ del español con el del inglés, además de la aspiración que caracteriza a la /t/ inglesa en posición inicial, notamos una diferencia en el punto de articulación. En inglés la /t/ es alveolar mientras que en español es dental. Por otra parte, en inglés americano hay un alófono conocido como "flap" en palabras como *better* que no existe en español. Este sonido es casi idéntico a la *r* de *para*.

En cuanto a la oclusiva velar sorda /k/, hemos indicado ya que se pronuncia más adelantada (palatalizada) ante las vocales /i/, /e/, lo cual ocurre también en inglés y otras lenguas. La representación ortográfica del fonema /k/ en español es particularmente compleja. Se puede escribir *c* como en *casa* [kása] (ante *a, o, u*), *qu* como en *queso* [késo] (ante *e, i*) o *k* como en *kilo* [kílo] (en algunas palabras técnicas o tomadas de otras lenguas).

Tanto en español caribeño como en español peninsular es bastante frecuente que las consonantes /p, t, k/ en posición intervocálica se pronuncien parcialmente o totalmente sonorizadas en los estilos más coloquiales (sin que esto lleve a su confusión con /b, d, g/, que son aproximantes en este contexto).

3.2. Consonantes oclusivas sonoras

Correspondiendo en punto de articulación a las oclusivas sordas /p/, /t/, /k/, tenemos también tres oclusivas sonoras /b/, /d/, /g/. Como en el caso de la /t/, la /d/ en español es dental, y no alveolar como en inglés. La consonante /g/ presenta la misma variación en punto de articulación que hemos indicado para /k/, realizándose más adelantada ante vocal o semivocal anterior.

Un rasgo característico de la pronunciación de /b/, /d/, /g/ en español, al que hemos hecho ya referencia, es que frecuentemente estos fonemas se realizan sin oclusión completa, permitiendo paso continuo del aire por la cavidad oral, como en *sabe* [sáβe], *lado* [láðo], *lago* [láɣo]. Como ya hemos dicho, estos alófonos a veces se clasifican como fricativos, pero lo cierto es que suelen producirse con muy poca fricción y es más exacto clasificarlos como aproximantes.

Así, pues, los fonemas oclusivos sonoros del español /b/, /d/, /g/ tienen tanto alófonos oclusivos [b], [d], [g] como aproximantes [β], [ð], [ɣ]. ¿Cuál es la distribución de estos alófonos? Como muestran los ejemplos que hemos dado, los alófonos aproximantes ocurren entre vocales. Por el contrario, a principio de enunciado y después de nasal encontramos los alófonos oclusivos. En otras posiciones hay diferencias entre los dialectos del español, pero la distribución más general es la siguiente:

Distribución estándar de los alófonos oclusivos y aproximantes de
/b/, /d/, /g/

- Principio de enunciado: oclusivas; e.g.:
  boca [bóka], *voy* [bói̯], *doy* [dói̯], *gota* [góta].
- Después de nasal: oclusivas; e.g.:
  ambos [ámbos], *invita* [imbíta], *anda* [áṇda], *tengo* [téŋgo].
- Después de lateral: [d] oclusiva, pero [β], [ɣ] aproximantes; e.g.:
  caldo [kál̪do], pero *calvo* [kálβo], *alba* [álβa], *algo* [álɣo].
- Después de otras consonantes: aproximantes; e.g.:
  árbol [árβol], *resbala* [r̄ezβála], *cardo* [kárðo], *desde* [dézðe],
  largo [lárɣo], *rasgo* [r̄ázɣo].

> • Después de vocal y semivocal: aproximantes; e.g.:
> *sabe* [sáβe], *lava* [láβa], *cada* [káða], *lago* [láɣo], *caiga* [ká̯iɣa].

Notemos, en particular, que en la distribución estándar, después de /l/ el fonema /d/ se realiza como oclusivo, mientras que /b/ y /g/ tienen alófonos aproximantes en este contexto. Esta asimetría se debe al hecho de que en el grupo /ld/ los dos segmentos comparten el mismo punto de articulación. En ciertos dialectos centroamericanos y colombianos la tendencia general es a pronunciar oclusivas después de todas la consonantes (e incluso después de semivocal), como en [árbol], [kárdo], etc. y en otros dialectos encontramos también cierto grado de variación en este contexto. Por otra parte, los alófonos aproximantes pueden ocurrir también a principio de enunciado, aunque no muy frecuentemente. Teniendo esta variación en cuenta, una descripción más sencilla sería la siguiente: en posición intervocálica tenemos siempre las aproximantes [β], [ð], [ɣ]. Tras nasal encontramos invariablemente las oclusivas [b], [d], [g]. En otros contextos encontramos variación dialectal.

Otro elemento de variación importante es en el grado de constricción de los alófonos no oclusivos, que pueden variar desde una constricción estrecha a una pronunciación muy relajada, tan abierta como la de una semivocal.

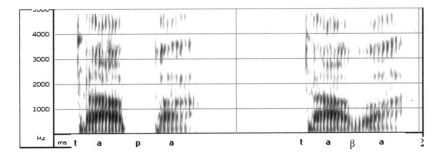

Fig. 7. Espectrogramas de *tapa* [tápa] y *taba* [táβa]. En el segmento correspondiente a [β] en el espectrograma de la derecha podemos ver un primer formante claro y otros formantes menos intensos o interrumpidos. Cuanto más abierta sea la consonante (o, equivalentemente, cuanto menor sea el grado de constricción) más se asemejará el espectrograma de [β], [ð] o [ɣ] al de una vocal.

En muchas partes tanto de España como de Latinoamérica es frecuente la elisión de la /d/ en los participios en *-ado* en pronunciación coloquial, e.g.: *cantado* [kantáo]. La /d/ se elide frecuentemente también en otras palabras en *-ado* como *lado* [láo] y en palabras muy comunes como *todo* [tó] y *cada* [ká], aunque estas pronunciaciones suelen considerarse vulgares o poco cuidadas. En Andalucía, partes del Caribe y otras regiones la elisión de /d/ intervocálica está más generalizada, dándose también en otros contextos: *cantada* [kantá], *comido* [komío], *madera* [maéra].

Ortográficamente el fonema /b/ se representa como *b* o como *v* según criterios generalmente etimológicos. A consecuencia de esto, el saber si una palabra se escribe con *b* o con *v* constituye uno de los problemas ortográficos principales para los hispanohablantes. Al contrario que el inglés y la mayoría de las otras lenguas europeas, el español no tiene un fonema fricativo labiodental /v/: *beso* y *vaso* son /béso/ y /báso/. Es de notar, sin embargo, que en el español de algunos hablantes bilingües de Estados Unidos se encuentra el sonido [v], sobre todo en palabras que tienen correspondencias léxicas claras en inglés (como *visitar, evaluación*, etc).

En el campo de la ortografía debemos notar también que la *u* que escribimos en las secuencias *gue, gui* no representa ningún sonido: *guerra* [géɾa], *aguinaldo* [aɣináldo], excepto en aquellos casos en que se escribe con diéresis: *cigüeña* [siɣu̯éña] o [θiɣu̯éña].

Todo lo que hemos dicho hasta ahora es con respecto a las oclusivas iniciales de sílaba. En posición final de palabra, sólo /d/ es común en español: *verdad, ciudad, pared, virtud,* etc. Esta consonante recibe pronunciaciones diferentes según la región. La pronunciación más corriente es la de una aproximante suave, que con frecuencia se elide: *verdad* [berðáð], [berðá ̃ð], [berðá]. En algunos dialectos, como en el castellano hablado en Cataluña y Valencia, sin embargo, se pronuncia como [t]: [berðát]. Finalmente, en partes del norte y centro de España es frecuente una pronunciación sorda: [berðáθ]. En este dialecto las palabras *pez* y *red* riman: [péθ], [r̄éθ], pero en el plural tenemos *peces* [péθes] vs. *redes* [r̄éðes].

Otras oclusivas finales se encuentran sólo en un reducido número de latinismos y palabras extranjeras como *stop, cénit, coñac, club, smog,* cuya pronunciación es bastante variable.

En posición final de sílaba interior de palabra no hay oposición entre oclusivas sordas y sonoras. Aunque escribimos *p* en *apto* y *b* en *obtener*, no hay contraste entre estas dos consonantes en esta posición. No podríamos tener una palabra /ábto/ que contrastara con /ápto/. La diferencia entre estos dos fonemas que encontramos a principio de sílaba se pierde o neutraliza en esta posición. Se pronuncian también igual la *d* de *administrar* y la *t* de *étnico*. Lo mismo vale en general para las velares: *técnico, digno*. La ausencia de un contraste entre fonemas en una posición determinada se conoce como **neutraliza-**

ción. Podemos decir que en español existe neutralización entre consonantes sordas y sonoras a final de sílaba.

En Cuba y la República Dominicana hay una tendencia a pronunciar como velar toda oclusiva final de sílaba en pronunciación algo enfática: *submarino* [sukmaríno].

En el norte y centro de España es común pronunciar la *g* final de sílaba ensordecida como [x]: *digno* [díxno]. (En algunos sociolectos de esta misma región la *c* ortográfica al final de sílaba se pronuncia [θ]: *dictado* [diθtáðo]. Esta pronunciación goza de poco prestigio social.)

En inglés, pero nunca en español, las oclusivas sonoras iniciales pueden pronunciarse como sordas (sin confundirse con /p/, /t/, /k/ que son aspiradas en esta posición). Ocasionalmente este fenómeno puede dar lugar a confusiones tanto de producción como de percepción para hablantes de inglés que han aprendido español (y para hablantes nativos de español que han aprendido inglés).

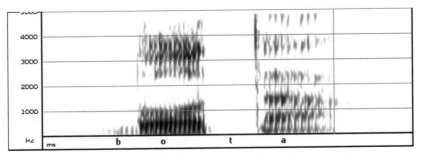

Fig. 8a. Espectrograma de *bota* [bóta]. La energía en la zona inferior del espectrograma antes de la primera vocal se debe a la vibración de las cuerdas vocales durante la oclusión de la consonante.

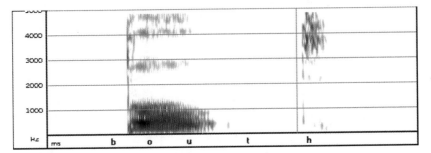

Fig. 8b. Espectrograma de la palabra inglesa *boat* [bou̯tʰ] (voz infantil). El comienzo de la vibración de las cuerdas vocales coincide con el momento de explosión de la consonante bilabial.

Ejercicio 5. Busque tres pares mínimos cuya única diferencia sea que la consonante inicial es sorda en una palabra y sonora en la otra.

Ejemplo: *coma* /kóma/ - *goma* /góma/.

Ejercicio 6. a) Si comparamos el español *ti* con el inglés *tea* y, por otra parte, la pronunciación de la palabra *patio* en español y en inglés, ¿qué diferencias encontramos entre las dos lenguas en la pronunciación del fonema /t/?

b) Para muchos hablantes de inglés americano palabras como *petal* y *pedal* o *atom* y *Adam* se pronuncian igual. Dado que /t/ y /d/ son fonemas diferentes en esta lengua, ¿qué fenómeno fonológico ilustran estos ejemplos? ¿Podría precisar el contexto fonológico de este fenómeno? Considere, por ejemplo, la pronunciación de las dos /t/-s en *potato* y también la pronunciación de /t/ en palabras relacionadas como *atom* y *atomic*.

Ejercicio 7. a) Dé el símbolo fonético y describa la articulación del segmento subrayado de acuerdo con la distribución estándar de alófonos.

Ejemplo: *la<u>v</u>a*   [β]   aproximante bilabial sonora

tri<u>g</u>o	*su<u>b</u>e*	*pon<u>g</u>o*	*cuer<u>v</u>o*	*pra<u>d</u>o*	*nie<u>g</u>a*
pel<u>d</u>año	*car<u>g</u>amento*	*sel<u>v</u>a*	*<u>v</u>amos*	*<u>b</u>ruma*	*em<u>b</u>alse*
in<u>g</u>rato	*pa<u>gu</u>emos*	*en<u>v</u>ase*	*des<u>g</u>aste*	*<u>g</u>orila*	*mun<u>d</u>o*
hen<u>d</u>idura	*in<u>v</u>ita<u>b</u>a*	*a<u>b</u>o<u>g</u>ado*	*em<u>b</u>otado*	*er<u>gu</u>ido*	*aho<u>g</u>a*

b) ¿Cómo piensa que pronunciaría un hablante nativo de español que está empezando a aprender inglés la oración *open <u>th</u>e <u>d</u>oor*? (Preste atención a las consonantes subrayadas).

3.3.　Consonantes fricativas sordas

En español general encontramos, como fonemas, tres fricativas sordas: labiodental /f/, alveolar /s/ y velar /x/. En el castellano del norte y centro de España tenemos además una fricativa interdental /θ/, que no aparece como fonema en español latinoamericano.

/f/ fricativa labiodental sorda: Corresponde siempre a la *f* ortográfica y se realiza como [f] en cualquier posición: *foca* [fóka], *énfasis* [éɱfasis]. Estudios dialectales han revelado la existencia de una variante bilabial sorda [ɸ] en diversas zonas del mundo hispánico. En final de palabra /f/ aparece sólo en alguna palabra extranjera como *golf* o *chef*. En una palabra como *afgano*, en que aparece antes de consonante sonora, /f/ se puede pronunciar como [v] (por asimilación): [avɣáno]. Éste es el único contexto en que el sonido [v] ocurre en español general.

/θ/ fricativa interdental sorda: Sólo existe como fonema en España, correspondiendo ortográficamente a *z, c(e), c(i)*. En este dialecto *ves* [bés] y *vez* [béθ] o *rosa* [r̄ósa] y *roza* [r̄óθa] constituyen pares mínimos.

/s/ fricativa alveolar sorda: Como hemos mencionado ya, su articulación es ápico-alveolar en el norte de España, pero generalmente predorso-alveolar en los demás dialectos del español. En todos los dialectos latinoamericanos, puede corresponder a *s, z* o *c(e), c(i)*. También a *sc(e), sc(i)* como en *escena* [eséna] (pronunciado [esθéna] en el norte y centro de España), *piscina*. Notemos también que la *x* ortográfica de palabras como *taxi, examen*, etc., corresponde a una secuencia de dos fonemas /ks/ (¡pero no en *México*!). La *x* a menudo se pronuncia simplemente como [s], especialmente ante consonante como en *experto* [espérto], pero también en otros contextos como en *auxilio* [au̯síl̯io].

El grupo ortográfico *-xc-* como en *excelente, excepto*, etc., indica una secuencia de fonemas /ks/ en español latinoamericano, pero corresponde a /sθ/ en español peninsular.

En el español del norte y centro de España y también en el de México y otras regiones latinoamericanas el fonema /s/ puede realizarse como sonoro [z] ante consonante sonora como en *desde* [dézðe], *esbelto* [ezβél̯to], *rasgo* [r̄azɣo], *isla* [ízla], *mismo* [mízmo] (pero no en, por ejemplo, *este* [éste], *aspa* [áspa], *rasco* [r̄ásko], donde va seguida por consonante sorda). Éste es un proceso de **asimilación**: la /s/ se asimila, o se hace más semejante, al sonido siguiente. Concretamente tenemos aquí una asimilación en sonoridad. Así, pues, en estos dialectos del español el fonema /s/ tiene un alófono sonoro [z] ante consonante sonora y otro alófono sordo [s] en los demás contextos (ante consonante sorda, ante vocal y en posición final).

En inglés, por el contrario, /s/ y /z/ son fonemas diferentes. ¿Puede pensar en algún par mínimo con estos sonidos en contraste fonémico?

Español		Inglés	
/s/ ⟨ [z] ante consonante sonora		/z/ ——— [z] *zoo*	
⟨ [s] en otros contextos		/s/ ——— [s] *Sue*	
un fonema con dos alófonos		dos fonemas diferentes	

Es importante notar que en español [z] no ocurre nunca ante vocal. Compárense, por ejemplo, el español *pre[s]idente* y el inglés *pre[z]ident*. Un error frecuente entre anglohablantes es pronunciar como [z] la *z* ortográfica española (en palabras como *azul*). Como hemos indicado, la *z* ortográfica representa [s] en español latinoamericano, [asúl], y [θ] en la mayor parte de España, [aθúl].

Un fenómeno con amplia distribución geográfica tanto en España como en Latinoamérica es la **aspiración** y pérdida de /s/. Es decir, en muchos dialectos, /s/ ante consonante y al final de palabra se pronuncia como [h] o se pierde: *mosca* [móhka], *más o menos* [máhoméno]. Estas pronunciaciones son características del español caribeño y andaluz, pero se encuentran también en otras áreas.

/x/ fricativa dorso-velar sorda: Este fonema se representa ortográficamente como *j* o, ante *i, e*, también como *g: jaula* [xáu̯la], *jirafa* [xiráfa], *gente* [xéṇte]. En algunos nombres de lugar, como *México* [méxiko], *Oaxaca* [u̯axáka], se escribe con *x*. La pronunciación de este fonema puede variar desde una fricativa postvelar o uvular [X] con mucha fricción, característica del dialecto del norte de España, hasta una fricativa laríngea suave [h], típica de partes de Andalucía y el Caribe. La pronunciación más extendida es la de fricativa velar con un grado medio de fricción. Un rasgo típico del español chileno es la pronunciación muy palatalizada de /x/ ante vocal o semivocal anterior que llega a ser una fricativa palatal sorda [ç] (el sonido en alemán *ich*) en este contexto: *gente* [çéṇte], *mujer* [muçér], *jirafa* [çiráfa]. Esta pronunciación es el resultado de la asimilación de la fricativa a la articulación de la vocal siguiente (para hablantes de otros dialectos esta pronunciación chilena suena a veces como si se insertara una semivocal palatal, *giente, mujier*, etc.).

3.4. La obstruyente palatal

Correspondiendo a la grafía *y*, y en la mayoría de los dialectos también a *ll*, encontramos en español una obstruyente palatal o prepalatal con grado de constricción muy variable.

La situación más general es que encontremos un fonema obstruyente dorso-palatal sonoro que representaremos como /y/ con dos alófonos principales, uno fricativo o aproximante [y] y otro africado [ỹ], que puede ser también oclusivo.

El alófono fricativo o aproximante palatal sonoro [y] se diferencia de la semivocal [i̯] de *tiene* o del inglés *yes* en presentar un grado mayor de constricción pero sin llegar a la oclusión. Este sonido es el que suele aparecer en posición intervocálica en palabras como *mayo* [máyo] o *calle* [káye]. Según el dialecto, se produce con mayor o menor apertura y, consecuentemente, puede clasificarse bien como consonante aproximante (si se realiza sin fricción audible) o bien como fricativa.

El alófono africado palatal sonoro [ỹ] aparece tras nasal y lateral: *enyesar* [eɲỹesár], *el yeso* [el'ỹéso].

A principio de palabra podemos tener uno u otro sonido según el grado de énfasis: *yo soy* [ỹó sói̯], [yó soi̯].

Hay, sin embargo, bastantes dialectos donde la situación es diferente a la que hemos descrito. En primer lugar, en algunos dialectos, la africada (que, como hemos dicho, puede realizarse también como oclusiva) aparece opcionalmente o consistentemente tras cualquier consonante e incluso entre vocales: *oye* [óỹe] (lo más común es [óye]).

En segundo lugar, en el español hablado en partes de Argentina y Uruguay, en vez de los dos sonidos que hemos descrito encontramos sistemáticamente una fricativa prepalatal sonora estridente (con mucha fricción) [ʒ]: *playa* [pláʒa], *mayo* [máʒo], *calle* [káʒe], *yo* [ʒó]. Este sonido es parecido al de la *j* francesa, como en *jamais* o al sonido del inglés *pleasure*. Tras nasal, podemos tener una africada [dʒ]: *enyesar* [en'dʒesár]. El fenómeno se conoce como **žeísmo** en dialectología española.

Entre los hablantes jóvenes de Buenos Aires y otras partes de Argentina se está extendiendo una pronunciación ensordecida del sonido [ʒ], resultando en una consonante [ʃ] comparable a la *sh* del inglés *sheep*: *playa* [pláʃa].

La distinción ortográfica entre *y* y *ll* corresponde a una distinción originaria entre dos fonemas: la obstruyente palatal central /y/ y la lateral palatal /ʎ/. Hasta hace relativamente poco tiempo esta distinción era bastante general en España y en partes de Sudamérica. El fenómeno se conoce como

lleísmo. En dialectos lleístas palabras como *cayó* [kayó] y *calló* [kaʎó] forman un par mínimo. En la actualidad, sin embargo, el lleísmo está en franco retroceso y se encuentra sólo en zonas principalmente rurales de España y de los Andes de Sudamérica (Bolivia, Perú, Ecuador, Colombia). La inmensa mayoría de los hablantes de español son hoy en día **yeístas**, es decir, tienen un sólo fonema no lateral /y/ correspondiendo tanto a *y* como a *ll* ortográficas. El yeísmo parece tener su origen en el aflojamiento de la constricción centro-palatal del sonido [ʎ], resultando en confusión con los alófonos del fonema /y/.

En cuanto a la pronunciación del grupo ortográfico *hi-* seguido de vocal como en *hielo, hierba,* etc., en el sistema que hemos mencionado más arriba como más general, estas palabras se pronuncian exactamente como si empezaran con *y*: [yélo], [yérβa], igual que *yeso* [yéso], *yendo, yate, llega*. Sin embargo, en dialectos žeístas la pronunciación estridente no suele extenderse a las palabras con *hi-* o *-i-* ortográficas, de manera que *yeso* [ʒéso] y *hielo* [i̯élo] empiezan con sonidos diferentes en estos dialectos y *tramoya* y *paranoia* tienen distintas palatales intervocálicas. Hay incluso un par mínimo en español argentino cuya razón de ser es puramente ortográfica: *hierba* [i̯érβa] y *yerba* (mate) [ʒérβa]. Lo mismo ocurre en algunos otros dialectos donde la realización de /y/ es normalmente oclusiva o africada incluso entre vocales. Aquí también, por lo menos los hablantes más influidos por la lectura, distinguen entre, por ejemplo, [y̌éso] y [i̯élo], según la ortografía.

3.5. Consonantes africadas

Como consonante africada con estatus de fonema tenemos en español la africada prepalatal sorda /č/ (/t∫/), representada ortográficamente como *ch*: *chico* [číko], *muchacho* [mučáčo]. Su punto de articulación es algo más adelantado que el de /y/. A veces este punto de articulación se denomina palatoalveolar o postalveolar. Hay, de todas formas, bastante variación en la articulación exacta de este fonema entre los dialectos del español. En partes de Chile su articulación se adelanta hasta convertirse en una africada alveolar [ts]. En Canarias, por el contrario, su punto de articulación es plenamente palatal.

Un fenómeno al que ya nos hemos referido es la pérdida del elemento oclusivo de la africada, con lo cual resulta la fricativa prepalatal sorda [∫]: [∫íko], [mu∫á∫o]. Esta pronunciación se encuentra en el norte de México, en partes de Andalucía, en Panamá y en Chile, en algunos sitios en variación libre con la africada y en otros como única pronunciación.

3.6.   Consonantes nasales

En español tenemos tres fonemas nasales: bilabial /m/, alveolar /n/ y palatal /ñ/; los tres son sonoros. En el Alfabeto Fonético Internacional, la nasal palatal se representa con el símbolo [ɲ]. Por motivos prácticos utilizamos [ñ] en este libro.

Los tres fonemas contrastan en palabras como *kama* /káma/, *cana* /kána/ y *caña* /káña/. El contraste entre estos tres fonemas lo encontramos tanto entre vocales como a principio de palabra (aunque sólo unas pocas palabras, como *ñandú, ñu* o *ñoño*, empiezan con *ñ*). Es decir, los tres sonidos contrastan a principio de sílaba. A final de sílaba, sin embargo, no encontramos tal contraste. En español tenemos palabras terminadas en -*n*, pero no terminadas en -*m* o en *ñ*. Encontramos *pan*, pero no *pam ni *pañ. Si dejamos a un lado algún préstamo reciente y de pronunciación variable como *álbum*, vemos que los préstamos de otros idiomas terminados en las nasales /m/ y /ñ/ se adaptan con /n/, como lo muestran ejemplos como *Adán, Jerusalén, Belén* (originariamente con -*m* final) o *champán* (del francés *champagne*, con nasal palatal). Podemos decir que el contraste entre los tres fonemas /m/, /n/ y /ñ/ se neutraliza en posición final de palabra en español a favor de /n/. Este fenómeno se conoce como **neutralización de nasales**. Ésta es una neutralización en punto de articulación.

La /n/ final de palabra se articula como [n] o como [ŋ], según el dialecto, en posición final absoluta y ante vocal de palabra siguiente. La realización de nasales finales como [ŋ] recibe el nombre de **velarización**. Éste es un fenómeno que está muy extendido por amplias zonas tanto de Latinoamérica como de España, aunque no se da en los dialectos socialmente dominantes de España ni de México. En los plurales en que la nasal final del singular queda entre vocales tenemos siempre [n] alveolar, incluso en los dialectos velarizantes. Así, en estas variedades encontramos *limón* [limóŋ] con [ŋ] pero *limones* [limónes] con [n], etc.

Cuando la sílaba siguiente empieza por consonante, la /n/ final toma el punto de articulación de la consonante siguiente, realizándose como bilabial ante bilabial, labiodental ante labiodental, velar ante velar, etc., como en los ejemplos siguientes. Este fenómeno se denomina **asimilación de nasales**:

Asimilación de nasales	
Nasal bilabial:	*un perro* [umpéro], *un bote* [umbóte].
Nasal labiodental:	*un foco* [uɱfóko], *énfasis* [éɱfasis].

Nasal dental:	*un tío* [uṇtío], *un día* [uṇdía], *canto* [káṇto].
Nasal alveolar:	*un saco* [unsáko], *manso* [mánso].
Nasal prepalatal:	*un chico* [uńčíko], *ancho* [áńčo].
Nasal velar:	*un gato* [uŋgáto], *un jardín* [uŋxarðín],
	un caso [uŋkáso], *tengo* [téŋgo].

Ante palatal la /n/ se palataliza pero sin llegar a pronunciarse como [ñ]: *un yugo* [uńŷúγo], nasal prepalatal o palatalizada.

Cuando las dos palabras no se encuentran tan estrechamente ligadas, es posible que la nasal se realice con doble oclusión. Así, por ejemplo, en *camión pequeño*, podemos tener simultáneamente una oclusión alveolar y una oclusión bilabial: [nm] (con cerrazón de los labios sobrepuesta a la oclusión ápico-alveolar): [kami̯ónmpekéño], y en dialectos velarizantes oclusiones velar y bilabial: [ŋm].

Ante consonante interior de palabra, la oposición entre los tres fonemas nasales también se halla claramente neutralizada. El punto de articulación es siempre el de la consonante siguiente: *ambos* [ámbos], *invita* [imbíta], *campo* [kámpo], *énfasis* [ém̩fasis], *anda* [áṇda], *antes* [áṇtes], *ancho* [áńčo], *tengo* [téŋgo], *banco* [báŋko], *ángel* [áŋxel].

Según las reglas de la ortografía normativa, se escribe *m* ante *p* o *b* y *n* ante las demás consonantes, incluso ante *v*, que es también bilabial. Así tenemos *cambia* [kámbi̯a] pero *envía* [embía], ambas realizadas con [m]. Teniendo en cuenta lo que ocurre a final de palabra, podemos considerar todas las realizaciones nasales preconsonánticas como alófonos del fonema alveolar /n/. Otra solución teórica que se ha dado al problema de a qué fonema corresponden todas estas distintas realizaciones es postular que el resultado de la neutralización es un **archifonema** /N/, una nasal cuyo punto de articulación no es fonémicamente relevante, puesto que siempre es el de la consonante siguiente. Así tendríamos /káNpo/ [kámpo], /káNta/ [káṇta], /táNgo/ [táŋgo], etc. Volveremos sobre el concepto de archifonema más adelante.

Ejercicio 8. Transcriba fonéticamente las palabras siguientes prestando particular atención a la articulación de las nasales: *envidia, ingrato, hongo, ingeniero, entonces, candado, enredo, infierno.*

3.7. Consonantes laterales

La mayoría de los dialectos del español tienen un único fonema lateral: la consonante lateral alveolar sonora /l/.

En comparación con el inglés podemos notar que en inglés el fonema /l/ tiene dos alófonos, uno "claro" al principio de sílaba, como en *light* y otro "oscuro" (velarizado), al final de sílaba, como en *tall*. En español la /l/ no se velariza. Su sonido es siempre el de una [l] "clara".

Al igual que las nasales, la lateral /l/ asimila su punto de articulación al de una consonante siguiente, pero de una manera más restringida. La asimilación de la lateral sólo tiene lugar ante consonantes articuladas con la parte anterior de la lengua. Así, la /l/ se dentaliza ante dental, como en *toldo* [tól̪do] y se realiza como palatalizada en *el yate* [el'ŷáte]; pero, al contrario de lo que ocurre con las nasales, no hay ninguna asimilación ante labial, como en *calvo* [kálβo], *el faro* [elfáro], ni ante velar, como en *algo* [álɣo], *el coche* [elkóče].

Como hemos notado ya más de una vez, algunos dialectos poseen otro fonema lateral, /ʎ/ lateral palatal (sonora). Aparece como fonema sólo en los dialectos de los Andes (Bolivia, algunas zonas de Perú, Ecuador y Colombia) y en partes de España. En estos dialectos corresponde a la *ll* ortográfica. En dichos dialectos *cayó* y *calló* constituyen un par mínimo; en el resto de los dialectos estas dos palabras se pronuncian igual. Generalmente la pronunciación lateral y la distinción entre palabras como *cayó* y *calló* no se encuentra ya entre los hablantes más jóvenes de las regiones mencionadas.

Ejercicio 9. Indique si en las siguientes palabras el punto de articulación de la /l/ se asimila o no al de la consonante siguiente: *alto, alpino, caldo, alcoba, Álvarez, colcha*.

3.8. Consonantes vibrantes

En español hay dos consonantes vibrantes, la vibrante simple /r/ y la vibrante múltiple /r̄/. Los dos sonidos tienen el mismo punto de articulación en español general: ápico-alveolar, y ambos son sonoros. La diferencia es que en la vibrante simple se produce un solo golpe breve o vibración del ápice contra la región alveolar, mientras que la múltiple se realiza con más de una vibración, generalmente dos o tres.

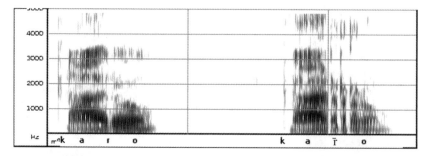

Fig. 9. Espectrograma de *caro* [káro] y *carro* [kár̄o]. Nótese la breve oclusión inter-vocálica en el espectrograma de la izquierda *(caro)* y las tres breves oclusiones en el de la derecha *(carro)*.

Las dos vibrantes están en contraste fonémico sólo entre vocales en interior de palabra: *pero/perro, para /parra.* En los demás contextos la distinción está neutralizada. En principio de palabra sólo encontramos la vibrante múltiple /r̄/: *roto* [r̄óto]. Tras consonante en sílaba diferente tenemos también sólo la vibrante múltiple, *Enrique* [enr̄íke], *alrededor* [alr̄eðeðór]. En otras posiciones (tras consonante en la misma sílaba, ante consonante o final de palabra) podemos encontrar tanto la simple como la múltiple sin que haya contraste: [kaṇtár], [kaṇtár̄]. Lo más normal en pronunciación no enfática es la vibrante simple en estas posiciones. La distribución de las vibrantes podemos, pues, resumirla del modo siguiente:

Distribución de las vibrantes

a) Entre vocales: contraste fonémico, *caro* [káro] vs. *carro* [kár̄o].
b) Inicial de palabra: sólo la múltiple, *roca* [r̄óka].
c) Después de consonante en sílaba diferente: sólo la múltiple, *honra* [ónr̄a].
d) Después de consonante en la misma sílaba: generalmente la simple, *broma* [bróma].
e) Ante consonante: generalmente la simple, *parte* [párte]
f) Final de palabra: generalmente la simple, *mar* [már], obligatoriamente si sigue vocal, *ma*[r] *azul.*

r vs. r̄	r̄	r
a) *caro* vs. *carro*	b) *roca* c) *honra*	d) *broma* e) *parte* f) *mar*

Hay dialectos (por ejemplo en el español del País Vasco) donde hay preferencia por la múltiple en los contextos (d), (e) y (f), pero se trata de una pronunciación minoritaria.

Detrás de /s/, como en *Israel, los reyes*, etc., tenemos la vibrante múltiple, como tras otras consonantes en sílaba diferente (contexto en (c)). Pero lo cierto es que, excepto en pronunciación muy cuidada, lo normal es o que se pierda la /s/, como en *los reyes* [loř̥éyes] o que la /r/ se asimile en modo de articulación a la consonante precedente dando lugar a una fricativa sorda o sonora, [lozř̥éyes].

Dialectalmente encontramos pronunciaciones de /r/ y /r̄/ que no son ápico-alveolares o que son sordas. En México es común el ensordecimiento de la /r/ final: *cantar* [kaņtár̥]. En partes de Puerto Rico la /r̄/ múltiple ha retrasasado su punto de articulación adquiriendo una articulación velar o uvular, que puede ser sorda o sonora: *carro* [káʁo], *rosa* [ʁósa]. Esta pronunciación tiene cierto parecido con la /x/ del norte de España. Hay también otras articulaciones diferentes de la /r̄/ en Costa Rica, partes de Argentina, la República Dominicana, etc. Característica de Chile y Costa Rica, así como de algunas partes del norte de España (Ribera del Ebro de Navarra y La Rioja) es una pronunciación africada del grupo /tr/ que llega a sonar algo parecido a la [č] o al grupo *tr* del inglés *tree*.

Un fenómeno dialectal de cierta importancia es la **neutralización de líquidas** o pérdida de la distinción entre lateral y vibrante ante consonante y a final de palabra. En dialectos con esta neutralización, palabras como *harto* y *alto* se pronuncian igual. La neutralización se encuentra tanto en partes de Andalucía, donde el resultado de la neutralización es [r]: *el niño* [erníño], *muy alto* [muárto], como en Puerto Rico, donde predominan las pronunciaciones cercanas a la [l]: *parte* [pálte].

CUADRO DE FONEMAS CONSONÁNTICOS DEL ESPAÑOL

	bilabial	labiodent.	interdent.	dental	alveolar	prepalatal	palatal	velar
oclusivas	p b			t d				k g
fricativas		f	(θ)		s		y	x
africadas						č		
nasales	m				n		ñ	
laterales					l		(ʎ)	
vibrantes					r			
					r̄			

★ Nota: sordas a la izquierda, sonoras a la derecha.

Ejercicio 10. Para cada uno de los fonemas del cuadro precedente busque al menos un ejemplo de palabra que lo contenga.

PRINCIPALES ALÓFONOS DE LAS CONSONANTES DEL ESPAÑOL

	bilabial	labiodent.	apicodent.	alveolar	prepalatal	palatal	velar	laríngea
oclusivas	p b		t d				k g	
aprox.	β		ð				ɣ	
fricativas		f v	θ	s z	ʃ ʒ	ç y	x	h
africadas					č	y̆		
nasales	m		m̩	n̩ n	ń	ñ	ŋ	
laterales			l̩	l	l′	ʎ		
vibrantes				r̥ r				
				r̄				ʀ

*Notas:

(1) En el cuadro agrupamos articulaciones (ápico-)dentales y (ápico-)inter-dentales.

(2) [y] puede clasificarse también como aproximante, según su realización dialectal específica.

Ejercicio 11. Para cada uno de los sonidos en el cuadro de alófonos precedente dé al menos un ejemplo de palabra o frase que lo contenga (en transcripción fonética). Para aquellos sonidos que ocurren sólo en algún dialecto del español, indique el dialecto.

4   Concepto de archifonema*

El archifonema es un concepto fonológico utilizado en una tradición lingüística que se asocia con la llamada Escuela de Praga de principios del siglo XX. En esta tradición lingüística se utiliza el concepto de archifonema para representar el resultado de la neutralización de dos o más fonemas en una posición determinada cuando no hay ningún criterio claro para asignar los alófonos resultantes a un fonema u otro. Los archifonemas se representan con letras mayúsculas: /N/ archifonema nasal, /R/ archifonema vibrante, etc. Por ejemplo, en inglés hay una oposición entre /p/ y /b/ demostrada por pares mínimos como *pin* y *bin*. Sin embargo, tal contraste no se da después de /s/ inicial. Tenemos una palabra *spin* pero no hay *sbin*. Aún más, si tal palabra existiera se pronunciaría exactamente igual que *spin*. No hay manera de distinguir /p/ de /b/ en esta posición en inglés. El contraste entre los dos fonemas está neutralizado en este contexto. Debemos preguntarnos ahora a qué fonema pertenece la bilabial de *spin*. Claramente no es igual a la [p^h] aspirada de *pin* [p^{h}ɪn], pues se pronuncia sin aspiración. Tampoco es idéntico este sonido al inicial de *bin*. Parece, pues, que no hay ningún criterio para decidir si en [spɪn] la [p] es un alófono del fonema /p/ o del fonema /b/. En este caso postularíamos un archifonema /P/ que representaría la neutralización de los fonemas /p/ y /b/. Así, la palabra [spɪn] la representaríamos fonológicamente como /sPɪn/:

/pɪn/ [p^{h}ɪn]   /bɪn/ [bɪn] ~ [b̥ɪn]   /sPɪn/ [spɪn]

Consideremos otro ejemplo. Hemos visto ya que en español el contraste entre los tres fonemas nasales se pierde en posición final de sílaba (ante consonante o final de palabra). Aquí se nos plantea el problema de a qué fonema asignar las distintas realizaciones que encontramos en esta posición. ¿Es la [ɱ] de *énfasis* [éɱfasis] un alófono del fonema /m/ o de /n/? ¿Y la nasal palatalizada de *ancho* [áɲčo]? ¿Y la nasal velar de *ángulo* [áŋgulo]? Una solución es postular un archifonema /N/ que no es /m/, /n/ ni /ñ/ sino que representa la neutralización de los tres. Así, a nivel de fonemas, tendríamos /éNfasis/, /áNčo/, /áNgulo/ y también /áNbos/ o /káNto/.

Algunos fonólogos postulan también el archifonema /N/ en posición final de palabra: /úN/, /páN/, etc., pues con nasales finales ocurren también las asimilaciones que hemos visto, como en *algún perro* [alɣúmpéřo], *algún gato* [alɣúŋgáto], etc. Sin embargo, parece preferible concluir que aunque también a final de palabra los tres fonemas nasales se neutralizan, la neutralización es aquí en favor del fonema /n/. Esto se deduce del hecho de que tenemos siempre [n] cuando sigue una vocal, sea parte de un sufijo o inicial de palabra siguiente: *algu*[n]*a*, *algú*[n] *amigo*, *pa*[n]*es*, etc. y también en posición final absoluta: *pa*[n], *canció*[n] (los hechos son, naturalmente, un poco más complicados en dialectos velarizantes). Teniendo en cuenta esto, podemos proponer /ún/, /pán/, /algún/, /xamón/, etc. con /n/ final, que es claramente el fonema que tenemos en /úna/, /pánes/, /algúnos/ o /xamónes/.

El concepto de archifonema puede ser también útil al analizar la distribución de las vibrantes en español. El contraste entre la vibrante simple /r/ y la múltiple /r̄/ aparece neutralizado en español en todas las posiciones excepto la intervocálica interior de palabra. Según el dialecto o el grado de énfasis, se puede pronunciar [párte] o [pár̄te], [bárko] o [bár̄ko]. A nivel de fonemas, ¿qué tenemos, /párte/ o /pár̄te/? ¿A qué fonema pertenece la vibrante neutralizada en esta posición? Una buena solución analítica parece ser el postular un archifonema /R/ en esta posición: /páRte/, /báRko/. Con esto indicamos que la distinción entre la vibrante simple y la múltiple no es pertinente en este contexto. A final de palabra y sea en posición final de enunciado o ante consonante, encontramos la misma neutralización: [kantár] y [kantár̄], [dárpálmas] y [dár̄pálmas] son realizaciones no contrastivas que pueden corresponder a distintos dialectos o a diversos grados de énfasis en el mismo dialecto. Ahora bien, si sigue una vocal (de sufijo o en otra palabra), lo cierto es que aparece siempre la vibrante simple y nunca la múltiple. Así tenemos [kantáres], [amóres] y no *[kantár̄es]; *amor alguno* [amóralɣúno] y no *[amór̄alɣúno], *dar ayuda* [dárayúða] y no [dár̄ayúða], etc. De hecho podemos tener pares mínimos como entre las frases *amar a ésa* [amáraésa] (con vibrante simple) y *amarra ésa* [amár̄aésa]. Por este motivo parece mejor concluir que en posición final de palabra (y de morfema) el resultado de la neutralización de las vibrantes es el fonema /r/, vibrante simple: /kaNtár/, /paRtír/, /amór/, etc.

En posición inicial de palabra tampoco hay contraste entre las vibrantes. Esta vez lo que encontramos son realizaciones del fonema vibrante múltiple /r̄/. Es fácil apreciar que *a Roma* [ar̄óma] contrasta con *aroma* [aróma] mientras que *de rota* y *derrota* son secuencias homófonas: [der̄óta]. Dada la posibilidad de contraste en ejemplos como *a Roma* vs. *aroma*, podemos concluir que la única vibrante que tenemos en inicial de palabra es la vibrante múltiple /r̄/ y no el archifonema /R/.

Para dar un último ejemplo de archifonema, consideremos la situación fonológica de las oclusivas finales de sílaba. Notamos antes que la oposición entre oclusivas sordas y sonoras se encuentra neutralizada en posición final de sílaba. Una palabra como *apto* puede pronunciarse sea como [ápto] sea como [aβto]. ¿Fonémicamente qué tenemos, pues, /ápto/ o /ábto/? En este caso también es útil hacer uso del concepto de archifonema y representar /áPto/.

EJERCICIOS DE REPASO

Ejercicio 12.

1. ¿Cuáles de las siguientes palabras empiezan con una consonante velar?

perro   gato   moto   queso   jamón   lago   fruta   gente   cuando

2. ¿Cuáles de las siguientes palabras empiezan con una consonante alveolar?
saco   mono   nunca   higo   lazo   chico   rato   ñandú

3. ¿Cuáles de las siguientes palabras empiezan con una consonante bilabial?
mono   pato   guante   burro   vaca   zorro   faro

4. ¿Cuáles de las siguientes palabras empiezan con una consonante sorda?
piso   beso   caso   vaso   género   toldo   diente   suelo   zapato

5. ¿Cuáles de las siguientes palabras <u>contienen</u> una fricativa interdental sorda en el dialecto del norte y centro de España?
saco   ciento   zapato   piscina   soga   azul   acero   esquina   izquierda

6. ¿Cuáles de las siguientes palabras contienen una fricativa prepalatal [ʒ] en el dialecto de Buenos Aires?
mayo   calle   huerta   silla   yo   llanura   gente

7. ¿Cuáles de las siguientes palabras <u>empiezan</u> con una consonante nasal?
nunca   año   mosca   piano   ñandú   sino   aunque

8. ¿Cuáles de las siguientes palabras contienen una consonante lateral en español mexicano?
arte   pelo   llorar   yegua   ala   lado   alto   sencillo   hierba

9. ¿Cuáles de las siguientes palabras contienen una vibrante simple?
loco   rato   pera   mosca   parra   arte   abre   honra

10. ¿Cuáles de las siguientes palabras contienen una consonante labiodental en español general?
ambos   boca   verde   frente   afgano   gente   sofá   cereza

Ejercicio 13.
Transcriba los sonidos subrayados y defínalos (Ejemplo: <u>*burro*</u> [b] oclusiva bilabial sonora):

1. <u>p</u>eso	2. <u>f</u>ruta	3. nu<u>n</u>ca
4. ma<u>n</u>o	5. á<u>g</u>uila	6. la<u>v</u>a
7. am<u>b</u>os	8. a<u>j</u>o	9. pe<u>z</u>
10. pe<u>ch</u>o	11. <u>r</u>oca	12. a<u>ñ</u>o
13. general	14. a<u>qu</u>í	15. maravi<u>ll</u>a

16. envía   17. sabe   18. pera
19. énfasis   20. lago   21. boda

Ejercicio 14. ¿En cuáles de las siguientes palabras puede realizarse la consonante subrayada como fricativa sonora [z]?

  1. pasta   2. soga   3. desgarro
  4. esbozo   5. presente   6. zoológico
  7. azteca   8. estima   9. esbirro
10. isleño   11. beso   12. buzón
13. desdicha   14. desilusión   15. israelita
16. histórico   17. asbesto   18. asno
19. brazo   20. visión   21. disgusto

5   Vocales y semivocales

5.1.   Fonemas vocálicos

En español tenemos cinco fonemas vocálicos, que podemos clasificar como lo hacemos en el siguiente cuadro:

	anterior	central	posterior
alta	i		u
media	e		o
baja		a	
	no redondeada		redondeada

Los cinco fonemas vocálicos se definen, pues, del modo siguiente:
/i/ vocal alta anterior (no redondeada), /píno/
/u/ vocal alta posterior (redondeada), /púlga/
/e/ vocal media anterior (no redondeada), /péso/
/o/ vocal media posterior (redondeada), /póko/
/a/ vocal baja central (no redondeada), /pálo/

Si comparamos las palabras españolas *sí, su, sé, lo* con las inglesas *sea, Sue, say, low*, notaremos que las vocales españolas, al contrario que las inglesas de los ejemplos, son vocales puras, sin tendencia a la diptongación.

A diferencia del inglés e incluso lenguas tan próximas como el catalán y el portugués, las vocales españolas mantienen su timbre en sílabas no acentuadas. Así se pronuncia, por ejemplo [kása] *casa* y no [kásə], con vocal reducida.

Las vocales medias pueden ser más abiertas (más bajas) o más cerradas (más altas) según el contexto. Así la /e/ de *perro* es normalmente más abierta que la de *pecho*. La diferencia entre estos alófonos no es, sin embargo, tan grande como en lenguas como el catalán y el portugués en que las vocales medias abiertas /ɛ/, /ɔ/ son fonemas que contrastan con las medias cerradas /e/, /o/.

En partes de Andalucía (la zona de Granada) las vocales medias se abren extraordinariamente antes de /s/ final de palabra aspirada o elidida. Esto permite la diferenciación de singulares y plurales por la cualidad de la vocal final aun en casos en que la /s/ se elide por completo. Así el singular *libro* [líβro] contrasta con el plural *libros* [líβrɔ] y *libre* [líβre] contrasta con *libres* [líβrɛ]. La apertura de la vocal final puede transmitirse también en este dialecto a la vocal de la sílaba acentuada si ésta es media, como en *mono* [móno] y *monos* [mɔ́nɔ].

En contacto con consonante nasal las vocales se nasalizan parcialmente. Especialmente las vocales situadas entre dos nasales, como la segunda vocal de *semana*, pueden presentar un grado de nasalización bastante apreciable.

Además de estas cinco vocales, tenemos dos semivocales, que aparecen antes o después de la vocal en la misma sílaba:

/i̯/ semivocal palatal, [ti̯éne], [péi̯ne]

/u̯/ semivocal labiovelar [ku̯ándo], [áu̯ŋke].

Las semivocales se conocen también como deslizadas (traducción del inglés *glide*). Algunos autores distinguen entre semiconsonantes, si preceden a la vocal, como en [ia], y semivocales, en sentido estricto, si siguen a la vocal, como en [ai̯]. En este libro no hacemos esta distinción, que es totalmente predecible del contexto. El estatus de las semivocales [i̯], [u̯] como fonemas independientes o como simples alófonos de las vocales altas es un tema debatido en la fonología del español. Como veremos en la sección siguiente hay algunos casos de contraste fonémico entre semivocal y vocal alta.

Las vocales medias tienen también alófonos no silábicos en el habla rápida, como veremos más adelante.

El inglés tiene más vocales que el español, 10 u 11 fonemas vocálicos diferentes, según el dialecto. Empezando con las vocales altas, las vocales largas y tensas /u/, /i/ de, por ejemplo, *food* y *seek* contrastan con las más breves y relajadas /ʊ/, /ɪ/ de *good* y *sick*. De manera semejante, las tensas, diptongantes, /e/ [ə¹], /o/ [oᵘ], de *mate* y *lone, loan,* contrastan con las breves relajadas /ɛ/, /ɔ/, de *met* y *lawn.* Existe también una vocal media central /ʌ/, como en *cut.* Por último, hay un contraste entre dos vocales bajas, una anterior /æ/, como en *pat*, y otra posterior /a/, como en *pot*. El contraste entre /ɔ/ y /a/ se ha perdido en algunos dialectos. Así algunos hablantes distinguen entre *Dawn* /dɔn/ y *Don* /dan/ o *caught* y *cot* y otros no.

LAS VOCALES DEL INGLÉS			
	anterior	*central*	*posterior*
alta tensa	/i/ [i̬] beet, seek		/u/ [uᵘ] boot, food
alta relajada	/ɪ/ bit, sick		/ʊ/ good, book, put
media tensa	/e/ [eⁱ] bait, mate		/o/ [oᵘ] boat, lone
media relajada	/ɛ/ bet	/ʌ/ but, buck, cut	/ɔ/ bought, dog
baja	/æ/ bat, mad		/a/ pot, Don

Hemos mencionado ya que las vocales tensas o largas del inglés tienden a la diptongación. No llegan, sin embargo, a ser diptongos claros como los del español. Por ejemplo, la palabra inglesa *lay* se diferencia por su diptongación de la española *le*, pero su elemento semivocálico final no llega a ser tan largo como el de la palabra española *ley*. Tanto en *le* como en *lee* tenemos vocales puras, no diptongantes, en español, mientras que *ley* tiene un diptongo con ambos elementos bien pronunciados. El sonido final en inglés *lay, say, San Jose* representa una situación intermedia, que podemos definir como vocal diptongante o diptongo breve.

5.2. Secuencias de vocales[1]

Cuando dos vocales aparecen en secuencia a veces se pronuncian juntas en una sola sílaba, como *io* en *Mario*, y otras veces se pronuncian en sílabas separadas, como *ia* en *María*. Cuando dos vocales constituyen una única sílaba decimos que tenemos un **diptongo**. Por el contrario, dos vocales seguidas pronunciadas en sílabas separadas forman un **hiato**.

En los diptongos sólo un segmento es una verdadera vocal. En la segunda sílaba de *Mario*, por ejemplo, la vocal es [o]. El otro elemento del diptongo, que tiene duración más breve que una auténtica vocal, se denomina **semivocal** o **deslizada**, como ya hemos indicado. Utilizaremos los símbolos [i̯], [u̯] para la semivocal anterior y posterior respectivamente. Así, transcribiremos

---

[1] Las secciones 5.2, 5.5 y 6 de este capítulo se basan, en parte, en Hualde (1999), donde se ofrece un análisis fonológico más detallado. Con permiso de Georgetown University Press.

Mario como [márįo] y *aula* como [áụla]. Las semivocales no reciben representación ortográfica diferente de las vocales en español, excepto que en posición final de palabra la semivocal [į] se escribe *y*, como en *estoy* [estóį] (pero el mismo diptongo se escribe *oi* en *boina* [bóįna]). Una secuencia ortográfica como *ie*, por ejemplo, puede representar un diptongo [įe] o un hiato [i.e] (indicamos con un punto la separación en sílabas). La presencia del acento ortográfico sobre la *i* o la *u* nos indica que tenemos un hiato, como en *María, ríe, gradúa* (frente a *Mario, pie, agua* que contienen un diptongo). Sin embargo, como veremos, la distinción diptongo/hiato no está siempre indicada de este modo en la ortografía del español.

Podemos distinguir dos tipos de diptongos: crecientes y decrecientes. En los **diptongos crecientes** el segundo elemento es más abierto que el primero; es decir, tenemos una secuencia semivocal + vocal, como en [įa], [ųe]. La secuencia aumenta o crece progresivamente en apertura. Por el contrario, en los **diptongos decrecientes**, el primer elemento es más abierto que el segundo; la secuencia es vocal + semivocal, como en [aį], [eų], en que el movimiento es de una posición más abierta a una posición más cerrada.

Diptongos crecientes   Diptongos decrecientes

į   a   a   į

Aunque el español tiene bastantes menos vocales que el inglés, es más rico en diptongos. En concreto, el español tiene diptongos crecientes, como [įa] que no son comunes en inglés. Por ejemplo, en español nombres como *San Diego, Indiana* contienen diptongos crecientes. En cada uno de estos dos nombres tenemos tres sílabas en español: *San.Die.go* [sandįéɣo], *In.dia.na* [indįána]. En inglés, por el contrario, estas secuencias se pronuncian en hiato: *San.Di.e.go, In.di.a.na*, con cuatro sílabas en cada caso.

Podemos tener también **triptongos** como en *buey* [bųéį] y *Paraguay* [paraɣųáį], donde la vocal va precedida por una semivocal y seguida por otra.

Las secuencias que pueden formar diptongo en español son las que ejemplificamos a continuación:

Diptongos crecientes (semivocal + vocal)			
[įa]	Santiago	[ųa]	cuando
[įe]	pierna	[ųe]	puedo
[įo]	idioma	[ųo]	ventrílocuo, cuota, monstruo★
[įu]	viuda	[ųi]	cuida

Diptongos decrecientes (vocal + semivocal)
[ai̯] aire   [au̯] jaula
[ei̯] peine   [eu̯] deuda
[oi̯] boina   [ou̯] Bousoño, bou*
[ui̯] ____   [iu̯] ____

Los diptongos que hemos marcado con un asterisco detrás de los ejemplos correspondientes son raros en español: [u̯o] aparece en muy pocas palabras, y [ou̯] sólo en nombres de origen gallego-portugués como *Bousoño, Sousa*, o catalán, como *Masnou*, en siglas como *COU* y en algún préstamo del catalán como *bou*.

Observemos también que las secuencias *iu, ui,* de dos vocales altas pronunciadas en diptongo las hemos clasificado como diptongos crecientes [i̯u], [u̯i] en vez de diptongos decrecientes. En realidad estas dos realizaciones son difícilmente distinguibles y parece haber preferencias diferentes en algunos dialectos. Lo general, sin embargo, es que *viuda* rime con *suda* y no con *vida*, lo que nos lleva a concluir que en el diptongo *iu* la vocal es [u], mientras que *cuida* rima con *vida*, lo que indica que en *ui* la vocal es [i].

Los diptongos ejemplificados arriba contienen las semivocales [i̯], [u̯], ortográficamente representadas por *i, u*. Otras secuencias (*ea, oa, ae, ao, oe, eo*), incluyendo las secuencias de dos vocales idénticas (*aa, ee, oo*), forman siempre sílabas separadas en pronunciación cuidada. Es decir, constituyen hiatos, como en los ejemplos en (a) en el cuadro siguiente. Además, las mismas secuencias que hemos visto que pueden formar diptongo aparecen también en hiato en otras palabras, como en (b) y (c). Las secuencias de dos vocales altas idénticas (*ii, uu*) son raras en español y sólo se encuentran excepcionalmente en alguna palabra de estructura compleja como *tiíto*. Estas secuencias, en la medida en que pueden encontrarse ejemplos, también forman hiato en el habla cuidada, como las demás secuencias de vocales iguales, (d):

HIATOS			
(a) Hiatos sin vocal alta			
[e.a]	fea, teatro	[o.a]	toalla, almohada
[e.o]	feo, león	[o.e]	poema
[e.e]	leer, creemos	[o.o]	coordinado, mohoso
[a.e]	cae, maestro	[a.o]	caos, tahona
[a.a]	azahar, albahaca		

(b) Hiatos de apertura creciente con vocal alta

[i.a]	María	[u.a]	púa
[i.e]	ríe	[u.e]	adecúe
[i.o]	navío	[u.o]	dúo
[i.u]	diurno, Mihura	[u.i]	huida

(para algunos hablantes la palabra *diurno* contiene un diptongo)

(c) Hiatos de apertura decreciente con vocal alta

[a.i]	país, caída	[a.u]	aúlla, tahur
[e.i]	yeísmo, leíste	[e.u]	reúne
[o.i]	oído	[o.u]	austro-húngaro★

(d) Secuencias de dos vocales altas idénticas

[i.i]	tiíto, antiitaliano	[u.u]	?

Cuando ninguna de las dos vocales en la secuencia es alta, tenemos, pues, siempre un hiato, al menos en la pronunciación más cuidada: *po.e.ta, ma.es.tro, te.a.tro.* Por el contrario, cuando uno de los elementos es *i, u,* podemos tener tanto un diptongo como un hiato. El que tengamos diptongo o hiato depende en gran parte de la posición del acento. Tenemos necesariamente un hiato con *í, ú* acentuada precedida o seguida por otra vocal no alta (es decir, si la *i* o la *u* es el elemento que lleva el acento, no puede ser una semivocal). Los hiatos se marcan ortográficamente con un acento cuando la vocal alta lleva el acento prosódico, como en *María, navío, oído,* etc. Sin embargo, el acento no suele escribirse cuando las dos vocales son altas como en *huida* o *fluido,* que en algunos dialectos tienen una secuencia con hiato que contrasta fonológicamente con el diptongo de *cuida.* Esto es, *huida, fluido* tienen tres sílabas, exactamente como *oído,* mientras que *cuida* tiene sólo dos (añadimos fronteras silábicas a las representaciones fonéticas para mayor claridad): [u.í.ða], [flu.í.ðo] vs. [ku̯í.ða]. Esta distinción es general en la mayor parte de España; falta por determinar su extensión en Latinoamérica.

En secuencias con *i,u* no individuada acentualmente, por el contrario, lo normal es el diptongo. Hay, sin embargo, algunas excepciones y éstas no se señalan ortográficamente. Para muchos hablantes existe un contraste entre, por ejemplo, *riendo,* con hiato, y *siendo,* con diptongo, ambos con acento prosódico en la vocal [e]: *ri.en.do* [r̄i̯én̪do] vs. *sien.do* [si̯én̪do], que no se marca ortográficamente al no ser la vocal alta la que tiene acento prosódico. El hiato tampoco se suele distinguir ortográficamente del diptongo en "pseudo-monosílabos" como *(él) rio* que en realidad es bisílabo en muchos dialectos, [r̄i.ó], y contrasta con los monosílabos *dio* [di̯ó], *vio* [bi̯ó] donde el acento ortográfico no es necesario según las reglas de la Academia precisamente por ser monosílabos. Notemos asimismo el contraste entre las tres palabras [pi.é] ("dije pío", pretérito del verbo *piar*), [pí.e] (subjuntivo de *piar*) y el sustantivo [pi̯é]. Este contraste no se hace, sin embargo, en todos los dialectos del español.

En los dialectos con el contraste mencionado, los casos con hiato donde la vocal alta no es la acentuada prosódicamente son la excepción y generalmente corresponden a palabras relacionadas morfológicamente con otras donde la vocal alta lleva el acento, como en *riendo*, que pertenece al mismo verbo que *ríe*, donde la [i] lleva el acento, *riada* [r̄i.á.da], relacionada con *río, viable* [bi.á.βle] relacionada con *vía*, etc. También encontramos hiatos en palabras compuestas como *boquiancho*. Finalmente, para muchos hablantes de dialectos con este contraste fonológico, hay palabras que excepcionalmente tienen hiato sin que exista ninguna explicación morfológica para ello. Por ejemplo, mientras que *diente, mientras, vientre, siente, tiene, pliegue* tienen un diptongo [i̯e], hay hablantes para los que la palabra *cliente* es diferente de las otras y contiene un hiato: *cli.en.te* [kli.én̪te]. Estos casos hay que aprenderlos uno por uno en los dialectos con este contraste.

A nivel de representación fonémica lo más económico es marcar la frontera silábica en aquellas palabras en que, como excepción a la regla, tenemos secuencias en hiato con /i/, /u/ no acentuadas: /kli.énte/. Esta solución nos permite considerar las semivocales [i̯], [u̯] como simples alófonos de las vocales altas, pues dejando aparte estos casos, encontramos distribución complementaria entre vocales y semivocales: las semivocales [i̯], [u̯] son alófonos de /i/, /u/ en contacto con otra vocal y en posición no acentuada. (La otra solución teórica posible es considerar que las semivocales son fonemas independientes.)

Resumiendo:
1) Secuencias que incluyen sólo vocales medias y bajas (*ea, ae, eo, oe, oa, ao, ee, aa, oo*): siempre en hiato. Ejemplos: *te.a.tro, a.é.re.o, po.e.ta, le.e.mos*.
2) Secuencias con *í, ú* acentuadas (*ía, úa, ío, aí, oí, aú,* etc.): siempre en hiato. Ejemplos: *sa.bí.a, e.va.lú.a, im.pí.o, o.í.do, a.ú.na*.
3) Otras secuencias (con *i, u* no acentuadas):
   3a) Generalmente son diptongos: *mie.do* [mi̯éðo], *due.lo* [du̯élo], *ai.re, sa.bio, jau.la, oi.go*.
   3b) Excepcionalmente son hiatos: *ri.en.do* [r̄i.én̪do], *du.e.to* [duéto].

Excepto por las palabras que pertenecen al grupo (3b), la distribución de vocales y semivocales (o diptongos e hiatos) es predecible.

Ejercicio 15. Defina los siguientes sonidos y dé un ejemplo de palabra que contenga cada sonido. Indique también si el sonido ocurre sólo en algunos dialectos del español o no ocurre en español.
Ej.: [b] oclusiva bilabial sorda, *burro*.

1.	[f]	2.	[s]	3.	[ŋ]
4.	[l]	5.	[m]	6.	[x]
7.	[r̄]	8.	[θ]	9.	[k]
10.	[r]				

Ejercicio 16. Defina los siguientes conceptos (y dé ejemplos):
1. fonema
2. par mínimo
3. lleísmo/yeísmo/žeísmo
4. consonante oclusiva
5. sonido sordo
6. consonante vibrante
7. aspiración de /s/
8. neutralización de nasales
9. diptongo/hiato
10. vocal alta

Ejercicio 17. Conteste brevemente:
1. ¿Con qué letras se representa el sonido [k] en la ortografía española?
2. ¿Con qué letras se representa el sonido [g] en la ortografía española?
3. ¿Qué sonido representa la letra *h* ortográfica en español?
4. ¿Con qué letras se representa el sonido [x] en la ortografía del español?

Ejercicio 18. Indique las diferentes pronunciaciones de las consonantes subrayadas en distintos dialectos del español:
1. canta__n__
2. __ll__egar
3. re__c__ibir
4. e__s__tamo__s__

Ejercicio 19. Indique si las secuencias subrayadas se silabifican en diptongo o en hiato:

1. Son<u>ia</u>   2. hac<u>ía</u>   3. hac<u>ia</u>   4. b<u>oa</u>to   5. b<u>aú</u>l
6. europ<u>eo</u>   7. <u>oi</u>gamos   8. d<u>ue</u>ño   9. c<u>ua</u>derno   10. pe<u>o</u>nada
11. m<u>ie</u>doso   12. be<u>o</u>do   13. <u>ae</u>rop<u>ue</u>rto   14. od<u>ia</u>rás   15. t<u>ie</u>rno

5.3.   Pronunciación de las semivocales iniciales de sílaba

En posición inicial de sílaba, las semivocales [i̯], [u̯] tienden a reforzarse, neutralizándose, respectivamente, con la consonante palatal /y/ y con el grupo /gu̯/, para quizá la mayoría de los hablantes de español. Así, *hierro* se pronuncia exactamente igual que *yerro* (de *errar*) y no hay contraste tampoco entre las secuencias ortográficas subrayadas de *ag<u>üi</u>ta* y *a<u>hue</u>ca* o *des<u>gua</u>zo* y *des<u>hue</u>so*.

La ortografía española distingue entre las grafías *hi-* ante vocal e *y-* de acuerdo con criterios generalmente etimológicos, aunque hay también palabras de ortografía variable como /yérba/ [yérβa], escrita *hierba* o *yerba* y como /yéðra/ [yéðra] que puede escribirse *yedra* o *hiedra*. Como dijimos antes, sin embargo, hay hablantes y dialectos que pronuncian *hi-* ortográfica ante vocal con menos constricción que *y-*.

En cuanto a /u̯-/ ~ /gu̯-/ inicial de sílaba, suele escribirse *hue-* a principio de palabra (*hueso, hueco, huerto*) pero *gua-* (*guante, guardia, guasa*) por motivos que son justificables desde un punto de vista etimológico. En algunas palabras encontramos también variación en la norma escrita, y puede escribirse *guanaco* o *huanaco*, *guagua* o *huahua*, *huero* o *güero*, *huiro* o *güiro*, etc. Fonéticamente tenemos, por ejemplo: *ese hueso* [éseɣu̯éso] ~ [éseu̯éso]; *un hueso* [uŋgu̯éso]; *agüita* [aɣu̯íta] ~ [au̯íta]. Los hablantes de español que están empezando a aprender inglés tienden a no "oír" la diferencia entre palabras inglesas como *Gwen* y *when*, dado que este constraste está neutralizado en su lengua nativa. (Chiste: "¿Qué le dijo un jaguar a otro jaguar?" "Jaguar yu" (= How are you?).)

Notemos que un caso diferente es el de *huida* (y el verbo *huir*). Esta palabra tiene un hiato, [u.í.ða], y se distingue de otras palabras con diptongo como *huiro* (o *güiro*), [(ɣ)u̯í.ro].

Ejercicio 20. Hecho verídico. En una reedición de la obra de un autor ya fallecido, lo que el autor había escrito como *expiar sus yerros* ("atone for her errors") aparece transformado en *espiar sus hierros* ("spy her irons"), que no tiene ningún sentido en el contexto de la narración. ¿Qué nos dicen estos errores acerca del sistema fonológico del editor (y, lo más seguro, de su secretario, a quien estaba dictando)?

5.4. ¿Un fonema menos?★

Algunos autores han propuesto que la fricativa palatal /y/ no debe considerarse un fonema independiente en español, sino que corresponde a ciertas realizaciones alofónicas del fonema /i/. En este análisis los sonidos fricativo [y] y africado [y̆] son simplemente formas reforzadas de la semivocal [i̯] cuando se encuentra a principio de sílaba y, por tanto, pueden considerarse alófonos del fonema /i/. Esta solución, aunque no exenta de problemas, es intuitivamente atractiva, sobre todo en dialectos del español donde las realizaciones de la consonante palatal en *mayo, yeso*, etc., tienden a ser muy abiertas.

Para ver si este análisis es correcto, la pregunta que debemos contestar es la siguiente: ¿Podemos reemplazar el símbolo /y/ por /i/ en las representaciones fonológicas que hemos venido utilizando hasta ahora sin que se produzca ninguna ambigüedad en la pronunciación? Si esto es así, eso quiere decir que el símbolo fonémico /y/ es superfluo.

Es fácil comprobar que, en efecto, en la mayoría de los casos /y/ puede eliminarse como símbolo fonémico sin que esto nos plantee mayores problemas (análisis B), siempre y cuando incluyamos información sobre la posición del acento:

ORTOGRAFÍA	PRONUNCIACIÓN	ANÁLISIS A	ANÁLISIS B
mayo	[máyo]	/máyo/	/máio/
bahía	[baía̯]	/baía/	/baía/
boya	[bóya]	/bóya/	/bóia/
oía	[oía]	/oía/	/oía/
oye	[óye]	/óye/	/óie/
yeso	[yéso]	/yéso/	/iéso/
hielo	[yélo]	/yélo/	/iélo/
lleva	[yéβa]	/yéba/	/iéba/

Como vemos, en las posiciones que ilustran los ejemplos, intervocálica e inicial de palabra, no hay oposición fonémica entre [i] e [y]: tenemos [í] en posición acentuada y [y] cuando este segmento no lleva el acento. Por supuesto, este análisis no se aplica a dialectos como el argentino que contrastan *hierba* con *yerba* o *paranoia* con *tramoya*.

El problema para adoptar el análisis B nos lo plantean ciertos ejemplos donde la consonante palatal aparece en posición postconsonántica, como *deshielo*, que es diferente que *desierto*, y *cónyuge*, que contrasta, por ejemplo, con *boniato*. Para mantener el análisis B, con un único fonema, debemos de marcar las fronteras silábicas en palabras como *deshielo* (donde corresponde con la frontera del prefijo) y *cónyuge* (que es un caso bastante excepcional). Ésta es la misma estrategia que, como vimos antes, podemos utilizar para marcar la pronunciación en hiato en palabras como *cliente*.

ORTOGRAFÍA	PRONUNCIACIÓN	ANÁLISIS A	ANÁLISIS B
desierto	[desi̯érto]	/desi̯érto/	/desiérto/
deshielo	[dezy̆elo]	/desyélo/	/des.iélo/
boniato	[boni̯áto]	/boni̯áto/	/boniáto/
cónyuge	[kóñy̆uxe]	/kónyuxe/	/kón.iuxe/
píe	[píe]	/píe/	/píe/ (subjuntivo de *piar*)
pie	[pié]	/pié/	/pi.é/ (pretérito de *piar*)
pie	[pi̯é]	/pi̯é/	/pié/ ('foot')

En un análisis fonológico, análisis A, se postula la existencia de tres fonemas, la vocal /i/, la semivocal /i̯/ y la consonante /y/. En el otro análisis que ofrecemos, análisis B, tenemos, en cambio, un único fonema /i/ (con realizaciones vocálicas, semivocálicas y consonánticas) pero tenemos que indicar un contraste en la división silábica en ciertos casos. Otros análisis son también posibles. Éste es uno de los puntos más debatidos en el análisis fonológico de la lengua española.

5.5. La contracción silábica

Lo que hemos visto sobre diptongos e hiatos se aplica a la forma en que se citan las palabras y al habla lenta y cuidada. Ésta es la división en sílabas que se toma en cuenta para las reglas de acento ortográfico. Comparemos, por ejemplo, las palabras *petróleo* y *monopolio*. La primera lleva acento escrito y la segunda no. El motivo es que su silabificación es diferente. La palabra *petróleo* contiene una secuencia que necesariamente forma hiato: [pe.tró.le.o]. La sílaba acentuada es, pues, la antepenúltima (la tercera desde el final). Todas las palabras con acento antepenúltimo llevan acento ortográfico en español. Por el contrario, la palabra *monopolio* contiene un diptongo: [mo.no.po.l̯io] y el acento cae por tanto en la penúltima.

En el habla rápida o coloquial (y en algunos dialectos, en todos los estilos), sin embargo, es común reducir los hiatos a una sola sílaba, incluso entre palabras. Dos vocales seguidas pueden formar una sola sílaba aunque se encuentren en palabras diferentes. Este proceso de contracción se conoce como **sinalefa**. La sinalefa es especialmente frecuente cuando ninguna de las dos vocales afectadas lleva acento prosódico. Como consecuencia de la contracción silábica podemos tener tanto semivocales altas como medias. Si las vocales tienen diferente altura, la más alta de las dos se convierte en semivocal (indicamos la semivocal con el signo diacrítico [̯] debajo del segmento):

mi̯ amigo [i̯a]	tu̯ amigo [u̯a]
perla i̯taliana [ai̯]	mucha u̯nidad [au̯]
perla e̯spantosa [ae̯]	perla o̯rrorosa [ao̯]
te a̯comoda [e̯a]	lo a̯guardaba [o̯a]

Si las dos vocales son de la misma altura, es la primera de las dos la que se hace semivocal:

bici u̯sada [i̯u]	espíritu i̯nsaciable [u̯i]
este o̯sito [e̯o]	lo e̯speraba [o̯e]

Finalmente, si las dos vocales son idénticas pueden reducirse a la duración de una sola vocal:

estaba a̯blando [a]	otro o̯sito [o]
te e̯speramos [e]	mi i̯dea [i]

(chiste: "El arroz está blando". "¿Sí?, ¿y qué dice?")

En el habla rápida los mismos fenómenos pueden producirse también en secuencias interiores de palabra, en cuyo caso el fenómeno se denomina **sinéresis**. Así, aunque en forma cuidada, al citar la palabra, tenemos, por ejemplo, *em.pe.o.ra.ba, to.a.lla, le.e.re.mos, pe.le.ar,* con vocales adyacentes pronunciadas en hiato, en el habla rápida podemos pronunciar *em.peo.ra.ba, toa.lla, lee.re.mos, pe.lear.*

Habla lenta:	un-po-e-ta-im-por-tan-te	te-a-tro-in-glés
Habla rápida:	un-po̯e-tai̯m-por-tan-te	te̯a-troi̯n-glés

La formación de diptongo es prácticamente obligatoria entre palabras con un lazo sintáctico fuerte cuando una vocal alta no acentuada va precedida o seguida por otra vocal, como en ejemplos como *mi amigo* [m̯iamíɣo], *tu hermano* [tu̯ermáno], *la imagen* [lai̯máxen], *la unión* [lau̯ni̯ón], etc.

Como hemos dicho, las vocales medias /e/, /o/, no sólo las altas, pueden perder su silabicidad en el habla rápida, dando lugar a los alófonos [e̯], [o̯] que constituyen el elemento débil o semivocálico de un diptongo: *este otro* —> [este̯ótro], *otro amigo* —>[otro̯amíɣo]. En algunos dialectos y estilos las vocales medias /e/, /o/, al perder su silabicidad, pasan a las semivocales [i̯], [u̯]. Así, por ejemplo, *peleamos*, que en su forma cuidada es [pe.le.á.mos], en habla coloquial se pronuncia [pe.le̯á.mos] o [pe.li̯á.mos]; según el dialecto y estilo de habla, *almohada* [al.mo.á.ða] puede pronunciarse [al.mu̯á.ða], *se aleja* [si̯aléxa], etc. Debido a este fenómeno, en el habla coloquial de muchas regiones infinitivos como *cambiar, enviar y pelear*, riman todos en [-i̯ár] a pesar del contraste en formas como *cambia, envía* y *pelea*. En el caso más extremo, la sinéresis puede hacer que una vocal acentuada se convierta en semivocal, con desplazamiento del acento al elemento vocálico más abierto del diptongo: *maestro* [ma.és.tro] —> [mái̯s.tro], *serían las tres* [se.rí.an.las.trés] —> [se.ri̯án.las.trés], *sería oscuro* [se.rí.a.os.kú.ro] —> [se.ri̯áo̯s.kú.ro].

La contracción silábica se tiene en cuenta al contar las sílabas en la poesía en español. Veamos un ejemplo. La "Canción del pirata" de Espronceda está escrita en versos de 8 sílabas. Éstos son los cuatro primeros versos:

> *Con diez cañones por banda*
> *viento en popa a toda vela*
> *no corta el mar sino vuela*
> *un velero bergantín.*

Las sílabas se cuentan de la siguiente manera:

Con /	diez /	ca /	ño /	nes /	por /	ban /	da	= 8
vien /	to en /	po /	pa a /	to /	da /	ve /	la	= 8
no /	cor /	ta el /	mar /	si /	no /	vue /	la	= 8
un /	ve /	le /	ro /	ber /	gan /	tín		= 7+1★

(★ Los versos terminados en palabra aguda se cuentan como si tuvieran una sílaba más, por convención.) Nótese que en el segundo verso hay dos sinalefas (contracciones silábicas entre palabras) y en el tercer verso otra.

Ejercicio 21. Divida las siguientes frases en sílabas, primero en pronunciación lenta y después en pronunciación rápida, sin pausas entre palabras. Recuerde que en pronunciación lenta (que corresponde a la representación fonémica), los únicos diptongos son los formados por [i̯] o [u̯] más vocal o viceversa.

		habla lenta	habla rápida
Ejemplo:	*quiero esa*	ki̯é-ro-é-sa	ki̯é-ro̯é-sa
	su amor		
	puede atar		
	cuenta esquinas		
	este islote		
	la envidio		
	empeoraba		
	lo encontré		

Ejercicio 22. Miguel Hernández combinó versos de cinco y siete sílabas en sus "Nanas de la cebolla", como vemos en la siguiente estrofa:

> *Al octavo mes ríes* = 7
> *con cinco azahares* = 5
> *con cinco diminutas* = 7
> *ferocidades* = 5
> *con cinco dientes* = 5
> *como cinco jazmines* = 7
> *adolescentes* = 5

¿Cómo debemos silabear el segundo verso (*con cinco azahares*) para que cuente el mismo número de sílabas que el cuarto (*ferocidades*)?

Ejercicio 23. El verso más usado en las poesías y canciones populares españolas es el de 8 sílabas, formando estrofas con rima en los versos pares. Ésta es la medida de la conocida canción mexicana que reproducimos a continuación. Primero divida las palabras en sílabas como correspondería al habla lenta y cuidada. Después indique todas las contracciones silábicas (sinalefas y sinéresis) que es necesario hacer para que cada verso cuente 8 sílabas. Recuerde que, por convención, los versos teminados en aguda cuentan una sílaba más. Es decir, los versos pares en esta estrofa deben medir 7 sílabas, más una por terminar en aguda (7+1):

> *Ya se secó el arbolito*
> *donde dormía el pavo real,*
> *y ahora dormirá en el suelo*
> *como cualquier animal.*

6   La silabificación

Dejando a un lado los fenómenos relacionados con las secuencias de vocales, que ya hemos considerado, en español la división en sílabas, silabeo o silabificación es bastante sencilla. Al contrario que en lenguas como el inglés, los hablantes de español suelen tener intuiciones bastante claras acerca de cómo dividir las palabras en sílabas.

Un principio fundamental de la silabificación en español (y en muchas otras lenguas) es que no hacemos nunca división silábica entre consonante y vocal. En secuencias VCV (vocal-consonante-vocal), la consonante forma siempre sílaba con la vocal siguiente: V-CV. Así *sopa* es *so.pa* y no **sop.a*.

Antes de seguir leyendo: ¿Cómo silabificaríamos *calabaza, abanico, epopeya*?

La respuesta correcta es: *ca.la.ba.za, a.ba.ni.co, e.po.pe.ya*.

Cuando tenemos un grupo de dos consonantes, en secuencias VCCV, silabificamos V.CCV si el grupo consonántico es de los que pueden aparecer a principio de palabra y VC.CV en caso contrario. Así dividiremos *o.tro, si.glo* pero *al.to, es.te*.

Lo primero que tenemos que determinar, pues, es la respuesta a la siguiente pregunta: ¿Qué grupos consonánticos pueden aparecer a principio de palabra en español? Encontramos los siguientes grupos de consonantes:

Grupos consonánticos en posición inicial de palabra							
/pr-/	primero	/pl-/	pluma	/br-/	broma	/bl-/	blusa
/tr-/	trampa	(/tl-/)	(Tlaloc)	/dr-/	drama		
/kr-/	crimen	/kl-/	cláusula	/gr-/	gris	/gl-/	gloria
/fr-/	francés	/fl-/	flor				

La generalización es que éstos son todos grupos de oclusiva + líquida o /f/ + líquida, con la excepción de que el grupo /dl-/ no es posible, y el grupo /tl-/ inicial de palabra aparece en español mexicano en topónimos y otras palabras tomadas del idioma náhuatl, como *tlapalería, tlacual*, pero no en el español de otras regiones.

Cuando estos grupos aparecen en interior de palabra se silabifican las dos consonantes juntas con la vocal siguiente: *a.gra.dar, a.pro.ve.char, ca.ble, a.fri.ca.no*. En el caso del grupo /-tl-/ que, como acabamos de señalar, es algo excepcional, encontramos variación dialectal. En Hispanoamérica y zonas del oeste de España, esta secuencia se mantiene junta y va con la vocal siguiente: *a.tlas, a.tlán.ti.co, a.tle.ta*. En el centro y este de España, sin embargo, este grupo se divide entre dos sílabas: *at.las, at.lán.ti.co, at.le.ta* (y, consecuentemente con esta silabificación podemos encontrar [að.lé.ta], etc.).

Por otra parte, en ejemplos como *alto, adjetivo, largueza* tenemos una silabificación *al.to, ad.je.tivo, lar.gue.za* con separación silábica entre las dos consonantes porque las secuencias *-lt-, -dj-, -rg-* no forman grupos iniciales admisibles.

El mismo principio se aplica a la silabificación de secuencias de más de dos consonantes. Si tenemos una secuencia de tres o más consonantes, tenemos que determinar cuál es la secuencia máxima que podría aparecer a principio de palabra y silabificar de acuerdo con este criterio. Así, por ejemplo, *entrada* será *en.tra.da*, porque el grupo /tr-/ es uno de los que pueden aparecer a principio de palabra y, por tanto, de sílaba. No tenemos *e.ntra.da*, porque el grupo *ntr-* no es posible en posición inicial.

Nótese que, a diferencia de lenguas como el inglés, grupos como *st, sp* no son posibles a principio de palabra en español. Por ello tenemos *in.sis.te* (y no *in.si.ste*).

Antes de seguir leyendo: ¿Cómo silabificaríamos *consta, instruye, perspectiva*?

La división correcta es: *cons.ta, ins.tru.ye, pers.pec.ti.va*. Éste es un punto en el que el español difiere del inglés y al que hay que prestar atención.

Ejercicio 24. Divida las siguientes palabras en sílabas:
1. extraordinario 2. contraproducente 3. destructivo 4. construcción
5. deslizaría 6. poetastro 7. instrumental 8. aeropuerto
9. égloga 10. administración 11. organismo 12. áureo

Silabificación entre palabras
Cuando una palabra termina en consonante y la palabra siguiente empieza por vocal, consonante y vocal se unen en la misma sílaba en el discurso seguido:

los amigos	lo.s a.mi.gos
mar azul	ma.r a.zul
son iguales	so.n i.gua.les

Por este motivo secuencias como *las alas* y *la salas* (le echas sal) se pronuncian igual (en dialectos sin aspiración).

Esta resilabificación no se da en casos como *las hierbas* o *los huecos* donde la segunda palabra no empieza por vocal sino por semivocal (consonantizada en diversa medida según el dialecto):

la hierba	la.hier.ba [laγérβa]
las hierbas	las.hier.bas [lazγérβas] (compárese: *la sierva* [lasi̯érβa])
con hierbas	con.hier.bas [koňγérβas]
otro hueco	o.tro.hue.co [otroγu̯éko]
los huecos	los.hue.cos [lozγu̯ékos] (compárese: *lo sueco* [losu̯éko])
con huecos	con.hue.cos [koŋgu̯ékos]

7 Acentuación

7.1. Patrones acentuales

Desde un principio debemos dejar clara la distinción entre acento prosódico y acento ortográfico. **Acento prosódico** es el mayor relieve o prominencia que damos a una sílaba sobre las demás de la palabra. Por ejemplo, en la palabra *elefante*, la sílaba con acento prosódico es *fan*, mientras que en *administrar* el acento prosódico recae sobre *trar*. El **acento ortográfico**, por su parte, es una marca gráfica que colocamos sobre algunas sílabas que tienen acento prosódico. Todas las palabras principales (nombres, adjetivos, adverbios, verbos) tienen acento prosódico sobre una de sus sílabas, pero este acento prosódico sólo se indica ortográficamente en algunos casos. Si subrayamos la sílaba con acento prosódico podemos ver esto con algunos ejemplos: *responsabilidad* y *constitución* tienen acento prosódico sobre la última sílaba; *emocionante* y *apóstol* tienen acento prosódico sobre la penúltima y *magnífico* y *régimen* tienen acento prosódico sobre la antepenúltima. La sílaba con acento prosódico se denomina **sílaba tónica**, mientras que una **sílaba átona** es la que no tiene acento prosódico. Se habla también de sílabas pretónicas y postónicas para referirse respectivamente a las que preceden o siguen a la tónica. Discutiremos primeramente la distribución del acento prosódico para después referirnos brevemente a las reglas sobre el acento ortográfico.

Ejercicio 25. Subraye la sílaba tónica en las siguientes palabras:

1. escopeta
2. universitario

6. democracia
7. república

---

3. universidad	8. presidentes
4. inteligencia	9. tarea
5. organizar	10. organizaciones

Algunas palabras no llevan acento prosódico. Éste es el caso del artículo determinado, las preposiciones y algunos pronombres (pronombres átonos o clíticos). Por ejemplo en *los amigos* o *el dibujo* hay una sola sílaba con relieve prosódico, aunque cada uno de estos ejemplos contiene dos palabras, mientras que en *dos amigos* o *él dibuja* normalmente cada una de las palabras tiene prominencia en una de las sílabas o en su única sílaba. Comparemos también *bajo la mesa*, significando 'debajo de la mesa' donde *bajo* es una preposición átona, con las oraciones *(yo) bajo la mesa, (él) bajó la mesa*, donde *bajo* y *bajó* son verbos y tienen acento en la primera y última sílaba respectivamente.

Comparando *yo canto* con *lo canto*, *tú lavas* con *te lavas* o *párate* con *para ti*, podemos notar que en español tenemos dos tipos de pronombres con respecto a sus propiedades acentuales. Pronombres como *yo, tú, él, mí, ti* son tónicos, llevan acento prosódico, mientras que *me, te, lo, la, se* son átonos. Los pronombres átonos o clíticos aparecen siempre junto al verbo.

Podemos encontrar a veces secuencias bastante largas sin ningún acento prosódico. Así en una frase preposicional como *para la de mi hermano* el único acento prosódico es el que recae sobre la sílaba *-ma-*.

En palabras con acento prosódico —que incluyen todos los nombres, adjetivos, verbos y adverbios, además de algunas palabras de otros grupos— el acento recae siempre sobre una de las tres últimas sílabas. Es como si tuviéramos una "ventana" de tres sílabas al final de la palabra fuera de la cual no es posible colocar el acento. Distinguimos entre palabras **agudas** u oxítonas, con acento en la última sílaba, como *animal* o *jabalí*; palabras **llanas** o paroxítonas, como *americano* o *lápiz*, con acento en la penúltima y palabras **esdrújulas** o proparoxítonas, como *égloga* o *artístico* con acento en la antepenúltima. No hay otras posibilidades en español: patrones acentuales como los ilustrados por las formas hipotéticas *álbaricoquero, *albáricoquero o *albarícoquero son todos imposibles en el sistema fonológico del español.

Ejercicio 26. Indique si las siguientes palabras son agudas, llanas o esdrújulas (preste atención a las secuencias en hiato o diptongo):
1. arquitectura   2. composición   3. área
4. tarea   5. cambio   6. telescopio

7. petróleo	8. ubérrimas	9. crueldad
10. amplías	11. mármol	12. hispánico
13. Hispania	14. altivez	15. autobús

Palabras como *cantándomelo* son excepciones aparentes a la "ventana" de tres sílabas. Pero estas supuestas excepciones tienen una explicación sencilla: los pronombres clíticos no forman parte del dominio acentual. El acento prosódico se asigna a la forma verbal a partir de la última sílaba de ésta, sin tomar en cuenta para ello si ésta va seguida de algún pronombre clítico. El acento penúltimo que recibe *cantando* no se modifica cuando añadimos clíticos en las formas *cantándome* o *cantándomelo*. Los pronombres clíticos quedan, pues, fuera del dominio acentual y no afectan la asignación del acento. Sin embargo, por lo que respecta a la ortografía, los clíticos sí cuentan: *canta, cántame*. La convención de escribir los pronombres clíticos unidos al verbo cuando van pospuestos pero no cuando preceden al verbo (*estás cantándomelo, me lo estás cantando*) no tiene motivación fonológica.

En sus propiedades acentuales los clíticos contrastan con los sufijos derivativos, que sí forman parte del dominio acentual, provocando el movimiento del acento a la derecha y respetando la ventana de tres sílabas como puede verse en *sílaba, silábico, silabicidad* o en *urbe, urbano, urbanizar, urbanista*, para dar un par de ejemplos.

Los tres patrones acentuales posibles en español no son igualmente frecuentes en todos los casos. En este punto es necesario distinguir entre la acentuación de sustantivos, adjetivos y adverbios, por una parte, y la de los verbos, por otra, y también entre palabras terminadas en vocal y en consonante.

Empezando por las palabras acentuadas no verbales, el caso más frecuente o no marcado es que el acento prosódico recaiga sobre la penúltima sílaba si la palabra termina por vocal (como en *calabaza, elefante*) pero en la última si termina en consonante (como en *calabacín, aparador*). Más del 90 % de los nombres, adjetivos y adverbios en español se ajustan a esta regla. Un caso bastante menos común, pero sin ser excepcional, es el de las palabras terminadas en vocal con acentuación esdrújula (como *energúmeno, fábula*) y el de las terminadas en consonante con acento penúltimo (como *árbol, lápiz, difícil*). Por último, el caso menos frecuente con mucho es el representado por las palabras terminadas en vocal con acento en la última (como *menú, jabalí, café*) y las terminadas en consonante con acento en la antepenúltima (como *régimen, análisis*).

	Acento prosódico	
	_V	_C
caso general	*cala<u>ba</u>za*	*apara<u>dor</u>*
menos común	*ener<u>gú</u>meno*	*di<u>fí</u>cil*
excepcional	*jaba<u>lí</u>*	*<u>ré</u>gimen*

Las generalizaciones que hemos establecido son para palabras en singular. Por regla general, el morfema de plural no afecta la acentuación de la palabra. El acento cae sobre la misma sílaba en el plural que en el singular: *<u>ca</u>sa, <u>ca</u>sas, <u>ár</u>bol, <u>ár</u>boles*. De estos hechos podemos concluir que el sufijo de plural queda fuera del dominio acentual de la palabra. Nos referiremos más adelante a algún caso especial en que la palabra en plural recibe el acento en una sílaba distinta a la que lleva el acento en el singular.

Las palabras terminadas en vocal y en consonante entran dentro de una generalización única por lo que respecta a los patrones no excepcionales si dejamos los llamados marcadores de género o elementos terminales fuera del dominio acentual. Estas terminaciones tienen un estatus especial pues, como es sabido, no aparecen cuando se agrega un sufijo derivativo, como cuando de *libr-o* derivamos *libr-et-a*, o de *cas-a, cas-er-o*, etc. Con respecto al acento, estos sufijos muestran la misma neutralidad que el plural: *fran<u>cés</u>, fran<u>ce</u>sa, fran<u>ce</u>ses; <u>hués</u>ped, <u>hués</u>peda, <u>hués</u>pedes*. Podemos, pues, concluir que los sufijos de flexión nominal quedan fuera del dominio acentual. De esta manera, podemos dar como regla general que el acento recae sobre la última vocal del dominio acentual:

Regla general   (calab<u>az</u>)a   (aparad<u>or</u>)

El caso menos común es que el acento recaiga sobre la penúltima vocal en el dominio:

Caso menos común   (energúmen)o   (imb<u>é</u>cil)

Tanto en un subgrupo como el otro de estas palabras que se acentúan una sílaba más a la izquierda de lo indicado por la regla general, ciertas terminaciones son especialmente frecuentes. Así entre las palabras esdrújulas encontramos muchas con terminaciones como -*ísimo* (por ejemplo, *guapísimo*), -*ico* (adjetival, como en *electrónico, físico*, no el diminutivo), -*culo* (*espectáculo, ridículo, tabernáculo*). Entre las llanas o paroxítonas terminadas en consonante, las terminaciones más frecuentes son -*en* (*e<u>xa</u>men, ve<u>la</u>men, <u>or</u>den*) e -*il* (*fácil, útil*), aunque muchas otras palabras con estas terminaciones se ajustan a la regla general y son agudas (*amén, febril*).

Arriba hemos incluido dos patrones entre los casos excepcionales, el presentado por palabras como *jabalí* y *sofá*, oxítonas terminadas en vocal, por una parte, y el que muestran palabras como *régimen* y *Júpiter* que son proparoxítonas y terminan en consonante, por otra. El primero de estos grupos deja de ser excepcional si tenemos en cuenta que su vocal final no es un sufijo flexivo, sino parte de la raíz. Como mencionamos antes, los sufijos de flexión nominal son eliminados cuando se añade un sufijo derivativo. Las vocales finales acentuadas muestran no pertenecer a esta clase en el hecho de que se mantienen en este caso. Así, el diminutivo de *menú* puede ser *menuíto* pero no *menito*. O una persona que fabricara sofás podría ser quizá un *sofacero*, pero no un *sofero*. Tomando esto en cuenta, estas palabras entran dentro del caso general. La diferencia entre la acentuación de *casa* y de *sofá* se debe a la condición de sufijo o de parte integrante de la raíz de la última vocal, en este análisis: *(cas)a, (sofá)*.

El mismo razonamiento nos lleva a excluir palabras como *análisis* y *síntesis* del grupo con un patrón acentual excepcional. Esto es porque la terminación *-is* de estas palabras griegas es también un sufijo, cf. *analítico*, por ejemplo. Como se ve en palabras como *virus/vírico, lejos/lejano*, una vocal átona seguida de /s/ final de palabra puede ser un elemento terminal.

El resto de las palabras proparoxítonas terminadas en consonante sí que constituyen un caso verdaderamente excepcional. Muestra de ello es que no exista una regla clara para su pluralización. Así el plural de *régimen* es *regímenes*, donde el acento se mueve una sílaba hacia la derecha, pero el de *ómicron, asíndeton* es *omicrones, asindetones*, con movimiento del acento dos sílabas hacia la derecha. Otras palabras como *Júpiter* no tienen ningún plural claro. (Palabras como *análisis* no varían en el plural, pero esto es de acuerdo con la regla especial de formación del plural que se aplica a las palabras terminadas en vocal átona seguida de *-s: lunes, virus, tesis*, etc.) El motivo de estas irregularidades es que si aplicáramos la regla general de añadir *-es* sin afectar la posición del acento obtendríamos palabras como *régimenes, *ómicrones, *Júpiteres* que violan la generalización de la ventana de tres sílabas. Estas palabras tienen pues un carácter claramente excepcional en el sistema del español.

Otra generalización sobre la posición del acento en español es que no hay palabras esdrújulas en que la penúltima sílaba termine en consonante (no hay palabras como *Sa.lá.man.ca) o contenga un diptongo (*Ve.né.zue.la). Esta es una restricción que tiene su origen en las reglas de acentuación del latín (que veremos en el capítulo 5), pero que sigue observándose en palabras de creación reciente. Comparemos, por ejemplo, *alófono* con *alomorfo* (no tenemos acentuación esdrújula, **alómorfo*, porque la sílaba penúltima termina en consonante). Podemos, sin embargo, tener excepciones a esta regla en la acentuación de nombres extranjeros como *Wáshington*, *Ándersen*, etc.

Las formas verbales siguen unas reglas de acentuación diferentes que los nombres y los adjetivos. En el presente de todos los verbos, el acento cae siempre sobre la penúltima, excepto en la forma de *vosotros*, que tiene acento agudo. (A un nivel un poco más abstracto las formas de *vosotros* también se ajustan a la regla general, habida cuenta de que en español secuencias como /ái̯/ y /ái̯/ no contrastan nunca. Así, pues, podemos postular, por ejemplo, /kan.tá.is/, con acento en la penúltima, para lo que se pronuncia [kan̪tái̯s].) Si consideramos el paradigma del tiempo presente, observamos que el acento se mueve en las formas de *nosotros* y *vosotros*:

canto	*modifico*
cantas	*modificas*
canta	*modifica*
cantamos	*modificamos*
cantáis	*modificáis*
cantan	*modifican*

Al contrario que en los nombres o adjetivos, no hay verbos que en el presente tengan acento antepenúltimo. Así, aunque tenemos nombres como *número, plática, fórmula, fábrica*, como formas verbales estas palabras cambian su acentuación en *yo numero, él platica, ella formula, usted fabrica*. Todos los verbos se acentúan de la misma manera (excepto *estar*).

En otros tiempos verbales hay acento columnar, no regulado contando sílabas desde el final de la palabra:

pretérito	imperfecto	futuro	condicional
canté	*cantaba*	*cantaré*	*cantaría*
cantaste	*cantabas*	*cantarás*	*cantarías*
cantó	*cantaba*	*cantará*	*cantaría*
cantamos	*cantábamos*	*cantaremos*	*cantaríamos*
cantásteis	*cantábais*	*cantaréis*	*cantaríais*
cantaron	*cantaban*	*cantarán*	*cantarían*

En los tiempos del pasado (pretérito e imperfecto) el acento recae sobre la sílaba que sigue inmediatamente a la raíz verbal (en este caso *cant-*), sea ésta la última como en *canté*, la penúltima como en *cantaste* o *cantabas*, o la antepenúltima como en *cantábamos*. En el futuro y condicional es la sílaba que empieza con *r-* (la marca de tiempo verbal) la que lleva el acento, y ésta puede ser también la última como en *cantaré*, la penúltima como en *cantaremos* o *cantarías*, o bien la antepenúltima como en *cantaríamos*. Lo que se mantiene constante en estas formas verbales es la coincidencia del acento con un morfema determinado. En estos casos hablamos de acento morfológico.

7.2.   Acento ortográfico

Las reglas para saber qué palabras llevan acento ortográfico son relativamente sencillas. En general, el acento se marca ortográficamente cuando no coincide con los patrones más comunes. El objeto de las reglas del acento ortográfico es indicar claramente la pronunciación de las palabras de la manera más económica posible (es decir, marcando dónde va el acento en el menor número posible de palabras). Las reglas son éstas:

1. Llevan acento ortográfico todas las palabras esdrújulas. Ejemplos: *brújula, número, árboles, régimen*.

2. Llevan acento ortográfico las palabras llanas terminadas en consonante diferente de *n, s*. Ejemplos: *césped, mármol, lápiz*.
Como hemos visto, lo normal es que las palabras terminadas en consonante sean agudas, por eso las palabras que terminan en consonante pero que son llanas constituyen una minoría; son especiales. La excepción que se hace con respecto a las terminaciones -*n*, -*s*, se debe a que estas consonantes finales en la mayoría de los casos son marcas de plural (e.g.: *casas*) o de persona verbal (*cantas, cantamos, cantan*). Si no hiciéramos esta excepción, tendríamos que escribir el acento en estas formas plurales y verbales, lo que resultaría antieconómico.

3. Llevan acento ortográfico las palabras agudas terminadas en vocal, en -*n* o en -*s*. Ejemplos: *café, menú, colibrí, canción, anís*.
Las palabras agudas terminadas en vocal son muy pocas y las agudas terminadas en -*n* o -*s* son muchas menos que las palabras terminadas en estas consonantes que son llanas por ser plurales o formas verbales. Una consecuencia de esta regla, sin embargo, es que tenemos, por ejemplo, *camión, francés* (agudas terminadas en -*n*, -*s*) pero *camiones, franceses*, sin acento ortográfico (llanas terminadas en -*s*).

Ejercicio 27. En los siguientes ejemplos: (1) subraye la sílaba con acento prosódico y (2) escriba el acento ortográfico en las palabras que lo necesiten:

1. imposicion
2. carismatico
3. responsabilidad
4. ridiculo
5. valor
6. especial
7. dificil
8. sintaxis
9. examen
10. examenes

Ejercicio 28. Note los siguientes contrastes en cuanto al acento ortográfico:

Flórez   *Flores*
Cortez   *Cortés*

¿Puede explicar la distribución del acento ortográfico en estas palabras?

4. Hay reglas especiales de acentuación para las palabras que contienen secuencias de vocales en hiato, una de las cuales es *i, u* tónica. La función del acento en estos casos es distinguir los hiatos (caso especial) de los diptongos.

4a. Así, llevan acento las palabras llanas terminadas en *i, u* tónica seguida de una vocal no alta (*ia, io, ua*, etc.), cuando las dos vocales se pronuncian en hiato. Ejemplos: *María, sabía, hastío, monarquía, adecúa* frente a *Mario, sabia, bestia, democracia, agua,* que tienen diptongo. Esta regla se aplica también si hay una consonante final. Ejemplos: *Díaz, ríes, envían,* con hiato, frente a *Arias, series, cambian,* con diptongo.

Ejercicio 29. Las palabras *área, petróleo, áureo* llevan acento ortográfico pero las palabras *olio, dinosaurio, cambio* no lo llevan. ¿Por qué? Para contestar esta pregunta, primero divida las palabras en sílabas y subraye la sílaba acentuada.

4b. También llevan acento ortográfico palabras como *caí, maíz, país, baúl* en que la vocal alta tónica *i, u* aparece en hiato después de otra vocal no alta.

4c. Se escribe también el acento en palabras como *caída* (frente a *vaina,* con diptongo) que son llanas con hiatos decrecientes no finales.

Por el contrario, no se escribe el acento cuando las dos vocales en secuencia son altas, a no ser que la palabra requiera acento ortográfico según las reglas generales de acentuación (como *jesuítico,* que lleva acento según la regla 1, o *construí,* que lo lleva según la regla 3). Así, se escriben sin acento tanto *huida* como *cuida* aunque (por lo menos en ciertos dialectos) la primera palabra tiene un hiato y la segunda un diptongo: *hu.i.da, cui.da*. El contraste entre diptongo e hiato no se marca en las secuencias *ui, iu*.

Nótese que en todos los subcasos de la regla 4 el acento gráfico se utiliza para marcar el hiato cuando el acento prosódico recae sobre una vocal alta. El hecho de que una palabra como *cliente* tiene hiato [kli.én.te] en muchos dialectos (frente a *diente*, siempre con diptongo [dién.te]) no se señala ortográficamente porque el acento en *cliente* recae sobre la /e/. Recordemos de todas formas que hay también dialectos donde este contraste de silabificación no existe.

5. Por último, se utiliza también el acento gráfico para diferenciar pares de palabras con significados diferentes. Este recurso se utiliza sobre todo con pares de palabras monosilábicas, pero también con algunas de dos sílabas:

más	adverbio ('more')	*mas*	conjunción (comp.) ('but')
mí	pronombre ('me')	*mi*	adjetivo posesivo (det.) ('my')
él	pronombre ('he')	*el*	artículo ('the')
qué	interrogativo ('what')	*que*	complementante ('that')
tú	pron. personal ('you')	*tu*	adjetivo posesivo (det.) ('your')
té	sustantivo ('tea')	*te*	pronombre ('you')
sí	afirmación ('yes') o reflexivo ('self')	*si*	condicional ('if')
sé	verbo ('I know'; be!)	*se*	reflexivo/impersonal
aún	adv. tiempo (=todavía, 'still')	*aun*	(=incluso, 'even')
sólo	adverbio (=solamente, 'only')	*solo*	adjetivo ('alone')

El acento se escribe también en los demostrativos cuando funcionan como pronombres, pero no cuando acompañan al nombre: *no quiero éste, quiero ése* pero *no quiero este libro, quiero ese cuaderno.*

Cuando funcionan como palabras interrogativas, escribimos *qué, quién, cuál, cuánto, cuándo, cómo*, con acento. Pero estas mismas palabras se escriben sin acento cuando tienen otra función en la oración. Ejemplos: *¿Cómo lo has hecho? Lo he hecho como me dijiste ¿Cuándo vendrán? Vendrán cuando puedan ¿Cuánto vale? Cuanto más lo pienso, menos lo entiendo.* Las palabras interrogativas llevan acento también en preguntas indirectas. Ejemplos: *No sé por qué se lo dijiste. Me preguntó que quién lo iba a traer.* (El concepto de pregunta indirecta se explica en el capítulo de sintaxis.)

8 Entonación

La entonación es la melodía tonal de los enunciados. La entonación es lo que nos permite distinguir entre, por ejemplo, la oración declarativa *llegaron tus amigos* y la interrogativa *¿llegaron tus amigos?* También la entonación pone de manifiesto en cada caso si un enunciado como *Emilio vive en Sevilla* constituye, por ejemplo, la respuesta a *¿quién vive en Sevilla?* o a *¿dónde vive Emilio?*, entre otras posibilidades, pues, dependiendo del contexto del discurso, emplearemos patrones entonativos diferentes. A otro nivel, la entonación también nos permite identificar la procedencia regional de los hablantes, quizá más claramente que cualquier otro rasgo lingüístico, y su estado de ánimo.

Aquí estudiaremos sólo las características melódicas más básicas y generales de la lengua española, aunque mencionaremos también algún caso de variación dialectal. Nos concentraremos en las oraciones declarativas finales de enunciado y en las interrogativas.

La entonación de cualquier enunciado en español consiste en una serie de subidas y bajadas de tono. Estas subidas y bajadas se producen en torno a dos puntos clave: las sílabas acentuadas y el final de las frases o grupos prosódicos.

8.1. La entonación de las oraciones declarativas simples

Consideremos los ejemplos dados en las figuras 10 y 11, que ejemplifican la entonación general de las declarativas neutras más simples, sin ningún matiz o énfasis especial:

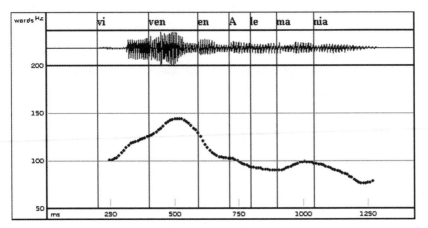

Fig. 10. *Viven en Alemania.*

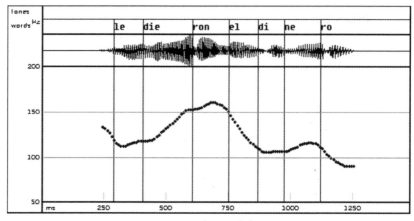

Fig. 11. *Le dieron el dinero.*

En la primera palabra de los ejemplos en las figuras 10 y 11, tenemos un movimiento tonal ascendente empezando en el arranque de la sílaba tónica y culminando en la postónica.Vemos que, contrariamente a lo que a veces se suele pensar, la sílaba tónica no es necesariamente la que alcanza la mayor altura tonal en la palabra. Lo que nos da sensación de prominencia acentual en las sílabas *vi-* y *die-* de estos dos ejemplos es la subida brusca del tono empezando desde un nivel muy bajo al comienzo de la sílaba. Éste es el contorno que solemos emplear en palabras en posición no final en oraciones declarativas.

La última palabra acentuada de una declarativa tiene un contorno diferente. Como vemos en los ejemplos, en las palabras *Alemania* y *dinero*, en posición final de oración en cada uno de los dos ejemplos, tenemos también un

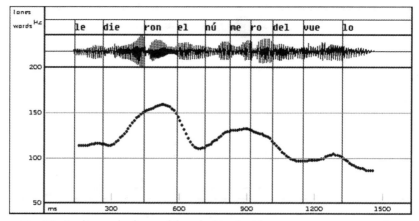

Fig. 12. *Le dieron el número del vuelo.* Producida con tres acentos tonales.

114

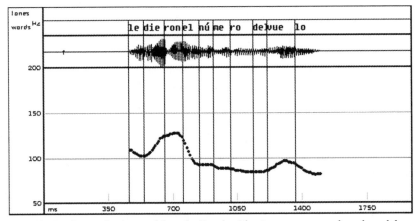

Fig. 13. *Le dieron el número del vuelo.* Producida sin acento tonal en la palabra *número,* que está desenfatizada.

ascenso tonal en la sílaba acentuada, pero este ascenso culmina dentro de la sílaba tónica y el tono desciende en la postónica. Las oraciones declarativas finales de enunciado se caracterizan por una bajada del tono a partir de la última sílaba acentuada.

Pero no siempre encontramos que toda sílaba con acento léxico porta un contorno tonal definido. Dentro de la oración, según el énfasis que queramos dar a cada palabra, el contorno tonal que acompaña al acento puede reducirse considerablemente e incluso desaparecer. En concreto, muchos hablantes tienden a eliminar el acento tonal de la última palabra, produciendo un des-

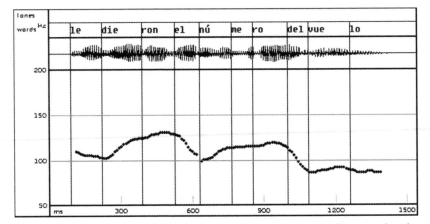

Fig. 14. *Le dieron el número del vuelo.* Producida con acento tonal muy reducido en la palabra *vuelo.*

censo tonal sobre la última sílaba tónica. Así, mientras que en el contorno de la figura 12 vemos que cada una de las tres sílabas acentuadas de la oración *le dieron el número del vuelo*[2] está marcada por un movimiento tonal ascendente, en la figura 13, el acento de la palabra *número* apenas está marcado tonalmente, y en la figura 14 la prominencia tonal en la sílaba con acento léxico de la palabra *vuelo* es mínima.

Se utiliza un tono final mantenido, sin bajada, en las oraciones declarativas para indicar continuación. En el ejemplo ilustrado en la figura 15 el tono se mantiene alto hasta el final de la oración *llegaron mis amigos* porque el enunciado continúa:

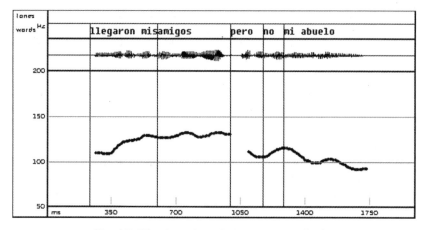

Fig. 15. *Llegaron mis amigos, pero no mi abuelo.*

8.2. Distinción entonativa entre información conocida e información nueva

Como veremos con más detalle en el capítulo de sintaxis, el orden de palabras en la oración en español se rige por un principio general de colocar la información conocida antes de la información nueva. Así, por ejemplo, respondiendo a la pregunta *¿quién llega mañana?* podemos contestar *mañana llega María*, donde *María* constituye la información nueva del enunciado y aparece en posición final. Por el contrario, una respuesta adecuada a la pregunta *¿cuándo llega María?* sería *María llega mañana*. En oraciones con una estructu-

---

[2] El texto de este ejemplo lo tomamos de Sosa (1999), donde pueden encontrarse realizaciones del mismo tipo producidas por hablantes de distintos dialectos.

116

ra informativa "información conocida — información nueva", el final de la parte de la oración que corresponde a información conocida se suele indicar por medio de un tono alto en su última sílaba (véanse figuras 16 y 17).

Orden normal: información conocida - información nueva

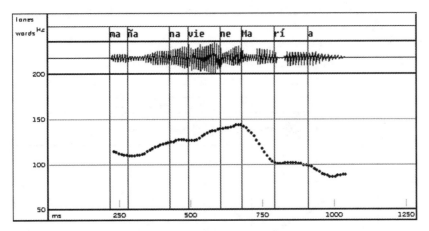

Fig. 16. (*¿Quién viene mañana?*) *Mañana viene María*. Obsérvese que el contorno melódico alcanza su valor máximo en la sílaba –*ne*, que corresponde al final de la información conocida que estamos repitiendo.

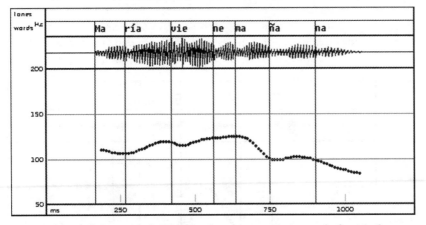

Fig. 17. (*¿Cuándo viene María?*) *María viene mañana*. Como en la fig. 16, el punto más alto se alcanza al final de la información conocida.

Este orden con la información conocida antes que la nueva aunque es el normal, no se respeta siempre. Para establecer un contraste y en algunos otros contextos enfáticos, podemos colocar la información nueva antes de la conocida. Pero para indicar que excepcionalmente estamos colocando la información nueva antes de la conocida debemos emplear un patrón entonativo especial: La palabra enfatizada se produce con una amplia subida y bajada en su sílaba acentuada. Además, a partir de la postónica y hasta el final de la oración tenemos una bajada tonal, con fuerte reducción de otros acentos que puedan seguir.

Orden marcado: información nueva al principio.

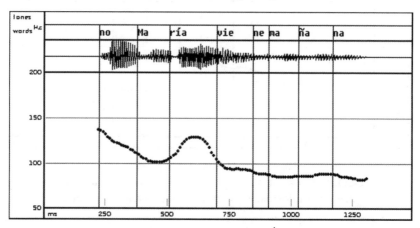

Fig. 18. *(¿Quién viene mañana? ¿Pedro?) No, MARÍA viene mañana.* Nótese la fuerte subida en la sílaba *–rí–* (que es la sílaba tónica de la palabra con énfasis contrastivo) y la bajada tonal inmediata.

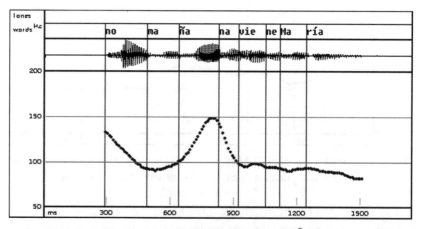

Fig. 19. *(¿Cuándo viene María? ¿El viernes?) No, MAÑANA viene María.*

Orden normal:
contexto
1. *¿Quién viene mañana?*   *Mañana viene María.*
2. *¿Cuándo viene María?*   *María viene mañana.*
Orden marcado:
3. *¿Quién viene mañana? ¿Pedro?*   No, MARÍA *viene mañana.*
4. *¿Cuándo viene María? ¿el viernes?* No, MAÑANA *viene María.*

8.3. Oraciones interrogativas

Debemos distinguir dos tipos de oraciones interrogativas en cuanto a sus propiedades entonativas: las interrogativas totales o absolutas (con respuesta sí o no), como *¿tienes el libro?, ¿llegaron tus amigos?*, y las interrogativas parciales, pronominales o de palabra interrogativa, como *¿quién tiene el libro?, ¿cuándo llegaron tus amigos?* Una característica común a todas las interrogativas es un nivel tonal general que suele ser más alto que el de las declarativas. Pero, por lo demás, interrogativas absolutas y pronominales presentan características melódicas bastante diferentes, por lo que deben ser estudiadas aparte. (La estructura de ambos tipos de oraciones interrogativas se estudiará en el capítulo 4.)

8.3.1. *Oraciones interrogativas totales*

En la entonación de las oraciones interrogativas totales o absolutas encontramos algunas diferencias dialectales notables. Lo más común es que,

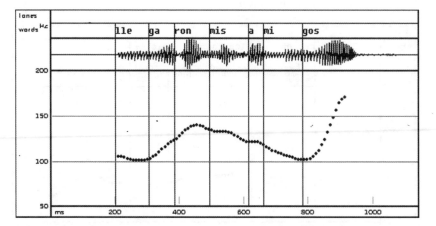

Fig. 20. Interrogativa absoluta: *¿Llegaron mis amigos?* Obsérvese el tono bajo en la sílaba *-mi-* (última tónica) y la subida en *-gos*.

al contrario que las declarativas finales de enunciado, las oraciones interrogativas absolutas presenten una subida final. Lo general es que la última silaba acentuada lleve un tono bajo y se produzca la subida en las postónicas.

Según el dialecto la subida final puede ser más o menos acentuada. Así, en México esta subida suele ser más acusada que en Madrid o en Bogotá, por ejemplo.

Un rasgo típico del español caribeño es que las preguntas (tanto interrogativas absolutas como pronominales) se entonan con un tonema circunflejo descendente, donde la última sílaba acentuada lleva un tono alto a partir del cual se produce un descenso tonal.

Contornos similares —aunque no idénticos— aparecen también en zonas del noroeste de España (Asturias y Galicia). En otros dialectos, como el de Madrid, donde lo normal, como hemos dicho, es un contorno final ascendente, es posible también encontrar interrogativas absolutas con contorno circunflejo, pero éstas se usan sólo como contornos pragmáticamente marcados, mientras que en el Caribe éste es el contorno normal, no marcado, en las interrogativas absolutas. De hecho, por su tonema descendente, los hablantes de otros dialectos del español a veces interpretan equivocadamente las preguntas de los caribeños como declarativas.

8.3.2. *Oraciones interrogativas pronominales*

En las interrogativas pronominales (con palabra interrogativa) se suele utilizar el mismo contorno descendente que en las declarativas. El tono más alto se alcanza en la palabra interrogativa.

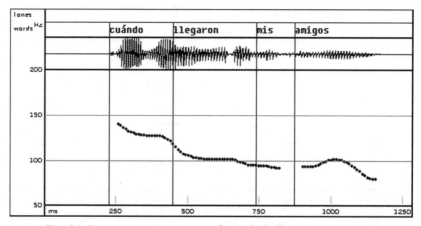

Fig. 21. Interrogativa pronominal *¿Cuándo llegaron mis amigos?*

Es posible tener también un ascenso final en este tipo de preguntas, pero este contorno tonal introduce un matiz de insistencia o inseguridad.

9   Relación entre acento y entonación

La relación entre acento y entonación es bastante compleja. Una función importante de la sílaba acentuada es la de servir de "punto de anclaje" para la melodía entonativa. Hemos visto que la sílaba acentuada no es siempre la que tiene mayor altura tonal en la palabra (véanse las figuras 10-12). Lo que suele acompañar a la sílaba acentuada es un cambio brusco, en la mayoría de los casos una subida brusca del tono desde un nivel bajo al principio de la sílaba a un nivel bastante alto al final de la sílaba. Este nivel puede mantenerse o incluso subir en las sílabas siguientes. Lo que importa para caracterizar la sílaba tónica en este contexto es precisamente el movimiento tonal ascendente a lo largo de la sílaba, no el nivel tonal máximo. Por otra parte, en el caso de oraciones interrogativas como la ilustrada en la figura 20, lo que caracteriza a la última sílaba tónica es un tono bajo con subida brusca en la postónica. La presencia de una subida tonal no es, pues, un elemento esencial de las sílabas acentuadas en cualquier contexto. Como hemos visto también, todas las sílabas léxicamente acentuadas en una oración no van a estar siempre necesariamente individuadas por medio de la entonación.

Resumiendo, si —como hemos indicado antes— definimos la entonación de un enunciado como una serie de subidas y bajadas del tono a lo largo del mismo, podemos concluir que estas subidas y bajadas tienen en cuenta dos puntos para su alineamiento con el texto: las sílabas acentuadas y el límite final de las frases. El servir de punto potencial de "anclaje" o alineamiento de un contorno tonal es lo que define a la sílaba tónica de la palabra.

Apéndice: símbolos del AFI

Los símbolos fonéticos utilizados en este capítulo son en su mayor parte los del Alfabeto Fonético Internacional o AFI (sus siglas en inglés son IPA). En unos pocos símbolos, sin embargo, nos hemos apartado del AFI por motivos pedagógicos y hemos preferido usar otros símbolos procedentes de la tradición fonética y dialectológica hispánica. Éstas son las correspondencias:

nuestro libro	AFI
r	ɾ
r̄	r

y	ɟ
y̆	ɉ
č, tʃ	tʃ
ñ	ɲ
i̯	j, i̯
u̯	w, u̯
péso	ˈpeso (acento primario)

Bibliografía

Existe una amplia bibliografía sobre fonética y fonología general y española. Damos aquí sólo una breve selección de obras cuya consulta puede resultar útil al estudiante.

Alarcos Llorach, Emilio. 1965. *Fonología española* (4ª ed.). Madrid: Gredos.

D'Introno, Francesco, Enrique del Teso y Rosemary Weston.1995. *Fonética y fonología actual del español*. Madrid: Cátedra.

Harris, James W. 1969. *Spanish phonology*. Cambridge, MA: MIT Press.

Hualde, José Ignacio. 1999. "La silabificación en español". En Rafael Núñez-Cedeño y Alfonso Morales-Front (1999): 170-188.

Lipski, John M. 1994. *Latin American Spanish*. Londres y Nueva York: Longman.

Martínez Celdrán, Eugenio. 1984. *Fonética (con especial referencia a la lengua castellana)*. Barcelona: Teide.

Navarro Tomás, Tomás. 1977. *Manual de pronunciación española* (19ª ed.). Madrid: Consejo Superior de Investigaciones Científicas.

Nuñez-Cedeño, Rafael y Alfonso Morales-Front (con Pilar Prieto y José Ignacio Hualde). 1999. *Fonología generativa contemporánea de la lengua española*. Washington, DC: Georgetown University Press.

Quilis, Antonio. 1993. *Tratado de fonología y fonética españolas*. Madrid: Gredos.

Sosa, Juan Manuel. 1999. *La entonación del español*. Madrid: Cátedra.

Zamora Munné, Juan C. y Jorge M. Guitart. 1982. *Dialectología hispanoamericana*. Salamanca: Colegio de España.

3 La estructura de las palabras: Morfología

1 Algunos conceptos básicos de morfología

1.1. Concepto de palabra

La morfología es la rama de la lingüística que estudia la estructura de las palabras. Probablemente la palabra es la unidad lingüística de la que cualquier hablante de una lengua como el español o el inglés tiene una conciencia más clara. Podemos definir la palabra como la unidad mínima con significado que se puede pronunciar de manera aislada. En general el determinar qué es y qué no es una palabra no presenta mayores problemas. Así, no hay gran dificultad para decidir si la oración en (1) es verdadera o falsa:

(1) Esta oración contiene siete palabras.

Al escribir observamos la convención de separar las palabras por espacios. El concepto de palabra parece, pues, algo bastante obvio. Sin embargo, como en tantas otras cosas, a poco que escarbemos y queramos ser precisos empiezan a surgir las dificultades. Consideremos los ejemplos en (2):

(2)   a. Se lo quiere vender.
        b. Quiere vendérselo.

Por convención, los pronombres átonos (o clíticos) se escriben separados si preceden al verbo pero juntos si van después del verbo. Si nos atenemos a esta convención ortográfica, deberíamos concluir que la oración en (2a) contiene cuatro palabras, pero la oración en (2b), que expresa exactamente el mismo significado y difiere únicamente en el orden de algunos de sus elementos, contiene sólo dos. Si utilizáramos un programa automático de contar palabras éste es en efecto el resultado que obtendríamos. Y, sin embargo, tal resultado no parece ni mucho menos satisfactorio. La división ortográfica en palabras no deja de presentar en este caso un carácter un tanto arbitrario. Lo más correcto parece ser concluir que, aunque en (2b) hay solamente dos palabras ortográficas, tenemos cuatro palabras morfológicas, lo mismo que en (2a).

Problemas semejantes aparecen en el caso de las llamadas palabras compuestas. ¿Es *hombre rana* una palabra o dos? De acuerdo con la definición de palabras que hemos dado, podríamos concluir que aquí tenemos dos palabras: *hombre* y *rana*. Notemos, sin embargo, que el significado de la expresión *hombre rana* no es simplemente la suma de sus componentes (no es una mera combinación de los significados de estas dos palabras). Si no conocemos esta palabra es poco probable que podamos deducir su significado de sus elementos más simples. Tampoco podemos insertar nada entre los dos elementos: *un hombre bastante rana*. En casos como éste diremos que tenemos una palabra compuesta, como hemos adelantado ya.

Los adverbios en *-mente* también presentan algún problema para la definición de palabra. Para empezar, estos adverbios tienen dos acentos léxicos (al igual que ciertas palabras compuestas), y, así, encontramos un contraste acentual entre, por ejemplo, *rápidamente* y *sencillamente* (con acentos en las sílabas subrayadas). Notemos también que los adverbios en *-mente* se crean partiendo de la forma femenina de los adjetivos y que, además, podemos tener estructuras coordinadas del tipo *lenta y cuidadosamente*, donde *-mente* "se sobreentiende" en la primera palabra coordinada.

Otro problema clásico es el presentado por las contracciones, como en inglés *I'm, it's, you're*, etc. En español encontramos dos contracciones que combinan una preposición con un artículo: *del* y *al*. Desde un punto de vista fonológico *del* es una única palabra. Desde el punto de vista sintáctico, por el contrario, consta de dos palabras: *de* + *el* (lo mismo se aplica a *al*). Así, pues, en ciertos casos el que identifiquemos o no cierta unidad como palabra depende de la perspectiva que adoptemos, del aspecto que nos interese considerar. De todas maneras, estos casos son la excepción. La regla general en español es que al identificar las palabras la evidencia fonológica, morfológica y sintáctica apunte toda en la misma dirección.

1.2. Morfemas: raíces y afijos

El estudio de la estructura de las palabras requiere la utilización de un concepto más básico que el de palabra. Este concepto es el de **morfema**, que definimos como la unidad mínima con significado.

Hay palabras, como *papel, veloz, quién,* que contienen un único morfema, la raíz. Otras palabras como *papeles, papelera, veloces, velocidad, quiénes,* tienen una estructura más compleja. En estas palabras podemos reconocer las mismas raíces que en el grupo anterior con algún elemento morfológico añadido. Por ejemplo, *papeles* y *papelera,* además de la **raíz** /papel/, que expresa el significado básico de la palabra, contienen las secuencias /-es/ y /-era/, respectivamente, que contribuyen al significado de la palabra completa. Estos elementos /-es/ y /-era/ añadidos a la raíz en nuestros ejemplos se llaman **afijos**. Un afijo es un elemento morfológico que aparece necesariamente unido o ligado a una raíz o a una unidad que contenga una raíz. En español, la mayoría de los afijos siguen a la raíz. Hay también, de todas formas, afijos que preceden a la raíz, como /des-/ en *desatar, deshacer* y /pre-/ en *prerromano.* Los afijos que van después de la raíz se llaman **sufijos**, mientras que los que van delante se denominan **prefijos**.

Otro concepto que vamos a emplear en este capítulo es el de **base**. La base es el elemento a que se añade un afijo y puede ser una raíz o una raíz con otros afijos incorporados. Así, diremos que en *regionalismo* tenemos una estructura *region-al-ismo* donde el sufijo /-al/ se une a la base /r̄exion/ (la raíz) y el sufijo /-ismo/ se añade a la base /r̄exional/.

1.3. Afijos derivativos y flexivos

Entre los sufijos tenemos dos tipos muy diferentes. Muchos sufijos cumplen la función de crear o derivar una palabra a partir de otra, como cuando de *papel* formamos *papelera* añadiendo el sufijo /-er(a)/. Decimos que *papelera* se relaciona con *papel* por **derivación** y que /-er(a)/ es un **sufijo derivativo**. Los sufijos derivativos pueden dar lugar a una palabra de la misma clase gramatical de la raíz como en el caso del nombre o sustantivo *papelera* que deriva de otro sustantivo, *papel,* o el sustantivo *niñez,* derivado de *niño,* que es también un sustantivo. Pero muchas veces al añadir un sufijo derivativo se altera la clase gramatical. Así del sustantivo *nación* derivamos el adjetivo *nacional* mediante el sufijo /-al/ y del adjetivo *blanco* derivamos el sustantivo *blancura* por medio del sufijo /-ur(a)/. (Nota: utilizamos los términos *nombre* y *sustantivo* de manera intercambiable. Como abreviatura emplearemos N.)

Fijémonos que las vocales finales átonas /-o, -a, -e/ de nombres y adjetivos se pierden cuando se añade un sufijo derivativo: *libro* => *libr-ero, solo* => *sol-ista, risa* => *ris-ueño, mesa* => *mes-ero, alegre* => *alegr-ía, chiste* => *chist-oso.* Esto ocurre incluso con nombres propios: *Franco* => *franqu-ista.* Por este motivo, concluimos que estas vocales no son parte integrante de la raíz sino que son también sufijos. Estas vocales finales pertenecen al grupo de los llamados sufijos flexivos o de flexión. Como vemos, los sufijos derivativos, igual que las raíces, pueden también llevar incorporados sufijos flexivos. Así, en el ejemplo *blancura* la división morfológica completa sería /blank-ur-a/, donde /-a/ es un sufijo flexivo requerido por el derivativo /-ur-/.

Los **sufijos flexivos** se diferencian de los derivativos en que no crean palabras a partir de otras sino que contribuyen a formar el paradigma de una palabra. Así decimos, por ejemplo, que *canto, cantábamos, cantarías, cantasen* constituyen parte del paradigma flexivo del verbo cuya raíz es *cant-* /kant-/ y que /-o, -ábamos, -arías, -ásen/ son todos sufijos flexivos (o, en varios de estos casos, combinaciones de sufijos flexivos, como veremos), añadidos a la raíz verbal.

Además de los sufijos de flexión verbal, en español tenemos otros sufijos flexivos: el sufijo del plural de nombres, adjetivos y pronombres, que tiene dos formas básicas, /-s/ y /-es/, entra dentro de esta categoría. Las terminaciones /-o, -a, -e/ de nombres, adjetivos y otras palabras son también sufijos flexivos, como acabamos de decir. Diremos, pues, que en *papeles* /papel-es/ tenemos la raíz /papel/ y el sufijo flexivo de plural /-es/, mientras que en /gat-o-s/, /mes-a-s/ y *coches* /koč-e-s/ la raíz va seguida por dos sufijos flexivos, pues antes del sufijo de plural /-s/ tenemos otro sufijo, también de flexión.

Notemos que en general los sufijos flexivos no aparecen antes de los derivativos. Un establecimiento donde se venden *libros* es una *librería* (que analizaremos ahora como /libr-eri-a/ o, más detalladamente, como /libr-er-i-a/), no una **librosería*. Una excepción importante son los adverbios en /-mente/, que se crean añadiendo este sufijo derivativo a la forma femenina del adjetivo, como en *buenamente* (la explicación es que estos adverbios proceden históricamente de secuencias de dos palabras: adjetivo + sustantivo *mente*). Con esta excepción, en español la característica formal más importante de los sufijos de flexión de nombres y adjetivos es que desaparecen al añadirse sufijos derivativos a la base: *pomp-a => pomp-os-o => pomp-os-idad*. Curiosamente, las vocales finales de algunos adverbios muestran el mismo comportamiento morfológico: *temprano => tempran-er-o, pronto => pront-itud*.

Los sufijos derivativos y los flexivos presentan una serie de diferencias entre sí. Consideremos los ejemplos en (3):

(3)   a.   Palabras relacionadas por derivación: *hig-o => higu-er-a; libr-o => libr-erí-a.*
      b.   Palabras relacionadas por flexión: *perr-o, perr-o-s; niñ-o, niñ-a, niñ-os, niñ-as; llor-o, llor-a-mos, llor-a-se-n, llor-á-ba-is.*

Si nos fijamos en primer lugar en el significado, podemos notar que el referente cambia en los ejemplos en (3a). La palabra *higuera* hace referencia al árbol y no a la fruta *higo*. Igualmente, *librería* hace referencia al lugar donde se venden *libros*. En los ejemplos de palabras relacionadas por flexión en (3b), por el contrario, el referente básico no cambia. Con la palabra *perros* decimos que hay más de un *perro*, pero seguimos haciendo referencia al mejor amigo del hombre. Con la palabra *lloramos* seguimos haciendo referencia a la misma acción que con la palabra *lloro*, cambiando sólo el sujeto a quien atribuimos la acción.

Una segunda diferencia, a la que ya hemos aludido, es que en la derivación podemos tener un cambio de clase gramatical (por ejemplo, *gota* (N) => *gotear* (V)), mientras que esto no ocurre nunca en la flexión (*gota, gotas*).

En tercer lugar, la morfología flexiva es de aplicación mucho más general que la derivativa. Si el significado lo permite, todo sustantivo tiene una forma plural y esta forma se origina mediante reglas muy generales (por ejemplo, si el sustantivo termina en vocal átona, se añade siempre /-s/). Todo adjetivo tiene formas que permiten la concordancia con sustantivos masculinos y femeninos, singulares y plurales. Todo verbo tiene, por ejemplo, una forma de primera persona plural del condicional en *-ríamos* y una forma de segunda persona del singular del pretérito en *-ste*. Por el contrario, la aplicabilidad de la morfología derivativa está sujeta a todo tipo de restricciones léxicas. Así, por ejemplo, de *alto* tenemos *altura* y de *gordo, gordura*, pero el adjetivo *delgado* no nos permite derivar un sustantivo **delgadura,* sino que el sustantivo correspondiente es *delgadez*. Más aún, hay, por ejemplo, verbos y adjetivos derivados de sustantivos, pero no todo sustantivo nos permite derivar un adjetivo o un verbo. Del sustantivo *casa* tenemos un adjetivo *casero* (como en *comida casera*) pero, ¿hay algún adjetivo derivado de *edificio*? Del sustantivo *sello* obtenemos *sellar*, y de *carta, cartear*, pero del también sustantivo *sobre* (donde se mete la carta) no podemos derivar ningún verbo. Algunos procesos derivativos son más comunes que otros y a veces encontramos procesos derivativos que se aplican de manera uniforme en ciertos grupos de palabras (por ejemplo, en principio es posible derivar un sustantivo en *-bilidad* de cualquier adjetivo terminado en *-ble*), pero su productividad es siempre más limitada que la de la morfología flexiva.

Finalmente, y ésta es la diferencia más importante, la morfología flexiva tiene relevancia sintáctica, mientras que la derivativa no la tiene. Así, en una oración como *las casas son blancas*, la morfología flexiva del artículo *las* y el adjetivo *blancas* es la impuesta por la concordancia en género y número, obligatoria en español, con el sustantivo *casas*, mientras que la morfología flexiva del verbo está determinada en parte por concordancia con el sujeto de la oración. La morfología derivativa, por el contrario, no da lugar a ningún tipo de concordancia morfosintáctica. El sustantivo *debilidades*, por ejemplo, impone el mismo tipo de concordancia que *casas*, sin importar para ello en modo alguno el que sea una palabra formada por derivación (a partir del adjetivo *débil*).

1.4.   Palabras simples, derivadas y compuestas

Denominamos palabras simples a las que contienen únicamente una raíz o una raíz y sufijos flexivos. Son ejemplos de palabras simples los siguientes (separamos los sufijos flexivos de la raíz):

(4) Ejemplos de palabras simples:
   Sustantivos (N): *balón, escuel-a, ocasion-es, niñ-o, niñ-a, niñ-os, niñ-as*
   Adjetivos (Adj): *azul, roj-a, cortés, ágil-es, pequeñ-as*
   Verbos (V): *encontr-amos, llegu-é, abr-irían*
   Adverbios (Adv): *ayer, aquí, cerc-a, bien*

Palabras derivadas son las formadas a partir de otras. Generalmente contienen un afijo derivativo (aunque como veremos en español existen casos de derivación sin afijos). He aquí algunos ejemplos de varias categorías gramaticales, donde separamos la base de los afijos con un guión:

(5) Ejemplos de palabras derivadas:
   Sustantivos (N): *papel-era, organ-ista, niñ-ez*
   Adjetivos (Adj): *fest-ivo, ocasion-al, elefant-íaco, dolor-osa, cerc-ano*
   Verbos (V): *got-ear, ejempl-ificar, a-cerc-ar*
   Adverbios (Adv): *tranquil-a-mente*

La transparencia de las palabras derivadas (es decir, la facilidad con que reconocemos que se trata de palabras derivadas de otras) puede variar mucho de un ejemplo a otro. Consideremos los siguientes ejemplos. En verbos como *contar* y *recontar*, *mirar* y *remirar* reconocemos sin problemas un prefijo *re-* que significa 'volver a' (¿Se le ocurren otros ejemplos?) En adjetivos como *limpio* y *relimpio*, *contento* y *recontento*, encontramos el mismo prefijo, que, con adjetivos, significa 'muy, en alto grado'. Tanto la descomposición en morfemas como la contribución de cada morfema al significado total de la palabra resultan evidentes.

En otros ejemplos, como *revisión*, la estructura está también clara. Sin duda deriva de *visión* con el prefijo *re-*. Pero la relación de significado entre estas dos palabras es mucho menos clara. La palabra *repaso* representa un caso intermedio: un repaso es un segundo paso, pero sólo en un sentido específico (notemos que con el verbo *repasar* tenemos dos sentidos: uno obvio, e.g. *pasar y repasar por la ventana*, y otro especial, e.g. *repasar para un examen*). Finalmente, la conexión entre la palabra *religión* y el verbo *ligar* es francamente oscura desde un punto de vista sincrónico.

El que una palabra se interprete como simple o derivada depende en parte del conocimiento del vocabulario que tenga el hablante. Así, una palabra como *sintaxis* es generalmente interpretada como palabra simple por la mayoría de los hablantes. Pero aquellos hablantes que conozcan también la palabra *parataxis* pueden descomponerlas en dos morfemas *sin-taxis, para-taxis*. Por comparación con *simpático* y su opuesto *antipático*, además de *sintonía, sintagma*, etc., podemos llegar a reconocer un prefijo /sin-/ de origen griego (*syn-*) que expresa colaboración ¿Puede pensar en algún otro ejemplo con este prefijo?

A veces, por motivos históricos, la estructura de una palabra está clara o es transparente solamente en parte. Para dar un ejemplo, en español no tenemos un verbo *ducir, pero sí que tenemos una serie de verbos derivados de esta "raíz" con varios prefijos ¿Cuántos ejemplos puede dar? La existencia de estos casos plantea un problema para la definición de morfema. ¿Es *duc(ir)* un morfema en español? si lo es, ¿cuál es su significado inherente?

Otro tipo de palabra, por su estructura morfológica, son las palabras compuestas. Éstas son palabras que contienen dos o más raíces. Pueden servir de ejemplos los siguientes: *hombre rana*, formada por dos nombres; *lavaplatos*, nombre compuesto que contiene una raíz verbal y otra nominal; y *pelirrojo*, formada mediante la unión de *pelo* (nombre) y *rojo* (adjetivo).

(6) Ejemplos de palabras compuestas:
Sustantivos: *hombre rana* (N + N), *lavaplatos* (V + N)
Adjetivos: *pelirrojo* (N+Adj)

En resumen, según su estructura morfológica, tenemos tres tipos de palabras:
a) Palabra simples, que contienen sólo una raíz (+ sufijos flexivos).
Ejemplos: *miel, niña, hombre, paredes*.
b) Palabras derivadas, que contienen una raíz + afijo(s) derivativo(s).
Ejemplos: *meloso, niñez, hombrada, emparedar*.

---

c) Palabras compuestas, que contienen dos (o más) raíces. Ejemplos: *toca-discos, cartón piedra.*

Ejercicio 1. Indique si las siguientes palabras son simples, derivadas o compuestas. En caso de que una palabra sea derivada o compuesta, indique cuál es la raíz o las raíces:

inteligente	*parabrisas*	*carilargo*	*innoble*	*sinvergüenza*
elegancia	*cantarín*	*sacapuntas*	*reacción*	*buenaventura*
elefante	*gotear*	*esperanza*	*resina*	*volumen*
alegría	*perros*	*riqueza*	*imbécil*	*empedrar*
amarillento	*bombero*	*cerveza*	*imposible*	*apedrear*

Ejercicio 2. ¿Hay algo curioso en la derivación de la palabra *lejano*? ¿Qué explicación se le ocurre?

1.5. Morfemas libres y ligados

Un morfema libre es uno que puede aparecer aislado, formando una palabra completa. Morfemas libres son *papel, veloz, quién, por, y.* Por el contrario, un morfema ligado no puede pronunciarse aislado. Por definición, los sufijos son todos morfemas ligados. Pero, además, una característica del español es que la mayoría de las raíces son también formas ligadas. Si consideramos la estructura morfológica de los nombres y adjetivos en español (y lo mismo se aplica a otras clases de palabras como los pronombres, los determinantes y algunos adverbios), podemos observar que con algunos de ellos la raíz puede aparecer desnuda, sin sufijos (*pared, melón, feliz*). Con muchos otros, sin embargo, la raíz no aparece nunca sin estar acompañada por un sufijo. Así, no podemos tener **gat* como palabra, sino sólo *gato, gata, gatuno*, etc. Las raíces verbales son todas formas ligadas: no encontramos nunca, por ejemplo **vend*, sino *vendo, vender, vendiste*, etc. La única excepción viene dada por ciertos imperativos irregulares como *ven, sal, pon*, etc. Por el contrario, en inglés la mayoría de las raíces aparecen como formas libres (*cat, good, sell*, etc.).

1.6. Morfemas léxicos y gramaticales

Algunos morfemas contienen significados que podemos reconocer en el mundo real, como por ejemplo, las raíces de *feliz, habl-as, gat-o y Méxic-o* y, en general, todas las raíces de nombres, adjetivos y verbos. Otros, como los sufijos de *felic-idad, habl-as, gat-un-o* y *mexic-an-o* y las palabras *a, y, de* tienen significados más difíciles de definir. Llamamos morfemas léxicos a aquéllos cuyo significado podemos relacionar con el mundo real o extralingüístico. Como hemos indicado, todas las raíces de nombres o sustantivos, adjetivos y verbos son morfemas léxicos. Por otra parte, morfemas gramaticales son aquéllos cuyo significado y función son intralingüísticos; es decir, corresponden al sistema de la lengua. La clase de morfemas gramaticales incluye las conjunciones, preposiciones y todos los afijos.

1.7. Clases abiertas y cerradas

El número de sustantivos, adjetivos y verbos existentes en español o que un hablante de esta lengua tiene en su léxico mental es, en principio, ilimitado. Estas clases de palabras están continuamente cambiando al incorporarse palabras nuevas (tomadas de otras lenguas o formadas por medios morfológicos) y olvidarse otras. A nivel individual estamos siempre aprendiendo palabras de estas clases. Éstas son clases abiertas de palabras. Muy diferente es el caso de las preposiciones, las conjunciones o los pronombres. Es perfectamente posible confeccionar una lista completa de los pronombres, las preposiciones o las conjunciones del español, que forman clases cerradas. Podemos, por ejemplo, crear el verbo *clintonear* o aprender que una *tajabarda* es un instrumento de labranza e incorporar este sustantivo a nuestro léxico. Lo que es mucho más difícil es crear una preposición o una conjunción nueva.

1.8. Morfemas y alomorfos

A veces el mismo morfema (raíz o afijo) aparece en formas algo diferentes en palabras diferentes que lo contienen. Así, la raíz verbal presenta formas diferentes en *pued-o, pod-emos* y *pud-ieron*. Así también, el sufijo de plural presenta formas diferentes en *perro-s* y *papel-es*. En casos como éstos hablamos de **alomorfos** de un morfema. Diremos que la raíz del verbo que significa 'poder' tiene tres alomorfos, /pod-/, /pued-/ y /pud-/, y que el sufijo del plural tiene al menos dos alomorfos. /-s/ y /-es/. Como muestran estos ejemplos, alomorfo es a morfema como alófono es a fonema.

Cuando un morfema presenta más de un alomorfo, frecuentemente encontramos que la distribución de los distintos alomorfos está condicionada fonológicamente. Esto es, cada alomorfo ocurre en un contexto fonológico diferente. No todos los casos de alomorfismo, sin embargo, están sujetos a reglas con condicionamiento fonólogico. A veces la distribución es puramente morfológica. Por ejemplo, la raíz de un número de verbos en español presenta un alomorfo especial en el pretérito (y el imperfecto de subjuntivo, cuya raíz es siempre igual a la del pretérito): *pon-er/pus-e, ten-er/tuv-e, ser/fu-i*, etc. He aquí algunos ejemplos de reglas de alomorfismo en español para resolver:

Ejercicio 3. ¿Cuáles son los alomorfos de la raíz de los siguientes verbos?: *servir, jugar, perder, dormir, hervir, soñar.*

Ejercicio 4. En español tenemos un prefijo de negación /in-/, como en *animado/inanimado, activo/inactivo*. De acuerdo con las reglas fonológicas del español, la nasal de este prefijo toma el punto de articulación de la consonante siguiente, como muestran ejemplos como *i*[m]*posible, i*[m]*vencible, i*[ɱ]*feliz, i*[ŋ]*grato*, etc. Pero este prefijo tiene además otro alomorfo /i-/ sin consonante nasal. ¿Puede pensar en tres o cuatro ejemplos con este alomorfo? ¿En qué contexto fonológico ocurre el alomorfo /i-/?

Ejericio 5. Tenemos otro prefijo con los alomorfos /kon-/ y /ko-/, como en *convecino, compadre, consuegro, colateral, colaborador, coeditor, coautor*, etc. ¿Es la distribución de estos alomorfos la misma que la de los del ejercicio anterior?

Ejercicio 6. Además de los alomorfos /-s/ y /-es/, el morfema de plural en español presenta también un alomorfo "cero". Es decir, el plural es igual al singular para algunas palabras. ¿Puede pensar en algún ejemplo? ¿Qué tienen en común las palabras en este grupo?

Ejercicio 7.
7.I. (a) La distribución de los alomorfos de la raíz del verbo *perder* está condicionada fonológicamente. ¿En qué contexto fonológico ocurre cada uno de los alomorfos?
Para responder esta pregunta primero haga una lista de formas verbales, en dos columnas según el alomorfo que contengan, incluyendo tiempos y personas diferentes y las formas no personales del verbo (participio pasado, gerundio e infinitivo). Divida cada palabra en sílabas y subraye la sílaba con acento prosódico. Para *i, u*, indique si son vocales [i], [u] o semivocales [i̯], [u̯]
    (b) ¿Puede pensar en otros verbos con la misma regla de alomorfismo?
    (c) Haga lo mismo que en (a) para el verbo *soñar.*

(d) Haga una lista de verbos con la misma regla de alomorfismo que *soñar*.

(e) ¿Puede dar una regla general que dé cuenta de todos los verbos mencionados?

7.II. Emplee ahora el mismo procedimiento que en el ejercicio anterior para encontrar la regla que condiciona la distribución de alomorfos del verbo *servir*. Tenga en cuenta que los contextos relevantes tienen poco que ver con los del ejercicio anterior.

7.III. Considere ahora el verbo *hervir* ¿Qué alomorfos tiene la raíz de este verbo y en qué contexto fonológico aparece cada uno de ellos? ¿Necesita alguna regla nueva?

7.IV. Finalmente, emplee el mismo procedimiento que en los ejercicios anteriores para formular la distribución de alomorfos de la raíz del verbo *dormir*.

7.V. Resumiendo todo lo que ha descubierto en los ejercicios anteriores, ¿qué reglas generales determinan la distribución de los verbos españoles que presentan alternancias vocálicas en la raíz?

Ejercicio 8. Identifique los alomorfos de la raíz del verbo *hacer* e indique la distribución de cada uno de ellos. Haga lo mismo para el verbo *decir*. ¿Es posible encontrar un condicionamiento fonológico en estos casos?

1.9.   Las clases léxicas o partes de la oración

Aunque damos por sentado que el lector conoce de sobra la clasificación de la oración en sus partes (sustantivo, adjetivo, verbo, adverbio, conjunción, preposición, etc.) y es capaz de decidir, por ejemplo, si una determinada palabra es en español un sustantivo o un adjetivo, queremos recordar que la mayor parte de las definiciones de estas distintas categorías son insuficientes, poco claras o problemáticas. Las gramáticas tradicionales han mostrado siempre una tendencia a establecer un paralelismo entre las categorías del pensamiento lógico y las del lenguaje, de donde proviene la tradición de hacer corresponder a la categoría lógica de sustancia la categoría gramatical de "sustantivo", a la de accidente la de "adjetivo", etc. Muchas veces esta incursión en la lógica o la filosofía para decidir a qué parte de la oración se corresponde una determinada palabra no es muy fructífera. Así, es frecuente encontrar en los manuales de gramática que un verbo es la parte de la oración que describe una acción, un estado o un proceso. Pero la palabra *destrucción* describe una acción e indudablemente no es un verbo.

Por eso, resulta menos complicado muchas veces añadir a nuestro conocimiento de la clasificación de la oración en sus distintas categorías léxicas un par de definiciones de las mismas basadas en criterios distribucionales, es decir, basadas simplemente en la especificación de contextos únicos en los que determinados tipos de palabras tienden a aparecer. Así, por ejemplo, podemos decir que un sustantivo en español (además de las definiciones a las que estamos más acostumbrados) es simplemente la parte de la oración que puede aparecer detrás de los artículos *el* o *la* (si la palaba en cuestión va en singular, *los, las* si está en plural) y que determina la forma específica que adopta el artículo. De esta manera sabemos que la palabra *destrucción* es un sustantivo porque decimos *la destrucción*, independientemente de que describa o no una acción. De la misma manera ni la palabra *comiendo* ni *claramente* son sustantivos porque no decimos ni *el comiendo ni *el claramente.

Siguiendo el mismo mecanismo podemos afirmar que un verbo es la parte de la oración que podemos conjugar para indicar tiempo o aspecto. Así, *destrucción* no es un verbo porque no puedo decir *destruccioné, *destruccionaré o **he destruccionado*. Y además, podemos considerar que los verbos pueden aparecer después de la negación *no* y en el contexto "Prefiero (que) _____". Por ello, el infinitivo *comer* puede ser considerado tanto un verbo (podemos conjugarlo, *comí, comiste, comió,* y podemos decir *no comer* o *prefiero comer*) como un sustantivo *(el comer es necesario).*

Podemos identificar los adjetivos en español como aquellas palabras que pueden aparecer detrás de *muy* y al mismo tiempo pueden cambiar de género y/o de número. Por ello, la palabra *rápido* es un adjetivo: podemos decir *muy rápido, muy rápida, muy rápidos o muy rápidas,* pero *enamoramiento* no es un adjetivo porque no podemos decir **muy enamoramiento*. Curiosamente podemos decir *el azul*, lo que nos indicaría que en este ejemplo el adjetivo *azul* es un sustantivo. Es cierto: decimos que el adjetivo *azul* en esa construcción se ha sustantivado y es, en realidad, un nombre, puesto que puede ir precedido por un artículo.

Los adverbios se caracterizan porque, al igual que los adjetivos, pueden ir precedidos por *muy*, pero a diferencia de ellos no pueden presentar variación de género y número. Por eso *rápidamente* es un adverbio: podemos decir *muy rápidamente* pero no **(muy) rápidamenta* o **(muy) rápidamentes.*

El hecho de que muchos adjetivos, tales como *grande, caliente o triste* no muestren variación de género *(*granda, *trista)* hace que este procedimiento no sirva para diferenciarlos tan claramente de los adverbios. En estos casos acudimos al criterio de ver si podemos ponerlos en plural, además de comprobar si pueden ir precedidos por *muy*. Puesto que podemos decir *muy grande* y *muy grandes* tenemos evidencia suficiente para defender la idea de que *grande* es un adjetivo. Conviene recordar además que una de las diferencias fundamentales entre adjetivos y adverbios es que los primeros tienden a modificar a sustantivos (*el coche rápido / *el coche rápidamente*). mientras que los segundos modifican a verbos o a otros adverbios (*escribo rápidamente*). Una combinación de ambos criterios nos ofrece un método bastante razonable para averiguar si una palabra es un adjetivo o un adverbio.

En cuanto al resto de las partes de la oración, sabemos que las conjunciones, las preposiciones, los artículos, etc., pertenecen a clases cerradas y que podemos hacer por tanto listas exhaustivas de las mismas. En el fondo, uno de los mejores criterios para completar aquella definición de cualquiera de estas partes de la oración con la que el lector se encuentre más cómodo es decir, por ejemplo, que la palabra *en* es una preposición porque está en la lista de las preposiciones en español (*a, ante, bajo, con, contra, de, desde, en...*).

Evidentemente los criterios que acabamos de señalar no son perfectos y en muchos casos no nos ofrecen una idea clara a la hora de clasificar palabras de difícil clasificación (piense, por ejemplo, en lo difícil que sería decidir a qué parte de la oración corresponde la palabra *viceversa*) pero dichos criterios son bastante útiles y facilitan enormemente el proceso de clasificación de palabras en partes de la oración en la mayoría de los casos.

EJERCICIOS DE REPASO

Ejercicio 9. Indique si las palabras subrayadas son sustantivos, adjetivos, verbos o preposiciones:
1. <u>Trajeron</u> el carro nuevo.
2. Caminaba a la <u>escuela</u>.
3. El verdugo ejecutó al <u>último</u> prisionero.
4. Puse el libro en un <u>sobre</u> azul.
5. El policía arrestó a los ladrones del <u>banco</u> pequeño.
6. Llegó ayer de <u>Colombia</u>.
7. La niña <u>recibió</u> muchos regalos en navidad.

8. La pierna <u>débil</u> es la izquierda.

9. Nos <u>visita</u> de vez en cuando.

10. El agua <u>sucia</u> del río llegaba hasta el techo.

11. El ruido <u>asustó</u> al bebé.

12. Puse el libro <u>sobre</u> la mesa.

13. Es difícil que <u>entre</u> todo en el carro.

14. Estaba <u>entre</u> la espada y la pared.

15. Tengo un abuelo francés y otro <u>italiano</u>.

16. Sin duda era un <u>gran</u> orador.

17. Está <u>enamorado</u> de Rocío no de Isabel.

18. Corren todos los días que <u>pueden</u>.

19. Nuestros <u>antepasados</u> eran muy sabios.

20. José es todavía muy <u>joven</u> para esas películas.

21. Quiere <u>dormir</u> todo el fin de semana.

22. Quiere un <u>metro</u> de tela.

23. Un <u>joven</u> se acercó a saludarme.

24. Se dirigían <u>hacia</u> la estación.

25. Tus amigos han <u>llegado</u> a tiempo.

Ejercicio 10. Determine la categoría léxica (e.g. sustantivo, artículo, demostrativo, adjetivo, adverbio, pronombre, preposición, conjunción) de la palabra subrayada en cada una de las frases y oraciones que aparecen a continuación e indique si pertenece a una clase abierta o cerrada:

1. <u>mataron</u> al rehén

2. estaba <u>enferma</u>

3. el cine <u>o</u> el teatro

4. quiere el libro <u>azul</u>

5. duerme <u>como</u> un bebé

6. le gustan <u>los</u> chocolates

7. vénde<u>melos</u>

8. el <u>presidente</u>

9. <u>lo</u> trajo ayer

10. es <u>mío</u>

11. <u>todos</u> tienen su pasaje

12. preparó <u>nuestra</u> comida

13. me lo dio <u>para</u> ti

14. <u>éste</u> no es bueno

15. <u>por</u> el parque

16. <u>esa</u> mujer

17. maneja <u>autobuses</u>

18. <u>mañana</u> te llamo

19. me dijo <u>que</u> vendría

20. ¿<u>quién</u> será?

21. llegó <u>un</u> hombre

Ejercicio 11. ¿Cuántos morfemas puede identificar en las siguientes palabras?

1. canten

2. aburrir

3. amado

6. gato

7. salar

8. abuelito

11. mexicano

12. rosado

13. sol

4. grandísimo	9. véndemelo	14. nacional
5. azul	10. irse	15. bebo

Ejercicio 12. Divida las siguientes palabras en morfemas e idenfique la raíz.

1. prehistórico	6. librería	11. disculpé
2. tráelos	7. futbolista	12. pianista
3. descontinuar	8. azucarero	13. engrandece
4. librero	9. urgente	14. estudiantes
5. deportista	10. artista	15. capitalismo

2   Morfología flexiva de la lengua española

2.1.   Flexión nominal: género y número

2.1.1.   *Concepto de género gramatical*

En español, los nombres o sustantivos y sus modificadores (artículos y otros determinantes, adjetivos) concuerdan en género y número. Decimos *el libro blanco, la pared blanca, los libros blancos, las paredes blancas*, con concordacia en género y número entre el sustantivo y los artículos y adjetivos que lo modifican.

Consideremos primero el género. En español tenemos género gramatical. El género es una propiedad inherente de los sustantivos que se manifiesta en la concordancia con adjetivos y otros modificadores. Decimos que sustantivos como *zapato, lápiz, césped, camión, coche* y *día* son inherentemente de género masculino, mientras que otros sustantivos como *camisa, raíz, pared, situación, noche* y *mano* tienen género femenino. Con esto queremos decir que sus modificadores tienen formas diferentes:

(7) Género gramatical: sustantivos masculinos y femeninos

este	zapato	*hermoso es mío*	vs.	esta	camisa	*hermosa es mía*
	lápiz				*raíz*	
	césped				*pared*	
	camión				*situación*	
	coche				*noche*	
	día				*mano*	

Los sustantivos que requieren modificadores como *este, hermoso* y *mío* son de género masculino, mientras que los que exigen concordancia con formas como *esta, hermosa* y *mía* son femeninos. Todos los sustantivos en español han de pertenecer necesariamente a una clase o a la otra, incluso los préstamos más recientes. Los adjetivos y otros modificadores tienen que concordar con el género gramatical que asignamos al nombre.

Podemos preguntarnos por qué utilizamos expresiones como género masculino y femenino. ¿Qué hay de masculino en un 'zapato' o en un 'melón' y de femenino en una 'camisa' o una 'sandía'? Obviamente, nada. Podríamos emplear otras expresiones como sustantivos de clase 1 y de clase 2 para indicar el sistema de concordancia que exigen.

Los términos tradicionales *masculino* y *femenino* no son, sin embargo, puramente arbitrarios, como pudiera desprenderse de los ejemplos que acabamos de considerar. El origen de esta terminología se encuentra en que sustantivos como *zapato* y *melón* exigen el mismo tipo de concordancia que encontramos con la mayoría de los sustantivos referidos a personas del sexo masculino como *Juan, hombre, rey, artista* (cuando se refiere a un hombre) o *maestro*, mientras que sustantivos como *camisa* o *pared* exigen el mismo tipo de concordancia que los sustantivos que hacen referencia a una persona del sexo femenino, como *María, mujer, reina, artista* (cuando se refiere a una mujer) o *maestra*. Es decir, los conceptos de 'zapato' y 'melón' (significados) no tienen nada de masculino, pero los sustantivos *zapato* y *melón* (significantes) tienen de 'masculino' el exigir las mismas formas de adjetivos y otros modificadores que la mayoría de los sustantivos referidos a personas de sexo biológico masculino (y que, por esta razón, conocemos como concordancia masculina).

2.1.2. *Género y sufijos flexivos*

Es obvio que el género gramatical de los sustantivos no es algo que pueda deducirse sin más de su terminación. Ejemplos como *zapato, lápiz, césped, camión, coche* y *día* son todos sustantivos de género masculino, y *camisa, raíz, pared, situación, noche* y *mano* son todos sustantivos de género femenino. Existen, sin embargo, ciertas tendencias.

a) Los sustantivos terminados en *-o* son casi todos masculinos. La excepción más importante es la palabra *mano*. Otras excepciones comunes proceden de abreviaciones: *la foto(grafía), la moto(cicleta)*.

b) Los sustantivos terminados en *-a* son casi todos femeninos. Esta regla tiene bastantes más excepciones: *día, poeta, mapa*, palabras de origen griego terminadas en *-ma* (*drama, poema, sintagma*), etc. Los sustantivos en *-ista* con referente humano tienen ambos géneros: *el contrabandista, la contrabandista*.

c) Los sustantivos terminados en -*e* y los que carecen de sufijo de género (terminados en consonante) pueden ser de un género o del otro, sin que sea posible dar ninguna regla general. Así tenemos *coche* (m) pero *noche* (f), *almirez* (m) pero *nariz* (f), *sol* (m) pero *sal* (f), *análisis* (m) pero *síntesis* (f), etc. Con palabras derivadas sí que es posible encontrar algunas generalizaciones. Así, por ejemplo, las palabras derivadas terminadas en -*ez*, -*ción*, -*(i)dad* y -*tud* son todas femeninas.

En el caso de los sustantivos con referente humano y también con los referidos a algunos animales superiores encontramos generalmente dos formas, masculina y femenina, correspondiendo a los dos sexos biológicos que pueden tener estos referentes (con un par de excepciones, como las palabras *víctima* y *persona* que tienen sólo una forma, de género femenino, independientemente del sexo biológico del referente: *Juan es un buen hombre,* pero *Juan es una buena persona*). La mayoría de las veces la palabra masculina termina en -*o* y la femenina en -*a* como en *niño* (m) y *niña* (f), *tío* (m) y *tía* (f), *maestro* (m) y *maestra* (f), etc. Ésta no es, sin embargo, la única posibilidad, pues tenemos también otros casos como *estudiante* (m) (*el estudiante*) y *estudiante* (f) (*la estudiante*), *artista* (m) y *artista* (f), en los que las formas masculina y femenina tienen la misma terminación. Hay también otros casos como *jefe* (m) y *jefa* (f) y *profesor* (m) y *profesora* (f) que tampoco se ajustan a la regla de que el masculino termina en -*o* y el femenino en -*a*. Aparte de algunos casos especiales que veremos seguidamente, las posibilidades de correspondencia entre sufijos para sustantivos emparejados (referidos a humanos y algunos animales) son las siguientes:

(8) Sustantivos "emparejados"

	masc.	fem.	Ejemplos:		
1.	-*o*	-*a*	*(el) amigo*	/	*(la) amiga*
2.	-*o*	-*o*	*(el) modelo*	/	*(la) modelo*
3.	-*a*	-*a*	*(el) artista*	/	*(la) artista*
4.	-*e*	-*a*	*(el) monje*	/	*(la) monja*
5.	-*e*	-*e*	*(el) cantante*	/	*(la) cantante*
6.	-Ø	-*a*	*(el) profesor*	/	*(la) profesora*
7.	-Ø	-Ø	*(el) juez*	/	*(la) juez*

Ninguna otra combinación es posible. No podemos tener, por ejemplo, *el acróbata (m) / *la acróbate* (f).[3]

---

3 Como se nota en Harris (1991).

En algunos, pocos, casos encontramos una relación de tipo cuasi-derivativo: *rey/reina, gallo/gallina; duque/duquesa, príncipe/princesa, tigre/tigresa; actor/actriz*. (Desde una perspectiva puramente formal la relación que tenemos entre, por ejemplo, *gall-o* y *gall-in-a* es la misma que encontramos entre *capuch-a* y *capuch-in-o, capuch-in-a*, aunque desde el punto de vista del significado la relación es muy diferente). El caso de *padre/madre*, donde lo que cambia es la consonante inicial, es único. En otros pocos ejemplos las palabras "emparejadas" (desde un punto de vista semántico) tienen raíces diferentes: *toro/vaca, carnero/oveja, caballo/yegua, hombre/mujer, marido/mujer*.

Notemos que esta propiedad de "emparejamiento" sólo se extiende a algunos animales. Tenemos *perro/perra, gato/gata, león/leona* pero sólo *rana* (f), *sapo* (m), *pez* (m), *perdiz* (f), *gorrión* (m), *antílope* (m), *gacela* (f), *puma* (m), sin importar el sexo biológico del animal en cuestión. Sea macho o hembra, sólo podemos decir *una perdiz hermosa, un gorrión pequeño, una pantera vieja* y *un puma gordo*. Si queremos distinguirlos tenemos que decir cosas como *una perdiz macho* y *un gorrión hembra*.

Hay algunos casos especiales de "emparejamiento" que no tienen absolutamente nada que ver con el sexo biológico. Por una parte encontramos casos como *naranjo* (m)/*naranja* (f), *manzano* (m)/*manzana* (f), *ciruelo* (m)/*ciruela* (f), etc., en que la palabra masculina se refiere al árbol y la femenina al fruto. Aquí la diferencia de género funciona como la morfología derivativa en el cambio de significado que introduce (cf. *higo/higuera*).

La misma relación masculino en *-o* / femenino en *-a* se encuentra en casos como *barco* (m) /*barca* (f), *cesto* (m) / *cesta* (f), *bolso* (m) / *bolsa* (f), etc., que tienen como referentes objetos parecidos, generalmente con una diferencia de tamaño, aunque no está siempre claro qué miembro del par hace referencia al objeto de mayor tamaño.

Ejercicio 13. ¿Puede formular una regla general que unifique las 7 correspondencias de sufijos entre masculino y femenino que se ilustran en (8)? (Es decir, partiendo de que conocemos el masculino, ¿qué opciones existen para formar el femenino?)

2.1.3. *El género de los adjetivos*

Al contrario que los nombres, los adjetivos no tienen género inherente, sino que concuerdan forzosamente con el género inherente de los nombres a los que modifican. En los adjetivos tenemos, pues, siempre una forma masculina y otra femenina para la misma raíz (aunque éstas pueden ser idénticas); pues todo adjetivo ha de poder aplicarse a sustantivos tanto de un género como del otro.

Atendiendo a cómo se emparejan el masculino y el femenino de los adjetivos en cuanto a su terminación, encontramos dos grupos principales: los que terminan en *-o* en el masculino y en *-a* en el femenino (*guapo/guapa, frío/fría*), y los que terminan en *-e* o consonante (sin vocal flexiva) y son iguales para los dos géneros (*grande, caliente, triste, verde, azul, fácil, igual, gris*). Un grupo menor, que incluye sobre todo adjetivos de nacionalidad, tiene una forma en consonante (sin sufijo flexivo) para el masculino y otra en *-a* para el femenino (*español/española, francés/francesa, alemán/alemana*). Además de éstos, hay algunos invariables en *-a* (*belga, agrícola*) y también en *-í* (*israelí, baladí*).

Tipos de adjetivos por su flexión de género

Casos generales:
1. *-o* (m)/ *-a* (f): u*n hombre alto/ una mujer alta, un techo rojo / una pared roja.*
2. Invariables en *-e*, o cons.: *un problema urgente / una situación urgente, un árbol verde / una planta verde, un problema difícil / una situación difícil.*
Casos menos comunes:
3. *-Ø* (m) / *-a* (f): *un libro español / una revista española, un señor francés / una señora francesa.*
4. Otros invariables: *un hombre belga / una mujer belga, un país agrícola / una nación agrícola, un asunto baladí / una cuestión baladí.*

2.1.4. *El género en pronombres, artículos y demostrativos*

El paradigma flexivo de los pronombres, artículos y demostrativos presenta la particularidad de que, además de masculino y femenino, contiene una tercera forma, "de género neutro":

(9) Palabras con tres géneros:

Masculino	Femenino	Neutro
él	*ella*	*ello*
el	*la*	*lo*
éste	*ésta*	*esto*
ése	*ésa*	*eso*
aquél	*aquélla*	*aquello*

(Nótese que el acento ortográfico se usa en las formas masculinas y femeninas de los demostrativos cuando no determinan a un sustantivo: *quiero este libro, no ése*. Las formas neutras no necesitan nunca acento, dado que éstas no modifican a un sustantivo).

Las llamadas formas "neutras" se utilizan haciendo referencia a conceptos o ideas: *lo que te conté, eso es, aquello de lo que hablamos*. La forma *lo* se utiliza también con adjetivos: *lo bueno es que llegamos*. En expresiones de carácter exclamativo, *lo* aparece con adjetivos tanto masculinos como femeninos, singulares o plurales por lo que su caracterización como artículo no parece del todo correcta: *¡lo simpáticos que son tus amigos!, no sabes lo contenta que está María*.

Otro hecho interesante acerca de los artículos es el uso del artículo *el* con sustantivos femeninos, como en *el agua*. Para saber más sobre este fenómeno le recomendamos que haga el ejercicio siguiente.

Ejercicio 14. El artículo femenino *la* presenta un alomorfo *el* en casos como *el agua, el águila, el hacha, el asa, el arma, el ama*, etc. (que son palabras femeninas, como se ve por otros tipos de concordancia: *el agua fría, el águila negra*), pero no en otros como *la ardilla, la alfombra, la araña, la alumna*, ni tampoco en *la alta torre, la árida meseta, la áspera piedra*. (a) La distribución de este alomorfo está sujeta a dos condiciones, una fonológica y otra morfosintáctica ¿Cuáles son? (b) ¿Se le ocurre alguna excepción a la regla? (Pista: piense en el nombre de las letras del abecedario).

2.1.5. *El masculino como género no marcado*

El masculino aparece como género no marcado con respecto a varios fenómenos de concordancia. Este carácter no marcado del masculino es evidente, en primer lugar, en la nominalización.

Cuando empleamos preposiciones, conjunciones y otras palabras sin género gramatical como si fueran nombres, éstas muestran siempre concordancia masculina: *quita ese con y pon un sin; no me vengas con tantos peros; hay demasiados paras en este párrafo; reemplaza este aunque con otro sin embargo; dio un sí entusiasmado; pronunció un nunca amargo*.

El género masculino es también el que utilizamos en la nominalización de oraciones, sean finitas o de infinitivo: *el fumar tanto no es muy bueno, el que me lo digas tú es ridículo*.

Por otra parte, al menos tradicionalmente, se usa el masculino para hacer referencia a un grupo de personas que incluye al menos una de sexo masculino. Así, *mis hijos* puede incluir a *mis hijas*, pero no viceversa, y *los estudiantes* puede emplearse para referirse a un grupo de ambos sexos. Así también, si el grupo incluye al menos un varón, tendremos que decir *todos nosotros* (aunque las mujeres estén en mayoría en el grupo). Estas normas, sin embargo, son menos rígidas ahora que antes y están empezando a cambiar. Mientras que tradicionalmente se entendía siempre que *todos los alumnos de la clase* incluía a las alumnas, hoy en día en ciertos contextos hay una tendencia a emplear expresiones como *todos los alumnos y todas las alumnas*, que se consideran más igualitarias en algunos ámbitos. En documentos escritos de carácter informal se ven también expresiones como *todos/as los/las alumnos/as* o incluso *tod@s l@s alumn@s*.

La incorporación de la mujer a puestos en la sociedad que tradicionalmente estaban reservados exclusivamente a varones ha traído también ciertos cambios en el uso y también una cierta inseguridad acerca de cuál es el uso gramaticalmente correcto. En otra época no había necesidad de referirse, por ejemplo, a jueces de sexo femenino, porque todos los jueces eran hombres. Hoy en día, sin embargo, al ser posible encontrar tanto hombres como mujeres en este cargo se plantea el problema de cómo acomodar la lengua a la realidad, dado que, como hemos visto, los nombres referidos a seres humanos suelen presentar géneros morfológicos diferentes según el sexo biológico del referente. Una posibilidad es crear una excepción y decir, por ejemplo, *María es un juez muy justo* observando concordancia masculina porque *juez* es únicamente una palabra masculina (lo mismo que decimos, por otra parte, *Juan es una persona muy justa*). Una segunda posibilidad es crear otra palabra *juez* (f) y decir *María es una juez muy justa*. Finalmente podemos crear una palabra *jueza* (f): *María es una jueza muy justa*. Hoy en día el uso varía entre estas tres opciones. Los periódicos suelen tener reglas de estilo al respecto.

Un caso completamente diferente, puramente gramatical y sin relevancia extralingüística, es el de la concordancia de nombres coordinados sin referente humano. En este caso suele prevalecer la concordancia masculina: *compré dos bolígrafos y una pluma rojos.*

2.1.6. *Número: singular y plural*

Sobre la formación del plural se suele dar como regla que en español "las palabras terminadas en vocal hacen el plural en -*s* y las terminadas en consonante hacen el plural en -*es*". Los hechos son, sin embargo, algo más complicados. Consideremos los siguientes ejemplos, que representan excepciones a esta regla:

a) *El lunes/los lunes* (pero *el mes/los meses*), *el análisis/los análisis, el ómnibus/los ómnibus* (pero *el autobús/los autobuses*). (Fíjese en la posición del acento.)

b) *El jabalí/los jabalíes ~ jabalís, el rubí/los rubíes ~ rubís, el menú/los menúes ~ menús.* Pero *el sofá/los sofás* (no *sofáes*), *la mamá/las mamás, el café/los cafés, el dominó/los dominós.*

c) *El chef/los chefs, el robot/los robots, el mamut/los mamuts, el anorak/los anoraks, el coñac/los coñacs, el bulldog/los bulldogs.*

Ejercicio 15. Dados estos hechos, ¿Cómo describiría la distribución de alomorfos del plural en español de manera más completa y correcta?

2.1.7. *Caso*

Por caso, como categoría flexiva, entendemos la modificación en la forma de los sustantivos y sus modificadores como consecuencia de su función sintáctica en la oración. En latín, por ejemplo, la palabra 'rey' aparece en formas algo diferentes en cada una de las oraciones siguientes debido a las distintas funciones sintácticas que en ellas desempeña: *rex laborat* 'el rey trabaja', *regem video* 'veo al rey', *Marcus regi flores dat* 'Marco da flores al rey'. Decimos que *rex* está en caso nominativo o de sujeto, *regem* en caso acusativo o de objeto directo y *regi* en caso dativo o de objeto indirecto. Está claro que en español, al contrario que en latín, los sustantivos no tienen morfología de caso. Los pronombres personales, sin embargo, sí tienen formas diferentes según el caso. Podemos distinguir cuatro casos morfológicos en la flexión de los pronombres: nominativo, acusativo, dativo y preposicional, aunque para cada pronombre hay, como mucho, tres formas de caso diferentes:

(10) Flexión de caso en los pronombres personales

	Nominativo (sujeto)	Acusativo (objeto directo)	Dativo (obj. indirecto)	Preposicional (a, para, etc.)
1 sg.	*yo*	*me*	*me*	*mí, conmigo*
2 sg.	*tú*	*te*	*te*	*ti, contigo*
3 sg., masc.	*él*	*lo*	*le*	*él*
3 sg., fem.	*ella*	*la*	*le*	*ella*
3 sg., neutro	*ello*	—	—	*ello*

1 pl. masc./fem.	nosotros, -as	nos	nos	nosotros, -as
2 pl. masc./fem.	vosotros, -as	os	os	vosotros, -as
3 pl., masc.	ellos	los	les	ellos
3 pl., fem.	ellas	las	les	ellas

Para los pronombres de tercera persona el sistema que hemos dado en la tabla es el etimológico o normativo. En este sistema *lo* y *la* funcionan como objeto directo *(el libro lo leí, a Juan lo vi, la novela la leí, la mesa la vi)* y *le* como objeto indirecto (*a Juan le dije que no, a María le dije que sí*). En algunos dialectos, incluyendo el habla de Madrid, sin embargo, *le* se emplea no sólo como dativo sino también como forma de acusativo cuando el objeto directo es una persona de sexo masculino: *a Juan le vi ayer* (pero *el libro lo vi ayer*). Este fenómeno se conoce como **leísmo**. (Hay dialectos, como los del Ecuador y el País Vasco, con leísmo extendido incluso a más contextos.) Algo menos común es el **laísmo**, que consiste en el empleo del pronombre *la* como objeto indirecto con referentes personales de sexo femenino: *a María la dije que sí*.

Ejercicio 16. Las reglas de concordancia aplicables a los posesivos son diferentes en inglés y en español, como se ve en ejemplos como los siguientes:
1. *María vino con su hija, Juan con la suya y Eloísa también con la suya.*
   Mary came with her daughter, John with his and Eloise also with hers.
2. *Juan dio el dinero a sus hijos y a su cuñada.*
   John gave the money to his sons and his sister-in-law.
3. *Juan y María perdieron su libro y Eloísa perdió también el suyo/los suyos.*
   John and Mary lost their book and Eloise also lost hers.
¿En qué difieren las reglas de concordancia de las dos lenguas?

2.2. Flexión verbal

2.2.1. *Paradigmas verbales*

Desde un punto de vista morfológico los verbos en español se agrupan en tres clases o **conjugaciones**:

– Primera conjugación: verbos cuyo infinitivo termina en *-ar* (como *amar, llorar, esperar*).

– Segunda conjugación: verbos cuyo infinitivo termina en *-er* (como *temer, comer, esconder*).

– Tercera conjugación: verbos cuyo infinitivo termina en *-ir* (como *partir, batir, escupir*).

Claramente /-r/ es la marca morfológica del infinitivo, uniforme en las tres conjugaciones. Lo que realmente distingue una conjugación de otra es la vocal que sigue a la raíz en el infinitivo: /-a-/, /-e-/ o /-i-/, que llamaremos vocal temática (VT), empleando la terminología tradicional. Esta misma distinción de VT aparece no sólo en el infinitivo, sino también en algunas otras formas verbales: *am-a-mos, tem-e-mos, part-i-mos*. En otras formas, sin embargo, la segunda y tercera conjugación comparten la misma vocal temática. Así tenemos, por ejemplo, *am-a-n* frente a *tem-e-n*, y *part-e-n* o *am-a-do* frente a *tem-i-do* y *part-i-do*. También hay formas del paradigma verbal que carecen de vocal temática y en las que, consecuentemente, no hay diferencia entre las conjugaciones: *am-o, tem-o, part-o*.

Aproximadamente el 90% de todos los verbos en español pertenecen a la primera conjugación. Ésta es la única conjugación verdaderamente productiva, a la que es posible agregar nuevos verbos. Todos los préstamos verbales de otras lenguas se adaptan como verbos de la primera conjugación. Podemos decir que sólo la primera conjugación es una clase abierta por lo que respecta a la lengua como sistema.

A continuación ofrecemos el paradigma flexivo del verbo *cantar*. Con escasísimas excepciones (los llamados verbos defectivos), todo verbo español presenta todas las formas que ejemplificamos:

(11) Paradigma del verbo *cantar*
  Presente de indicativo: *canto, cantas, canta, cantamos, cantáis, cantan*.
  Presente de subjuntivo: *cante, cantes, cante, cantemos, cantéis, canten*.
  Imperfecto de indicativo: *cantaba, cantabas, cantaba, cantábamos, cantabais, cantaban*.
  Pretérito: *canté, cantaste, cantó, cantamos, cantasteis, cantaron*.
  Imperfecto de subjuntivo (A): *cantara, cantaras, cantara, cantáramos, cantarais, cantaran*.
  Imperfecto de subjuntivo (B): *cantase, cantases, cantase, cantásemos, cantaseis, cantasen*.
  Futuro de indicativo: *cantaré, cantarás, cantará, cantaremos, cantaréis, cantarán*.
  Futuro de subjuntivo: *cantare, cantares, cantare, cantáremos, cantareis, cantaren*.
  Condicional: *cantaría, cantarías, cantaría, cantaríamos, cantaríais, cantarían*.
  Imperativo: *canta, cantad*.

Infinitivo: *cantar.*
Participio pasado: *cantado.*
Gerundio: *cantando.*

En la siguiente sección consideraremos la estructura interna de estas formas verbales.

Además de estas formas llamadas "simples", encontramos formas "compuestas", que están formadas con el auxiliar *haber* y el participio pasado (*he cantado, haya cantado, había cantado*, etc.). La estructura de estas formas es simplemente la que resulta de combinar la forma correspondiente de *haber* con el participio del verbo principal.

Tenemos también una serie de perífrasis formadas con otros verbos auxiliares y una forma no personal del verbo principal. Con *estar* y el gerundio obtenemos formas progresivas: *está cantando, estuvo cantando, estaba cantando, estaría cantando*, etc. Semejante en su significado es otra construcción con *andar: anda cantando, anduvo cantando, andaba cantando, andaría cantando*, etc. La construction con *seguir* indica continuación: *sigue cantando, seguía cantando*, etc. Con *ir a* más el infinitivo se crea una perífrasis con valor de futuro o de acción inmediatamente posterior a la indicada por el tiempo del verbo auxiliar: *va a cantar, iba a cantar, vaya a cantar*, etc. Con *acabar de* y el infinitivo tenemos una acción completada inmediatamente antes del tiempo de referencia dado por el auxiliar: *acaba de cantar, acababa de cantar, acabaría de cantar*, etc.

Con *ser* y el participio pasado tenemos las formas pasivas: *es cantado, fue cantado, será cantado, fuera cantado*, etc. En la construcción pasiva, sin embargo, el participio más que como verbo funciona como adjetivo, concordando en género y número con el sujeto: *la canción fue cantada.*

2.2.2. *Análisis morfológico de las formas verbales*

Consideremos, para empezar, los siguientes ejemplos:

(12a)	*amaríamos*	*amarían*	*temeríamos*	*temerían*
	amaremos	*amarán*	*temeremos*	*temerán*
	amásemos	*amasen*	*temiésemos*	*temiesen*

La mitad de estos ejemplos tiene un sufijo *-mos*, que nos indica que el sujeto del verbo es 'nosotros/as' (primera persona del plural), y la otra mitad tiene un sufijo *-n*, que transmite la información de que el sujeto es una tercera personal del plural. Estos sufijos son, pues, marcas morfológicas en el verbo del número y persona (Núm./Pers.) del sujeto de la oración. Si seguimos segmentando desde el final de la palabra, a continuación encontramos otro sufijo que se corresponde con lo que a veces se llama el "tiempo verbal", pero que se define mejor como marca de tiempo (pasado, presente o futuro), aspecto (perfectivo o imperfectivo) y modo (indicativo o subjuntivo). Abreviaremos tiempo, aspecto y modo como TAM. Finalmente, el último sufijo que encontramos segmentando desde el final de la palabra es una vocal o diptongo que aparece inmediatamente después de la raíz y varía según la conjugación a la que pertenece el verbo (primera o segunda en nuestros ejemplos). Éste elemento es lo que hemos convenido en llamar vocal temática o VT. Así, pues, analizaremos los ejemplos en (12) del siguiente modo (indicamos el acento prosódico en todas las formas, no sólo en las que requieren acento ortográfico):

(12b) Análisis morfológico de las formas verbales en (12a)

Raíz	VT	TAM	Núm./Pers.
am	a	ría (condicional)	mos (1 pl.)
am	a	ría (condicional)	n (3 pl.)
tem	e	ría (condicional)	mos (1 pl.)
tem	e	ría (condicional)	n (3 pl.)
am	a	ré (futuro indic.)	mos (1 pl.)
am	a	rá (futuro indic.)	n (3 pl.)
tem	e	ré (futuro indic.)	mos (1 pl.)
tem	e	rá (futuro indic.)	n (3 pl.)
am	á	se (imperf. subj.)	mos (1 pl.)
am	á	se (imperf. subj.)	n (3 pl.)
tem	i̯é	se (imperf. subj.)	mos (1 pl.)
tem	i̯é	se (impef. subj.)	n (3 pl.)

Como vemos, algunos de los morfemas que es posible idenficar presentan más de un alomorfo. Así, en los ejemplos, la vocal temática de *temer* es /-e-/ en unas formas y /-i̯e-/ en otras y el sufijo de futuro aparece sea como /-re-/ o sea como /-ra-/. Otros morfemas, en cambio, tienen un único alomorfo. El sufijo de primera persona del plural, por ejemplo, tiene siempre la forma /-mos/, no sólo aquí, sino también en todo el paradigma verbal.

Trate de contestar ahora las siguientes preguntas: ¿Cuáles son los alomorfos del morfema de TAM correspondiente al imperfecto de indicativo? ¿Qué alomorfos tiene el sufijo de segunda persona del singular (*tú*) en español?

El esquema que hemos ofrecido representa la estructura máxima que podemos tener en una forma verbal. Al analizar otras formas, encontraremos que una o más de estas casillas puede estar vacía. Si comparamos la forma *amaría* con *amaríamos, amarías, amarían*, está claro que carece de marca de número y persona:

(13) "Casillas vacías"

Raíz	VT	TAM	Núm./Pers.
am	a	ría (condicional)	
am	a	ría (condicional)	s (2 sg.)

Otra manera de expresar la noción de "casilla vacía" es mediante el uso de "morfemas cero". Así, podríamos decir que la marca de Núm./Pers. en *amaría* es un morfema cero: /am-a-ría-Ø/.

La carencia de marca de número y persona identifica a la tercera persona del singular en español (al haberse perdido sistemáticamente la consonante final -*t* que identificaba a la tercera persona del singular en latín: lat. *amat* > esp. *ama*, lat. *amabat* > esp. *amaba*) y también a algunas formas de primera persona del singular (terminadas en latín en -*m*, también perdida de manera sistemática en español: lat. *amabam* > esp. *amaba*).

Por otra parte, la ausencia de marca de TAM caracteriza al presente de indicativo, como podemos observar comparando las siguientes formas:

(14) Morfología del presente comparada con otros paradigmas

Pres. indic.	Imperf. indic.	Imperf. subj. (A)	Imperf. subj. (B)
am–a–s	am–a–ba–s	am–a–ra–s	am–a–se–s
am–a	am–a–ba	am–a–ra	am–a–se
am–a–mos	am–á–ba–mos	am–á–ra–mos	am–á–se–mos
am–a–n	am–a–ba–n	am–a–ra–n	am–a–se–n

(15) Más "casillas vacías": el presente

Raíz	VT	TAM	Núm./Pers.
ám	a		s (2 sg.)
ám	a		
am	á		mos (1pl.)
ám	a		n (3 pl.)
am	á	ba (imperf. indic.)	s (2 sg.)
am	á	ba (imperf. indic.)	
am	á	ba (imperf. indic.)	mos (1pl.)

De nuevo, en las casillas vacías en (15) podríamos escribir Ø y decir que la marca de TAM en el presente es un morfema cero.

Ciertas otras formas presentan mayores dificultades para su descomposición en morfemas. En *amo*, la terminación /-o/ puede ser analizada como marca de número y persona (aunque algunos autores han hecho otras propuestas de análisis), mientras que en *amaré* lo más adecuado es considerar la terminación /-ré/ como marca de TAM (compárese con /am-a-ré-mos/).

En el pretérito es donde surgen las mayores dificultades para el análisis morfológico (debido en gran parte a las contracciones sufridas por estas formas en su evolución desde el latín: lat. *amaui* > esp. *amé*, lat. *amauit* > esp. *amó*):

(16)   Pretérito
        am-é   tem-í
        am-a-ste   tem-i-ste
        am-ó   tem-i-ó
        am-a-mos   tem-i-mos
        am-a-steis   tem-i-steis
        am-a-ron   tem-ie-ron

Lo que dificulta el análisis es la falta de una marca clara de TAM en el pretérito, como las que encontramos en otros paradigmas. Entre las formas de pretérito las de más fácil análisis son las de primera persona del plural. Estas formas carecen de morfema de TAM. Los morfemas que encontramos después de la raíz son la vocal temática y el sufijo de primera persona del plural /-mos/. En la segunda conjugación, la vocal temática es /-i-/, lo que permite distinguir el pretérito *temimos* del presente *tememos*. En las otras dos conjugaciones encontramos la misma vocal temática en el presente y en el pretérito (*amamos, partimos*).

Si consideramos ahora las formas de primera y tercera persona del singular, en éstas la vocal tónica final combina en un solo segmento información sobre TAM y número y persona. Comparando los paradigmas, podemos concluir que mientras que el paradigma de segunda y tercera conjugación incluye la vocal temática /-i-/ (en la tercera persona del plural /-ie-/), la vocal temática falta en un par de formas de pretérito de la primera conjugación (o que ésta está combinada también con la marca de TAM y Núm./Pers. en la primera persona del singular).

En cuanto a las restantes formas de pretérito que nos quedan por analizar, las terminaciones /-ste, -steis, -ron/ se pueden considerar, en un posible análisis, marcas de número y persona, con alomorfos diferentes a los que ocurren en otros paradigmas de TAM. Algunos autores, sin embargo, prefieren considerar que -*steis* contiene dos sufijos: /-ste-is/, donde el segundo es la misma marca de segunda persona del plural que encontramos en otros paradigmas (*am-a-is, am-a-ría-is*, etc.) y el primero es un morfema de TAM /-ste/ que es el que aparece también en la segunda persona del singular. En este análisis, que es el que damos en la tabla en (17), la segunda persona del singular del pretérito (*amaste*) carece de marca de número y persona. Esto explicaría la tendencia a añadir una /-s/ final a estas formas que encontramos en muchos dialectos del español (*amastes*), con lo cual se regulariza la expresión de la segunda persona del singular.

Finalmente, la terminación -*ron* de *amaron, temieron* puede analizarse, bien como alomorfo de número y persona del morfema que aparece como /-n/ en todos los otros paradigmas, o bien como compuesta de dos sufijos /-ro-n/, el primero de los cuales sería un morfema de TAM.

(17) Análisis morfológico del pretérito

a. Pretérito de *temer* (2ª y 3ª conjugación)

Raíz	VT	TAM	Núm./Pers.
tem	í		
tem	í	ste	
tem	i̯	ó	
tem	í		mos

| tem | í | ste | i̯s |
| tem | i̯é | ro | n |

b. Pretérito de *amar* (1ª conjugación)

Raíz	VT	TAM	Núm./Pers.
am	é		
am	á	ste	
am		ó	
am	á		mos
am	á	ste	i̯s
am	á	ro	n

Las llamadas formas no personales del verbo (infinitivo, participio pasado y gerundio) carecen de marcas de número y persona. En su estrutura encontramos, pues, sólo tres componentes:

(18) Formas no personales

am-a-r	*tem-e-r*	*part-i-r*
am-a-do	*tem-i-do*	*part-i-do*
am-a-ndo	*tem-ie-ndo*	*part-ie-ndo*

(19) Análisis morfológico de las formas no personales

Raíz	VT	TAM
am	á	r (infinitivo)
tem	é	r (infinitivo)
am	á	do (participio pasado)
tem	í	do (participio pasado)
am	á	ndo (gerundio)
tem	i̯é	ndo (gerundio)

El participio pasado puede usarse como adjetivo, en cuyo caso su vocal final se comporta como morfema de género. En su uso adjetival podemos tener formas como *amado, amada, amados, amadas,* según el género y número del sustantivo que modifique.

2.2.3. *Verbos irregulares*

En la sección anterior nos hemos ocupado de la estructura de los verbos regulares. Vamos a ver ahora las principales irregularidades que encontramos en los paradigmas verbales. Muchas de ellas no introducen ninguna complicación en el análisis, reduciéndose a alomorfismos de la raíz. Algunas otras, sin embargo, dan una estructura morfológica que se aparta de la regular. Muchas de estas alternancias resultarán conocidas a aquellos lectores que hayan hecho los ejercicios.

2.2.3.1. Alternancia vocal media/diptongo en la raíz. Un grupo bastante numeroso de verbos, entre ellos algunos muy comunes, presenta una alternancia en la raíz entre vocal media /e/, /o/ y diptongo /i̯e/, /u̯e/. Ejemplificamos con formas de *cerrar* y *contar.* Utilizamos representaciones ortográficas, pero indicando el acento en todas las vocales tónicas y distinguiendo semivocales de vocales:

(20) Alternancias entre vocal media y diptongo
  /o/ *contámos, conté, contára, contába, contaré, contarémos, contaría, contándo, contár*
  /u̯e/ *cu̯énto, cu̯éntas, cu̯énte, cu̯éntan, cu̯énten*
  /e/ *cerrámos, cerré, cerrára, cerrába, cerraré, cerrarémos, cerraría, cerrándo, cerrár*
  /i̯e/ *ci̯érra, ci̯érras, ci̯érre, ci̯érran, ci̯érren*

Esta alternancia está condicionada fonológicamente. Como puede observarse, el diptongo ocurre sólo en sílabas acentuadas. Esta misma regla vale para todos los verbos con alternancia /e ~ i̯e/ (*pensar, perder, sentar, negar, defender, confesar,* etc.) o alternancia /o ~ u̯e/ (*acostar, cocer, colar, encontrar, volar, rodar, soler, soñar,* etc.). Existe un único verbo con alternancia /u ~ u̯e/: *jugar* (*juego, jugamos*), (por el contrario, *conjugar* es regular: *conjugo*). Asimismo *adquirir* e *inquirir* presentan una alternancia /i ~ i̯e/ (*adquiero, adquirimos*).

De la forma del infinitivo no es predecible si el verbo presenta este tipo de alternancia o no. Así, por ejemplo, *defender* tiene la alternancia (*defiendo*), pero *ofender,* no (*ofendo*), *coser,* no (*coso*), aunque *cocer,* sí (*cuezo*). Es más fácil hacer predicciones en dirección opuesta. Esto es, si sabemos que un verbo tiene uno de estos diptongos en sílaba acentuada, es casi seguro que tiene una vocal media en sílaba átona. Las excepciones son algunos verbos derivados como *fre-cuentar* y *amueblar*.

2.2.3.2. Alternancia vocal media/vocal alta en la raíz. Un grupo de verbos de la tercera conjugación tiene una alternancia /e ~ i/ en la raíz: *servir (sirvo), seguir (sigo), pedir (pido), repetir (repito), vestir (visto), reír (río)*, etc. Esta alternancia afecta a todos los verbos de la tercerca conjugación cuyo infinitivo tiene /e/ en la última sílaba de la raíz. Para la distribución entre /e/ e /i/ es posible encontrar un condicionamiento fonológico, aunque, al contrario que para la alternancia que vimos en la sección anterior, el factor relevante no es la posición del acento:[4]

(21) Alternancia /e/ ~ /i/ en la raíz
/e/   *pedímos, pedir, pediré, pediría, pediremos, pedido, pedí, pedíste, pedías*
/i/   *pido, pides, pidas, pidamos, pidiéndo, pidiéra, pidió*

La generalización morfofonológica es que /e/ aparece en la raíz cuando la sílaba siguiente contiene la vocal /i/, mientras que tenemos /i/ en la raíz en los demás casos, incluyendo formas en que la silaba siguiente contiene un diptongo con la semivocal /i̯/.

2.2.3.3. Alternancia vocal media/vocal alta/diptongo en la raíz. Algunos verbos de la tercera conjugación combinan las dos alternancias anteriores presentando diptongo cuando la última sílaba de la raíz lleva el acento, vocal media cuando el acento va sobre un sufijo y la vocal siguiente es /i/, y vocal alta en el caso restante. Con alternancia /e ~ i ~ i̯e/ tenemos verbos como *hervir (hervimos, hirvió, hiervo), mentir (mentimos, mintió, miento), herir, convertir, sentir* y *sugerir*, entre otros. Con alternancia /o ~ u ~ u̯e/ encontramos los verbos *dormir (dormimos, durmió, durmiendo)* y *morir (morimos, murió, muriendo)*. Ejemplificamos con *dormir*:

(22) Altenancia /o ~ u ~ u̯e/

Acento en la raíz	Acento en sufijo, vocal siguiente /i/	Acento en sufijo, ante otra vocal o diptongo
du̯érmo	dormír	durmámos
du̯érmes	dormímos	durmió
du̯érma	dormí	durmiéra
du̯érman	dormíste	durmiéndo
	dormído	
	dormiré	

---

[4] Véase Harris (1980).

2.2.3.4. Verbos con incremento velar. En un grupo de verbos encontramos epéntesis de una consonante velar inmediatamente después de la raíz en la primera persona del singular del presente de indicativo, y en todo el paradigma del presente de subjuntivo. Según cuál sea el elemento epentético, podemos distinguir dos grupos principales: en los verbos ejemplificados en (23a), cuya raíz termina en /s/ o /θ/, según el dialecto, encontramos epéntesis de la oclusiva velar sorda /k/. En un segundo grupo de verbos cuya raíz generalmente termina en /n/ o /l/ la consonante epentética es /g/.

(23) Verbos con incremento velar

    a. Epéntesis de /k/
    conocer /konos-é-r/ ~ /konoθ-é-r/: *conozco* /konós-k-o/ ~ /konóθ-k-o/
    (pres. subj.: *conozca, conozcas*); *conducir: conduzco; parecer: parezco.*
    b. Epéntesis de /g/
    tener: tengo (pres. subj.: *tenga, tengas*); *salir: salgo; poner: pongo.*

¿En qué se diferencian los verbos *caer* y *traer* de los del grupo en (23b) en cuanto al tipo de epéntesis que muestran en el presente?

Es diferente el caso de *hacer* (*hago*) y *decir* (*digo*), pues en estos verbos lo que encontramos es que la consonante final de la raíz (/s/ o /θ/ según el dialecto) es reemplazada por /g/.

2.2.3.5. Verbos con -*y* en la primera persona del presente de indicativo. En un reducido grupo de verbos la primera persona del presente de indicativo termina en -*oy*. Los verbos en cuestión son los siguientes: *dar* (*doy*), *estar* (*estoy*), *ser* (*soy*), *ir* (*voy*). La terminación /oi̯/ puede analizarse como alomorfo del mismo morfema que la terminación regular /o/. El elemento final -*y* aparece también en la forma *hay* del verbo *haber*. El origen histórico de esta -*y* final no está del todo claro. Una hipótesis es que procede del clítico *y* 'allí' del castellano medieval (< lat. *ibi*). Así, *estoy* sería originalmente *estó y* 'estoy allí'.

2.2.3.6. Pretéritos fuertes. Una de las irregularidades verbales que suelen crear mayores problemas a los estudiantes de español como segunda lengua es la presentada por los llamados pretéritos fuertes o rizotónicos (con acento en la raíz). En estos verbos el alomorfo de la raíz que aparece en el pretérito (y en el imperfecto de subjuntivo) es distinto al que aparece en el infinitivo, presente de indicativo y otras formas verbales. La diferencia puede estar en las vocales, las consonantes o ambas. Al contrario que en los pretéritos regulares, el acento recae sobre la raíz en la primera y tercera personas del singular. Algunos de los ejemplos más comunes son los siguientes:

(24a) Pretéritos fuertes
  tener: tuve; haber: hube; estar: estuve; andar: anduve
  traer: traje; conducir: conduje, decir: dije
  poner: puse; querer: quise
  saber: supe; caber: cupe
  venir: vine
  hacer: hice

Los pretéritos fuertes, además de tener raíces irregulares, son también irregulares en las terminaciones. Todos ellos, sin importar la conjugación a la que pertenecen, toman las terminaciones /-e, -iste, -o, -imos, -isteis, -ieron/. En el siguiente cuadro se compara la estructura de los pretéritos regulares con la de los irregulares o fuertes:

(24b) Estructura de los pretéritos regulares y fuertes

1 conj., regular	1 conj., irregular	2 conj., regular	2 conj., irregular
am–é	estúv–e	tem–í	pús–e
am–á–ste	estuv–í–ste	tem–í–ste	pus–í–ste
am–ó	estúv–o	tem–i–ó	pús–o
am–á–mos	estuv–í–mos	tem–í–mos	pus–í–mos
am–á–ste–is	estuv–í–ste–is	tem–í–ste–is	pus–í–ste–is
am–á–ro–n	estuv–ié–ro–n	tem–ié–ro–n	pus–ié–ro–n

Los verbos del segundo renglón en (24a) (*traer, conducir, decir*), cuya raíz termina en /x/ en el pretérito, se apartan del resto en que en la forma de tercera persona del plural la vocal temática que toman es /e/ y no /ie/: *traj-eron, conduj-eron, dij-eron.*

2.2.3.7. Futuros irregulares. La irregularidad más simple en el futuro consiste en la falta de vocal temática. Presentan esta irregularidad algunos verbos de la segunda conjugación como *saber (sabré), haber (habré), poder (podré)* y *querer (querré)*. Compárese por ejemplo el futuro regular *deb-e-ré* con el irregular *sab-ré*, donde falta la vocal temática. En otros futuros, cuya raíz termina en /l/ o /n/, además de la ausencia de vocal temática encontramos una /d/ epentética: *salir (saldré), poner (pondré), valer (valdré), venir (vendré)*. Finalmente, los verbos *decir (diré)* y *hacer (haré)* presentan un alomorfo contraído de la raíz en el futuro. En el siguiente cuadro se compara la estructura de una forma de futuro regular, *lavarás*, con las formas irregulares *sabrás, saldrás* y *harás*, que ejemplifican los tipos de irregularidad en el futuro que hemos mencionado:

(25) Estructura de los futuros regulares e irregulares

Raíz	incremento	VT	TAM	Núm./Pers.
lav		a	rá	s
sab			rá	s
sal	d		rá	s
ha			rá	s

Todo lo que hemos dicho para el futuro se aplica también al condicional de los mismos verbos.

2.2.3.8. Participios irregulares. Algunos verbos tienen un participio pasado irregular con un sufijo *-to, -sto*, o, más raramente, *-so* o *-cho*, unido directamente a la raíz, sin vocal temática y, frecuentemente, con otras irregularidades en la forma de la raíz. Algunos ejemplos son los siguientes:

(26) Participios irregulares
    abrir: abierto; escribir: escrito; morir: muerto; volver: vuelto; romper: roto;
    poner: puesto; ver: visto;
    imprimir: impreso;
    hacer: hecho; decir: dicho.

2.2.3.9. Otras irregularidades. Algunos verbos contienen más de una de las irregularidades que hemos examinado en las secciones anteriores. Así *tener*, por ejemplo, participa de la alternancia entre vocal media y diptongo (*tiene*), posee un incremento velar en el presente (*tengo*), tiene un pretérito fuerte (*tuve*) y tiene un futuro también irregular (*tendré*). Pero además de esto, hay verbos que poseen irregularidades especiales.

El verbo *estar*, además de tener un pretérito fuerte (*estuve*) y una -*y* final en la primera persona del presente de indicativo, es único en presentar acento sobre la terminación y no sobre la raíz en todas las formas del presente de indicativo y subjuntivo: *estoy, estás, está, esté, estés* frente a, por ejemplo, *canto, cantas, canta, cante, cantes*.

El verbo *dar* tiene la peculiaridad de tener una raíz que consiste en una única consonante /d/. En el pretérito toma, irregularmente, las terminaciones que corresponden a los verbos de la segunda y tercera conjugación (*d-i, d-iste, d-io*).

El verbo *haber*, que se emplea exclusivamente como auxiliar en español moderno, tiene un presente irregular (*he, has, ha, hemos, han* y presente de subjuntivo *haya*, etc.). Sólo la forma *habéis* es regular en el presente de indicativo. (Como hemos visto ya el pretérito y futuro de *haber* son también irregulares.)

Pero los verbos más irregulares de todos son *ser* e *ir*. El verbo del que deriva *ser* era ya muy irregular en latín y lo es incluso más en español. En las lenguas del mundo es común que el verbo correspondiente sea irregular (compárese por ejemplo el inglés *be, am, are, is, was, were*). En español encontramos una raíz /s-/ en formas como *ser, siendo, sido*, con alomorfos /so-/ en *soy, somos, sois, son* y /se-/ en *sea*; otra raíz /er-/ en el imperfecto de indicativo *era, eras*, etc., y en la segunda persona del singular del presente de indicativo *eres*; y una tercera raíz /fu-/ en el pretérito *fui, fuiste*, etc. En cuanto a *ir*, combina formas con las raíces /i-/, como *ir, yendo, ido, iba, iré*; /b-/, como *vas, vamos, vaya*, y /fu-/ en las formas de pretérito (e imperfecto de subjuntivo), que son idénticas a las del verbo *ser*.

Ejercicio 17. Analice las siguientes formas verbales:
1. *comeremos*   2. *hablas*   3. *olvidarán*   4. *estudiarías*   5. *perderá*
6. *esperó*   7. *llegábamos*   8. *leerás*   9. *cantasen*   10. *volvieran*

Ejercicio 18. Discuta las irregularidades que aparecen en el paradigma flexivo de los siguientes verbos: 1. *soltar* 2. *ingerir* 3. *amanecer* 4. *venir* 5. *sentar*.

2.2.4. *Tiempo, aspecto y modo*

Tiempo, aspecto y modalidad son tres categorías lingüísticas que reciben expresión morfológica en español. Aunque las tres afectan a la oración completa, están gramaticalizadas o morfologizadas en el verbo.

El **tiempo** es una categoría que sitúa el evento con respecto al momento del habla u otro punto temporal preestablecido. Desde el punto de vista de la expresión gramatical, en español se distinguen tres tiempos principales: presente (*canta, come, vive*), pasado (*cantó, comió, vivió; cantaba, comía, vivía*) y futuro (*cantará, comerá, vivirá*).

La expresión morfológica no coincide siempre, sin embargo, con el tiempo cronológico del evento. Así, en *Mañana llegan mis amigos*, la forma *llegan*, morfológicamente presente, expresa tiempo futuro, y en *La conquista árabe de la Península comienza en el año 711* nos estamos refiriendo a un tiempo pasado mediante el presente de indicativo (presente histórico).

Además de su función temporal (*María cantará mañana*), el futuro morfológico se emplea para indicar no tiempo sino modalidad, concretamente conjetura o probabilidad en el presente, como en las siguientes oraciones: *Ahora serán las dos de la tarde, más o menos. Juan tendrá unos 20 años. ¿Dónde está María? Estará en su cuarto. Llaman a la puerta; ¿quién será?* De manera paralela, el condicional se emplea para expresar probabilidad en el pasado: *Serían las dos de la tarde cuando Juan llegó. Juan tendría unos veinte años cuando fue a la mili. ¿Dónde estaba María, que no la encontraron? Estaría en su cuarto.*

En muchas variedades hispanoamericanas, el morfema de futuro se emplea cada vez más para marcar modalidad y menos para expresar tiempo futuro. Para expresar el tiempo futuro, muchos hablantes suelen preferir emplear la perífrasis verbal *ir a* + infinitivo: *Voy a invitar a toda la clase a mi fiesta. Vamos a viajar a Puerto Rico en las vacaciones. Este fin de semana voy a estudiar para el examen.* En algunos dialectos la perífrasis se utiliza sobre todo para expresar un futuro próximo.

Pasado, presente y futuro se orientan con respecto al momento del habla. Decimos que son tiempos absolutos. Hay también tiempos que toman otro punto temporal de referencia (tiempos relativos). El pluscuamperfecto (*había cantado*) se emplea en español para hacer referencia a eventos que tuvieron lugar antes de un punto en el pasado: *María ya había cantado cuando llegaron sus amigas.* En este ejemplo, la acción de 'cantar' de María se presenta como anterior a otro evento pasado, la llegada de sus amigas. Una acción pasada con respecto a un punto de referencia en el futuro se expresa mediante el futuro perfecto (*habré cantado*): *Para cuando vengas tú / para las diez, yo ya habré salido.* En este ejemplo la acción de 'salir' se conceptualiza como pasada con respecto a un punto en el futuro 'cuando vengas tú' o 'las diez'. Finalmente, el futuro del pasado, un evento visto como posterior a un punto en el pasado, se expresa mediante el condicional: *En agosto me dijo Juan que terminaría la tesis en dos semanas.* En esta oración 'terminar la tesis' está presentada como evento posterior a la acción de 'decir', que tuvo lugar en agosto. Notemos que, a fin de cuentas, el punto final de referencia es siempre el "ahora" del hablante. Por ejemplo: evento anterior a otro anterior al momento presente (hay dos puntos de referencia aquí).

El **aspecto** es una categoría que tiene que ver con cómo visualizamos el evento que describe la oración. Podemos ver el evento enfatizando el comienzo, el final, o su totalidad o bien verlo en su desarrollo. Si el evento es visto desde la perspectiva de alguno de sus límites (comienzo, final o totalidad), decimos que se trata de un evento cerrado o perfectivo. Si, por el contrario, el evento es visto internamente sin referencia a sus límites, decimos que se trata de un evento abierto o imperfectivo.

En español la diferencia entre aspecto perfectivo e imperfectivo se expresa morfológicamente sólo en el pasado: el pretérito tiene aspecto perfectivo y el imperfecto, imperfectivo. En oraciones como *Los albañiles construyeron el nuevo cuarto en tres días* y *Ricardo corrió en la maratón de Boston*, visualizamos los eventos de 'construir' y 'correr' en el pasado y como terminados, mientras que en *El hombre golpeaba en la puerta con desesperación* y *La soprano cantaba como un ángel*, los eventos de 'golpear' y 'cantar' los visualizamos también en el pasado, pero en su proceso, sin hacer referencia ni al comienzo, ni al final, ni a su totalidad.

Las características aspectuales del pretérito y del imperfecto permiten que cuando ambas formas aparecen en un mismo enunciado, la interpretación de los eventos pueda variar dentro de los mismos términos que un evento cerrado o abierto respectivamente.

Cuando presentamos verbos de acción en pretérito en secuencia en una narración, los interpretamos inevitablemente como eventos pasados terminados que ocurrieron temporalmente en secuencia: *Los niños jugaron, leyeron, comieron y durmieron*. En este ejemplo la interpretación más normal es que los eventos tuvieron lugar en el orden en que se presentan los verbos. Sin embargo, en *Los congresistas hablaron y comieron* esta interpretación no es tan clara, ya que estos eventos podrían haber ocurrido simultáneamente. Por lo tanto, muchas veces encontramos explicaciones adicionales en el discurso, como en *Los congresistas hablaron y comieron toda la noche,* que sirven para desambiguar la interpretación del evento.

Si utilizamos el imperfecto con ambos verbos, *Los congresistas hablaban y comían*, la interpretación es que ambas acciones ocurren al mismo tiempo en el pasado, sin hacer referencia a su comienzo o su final. Esto no quiere decir, sin embargo, que eventos coordinados presentados en el imperfecto no puedan interpretarse también como ordenados temporalmente, si es que los presentamos como algo habitual: *Todos los días los niños se levantaban, se duchaban, se vestían, desayunaban y salían para la escuela.*

Existe un pequeño grupo de verbos en español cuyo significado se ve altamente afectado según aparezcan en el pretérito o el imperfecto. La lista, que suele aparecer en todos los libros de texto de español para anglohablantes, es la siguiente: *supo* 'found out' / *sabía* 'knew'; *conoció* 'met' / *conocía* 'was acquainted with'; *quiso* 'tried', *no quiso* 'refused' / *quería* 'wanted'; *pudo* 'was able, managed' / *podía* 'could'; *debió* 'must have' / *debía* 'should have'.

La **modalidad** hace referencia a la manera de ver el evento con respecto al mundo real. Podemos conceptualizar un evento como real o irreal (posible, deseado, etc.). En ejemplos como *Los niños del equipo verde patean/patearon/pateaban la pelota* el evento de 'patear' se ve como real. Es decir, entendemos que hay niños que se encuentran en el proceso de *patear la pelota,* porque están jugando fútbol en el momento que el hablante produce el enunciado; o, en el caso del pasado, que el hablante a lo mejor vio a los niños del equipo verde *patear la pelota* en un momento anterior al que se encuentra cuando emite el enunciado. En ambos ejemplos, no dudamos de la existencia de estos *niños del equipo verde* y de la acción que ocurrió de *patear la pelota.*

Consideremos ahora los siguientes ejemplos: (a) *Los niños del equipo verde ganarían el partido, si supieran cómo patear.* (b) *Los niños del equipo verde habrían ganado el partido, si hubieran sabido cómo patear.* En estos dos ejemplos los eventos no han ocurrido ni están ocurriendo. En la oración (a) se entiende que los niños no saben patear la pelota con fuerza, pero todavía es posible que aprendan si alguien les enseña cómo. Sin embargo, la acción de *estar pateando la pelota* no está ocurriendo. Este tipo de interpretación, donde el evento no real tiene la posibilidad de convertirse en real en el futuro, se conoce como hipotética o posible. En la interpretación del pasado, en (b), donde los niños ya perdieron el partido, ya no es posible que ganen ese partido aunque aprendan a patear. El hablante, en este enunciado, hace referencia a algo que pudo haber ocurrido en lugar de lo que sí ocurrió, pero que, como se trata de un evento pasado, ya no puede ocurrir. Este tipo de empleo del irreal para hablar de una situación hipotética en el pasado se conoce como contrafactivo. En ambos ejemplos, se trata, pues, de eventos hipotéticos.

Hablamos de **modo** para referirnos a la gramaticalización o morfologización de la modalidad en el verbo. En español la expresión de la modalidad está gramaticalizada en los modos indicativo y subjuntivo. Si comparamos (a) *Aunque tiene dinero, no te lo va a dar* con (b) *Aunque tenga dinero, no te lo va a dar,* está claro que lo que se presenta como un hecho cierto en la primera oración, se ve sólo como posible en la segunda, donde el verbo está en presente de subjuntivo. En (b), pero no en (a), podríamos añadir *No sé si lo tiene*. La posibilidad se ve como aún más remota con el imperfecto de subjuntivo en (c) *Aunque tuviera dinero, no te lo daría*. Hay que aclarar, de todas formas, que no es cierto que el subjuntivo exprese siempre falta de realidad. Por ejemplo, en *Me importa poco que Gates tenga más dinero que yo*, *Me alegro de que Bermúdez haya ganado* y *El hecho de que el subjuntivo exprese modalidades diferentes es bastante interesante*, el evento expresado en la oración subordinada se presenta como algo real, a pesar del uso del subjuntivo. Hay, pues, otros factores que condicionan el uso del subjuntivo. En ejemplos como éstos se emplea el subjuntivo porque el evento expresado en la subordinada no se afirma sino que se presupone.

En español la modalidad real se expresa mediante las diversas formas del indicativo: *Fernando cierra/cerró/ha cerrado/cerraba la puerta*. El modo irreal se puede expresar mediante el subjuntivo y, como hemos visto ya antes, también con el futuro y el condicional (*Supongo que hoy será jueves*). Examinemos los siguientes ejemplos de oraciones condicionales: (a) *Si Fernando cierra la puerta, le llamaré/llamo la atención*. (b) *Si Fernando cerrara la puerta, le llamaría/llamaba la atención*. (c) *Si Fernando hubiera cerrado la puerta, le habría llamado la atención*. Los verbos en futuro indican un evento más probable que los verbos en el condicional. Esta oposición también se obtiene en los ejemplos que hemos dado oponiendo el presente (*llamo*) al imperfecto (*llamaba*). En los ejemplos que acabamos de ofrecer, (c) *habría llamado* expresa la menor posibilidad de todas, ya que es contrafactivo (es decir, ya no es posible, va en contra de lo ocurrido).

En español tenemos también ciertas perífrasis con valor modal, que vamos a considerar a continuación. Estas perífrasis pueden expresar tipos diferentes de modalidad.

Los eventos pueden ser vistos como más o menos seguros o reales, como acabamos de discutir. Esto es lo que se conoce como **modalidad epistémica**. La modalidad epistémica expresa, pues, la evaluación que hace el hablante acerca del grado de probabilidad que tiene el enunciado o proposición con respecto al mundo real. Veamos los siguientes ejemplos:

(27) Modalidad epistémica
Posibilidad: *La tormenta puede desaparecer para mañana.*
              'The storm may/can clear by tomorrow'
Probabilidad: *La tormenta debe desaparecer para mañana.*
              'The storm should clear by tomorrow'
Certeza: *La tormenta tiene que/ha de desaparecer para mañana.*
              'The storm must/has to clear by tomorrow'

Como nos muestran los ejemplos, las perífrasis con *poder, deber, tener que* y *haber de* expresan diferentes grados de modalidad epistémica. Una clara gradación de posibilidad aparece también entre los siguiente ejemplos:

(28) Modalidad epistémica en expresiones no perifrásticas
    Dice que viene mañana.   + probable
    Dice que vendrá mañana.
    Dice que vendría mañana.
    Dice que hubiera venido ayer.   - probable

Nótese cómo en (28) el paso del presente al futuro, de éste al condicional y de éste al pluscuamperfecto del subjuntivo, nos lleva a una interpretación del evento como de más probable a menos probable. Es decir, nos transmite por medios morfológicos grados de probabilidad que también se expresan léxicamente en (27).

Otro tipo de modalidad es la que se conoce como **modalidad deóntica**. La modalidad deóntica describe condiciones en el agente (el sujeto en estos casos) de la oración como son la obligación del agente de hacer algo, o el permiso/ habilidad/ deseo/ intención que tiene el agente de hacer algo:

(29) Modalidad deóntica
  Obligación fuerte: *Juan tiene que ir a Chile.*
                       'John must (has to) go to Chile'
  Obligación débil: *Juan debe ir a Chile.*
                       'John should go to Chile'
  Permiso: *Juan puede ir a Chile.*
                       'John may go to Chile'
  Habilidad: *Juan puede ir a Chile.*
                       'John can go to Chile'
  Deseo: *Juan quiere ir a Chile.*
                       'John wants to go to Chile'
  Intención: *Juan va a ir a Chile.*
                       'John is going to go to Chile'

Nótese por las glosas cómo en inglés cada tipo de modalidad deóntica se expresa con un verbo auxiliar diferente. Esta diferenciación también existe en español, a excepción del contraste entre permiso y habilidad, los cuales se expresan ambos mediante *poder*. Nótese también que todos los verbos modales en (29) están en presente. Si les agregamos las diferenciaciones que se encuentran con el empleo del futuro y el condicional, podemos obtener mayores gradaciones de posibilidad: *Juan debe ir a Chile.* <> *Juan debería ir a Chile.*

Como vemos también por los ejemplos, la misma construcción puede expresar modalidad epistémica o deóntica según el contexto. Comparemos, por ejemplo, *Juan debe estar en la cama, porque no le he visto salir de su cuarto* (modalidad epistémica) con *Juan debe estar en la cama, porque se lo ha ordenado el médico* (modalidad deóntica).

El modo imperativo expresa modalidad deóntica de mandato, que, por otra parte, puede ser expresada también con otras formas verbales: *¡Abre la puerta!* *¡Que abras la puerta! ¡No quiero verte más!, ahora mismo abres la puerta y te marchas. No matarás.*

Resumiendo lo dicho, la oración puede contener información sobre tiempo, aspecto y modo. Los eventos descritos se pueden localizar como simultáneos con el momento del habla, como anteriores a este momento o como posteriores a él. Gramaticalmente esta información se transmite mediante el empleo de formas verbales diferentes, de presente (*canto*), pasado (*canté, cantaba*) y futuro (*cantaré*). Es posible utilizar también otros puntos de referencia temporal además del momento del habla, dando lugar a expresiones con referencias temporales más complejas (*había cantado, habré cantado*). El aspecto es el enfoque o perspectiva que adoptamos en la visualización del evento. En español tenemos un contraste gramatical en el pasado entre formas con aspecto perfectivo (*canté*) y formas con aspecto imperfectivo (*cantaba*). Por último, modalidad es la caracterización del evento como real, posible, necesario, deseado, etc. Dos tipos de modalidad importantes son la modalidad epistémica, relacionada con el grado de certeza, y la modalidad deóntica, que es la expresión de obligatoriedad, deseo y nociones afines. En español la modalidad está gramaticalizada en el contraste entre los modos indicativo, subjuntivo e imperativo. Contamos además con una serie de construcciones perifrásticas que expresan diferentes modalidades (*puedo cantar, debo cantar*, etc.). El futuro y condicional pueden expresar también modalidad epistémica (*Juan estará en casa ahora; Juan estaría en casa ayer*).

2.3.   El grado en los adjetivos

Los adjetivos calificativos pueden presentar tres grados diferentes: positivo (*María es simpática*), comparativo (*María es más simpática que Pepe*) y superlativo, dentro del cual se distingue entre superlativo relativo (*María es la más simpática de todos*) y superlativo absoluto *(María es simpatiquísima).* Si dejamos a un lado los comparativos irregulares como *bueno/mejor*, únicamente el superlativo absoluto se forma por medios morfológicos en español. Para ello se emplea el sufijo *-ísimo/a: trist-e* (m/f) => *trist-ísim-o* (m), *tris-ísim-a* (f). En bases con alternancias vocálicas la tendencia actual es a mantener la misma variante que en el grado positivo del adjetivo, como en *buenísimo, nuevísimo, tiernísimo*, con diptongo en sílaba átona. Hay, de todas formas, ejemplos con monoptongación. La forma *novísimo* se siente como perteneciente a un nivel más formal que *nuevísimo*, mientras que *calentísimo* es corriente. Los adjetivos terminados en /-bl-e/ reemplazan esta terminación por el alomorfo /-bil-/: *am-a-bl-e* => *am-a-bil-ísim-o*. Este alomorfo, por otra parte, también ocurre en la combinación /-bil-idad/: *ama-bil-idad*. Hay algunos superlativos cultos con el sufijo *-érrimo/a*, añadido a bases terminadas en /-r/, que presentan otras irregularidades. Así el superlativo culto de *mísero* es *misérrimo* y el de *pobre, paupérrimo*.

Ejercicio 19. ¿Qué grados del adjetivo pueden recibir expresión morfológica (por medio de sufijos) en inglés?

3   La derivación en español

Entendemos por derivación la formación de palabras a partir de otras. En español la manera normal de crear palabras derivadas es mediante la sufijación. Así, del adjetivo *blanco* obtenemos el sustantivo *blancura* añadiendo el sufijo /-ura/ a la base (más exactamente, añadimos /-ur-a/, donde la última vocal es un sufijo flexivo), y del sustantivo *pino* obtenemos el sustantivo *pinar* por sufijación de /-ar/.

Antes de considerar la estructura de las palabras formadas por derivación, conviene hacer referencia a ciertas complicaciones que encontramos en español. Como indicamos antes (en la sección 1.4. de este capítulo), la estructura de las palabras derivadas puede ser transparente u opaca en diversos grados. Muchas veces hallamos que la forma de la raíz se altera en las palabras derivadas. Estas alteraciones pueden ser de aplicación muy general o completamente idiosincráticas. Por ejemplo, una alternancia muy regular en español es la que presentan los siguientes ejemplos:

(30) Ejemplo de alternancia morfológica en español

puerta	*portal, portero*
tierra	*terreno, terrestre, enterrar*

> muela   *molar*
>
> diente   *dental, dentista*
>
> cien   *centena, centenario*
>
> muerte   *mortal*

Como recordará, ésta es una alternancia que encontramos también en la morfología flexiva de muchos verbos (*sueño, soñamos; pierdo, perdemos*) y que está condicionada por la posición del acento. Al contrario que en la flexión verbal, sin embargo, en la derivación la regla de reducción del diptongo en sílaba átona no se aplica siempre con una raíz determinada. Así, de *cuento* podemos obtener *cuentista*, donde el diptongo aparece en sílaba átona (aunque el diptongo se reduce en *contar*), y de *bueno*, *buenecito* (a pesar de reducirse el diptongo de la raíz en *bondad*). Esta falta de regularidad completa es, como dijimos, una característica de la morfología derivativa.

Para dar otro ejemplo de alternancia en la raíz de aplicación mucho más restringida, aunque bastante regular en su ámbito específico de aplicación, considérense los siguientes ejemplos:

(31) Otra alternancia en la raíz

> *volumen*   *volumin- oso*
>
> *crimen*   *crimin-al*
>
> *imagen*   *imagin-ario, imagin-ativo*
>
> *origen*   *origin-al, origin-ario*
>
> *virgen*   *virgin-al, virgin-idad*
>
> *margen*   *margin-al, margin-ar*
>
> *dictamen*   *dictamin-ar*

Describa la alternancia en la raíz que se observa en estas palabras.

En otros casos el alomorfismo de la raíz es muy asistemático: *joven, juvenil; vida, vital; leche, lácteo; frente, afrontar; dedo, digital; humo, fumar; hijo, filial*. Como veremos en el capítulo 5, en estos casos, que no son raros en español, las palabras derivadas son más cercanas al latín que las simples y han sufrido menos cambios que éstas. Como demuestran estos ejemplos, no es fácil establecer cuándo tenemos alomorfos diferentes de la misma raíz y cuándo, por el contrario, tenemos raíces diferentes que comparten el mismo significado.

Otro fenómeno que complica el análisis morfológico de ciertas palabras en español es la presencia de los llamados **interfijos**. Los interfijos son elementos intercalares que encontramos algunas veces entre la base y un sufijo derivativo conocido. Por ejemplo, en la palabra *cafetera*, encontramos un interfijo /-t-/ intercalado entre la raíz /kafe/ y el sufijo /-er-a/ que tenemos también en *papelera*, etc. De la misma manera, lo que en principio esperaríamos es que a la persona que vende pan se le llamara *panero*, lo mismo que de *fruta* tenemos *frutero*, de *pescado*, *pescadero*, etc. La palabra *panadero* presenta un interfijo /-ad-/.

Por otra parte, aunque la mayoría de las veces es posible separar la raíz del sufijo, no siempre es así. La separación entre morfemas (raíz y sufijo derivativo) está clara por ejemplo en *chist-oso*, *ruid-oso*, *lagrim-oso*, *mentir-oso*, etc., pero no en *religioso* o *virtuoso*, que derivan respectivamente de *religión* y *virtud* de manera menos transparente. Para dar otro ejemplo, la segmentación del sufijo derivativo es mucho más obvia en *contamina-ción* que en *canción*.

Todas éstas son complicaciones que habremos de tomar en cuenta al analizar la estructura morfológica de las palabras derivadas en español.

Otra característica de la morfología derivativa es su falta de predictibilidad. Muchas veces encontramos más de un sufijo con la misma función y no es fácil predecir cuál sufijo se aplica con cuál base. Así, sirva esto de muestra, mientras que los adjetivos correspondientes a *primavera*, *otoño* e *invierno* son, respectivamente, *primaveral*, *otoñal* e *invernal*, el adjetivo relacionado con la palabra *verano* no es **veranal*, sino *veraniego*.

En español tenemos un gran número de sufijos derivativos. En las secciones siguientes presentamos solamente los morfemas derivativos más frecuentes. Empezamos con un grupo de morfemas derivativos que de alguna manera constituyen una clase especial: los sufijos emotivos o apreciativos. Luego pasamos a presentar otros morfemas derivativos que forman nuevos sustantivos (nominales), nuevos adjetivos (adjetivales o adjetivos), nuevos verbos (verbales) y nuevos adverbios (adverbiales). Finalmente consideraremos los prefijos más importantes.

3.1. Sufijos emotivos

Los morfemas emotivos o apreciativos son un grupo de sufijos derivativos que expresan afecto, aprecio o emoción. Estos sufijos no cambian la categoría gramatical de la palabra. Los sufijos emotivos pueden ser diminutivos o aumentativos. Algunos de ellos expresan un valor despectivo.

El principal sufijo diminutivo es *-ito*, que presenta como alomorfos las variantes *-cito* y *-ecito*. (La vocal final es un sufijo flexivo, que es *-o* en palabras de género masculino y *-a* en palabras de género femenino.) En su significado básico el **diminutivo** expresa tamaño pequeño. Así, un *librito* es un libro pequeño y un *cochecito* es un coche pequeño. Como sufijos alternativos con la misma función tenemos *-illo* e *-ico* (con alomorfos correspondientes a los indicados para *-ito*). El sufijo *-illo* es particularmente frecuente en Andalucía y partes de Sudamérica, mientras que *-ico* se emplea con frecuencia en el Caribe, Extremadura y Aragón:

(32) Principales sufijos diminutivos

libr-o	*libr-ito*	*libr-illo*	*libr-ico*
mes-a	*mes-ita*	*mes-illa*	*mes-ica*
roj-o	*roj-ito*	*roj-illo*	*roj-ico*
papel	*papel-ito*	*papel-illo*	*papel-ico*
azul	*azul-ito*	*azul-illo*	*azul-ico*
pintor	*pintor-cito*	*pintor-cillo*	*pintor-cico*
mujer	*mujer-cita*	*mujer-cilla*	*mujer-cica*
noch-e	*noch-ecita*	*noch-ecilla*	*noch-ecica*
verd-e	*verd-ecito*	*verd-ecillo*	*verd-ecico*
pan	*pan-(e)cito*	*pan-ecillo*	*pan-ecico*

Las cosas de tamaño pequeño pueden inspirarnos cariño o compasión. Tendemos a sentir más afecto por un perrito, pajarito o corderito que por un simple perro, pájaro o cordero. De aquí deriva uno de los usos secundarios del diminutivo: la expresión de afecto positivo o cariño. Este sentido puede llegar a reemplazar completamente al originario de 'tamaño pequeño'. Así, cuando decimos *mi abuelita,* no hacemos necesariamente referencia al tamaño de la persona, sino que estamos indicando cariño hacia ella.

Otras veces el menor tamaño se relaciona con peor calidad o menos importancia. Un librito, además de ser un libro pequeño, frecuentemente es un libro poco importante. Este significado prima en formas como *abogadito* o *sueldecillo.*

El empleo del diminutivo es también una manera de indicar humildad o cortesía, como en los siguientes ejemplos: *¿Le podría ofrecer una tacita de café? ¿Podrías venir un ratito? Estaba ocupado en mis cosillas.* El uso de formas afectivas puede no estar exento de ironía *(¡vaya una nochecita que nos has dado!).*

Aunque el diminutivo se emplea fundamentalmente con nombres y adjetivos, el sufijo *-it(o)* puede añadirse también a ciertas bases adverbiales:

(33) Adverbios con sufijos diminutivos
Adverbios de tiempo: *ahor-a* => *ahor-ita, pront-o* => *pront-ito*
Adverbios de lugar: *cerc-a* => *cerqu-ita, lej-os* => *lej-itos*
Adverbios de modo: *despaci-o* => *despac-ito*

El uso de formas diminutivas es más frecuente en unos dialectos del español que en otros. En algunas áreas geográficas de Latinoamérica, como en la región andina y en México, el uso del diminutivo es particularmente frecuente y se extiende incluso a los numerales (*unito, dosito*), a algunos pronombres (*ellita*) y a formas no personales del verbo (*callandito, se han clavadito*).

Otros sufijos diminutivos menos utilizados son *-ín (-ina)*, *-ete (-eta)* y *-uelo (-uela)* (todos ellos con alomorfos correspondientes a los que hemos visto para *-ito*):

(34) Otros sufijos diminutivos

-ete/a	*alegre => alegrete, Manolo => Manolete*
-ín/a	*momento => momentín, guapo => guapín*
-uelo/a	*pollo => polluelo, ratón => ratonzuelo,*
	ladrón => ladronzuelo

Los sufijos **aumentativos** indican tamaño grande en su significado primario. En español, los principales sufijos aumentativos son *-ón/a*, *-ote/a* y *-azo/a*. El sufijo *-azo* está más extendido en Sudamérica, y *-ote* es más común en México. (El aumentativo *-azo*, con femenino *-aza*, es diferente del sufijo derivativo que indica 'golpe con N', como en *guantazo, gorrazo*, etc.)

(35) Sufijos aumentativos

-ón/a	*problem-a => problem-ón, muchach-o => muchach-ón,*
	mujer => mujer-ona, cas-a => cas-ona
-ote/a	*mach-o => mach-ote, papel => papel-ote*
	grand-e (m) => grand-ote, grand-e (f) => grand-ota
-azo/a	*carr-o => carr-azo, sueld-o => sueld-azo, cas-a => cas-aza*

Al igual que el diminutivo, el aumentativo tiene también otros significados secundarios. Puede indicar admiración (*¡Tienes un jefazo!*) o consideración despectiva (*Juan es un animalote, ¡Vaya qué criticona!*).

Vemos, pues, que tanto los sufijos diminutivos como los aumentativos pueden tener valor despectivo, indicando desprecio o ridículo. (Pequeño, insignificante, sin importancia: diminutivo despectivo; grande y feo o exagerado: aumentativo despectivo.) Otros sufijos tienen exclusivamente un valor despectivo. Algunos de los sufijos **despectivos** más empleados son los siguientes:

(36) Sufijos despectivos

-ucho/a	*perr-o => perr-ucho, cas-a => cas-ucha*
-acho/a	*puebl-o => pobl-acho*

-ajo	*hierb-a = > hierb-ajo, espant-o => espant-ajo*
-ejo/a	*animal => animal-ejo, libro => libr-ejo*
-aco/a	*libr-o => libr-aco*
-ongo/a	*baile => bail-ongo, fácil => facil-ongo*

También puede tener valor despectivo el sufijo *-oide,* que en su sentido técnico conlleva el significado de 'casi': *planet-a => planet-oide.* El valor despectivo está claro en *sentimentaloide* y formaciones humorísticas como *animaloide.*

En algunos casos la conexión etimológica entre la forma diminutiva y la base que le sirvió de origen se ha perdido, adquiriendo la palabra formalmente diminutiva un significado no predecible, diferente al de la forma básica. Así, un *bolsillo* no es cualquier bolso pequeño, una *bombilla* no es una bomba de tamaño reducido y la conexión entre *rodilla* y *rueda* es totalmente opaca para los hispanohablantes. En casos como éstos tenemos, como mucho, una relación de tipo derivativo. A continuación ofrecemos algunos otros ejemplos:

(37) Sufijos emotivos lexicalizados con cambio de significado

caj-a => caj-ón	*color => color-ete*	*cam-a => cam-illa*
rat-a => rat-ón	*ar-o => ar-ete*	*cámar-a => camar-illa*
pañ-o => pañ-uelo	*avión => avion-eta*	*cámar-a => camar-ote*
lent-e => lent-eja	*botic-a => botiqu-ín*	*espin-a => espin-illa*
lentej-a => lentej-uela	*sierr-a => serr-ín*	*espin-a => espin-azo*

Ejercicio 20.

(a) Cada uno de los sufijos diminutivos tiene más de un alomorfo. Su distribución está sujeta a reglas algo complicadas. Para empezar, entre los sustantivos y adjetivos de dos sílabas terminados en vocal (con sufijo flexivo) unos toman *-ito/a* y otros *-ecito/a,* como se ilustra en los siguientes ejemplos. ¿Cuál es la regla?

noche	*nochecita*	*mesa*	*mesita*
corta	*cortita*	*oso*	*osito*
corte	*cortecito*	*gata*	*gatita*
verde	*verdecito/a*	*corto*	*cortito*
bache	*bachecito*	*vaso*	*vasito*
paje	*pajecito*	*paja*	*pajita*

(b) Hay algunas excepciones a la regla ilustrada por los ejemplos en (a).
¿Puede descubrir una subregla en algunos de los siguientes ejemplos?

siesta	siestita, siestecita
cesta	cestita, *cestecita
hueso	huesito, huesecito
oso	osito, *osecito
puerta	puertita, puertecita
cuerda	cuerdita, cuerdecita
fiesta	fiestita, fiestecita

(c) Otra excepción a la regla general la encontramos en ejemplos como los
siguientes. ¿Cuál puede ser su explicación?

bestia	bestiecita	*bestiita
serio	seriecito	*seriito
rabia	rabiecita	*rabiita
labio	labiecito	*labiito
pie	piececito	*pieito
lluvia	lluviecita	*lluviita

(La regla no se aplica a palabras trisilábicas como *anuncio, anuncito*.)
¿Por qué es diferente de los anteriores el diminutivo de las siguientes palabras?

frío	fríito	vacío	vaciíto
día	diíta	envío	enviíto
tía	tiíta	río	riíto
guía	guiíta	María	Mariíta (> Marita)

(d) Las palabras terminadas en consonante (sin sufijo flexivo) toman *-cito/a*
o *-ito/a*, según cuál sea la consonante final. ¿Cuál es la regla?

camión	camioncito	pintor	pintorcito
papel	papelito	mujer	mujercita
jamón	jamoncito	azul	azulito/a
pintor	pintorcito	adiós	adiosito
animal	animalito	canción	cancioncita
caimán	caimancito	fácil	facilito/a
francés	francesito	español	españolito
árbol	arbolito	calor	calorcito

171

(e) Considere finalmente los siguientes ejemplos. ¿Qué característica de la base condiciona el alomorfismo?

mes	mesecito, *mesito
sol	solecito, *solito
pez	pececito, *pecito
pan	pan(e)cito, *panito
tren	tren(e)cito, *trenito
revés	revesito, *revesecito
español	españolito, *español(e)cito
igual	igualito/a, *igualecito/a

Ejercicio 21. Fijémonos ahora en el sufijo de flexión en los diminutivos.

¿Qué determina el que tengamos -o o -a en los siguientes ejemplos?

noche — nochecita   coche — cochecito
ángel — angelito   virgen — virgencita

¿Se aplica la misma regla a los siguientes ejemplos? ¿Cuál es la diferencia?

mapa — mapita   drama — dramita

Notemos, por último, que el diminutivo de mano es manita en, por ejemplo, España, pero manito en Perú. ¿A qué puede deberse este caso de variación dialectal?

Ejercicio 22. ¿Qué tienen de raro los siguientes diminutivos? ¿Se pueden explicar de alguna manera?: Carlos – Carlitos, lejos – lejitos, azúcar – azuquítar.

3.2. Nominalización

Como se ha señalado ya antes, en español es posible convertir cualquier tipo de palabra en sustantivo, sin introducir ningún cambio morfológico: menos "peros"; su "no" fue contundente; el "sí" de las niñas; el fumar no es bueno; mi más sentido pésame. Podemos nominalizar también frases y oraciones enteras: pelearon por un "quítame allá esas pajas"; tiene un "yo no sé qué"; su "ya lo haré" no me convence; el que me lo digas tú no es suficiente. Pero además de esto, tenemos procedimientos morfológicos para crear sustantivos a partir de otros sustantivos (nominalización denominal), adjetivos (nominalización deadjetival) o verbos (nominalización deverbal). He aquí algunos ejemplos:

(38) Nominalización
  a. Nominalización denominal, N => N
     libr-o => *libr-ero, árbol* => *arbol-eda*
  b. Nominalización deadjetival, Adj => N
     amarill-o => *amarill-ez, gord-o* => *gord-ura*
  c. Nominalización deverbal, V => N
     atac-ar => *ataqu-e, jug-ar* => *jug-ador*

A continuación examinaremos los principales sufijos empleados en la nominalización. Agruparemos los sufijos según el tipo de base a la que se añaden
más comúnmente. Hay que tener en cuenta, sin embargo, que mientras que
muchos sufijos derivativos se añaden sólo a bases de una cierta clase (por ejemplo, sólo a bases verbales), algunos otros aceptan bases de más de una clase.

3.2.1. *Nominalización denominal, N => N*

Los sufijos más productivos en la derivación de sustantivos a partir de
otros sustantivos son los siguientes: *-ada* (*burr-ada*), *-aje* (*corn-aje*), *-al/-ar* (*per-al,
oliv-ar*), *-azo* (*pal-azo* 'golpe con un palo'), *-ero/a* (*azucar-ero*), *-ista* (*dent-ista*),
-ismo (*capital-ismo*).

-ada. Este sufijo da lugar a sustantivos derivados con significados muy diferentes. Entre ellos podemos distinguir:
   a) 'Acción propia de N': *burr-o* => *burr-ada, animal* => *animal-ada, francés*
   => *frances-ada, manol-ada* 'acción típica de Manolo'.
   b) 'Colectivo', 'grupo de N': *vac-a* => *vac-ada, muchach-o* => *muchach-ada.*
   En *cuchar-a* => *cuchar-ada, carret-a* => *carret-ada* la palabra derivada indica
   'lo que puede caber en N'.
   c) 'Golpe con N': *puñal* => *puñal-ada, cuchill-o* => *cuchill-ada, man-o* =>
   man-ot-ada (con interfijo), *pat-a* => *pat-ada, piedr-a* => *pedr-ada, dient-e*
   => *dent-ell-ada.*
-aje. Este sufijo puede tener también funciones diferentes:
   a) 'Colectivo': *plum-a* => *plum-aje, pel-o* => *pel-aje, andami-o* => *andami-aje,
   rop-a* => *rop-aje, ram-a* => *ram-aje.* La relación entre *hoja* y *follaje* es opaca
   (*hoja* proviene del latín *folia*).
   b) 'Relación social': *mestiz-o* => *mestiz-aje, aprendiz* => *aprendiz-aje,
   paisan-o* => *paisan-aje, vasall-o* => *vasall-aje.*
-al ~ -ar. La función principal de este sufijo es la de formar colectivos locativos, sobre todo lugares donde abunda una planta determinada: *pin-o* =>

pin-ar, trig-o => *trig-al, zarz-a* => *zarz-al, oliv-o* => *oliv-ar, café* => *cafe-t-al*.
En algunos casos, la palabra derivada indica la planta: *pe-ra* => *per-al, ros-a*
=> *ros-al*. Con referencia no vegetal encontramos también ejemplos como
peñasc-o => *peñasc-al* y *pantan-o* => *pantan-al*.
Otros sufijos con la misma función son *-eda, -edo*: *arbol-eda, manzan-edo*.
En *robl-e* => *robl-ed-al* encontramos doble sufijación.

-azo. Conviene distinguir este sufijo, con flexión masculina en *-o*, del aumentativo *-azo/-aza*, que es un sufijo diferente. Su valor fundamental es el de
'golpe con N': *guant-e* => *guant-azo, garrot-e* => *garrot-azo, bastón* =>
baston-azo, martill-o => *martillazo, man-o* => *man-ot-azo*. En algunos ejemplos alterna con *-ada* con el mismo significado (*guantazo ~ guantada*).

-ero/a. Además de otros valores menos comunes, este sufijo crea sustantivos
con dos significados principales: (a) oficio o profesión y (b) lugar o recipiente. En el primero de sus usos admite las dos formas *-ero* y *-era* según
el sexo del referente: *frut-a* => *frut-ero, frut-era* 'persona que vende fruta',
jardín => *jardin-ero, jardinera* 'persona que se ocupa del jardín'. Con el
significado de 'lugar o recipiente', sin embargo, sólo se utiliza una forma,
sea la masculina en *-ero* o sea la femenina en *-era*, de manera idiosincrá-
tica. Así el recipiente para la fruta es el *frutero*, pero la ensalada se pone en
la *ensaladera*; las monedas se guardan en el *monedero* y los billetes en la *bi-
lletera*.

-er-ía. Relacionados con sustantivos en *-ero, -era* encontramos otros en *-ería* que
indican los establecimientos comerciales y oficios correspondientes. Un
análisis posible es postular que el sufijo es *-ía (-í-a)*, añadido a *-ero*: *libr-o*
=> *libr-er-o* => *libr-er-ía, frut-a* => *frut-er-o* => *frut-er-ía*. El sufijo *-ía*
aparece también con la misma función en otros ejemplos con bases simples: *concejal* => *concejal-ía*. Distinguimos este sufijo de otro *-ería* que aparece sobre todo con bases adjetivas y que veremos después.

-ista. Los sustantivos con este sufijo generalmente indican 'persona con N
como profesión, ocupación o afición', 'persona partidaria de N' o 'persona
con tendencia a N'. Así encontramos ejemplos como *art-e* => *art-ista,
deport-e* => *deport-ista, izquierd-a* => *izquierd-ista, Madrid* => *madrid-ista*
(seguidor del Real Madrid) y *juerg-a* => *juergu-ista*. Estos sustantivos pueden ser de género masculino o femenino según el sexo del referente a que
se aplican: *el pianista / la pianista*. Algunos pueden utilizarse también como
adjetivos, en cuyo caso su referente puede ser no humano: *un periódico de
tendencia izquierdista*.

-ismo. Este sufijo produce, principalmente, sustantivos con el significado de
'doctrina, ideología': *capital* => *capital-ismo*. Puede aparecer con nombres

propios: *Lenin* => *lenin-ismo*. Con base adjetiva tenemos *cristian-o* => *cristian-ismo, liberal* => *liberal-ismo, mach-o* => *mach-ismo*.

Ejercicio 23. Explique la derivación morfológica de la palabra *rosaleda*.

Ejercicio 24. Busque 4 ejemplos de sustantivos en *-ada* o *-azo* con el significado de 'golpe con o en N' no mencionados en el texto.

Ejercicio 25. Haga una lista de sustantivos derivados en *-ero* o *-era* con significado de 'lugar o recipiente'. Incluya los derivados de *sal, azúcar, aceite, vinagre, basura, perro, gallina, café, tinta* y, por lo menos, cinco ejemplos más. ¿Nota alguna tendencia con respecto al género de la palabra derivada?

Ejercicio 26. Dé al menos cinco ejemplos de sustantivos en *-ería* relacionados con otros en *-ero*.

Ejercicio 27. Dé 4 ejemplos (no mencionados en el texto) de palabras en *-ista* para las cuales existan también palabras relacionadas en *-ismo*.

3.2.2. Nominalización deadjetival, Adj => N

Los principales sufijos que crean sustantivos a partir de adjetivos son los siguientes (el significado es siempre 'cualidad de ser Adj'): *-(e/i)dad* (*terqu-edad, van-idad*), *-ería* (*bob-ería*), *-ez/-eza* (*altiv-ez, baj-eza*), *-ia* (*infam-ia*), *-or* (*fresc-or*), *-ura* (*calent-ura*), *-(i)tud* (*lent-itud*).

-dad ~ *-idad* ~ *-edad* ~ *-tad*. La forma básica de este sufijo es *-dad*: *cruel* => *cruel-dad, mal-o* => *mal-dad, buen-o* => *bon-dad, igual* => *igual-dad*. (Excepcionalmente, encontramos una base nominal en *herman-o* => *herman-dad*.) En algunos ejemplos cuya silabificación requiere la presencia de una vocal inicial de sufijo aparecen los alomorfos *-edad, -idad: fals-o* => *fals-edad, dens-o* => *dens-idad*. Sin embargo, estos alomorfos aparecen también en otros ejemplos donde la vocal no sería necesaria por motivos fonológicos: *van-o* => *van-idad, débil* => *debil-idad*.
Con bases terminadas en /-d/ se añade sólo *-ad: humild-e* => *humild-ad, húmed-o* => *humed-ad* (la reducción de elementos idénticos en concatenación morfológica se conoce como haplología).

El alomorfo *-tad* es menos común y muchos de los ejemplos que lo contienen presentan también otras irregularidades: *leal* => *leal-tad, libr-e* => *liber-tad, difícil* => *dificul-tad, amig-o* => *amis-tad*.

-ería. La mayoría de formaciones deadjetivales con este sufijo se refieren a cualidades negativas: *tont-o* => *tont-ería, tacañ-o* => *tacañ-ería, charlatán* => *charlatan-ería*. Hay, sin embargo, excepciones: *galant-e* => *galant-ería*.

-ez ~ -eza. Tanto *-ez* como *-eza* dan lugar a sustantivos deadjetivales de género femenino. La forma más productiva de las dos es *-ez*: *roj-o* => *roj-ez, altivo* => *altiv-ez, estúpid-o* => *estupid-ez*. Aunque los derivados en *-eza* son menos, algunos son muy comunes: *simpl-e* => *simpl-eza, baj-o* => *baj-eza, nobl-e* => *nobl-eza, grand-e* => *grand-eza*.

-ia. Este sufijo aparece en ejemplos como *infam-e* => *infam-ia* y en muchos derivados de adjetivos en *-nte, -nto*, en los que sistemáticamente se aplica una regla de alomorfismo, *-nt-e/-o* => *-nc-ia*: *elegant-e* => *eleganc-ia, decent-e* => *decenc-ia, prudent-e* => *prudenc-ia, violent-o* => *violenc-ia, opulent-o* => *opulenc-ia*. Entre *fuert-e* y *fuerz-a* (del latín *fortia*) la relación es más irregular.

-ura, -or. Estos dos sufijos pueden usarse a veces de manera intercambiable. Los sustantivos derivados en *-or* son de género masculino: *blanc-o* => *blanc-or, blanc-ura; espes-o* => *espes-or, espes-ura; fresc-o* => *fresc-or, fresc-ura*. Entre ambos, el sufijo más común es *-ura*: *loc-ura, hermos-ura, tern-ura, anch-ura, llan-ura* (que además de 'cualidad de llano' significa 'extensión de terreno llano').

-(i)tud. Este sufijo no es tan utilizado como algunos de los anteriores: *alt-o* => *alt-itud* (también *altura*), *beat-o* => *beat-itud, lent-o* => *lent-itud*. Sin vocal inicial aparece en *joven* => *juven-tud*.

Ejercicio 28. Para cada uno de los sufijos nominalizadores deadjetivales *-dad, -ería, -ia, -ura, -ez* y *-eza*, dé al menos dos ejemplos no mencionados en el texto.

3.2.3. *Nominalización deverbal, V => N*

Entre los sustantivos derivados de verbos podemos distinguir dos grupos principales desde el punto de vista de su significado: los que indican 'acción o efecto del verbo' y los que expresan el 'agente del verbo'.

A. 'Acción o efecto de V'

En primer lugar, hay sustantivos que derivan de un verbo por simple adición de una de las terminaciones vocálicas de flexión nominal:

(39) Sustantivos deverbales sin sufijo derivativo
-a: *busc-ar* => *busc-a, compr-ar* => *compr-a, estaf-ar* => *estaf-a, prob-ar* => *prueb-a, tom-ar* => *tom-a, cri-ar* => *crí-a.*
-e: *cant-ar* => *cant-e, combat-ir* => *combat-e, sac-ar* => *saqu-e, cruz-ar* => *cruc-e, arranc-ar* => *arranqu-e, debat-ir* => *debat-e.*
-o: *gote-ar* => *gote-o, carg-ar* => *carg-o, acord-ar* => *acuerd-o, envi-ar* => *enví-o, abrig-ar* => *abrig-o, atrac-ar* => *atrac-o.*

En segundo lugar, algunos participios (en forma masculina o femenina) funcionan también como sustantivos: *dictado, cuidado, caída, salida, hecho, escrito, puesto, vuelta, impreso, vista* (y *visto bueno*), etc. En algunos casos un antiguo participio irregular se conserva sólo como sustantivo, mientras que el verbo ha desarrollado otro participio regular. Esto es lo que ocurre con *permiso* (de *permitir*), *ofensa* (de *ofender*), *promesa* (de *prometer*), entre otros ejemplos.

Encontramos, además, los siguientes sufijos derivativos para formar sustantivos con el significado general de 'acción o efecto de V': *-ción* (*contamin-a-ción*), *-dura* (*cort-a-dura*), *-ncia/-nza* (*resid-e-ncia, esper-a-nza*) y *-m(i)ento* (*nac-i-miento, peg-a-mento*).

-ción ~ -(s)ión. En un grupo bastante numeroso y productivo, el sufijo *-ción* se añade a verbos de la primera conjugación con conservación de la vocal temática: *coordin-a-r* => *coordin-a-ción, cre-a-r* => *cre-a-ción, notific-a-r* => *notific-a-ción.* La vocal temática también aparece en *prohib-i-r* => *prohib-i-ción, fund-i-r* => *fund-i-ción* y en *perd-e-r* => *perd-i-ción* (con sincretismo en la vocal temática entre la segunda y la tercera conjugación). Con otros verbos, de las tres conjugaciones, el sufijo se añade directamente a la raíz verbal. En éstos encontramos un gran número de irregularidades. A veces, en raíces terminadas en un grupo consonántico, la segunda consonante se pierde: *atend-er* => *aten-ción, cant-ar* => *can-ción, infect-ar* => *infec-ción, adopt-ar* => *adop-ción.* Otra irregularidad es la que aparece en ejemplos como *reg-ir* => *rec-ción.*

En algunos ejemplos hallamos una variante *-sión.* A veces la /s/ puede considerarse como parte de la raíz, que presentaría alomorfismo: *divid-ir* => *divis-ión, alud-ir* => *alus-ión, (con)ced-e-r* => *(con)ces-ión, conect-ar* => *conexión* /koneks-ión/. Otras veces, la consonante /s/ ha de ser interpretada como parte del sufijo: *inclu-ir* => *inclu-sión*, , *v-er* => *vi-sión*. Otros ejemplos muestran claramente que el sufijo puede carecer de consonante inicial: *reun-ir* => *reun-ión*.

-*dura*. Los sustantivos deverbales con este sufijo pueden tener significado de acción o resultado de la acción: *hend-i-r* => *hend-i-dura*, *moj-a-r* => *moj-a-dura*, *mord-er* => *mord-e-dura*. Algunos ejemplos tienen un significado más concreto, de objeto o instrumento: *herr-a-r* => *herr-a-dura*, *cabalg-a-r* => *cabalg-a-dura*, *at-a-r* => *at-a-dura*.

Excepcionalmente encontramos ejemplos con la terminación -*tura*, sin vocal temática (donde la /t/ es claramente parte de la raíz en algunos ejemplos): *junt-ar* => *junt-ura*, *le-er* => *lec-tura*, *escrib-ir* => *escri-tura*. Hay también algunos ejemplos de -*tura* añadido tras la vocal temática con verbos de la primera conjugación: *abrevi-a-r* => *abrevi-a-tura*.

-*ncia*, -*nza*. La forma más usada es -*e-ncia*, que se utiliza con verbos de la tercera y, menos comúnmente, de la segunda conjugación: *exist-i-r* => *exist-e-ncia*, *suger-i-r* => *suger-e-ncia*, *compet-i-r* => *compet-e-ncia*, *proced-e-r* => *proced-e-ncia*. La vocal -*e*- en estos ejemplos se puede analizar como vocal temática, pues en verbos de la primera conjugación encontramos -*a*-: *vigil-a-r* => *vigil-a-ncia*, *discrep-a-r* => *discrep-a-ncia*. Algunos ejemplos claramente derivan de un adjetivo deverbal en -*nte*: *permanec-e-r* => *perman-ent-e* =>*perman-e-ncia*. La forma -*nza* se utiliza sólo con verbos de la primera conjugación y, consecuentemente, aparece siempre como -*a-nza*: *enseñ-a-r* => *enseñ-a-nza*, *esper-a-r* => *esper-a-nza*.

-*miento* ~ -*mento*. De estas dos formas con mucho la más frecuente y productiva es la que contiene el diptongo. Se añade después de la vocal temática (con verbos de la segunda y tercera conjugación la vocal temática es /-i-/ con este sufijo): *alz-a-r* => *alz-a-miento*, *acat-a-r* => *acat-a-miento*, *corr-e-r* => *corr-i-miento*, *conoc-e-r* => *conoc-i-miento*, *sufr-i-r* => *sufr-i-miento*, *descubr-i-r* => *descubr-i-miento*.

Algunos ejemplos con la variante -*mento* son *peg-a-r* => *peg-a-mento*, *carg-a-r* => *carg-a-mento*.

B. 'Agente'

Con esta función encontramos dos sufijos principales que derivan sustantivos de bases verbales: -*dor* (*fum-a-dor*, *beb-e-dor*) y -*nte* (*cant-a-nte*, *escrib-ie-nte*).

-*dor/a*. Este sufijo, que forma tanto sustantivos como adjetivos, se añade tras la vocal temática del verbo. Las formaciones con este sufijo, además de tener el valor de 'agente', pueden también tener el valor de 'lugar donde suele realizarse la acción del verbo'. La mayoría de los ejemplos tienen únicamente el valor de agente: *jug-a-r => jug-a-dor, habl-a-r => habl-a-dor, beb-e-r => beb-e-dor, vend-e-r => vend-e-dor, viv-i-r => viv-i-dor*. En otros ejemplos coexisten ambos significados: *com-e-r => com-e-dor* (*Juan es un gran comedor; la mesa está en el comedor*), o predomina el valor de lugar: *mir-a-r => mir-a-dor, recib-i-r => recib-i-dor*. Como adjetivo y cuando tiene referente humano femenino adopta la forma *-dora: vendedora*. La forma *-dora*, además, se utiliza generalmente para referirse a máquinas: *aspir-a-r => aspir-a-dora, cosech-a-r => cosech-a-dora, lamin-ar => lamin-a-dora*.

Entre los irregulares, merecen mencionarse los terminados en *-tor* o *-sor* (sin vocal temática), cuya consonante puede a veces analizarse como parte de la raíz y a veces no: *edit-ar => edit-or, conduc-ir => conduc-tor, le-er => lec-tor, escrib-ir => escri-tor , pint-ar => pint-or, revis-ar => revis-or, agred-ir => agres-or*.

-nte. Éste es otro sufijo que indica el agente de la acción del verbo. Se añade después de la vocal temática, que para los verbos de la segunda y tercera conjugación es el diptongo /-i̯e-/ en este caso: *cant-a-r => cant-a-nte, naveg-a-r => naveg-a-nte, pend-e-r => pend-ie-nte, cre-e-r => cre-ye-nte, serv-i-r => sirv-ie-nte*. Estos sustantivos tienen los dos géneros cuando el referente es humano: *el estudiante / la estudiante*. Si el referente no es humano, el género está lexicalizado como masculino o como femenino. En algún caso, existen ambas formas con significados diferentes, como en *el pendiente / la pendiente*. Un gran número de verbos permite la utilización de este sufijo, pero la palabra resultante es casi siempre únicamente un adjetivo, como veremos después.

Ejercicio 29. Para cada una de las siguientes palabras escriba una oración en que funcione como participio verbal y otra en que funcione como sustantivo:

1. *cuidado*   2. *hecho*   3. *escrito*   4. *puesto*
5. *vuelto/a*   6. *helado*   7. *pescado*   8. *asado*

Ejercicio 30. ¿En qué se diferencian las palabras *elegancia, infancia* de otras como *dolencia, vivencia,* en cuanto a su derivación?

Ejercicio 31. Para cada uno de los siguientes sufijos dé 2 ejemplos no mencionados en el texto: 1.*-ción*, 2.*-ncia*, 3.*-miento*, 4.*-dura*.

3.3.   Adjetivación

La adjetivación es la formación de adjetivos a partir de otras palabras. En español podemos derivar adjetivos, sobre todo, de sustantivos y verbos. Hay también algunos adjetivos derivados de otros adjetivos (*rojizo*), de adverbios (*cercano*) y de numerales (*doble*).

3.3.1.   *Adjetivación denominal, N => Adj*

Consideraremos primero la formación de adjetivos a partir de nombres propios. Entre éstos, los hay que derivan de nombres propios de persona (*clintoniano, aristotélico, marxista*) y otros, denominados gentilicios, que derivan de nombres propios de lugar (*mexicano, aragonés*). Después examinaremos los principales sufijos empleados en la formación de adjetivos a partir de nombres comunes.

3.3.1.1. Gentilicios

Los sufijos gentilicios tienen la función de crear adjetivos que indican el origen geográfico de una persona o cosa. Los adjetivos gentilicios se forman a partir de nombres propios de lugar: *Nicaragu-a => nicaragü-ense, And-es => and-ino, Cácer-es => cacer-eño, Córdob-a => cordob-és.*

En español existe un número bastante amplio de sufijos gentilicios. Entre ellos encontramos los siguientes:

(40) Sufijos gentilicios
-ano/a: boliviano, mexicano, americano, bogotano, colombiano, coreano
-ino/a: argelino, andino, alicantino
-eno/a: chileno
-eño/a: puertorriqueño, brasileño, hondureño, salvadoreño, angoleño
-ín/a: mallorquín
-és/a: danés, portugués, francés, inglés, escocés, alavés, japonés
-ense: costarricense, rioplatense, canadiense, estadounidense, almeriense
-(t)eco/a: guatemalteco, yucateco, chiapaneco, zapoteco
-(i)ego/a: manchego, pasiego
-ero/a: brasilero, pinarejero, habanero
-í: marroquí, iraní, bengalí, paquistaní, israelí
-ita: israelita, vietnamita
-eta: lisboeta
-ota: chipriota, cairota

-*ica: pamplonica*
-*enco/a: ibicenco*
-*ol/a: español*
-*al: provenzal*
-*o/a: paraguayo, uruguayo*

Estos sufijos difieren mucho entre sí en su productividad. Los más pro-
ducutivos son -*ano/a*, -*ense*, -*eño/a* y -*és/a*. Por su parte, el gentilicio *españ-ol*
constituye un caso aislado. Otros de la lista que hemos dado aparecen también únicamente en uno o dos gentilicios (-*ita*, -*eta*, -*ota*, -*ica*, -*enco/a*). Algunos
sufijos como los de *provenz-al*, *pas-iego* (Valle de Pas, Cantabria, España) y
haban-ero (La Habana) tienen un uso muy limitado como gentilicios, pero
aparecen en adjetivos derivados con otros valores (*regional*, *andariego*, *casero*). En otros, hay una cierta especialización geográfica. Así el sufijo -*(t)eco* se
utiliza exclusivamente tomando como base nombres de lugar de México y
Centroamérica, mientras que -*í* se utiliza en gentilicios norteafricanos y asiá-
ticos.

En casos como *sueco/Suecia*, *alemán/Alemania*, *búlgaro/Bulgaria*, *ruso/Rusia*,
hispano/Hispania, etc., es probablemente más correcto desde un punto de vista
formal considerar que el nombre del país deriva del gentilicio por medio de
un sufijo -*ia*.

En algunos gentilicios encontramos irregularidades curiosas, como en los
siguientes ejemplos: *Madrid* => *madril-eño*, *Buenos Aires* => *bonaer-ense*, *Ecuador*
=> *ecuator-iano*, *Nueva York* => *neoyorqu-ino*, *Ávil-a* => *abul-ense*, *Salamanc-a*
=> *salmant-ino*, *Poloni-a* => *pol-aco*. En casos muy especiales el gentilicio y
el nombre del lugar tienen raíces totalmente diferentes. Así, al habitante de
Badajoz se le llama *pacense*, derivado del nombre latino de la ciudad, Pax Au-
gusta; al de Calatayud, *bilbilitano*, del topónimo latino Bilbilis y al de San Sebastián, *donostiarra*, utilizando el gentilicio vasco correspondiente a Donostia,
que es el nombre vasco de esta ciudad.

Está claro que la forma que adoptan los gentilicios no es predecible del
topónimo. Incluso poblaciones con idéntico nombre pueden tener gentilicios diferentes. Así, a los habitantes de Cuenca, Ecuador, se les llama *cuen-
queños*, pero los de Cuenca, España, son *conquenses*. Los nombres de lugar de
países que no son de lengua española pueden no tener un topónimo tradicional en español. A veces encontramos variación entre un par de gentilicios alternativos: *Angol-a* => *angol-ano* o *angol-eño*. Otras veces está todavía
menos claro: por ejemplo, ¿cómo se llama al habitante de Osaka?, ¿y al de
Chicago?

Ejercicio 32. Separe el sufijo derivativo de la base en los gentilicios que se presentan a continuación e indique el nombre de lugar a que hacen referencia:

1.	*cuzqueño*	11.	*parisiense*
2.	*gallego*	12.	*conquense*
3.	*aragonés*	13.	*castellano*
4.	*ateniense*	14.	*filipino*
5.	*guadalajareño*	15.	*caraqueño*
6.	*italiano*	16.	*tunecino*
7.	*turco*	17.	*rumano*
8.	*parisino*	18.	*santanderino*
9.	*noruego*	19.	*húngaro*
10.	*holandés*	20.	*panameño*

Ejercicio 33. Compare los gentilicios españoles con los del inglés. ¿Qué semejanzas y diferencias encuentra?

3.3.1.2. Adjetivos derivados de nombres propios de persona

En la derivación de adjetivos a partir de nombres propios de persona el sufijo más común es *-iano/a: Kant => kant-iano, Picass-o => picass-iano, Cicerón => ciceron-iano, Chomsky => chomsky-ano*. Son frecuentes también los derivados en *-ista* (que tiene también otras funciones en la derivación nominal, como vimos): *Marx => marx-ista, Lenin => lenin-ista.* Nótese que estos derivados pueden tener el valor de 'partidario de N', como en *Juan es marxista*, o simplemente de 'relacionado con N', como en *economía marxista*. El sufijo *-ico* (preacentuante) se utiliza también con esta función: *Platón => platón-ico, Aristótel-es => aristotél-ico, Sócrat-es => socrát-ico.* El sufijo *-esco/a* da lugar a derivados con el significado de 'parecido a N, a la manera de N': *Queved-o => queved-esco, Quijot-e => quijot-esco*.

3.3.1.3. Adjetivos derivados de nombres comunes

Entre los muchos sufijos existentes que derivan adjetivos de nombres comunes podemos mencionar los siguientes: *-al/-ar (flor-al), -ero/a (industria harin-era), -il (estudiant-il), -ico/a (poét-ico), -oso/a (pat-oso), -udo/a (pel-udo).*

-al ~ -ar: flor => flor-al, líne-a => line-al, provinci-a => provinci-al, brut-o => brut-al, primaver-a => primaver-al. Por disimilación con una /l/ preceden-

te tenemos -*ar* en algunos casos como *ángul-o* => *angul-ar*. Su sentido básico es 'relacionado con N'.

-*ero/a*: Además de su uso en la formación de sustantivos, este sufijo se utiliza también para derivar adjetivos: *cas-a* => *cas-ero, hotel* => *hotel-ero (industria hotelera), arrabal* => *arrabal-ero, pan* => *pan-ero (Juan es muy panero)*.

-*il*: *mujer* => *mujer-il, señor* => *señor-il, sierv-o* => *serv-il, fiebr-e* => *febr-il*. Su significado es también 'relacionado con N'.

-*ico/a*: Preacentuante; muy usado en la terminología científica: *átom-o* => *atóm-ico, ton-o* => *tón-ico, etni-a* => *étn-ico* (nótese que la /i/ final de la base se funde con la del sufijo), *morfologí-a* =>*morfológ-ico*.

-*oso/a*: *carn-e* => *carn-oso, ceniz-a* => *ceniz-oso, furi-a* => *furi-oso, envidi-a* => *envidi-oso, mentir-a* => *mentir-oso*. El significado general es 'que tiene N, caracterizado por N'.

-*udo/a*: *barb-a* => *barb-ud-o, bigot-e* => *bigot-udo, orej-a* => *orej-udo, barrig-a* => *barrig-udo, hues-o* => *hues-udo*. Tenemos una irregularidad en la raíz en *nariz* => *narig-udo*. Este sufijo conlleva cierto matiz despectivo o de exageración. Así, *orejudo* no significa simplemente 'que tiene orejas', sino, más bien, 'que tiene orejas demasiado grandes'.

3.3.2. *Adjetivación deverbal, V* => *Adj*

Entre los numerosos sufijos que crean adjetivos a partir de bases verbales, algunos de los más frecuentes son los siguientes: -*ble* (*agrad-a-ble, traduc-i-ble*) y otros dos que hemos visto ya en la derivación de sustantivos de bases verbales, -*nte* (*caballero and-a-nte, sonr-ie-nte*) y -*dor/a* (*ahorr-a-dor*).

-*ble*: Este sufijo cuyo significado es, en general, 'que puede o debe ser objeto del verbo', presenta gran productividad. Se une tras la vocal temática, que es /-a-/ para los verbos de la primera conjugación e /-i-/ para los de la segunda y tercera: *cant-a-r* => *cant-a-ble, am-a-r* => *am-a-ble, formul-a-r* => *formul-a-ble, cre-e-r* => *cre-í-ble, mov-e-r* => *mov-i-ble, prefer-i-r* => *prefer-i-ble*. Algunos irregulares: *v-e-r* => *vis-i-ble, pod-e-r* => *pos-i-ble, com-e-r* => *com-est-i-ble* (con interfijo).

-*nte*: Además de dar lugar a cierto número de sustantivos deverbales, este sufijo es productivísimo en la derivación de adjetivos. Se añade a la vocal temática, que es /-a-/ con todos los verbos de la primera conjugación y /-e-/ o /-ie-/, de manera no predecible, con los de la segunda y la tercera: *fascin-a-r* => *fascin-a-nte, desesper-a-r* => *desesper-a-nte, sorprend-e-r*

=> *sorprend-e-nte, suger-i-r* => *suger-e-nte, depend-e-r* => *depend-ie-nte, segu-i-r* => *sigu-ie-nte, dorm-i-r* => *durm-ie-nte.*

-dor/a: Como el anterior –con el que compite–, este sufijo es también productivo en la creación de adjetivos deverbales, además de producir muchos sustantivos, como vimos en la sección correspondiente. Con este sufijo la vocal temática aparece en su forma de máxima diferenciación entre las tres conjugaciones: *habl-a-r* => *habl-a-dor, gast-a-r* => *gast-a-dor, acog-e-r* => *acog-e-dor, promet-e-r* => *promet-e-dor, abr-i-r* => *abr-i-dor, sufr-i-r* => *sufr-i-dor.*

Otros dos sufijos que comparten el mismo significado básico son *-(t)ivo/a* y *-(t)orio/a*. Las formas sin /t/ son irregulares y se añaden directamente a la raíz verbal (sin vocal temática): *decor-a-r* => *decor-a-tivo, permit-i-r* => *permis-ivo, decid-i-r* => *decis-ivo; oblig-a-r* => *oblig-a-torio, am-a-r* => *am-a-torio, divid-i-r* => *divis-orio.*

Como ya mencionamos, el participio pasado de prácticamente cualquier verbo puede usarse como adjetivo.

Ejercicio 34. Para diez de los verbos mencionados en esta sección escriba una oración en que su participio pasado funcione como adjetivo.

Ejercicio 35. En inglés encontramos palabras como *passable, comparable, readable, laughable*, etc., semejantes en forma y función a palabras españolas como *pasable, comparable*, etc. Igualmente, palabras inglesas como *ignorant, president, resistant*, etc., son similares a las españolas *ignorante, presidente, resistente*. Sin embargo, a pesar de las apariencias, la estructura de estas palabras no es igual en las dos lenguas. Hay motivos para pensar que mientras que en español los sufijos derivativos son *-ble, -nte*, en inglés la vocal (que presenta variación en su representación ortográfica) es parte del sufijo : *-able ~ -ible, -ant ~ ent*. ¿Qué motivos pueden ser éstos?

3.3.3. *Adjetivación deadjetival, Adj => Adj*

Aparte de la formación del superlativo absoluto, que está a caballo entre la flexión y la derivación, encontramos pocos adjetivos derivados de otros adjetivos. Un caso es el de los colores. En este campo semántico, para expresar el valor de 'tendente a Adj' encontramos una serie de sufijos distribuidos léxicamente de manera muy irregular: *blanc-o* => *blanc-uzco,.*

blanqu-ecino; negr-o => *negr-uzco; pard-o* => *pard-uzco, verd-e* => *verd-uzco, verd-oso; roj-o* => *roj-izo; azul* => *azul-ado, azul-ino; amarill-o* => *amarill-ento.* Estos sufijos no son intercambiables. Tenemos *verdoso* pero no **rojoso; rojizo* pero no *verdizo; *azulado* pero no *amarillado, etc.

Hay muy pocos otros adjetivos deadjetivales. Un par de ejemplos son *grand-e* => *grand-ioso, alt-o* => *alt-ivo.*

Ejercicio 36. Compárese la formación de adjetivos con el significado 'tendente a <COLOR>' en inglés con lo que hemos visto para el español. ¿Qué diferencia encuentra?

3.3.4. *Adjetivación deadverbial, Adv* => *Adj*

Existe un grupo muy pequeño de adjetivos derivados de adverbios: *cerc-a* => *cerc-ano, lej-os* => *lej-ano/a, delant-e* => *delant-ero/a, tard-e* => *tard-ío/a, tempran-o* => *tempran-o/a* y pocos más.

3.4. Verbalización

En español podemos formar verbos a partir de bases nominales y adjetivales sin utilizar ningún sufijo derivativo: la flexión verbal se añade directamente a la raíz del nombre o adjetivo, como en los siguientes ejemplos. Los verbos derivados de esta manera pertenecen siempre a la primera conjugación (en *-ar;* damos el infinitivo, que es la forma en que se citan los verbos en español; nótese que *-a-r* es simplemente la flexión del infinitivo, no un sufijo derivativo: *alfombr-a* (N) => *yo alfombr-o, tú alfombr-a-s, yo alfombr-é,* etc.):

(41) Verbalización de bases nominales y adjetivales sin sufijo derivativo

N	V	A	V
alfombr-a =>	*alfombr-ar*	*limpi-o* =>	*limpi-ar*
forr-o- =>	*forr-ar*	*vací-o* =>	*vaci-ar*
cobij-o =>	*cobij-ar*	*llen-o* =>	*llen-ar*
archiv-o =>	*archiv-ar*	*enferm-o* =>	*enferm-ar*

Hoy en día el proceso más productivo en la formación de verbos (siempre de la primera conjugación) a partir de nombres y adjetivos lleva consigo el uso del sufijo derivativo *-e-*:

(42) Verbalización con el sufijo /-e-/

N	V	A	V
got-a =>	got-e-ar	blanc-o =>	blanqu-e-ar
lad-o =>	lad-e-ar	chul-o =>	chul-e-ar
oj-o =>	oj-ear	holgazán =>	holgazan-e-ar
fax =>	fax-e-ar	gandul =>	gandul-e-ar

Los verbos derivados por estos dos procedimientos pueden ir acompañados del prefijo negativo *des-* y también por los prefijos *a-* y *en-*, que pueden dar lugar a verbos con significados diferentes a partir de la misma raíz. La adición simultánea de un prefijo y un sufijo en la derivación se conoce como parasíntesis:

(43) Parasíntesis

	N	V	A	V
des-	plum-a =>	des-plum-ar		
	nat-a =>	des-nat-ar		
	cafeín-a =>	des-cafein-ar		
	peñ-a =>	des-peñ-ar		
a-	motín =>	a-motin-ar	fe-o =>	a-fe-ar
	garrot-e =>	a-garrot-ar	decent-e =>	a-decent-ar
	lumbr-e =>	a-lumbr-ar	tont-o =>	a-tont-ar
	piedr-a =>	a-pedr-e-ar	grand-e =>	a-grand-ar
	pal-o =>	a-pal-e-ar	loc-o =>	a-loc-ar
en-	piedr-a =>	em-pedr-ar	suci-o =>	en-suci-ar
	pal-o =>	em-pal-ar	gord-o =>	en-gord-ar
	papel =>	em-papel-ar	turbio =>	en-turbi-ar

Además de estos procedimientos generales, existen otros sufijos derivativos, de aplicación mucho más restringida, que también permiten crear verbos a partir de otros tipos de palabras:

(44) Otros sufijos verbalizadores

	N	V	A	V
-ific(ar)	ejempl-o =>	ejempl-ific-ar	sant-o =>	sant-ific-ar
	mod-o =>	mod-ific-ar	pur-o =>	pur-ific-ar
-iz(ar)	escándal-o =>	escandal-iz-ar	modern-o =>	modern-iz-ar
	órgan-o =>	organ-iz-ar	contabl-e =>	contabil-iz-ar

monopoli-o =>	monopol-iz-ar	inmun-e =>	inmun-iz-ar
símbol-o =>	simbol-iz-ar	hispan-o =>	hispan-iz-ar

Estos dos sufijos son bastante productivos. Menos comunes son -igu-ar: sant-o => sant-igu-ar, e -it-ar, que aparece en un par de ejemplos como débil => debil-it-ar y fácil => facil-it-ar.

Excepcionalmente encontramos otros sufijos ("interfijos") en ejemplos como nav-e => nav-eg-ar, gest-o => gest-icul-ar, que son simplemente irregulares, y un grupo de verbos en -u-ar derivados de sustantivos, como act-o => act-u-ar, hábit-o => habit-u-ar . Otra irregularidad es la que muestran ejemplos como delgad-o => adelgaz-ar (en vez de *adelgadar) y establ-o => estabul-ar, donde encontramos un alomorfo diferente de la raíz.

Aunque casi todos los verbos derivados pertenecen a la primera conjugación, el sufijo -ec(er), utilizado únicamente con bases adjetivales, da lugar a verbos de la segunda conjugación. Generalmente este sufijo requiere ir acompañado del prefijo en- o re-:

(45) Verbos derivados de la 2ª conjugación: el sufijo -ec(er)

	A	V
-ec(er)	húmed-o =>	humed-ecer
	oscur-o =>	oscur-ec-er
	pálid-o =>	palid-ec-er
	roj-o =>	en-roj-ec-er
	nobl-e =>	en-nobl-ec-er
	viej-o =>	en-vej-ec-er
	loc-o =>	en-loqu-ec-er
	verd-e =>	re-verd-ec-er

Aunque los verbos derivados de sustantivos y adjetivos son, con mucho, los más numerosos, hay también ejemplos de verbos derivados de adverbios, como cerc-a => a-cerc-ar, lej-os => a-lej-ar, atrás => atras-ar, de pronombres, como vos => vos-e-ar, de verbos, como dorm-ir => a-dorm-ec-er, e incluso de frases, como en sí mismo => ensimismarse.

3.5.   Adverbialización

En español tenemos una regla productiva de formación de adverbios a partir de adjetivos por adición de -mente. El sufijo derivativo -mente se añade siempre a la forma femenina del adjetivo: astut-a-mente, segur-a-mente,

187

elegant-e-mente, formal-mente, cortés-mente. La base puede ser un participio pasado usado como adjetivo: *cansad-a-mente, pesad-a-mente, sentid-a-mente.* Los adjetivos en grado superlativo pueden adverbializarse también: *rapidísim-a-mente.*

Los adverbios derivados en *-mente* presentan una serie de peculiaridades morfológicas que mencionamos ya al principio de este capítulo. En primer lugar, éste es el único caso en que una vocal de género aparece entre la raíz y un sufijo derivativo. En segundo lugar, estas palabras tienen dos sílabas con acento prosódico. De hecho, si el adjetivo lleva acento ortográfico, éste se mantiene como si *-mente* no formara parte de la misma palabra. Finalmente, el sufijo se puede suprimir en adverbios coordinados: *piadosa, caritativa y bondadosamente.* Todos estos hechos nos recuerdan que estos adverbios tienen su origen histórico en expresiones sintácticas con el sustantivo *mente: habló sincera mente* = 'habló con mente sincera'.

3.6. Prefijación

Los prefijos son morfemas ligados que aparecen antes de la base. De por sí, los prefijos no cambian nunca la categoría gramatical de la base en español: *mortal* (Adj) => *in-mortal* (Adj), *hacer* (V) => *des-hacer* (V), *suelo* (N) => *sub-suelo* (N).

Como en la sufijación derivativa, es frecuente encontrar varios prefijos con valores muy parecidos o idénticos, como es el caso con *sobre-, super-* e *hiper-* (como en los ejemplos *sobre-cargo, super-visión* e *hiper-tensión.*).

Según su significado, podemos agrupar los prefijos en varias clases (mencionaremos tan sólo los prefijos más frecuentes).

3.6.1. *Prefijos negativos*

in-, i-: Este prefijo se une a bases adjetivas, dando lugar a palabras parafraseables como 'no Adj': *in-moral* 'no moral', *im-posible, in-vencible, in-feliz, in-consistente, in-orgánico.* El alomorfo /i-/ aparece ante consonante líquida: *i-lícito, i-legal, i-lógico, i-rreligioso, i-rreparable.*

des-: Este prefijo ocurre con mayor frecuencia con bases verbales: *des-atar, des-andar, des-conocer, des-doblar;* pero puede ocurrir también con bases nominales: *des-amor* y adjetivales: *des-cortés.* Tiene un alomorfo *di-* en, por ejemplo, *di-famar.*

a-: Es bastante menos productivo que los dos prefijos anteriores. Se une a adjetivos: *a-normal, a-séptico, a-político, a-gramatical.* Presenta un alomorfo *an-,* como en *an-alfabeto.*

3.6.2. *Prefijos locativos, temporales y comitativos*

Tenemos en español una serie de prefijos relacionados con preposiciones españolas, latinas o griegas que aportan un sentido de ubicación espacial o temporal (o de acompañamiento, en el caso de *con-*). Este sentido, de todas formas, es figurativo más que físico en muchos casos:

ante- 'delante' o 'antes'. Con sentido locativo: *ante-cámara, ante-ojos*. Con valor temporal: *ante-pasado, ante-diluviano*.

anti- 'opuesto, contrario': *anti-pedagógico, anti-balas, anti-natural*.

circun- 'alrededor': *circun-valación, circun-ferencia*.

con-, co- 'con': *con-ciudadano, con-catenar, com-padre, com-partir*. Tiene un alomorfo *co-*: *co-autor, co-socio*. El alomorfo *co-* es el único que se usa ante líquida: *co-laborar, co-lección, co-locar, co-rreligionario*, aunque, como vemos por los ejemplos dados antes, no está limitado a este contexto.

contra- 'contra, opuesto': Si bien en algunos ejemplos como, *contra-luz, contra-puerta, contra-ventana, contra-pelo, contra-posición*, predomina el sentido físico, en muchos otros ha adquirido un sentido figurado que lo aproxima al valor del prefijo *anti-*: *contra-rrevolución, contra-producente*.

en-, in- 'en': *en-terrar, em-barcar, en-simismarse, im-poner, in-gresar* (no confundir con el prefijo de negación).

intro-, intra-, entro- 'dentro': *intro-vertido, intro-ducir, intra-venoso, entro-metido*.

inter-, entre- 'entre': *inter-nacional, inter-planetario, entre-suelo, entre-semana*.

ex- (a) 'hacia afuera', (b) 'que fue': (a) *ex-portar, ex-pulsar;* (b) *ex-presidente*.

extra- 'fuera': *extra-polar, extra-ordinario, extra-rradio*. Ha adquirido también el valor de 'en alto grado': *extra-fino, extra-cuidadoso*.

peri- 'alrededor': *peri-feria, perí-metro, perí-frasis*.

pre- 'antes; delante'. Con valor locativo: *pre-posición, pre-fijo, pre-liminar*. Es más común el valor temporal: *pre-decir, pre-meditar, pre-fabricado, pre-historia*.

pos(t)- 'después; detrás'. Con valor temporal: *pos(t)-guerra, post-glacial, post-venta*. Con valor tanto locativo como temporal: *pos-data, pos-poner*.

retro- 'hacia atrás': *retro-traer, retro-activo*.

so-, sub-, infra- 'bajo': *so-terrar, sub-terráneo, infra-humano, infra-rrojo*.

sobre-, super-, hiper- (a) 'sobre', (b) 'superior': (a) *sobre-poner, super-poner*. (b) Los prefijos *super-* e *hiper-* tienen también un valor ponderativo. En general, *super-* indica una consideración positiva, mientras que *hiper-* puede tener una connotación de 'grado excesivo' *super-trabajador, hiper-sensible*.

Sin embargo, ejemplos como *hiper-mercado* frente a *super-mercado* muestran que *hiper-* puede indicar también un grado más alto que *super-*.

tra(n)s- 'a través': *trans-atlántico, trans-continental, trans-portar, tras-nochar.*

ultra- 'más allá': *ultra-violeta, ultra-montano, ultra-mar, ultra-derecha, ultra-conservador.*

3.6.3. *Prefijos valorativos y de cantidad*

Varios prefijos, algunos de ellos ya mencionados, pueden tener función valorativa o de grado. Unidos a bases adjetivas pueden resultar equivalentes al superlativo: *buen-ísimo = super-bueno, re-bueno, requete-bueno; famos-ísimo = super-famoso, requete-famoso, archi-famoso*; y unidos a bases nominales pueden equivaler a los sufijos aumentativos: *ofert-aza = super-oferta, hiper-oferta; jef-azo = super-jefe.*

Entre éstos, merece mención especial el prefijo *re-*, que tiene dos funciones muy diferentes según el tipo de base a que se añada. (a) Como acabamos de decir, con bases adjetivas y adverbiales de modo significa 'muy, en alto grado': *re-tonto, re-sabio*. En este sentido tiene una forma reforzada *requete-* (*requete-guapo, requete-despacio*) y compite con otros prefijos como *archi-* (*archi-famoso*), *extra-* (*extra-fino*) y *super-* (*super-inteligente*). (b) Por otra parte, con bases verbales da idea de 'volver a V': *re-hacer, re-componer, re-novar, re-andar.*

Los locativos *infra-* y *sub-* pueden expresar valoración negativa como en *infra-humano* y *sub-desarrollo*. También pueden expresar este valor otros prefijos como *c(u)asi-* (*casi-tonto, cuasi-humano*), *medio* (*medio salvaje*) y *semi-* 'medio, casi' (*semi-inteligente*).

El prefijo *semi-* también tiene el valor de 'medio, mitad' y 'no completamente', sin carga valorativa, como en *semi-círculo, semi-abierto, semi-enterrado, semi-dormido*. En palabras técnicas compite con la variante de origen griego *hemi-* 'medio': (*hemi-sferio*).

Los siguientes prefijos expresan cantidad o tamaño:

'uno': *uni-* (*uni-direccional*), *mono-* (*mono-color, mono-patín, mono-lingüe*).

'dos': *bi-* (*bi-sexual, bi-silábico, bi-cicleta*), *ambi-* (*ambi-valente*).

'tres': *tri-* (*tri-ciclo, tri-dimensional*).

'cuatro': *cuadri-* (*cuadri-látero, cuadri-plicar*), *cuadru-* (*cuadrú-pedo*), *tetra-* (*tetra-gonal*).

'cinco': *quin(qu)-* (*quinqu-enio, quin-tuple*), *penta-* (*penta-grama*).

'seis': *sex-* (*sex-tuples*), *hex-* (*hex-ágono*).

'varios': *pluri-* (*pluri-personal, pluri-lingüe, pluri-empleo*).

'muchos': *multi-* (*multi-cultural, multi-disciplinario*), *poli-* (*poli-valente, poli-facético, polí-glota*).

'grande': *macro-* (*macro-economía*), *maxi-* (*maxi-fundio*), *mega-* (*mega-lómano, mega-vatio, mega-urbanización*).

'pequeño': *micro -* (*micro-organismo, micro-film*), *mini-* (*mini-falda, mini-curso, mini-bus*).

3.6.4. *Otros prefijos*

Otros prefijos importantes no mencionados en las secciones anteriores son los que siguen:

auto- 'a o por sí mismo': *auto-estima, auto-evaluación.* A partir de *auto-móvil* se han formado *auto-vía, auto-escuela,* etc., donde *auto-* significa 'automóvil'. En ambos significados *auto* puede considerarse una raíz, en vez de un prefijo, con lo cual los ejemplos dados serían compuestos. Con el significado de 'vehículo de motor', *auto,* creada a partir de *automóvil* por acortamiento, puede aparecer como palabra independiente: *he comprado un auto nuevo.* Con su significado original, tenemos palabras derivadas como *aut-ista, aut-ismo,* donde *aut-o* es claramente una raíz.

homo- 'mismo': *homo-sexual, homó-logo, homó-nimo.*

hetero- 'otro': *hetero-doxo, hetero-sexual.*

neo- 'nuevo': *neó-fito, neo-nato, neo-yorquino, neo-logismo.*

proto- 'inicial': *proto-tipo, proto-historia.*

(p)seudo- 'falso': *seudó-nimo, seudo-profeta, seudo-problema.*

vice-, vi- 'segundo, debajo de': *vice-presidente, vice-rrector, vice-almirante, vi-rrey.*

3.6.5. *Parasíntesis*

Se denomina parasíntesis la adjunción simultánea de prefijo y sufijo (como vimos en 3.4.). La parasíntesis es típica de la derivación verbal en español, como ya hemos visto: *roj-o* => *en-roj-ec-er.* Nótese que prefijo y sufijo van realmente juntos, pues no tenemos ni **rojecer,* como posible base de prefijación, ni **enrojo,* como posible base de sufijación.

Ejercicio 37. El adjetivo *moral* tiene dos formas negativas prefijadas: *inmoral* y *amoral.* ¿Qué diferencia de significado ve entre estas dos palabras?

Ejercicio 38. ¿Qué tienen de extraño las palabras *apátrida* y *analfabeto*?

Ejercicio 39. Analice la estructura morfológica de las siguientes palabras: *antieconomicidad, adelgazamiento, anticolonialismo, subcategorización.*

Ejercicio 40. Las siguientes raíces latinas no tienen existencia autónoma en español, pero todas ellas sí que aparecen acompañadas por prefijos: *-duc-ir, -fer-ir, -yect-ar, -prim-ir, -gres-ar.* ¿Cuántos ejemplos puede dar para cada una de ellas? Comparando sus ejemplos, ¿qué significado básico puede sugerir para cada una de esta raíces?

Ejercicio 41. Analice la estructura de la palabra *ensanchar.* ¿Qué irregularidad encontramos en la estructura morfológica de este verbo?

4 Palabras compuestas

En la composición o formación de palabras compuestas dos (o más) raíces se unen para formar una palabra nueva. En español tenemos varios tipos muy productivos de formación de compuestos (aunque la composición no es un proceso tan común como en inglés y otras lenguas germánicas), junto con otros patrones menos productivos.

4.1. Sustantivos compuestos

4.1.1. *El tipo* hombre rana, *N + N => N*

Los compuestos del tipo *hombre rana* son bastante normales en español: *hombre lobo, perro lobo, perro pastor, pez sierra, buque escuela, cartón piedra.* El núcleo del compuesto en estos ejemplos es el primero de los dos sustantivos. Llegamos a esta conclusión tanto por motivos semánticos como morfológicos. Empezando con el significado, el primer miembro del compuesto es el que define su significado básico: un *hombre rana* es un tipo de hombre (que se asemeja a una rana de una manera específica), no un tipo de rana, y *cartón piedra* ('papier mâché') es una especie de cartón, no una clase de piedra. También desde un punto de vista morfosintáctico podemos notar que el género del compuesto es el del primer miembro: *el hombre rana, el cartón piedra, la mujer anuncio, una falda pantalón roja.* La posición del núcleo del compuesto es, pues, la opuesta a la que encontramos en inglés en compuestos similares. Compárese, por ejemplo, *mujer araña* con *spiderwoman* o *pez espada* con *swordfish*.

En la pluralización es también el primer miembro el que recibe el sufijo de plural, permaneciendo el segundo invariable (aunque existe cierta variación a este respecto): *los hombres rana*. En compuestos con un mayor grado de lexicalización, escritos sin separación, como *telaraña* y *bocacalle*, el plural va al final: *telarañas* (a pesar de que el significado del plural *telarañas* es 'telas de araña', no * 'tela de arañas').

El núcleo es, por el contrario, el segundo miembro en compuestos técnicos con elementos griegos y latinos, del tipo *termodinámica*, y en otros calcados del inglés como *drogadicto* y *ciencia ficción* (que probablemente debería ser *ficción ciencia* o *ficción científica*). Una tercera posibilidad, poco común, es tener una estructura de tipo coordinativo o con dos núcleos como en *compraventa*, interpretable como 'compra y venta'.

4.1.2.   *El tipo* lavaplatos, $V + N => N$

Éste es un esquema morfológico sumamente productivo: *abrelatas, sacapuntas, vendepatrias, paraguas, aguafiestas, rompehielos, rascacielos, salvavidas, quebrantahuesos, tocadiscos,* etc. El sustantivo que aparece como segundo miembro generalmente va en plural. Nótese, sin embargo, que el compuesto en sí no es necesariamente plural, ni su género tiene por qué coincidir con el del sustantivo que es parte del compuesto: *el abrelatas*. La interpretación es algo así como *el (aparato) abrelatas, el (buque) rompehielos,* etc. Es decir, éstos son compuestos exocéntricos, o con núcleo externo, no incluido como parte del compuesto. El verbo aparece con su vocal temática: *abr-e-botellas, sac-a-corchos*. Es posible tener más de un verbo como en *limpiaparabrisas* ($V + V + N$). Este ejemplo nos sirve para notar que las palabras no consisten simplemente de secuencias de morfemas, sino que los morfemas componentes se organizan en una estructura jerárquica, un tema al que volveremos al final de este capítulo (sección 6). Si nos fijamos en su significado, *limpiaparabrisas* no es, por ejemplo, algo que limpia y para las brisas, sino que es un instrumento que limpia el parabrisas. Es decir, formamos *limpiaparabrisas* a partir de *parabrisas* y no, por ejemplo, a partir de *limpiaparar*. Su estructura es, pues, [V+[V+N]].

4.1.3.   *El tipo* hierbabuena, $N + Adj => N$

Este tipo no es productivo. Otros ejemplos son *camposanto, aguardiente (agua-ardiente), aguafuerte, cabezadura* y *tiovivo*.

4.1.4. *El tipo* buenaventura, *Adj* + N => N

Este tipo, con el adjetivo prepuesto al nombre, es también poco productivo. Algunos ejemplos: *malaventura (mala-ventura), altavoz, altamar, librepensador, malasombra, medianoche, mediodía, vanagloria.*

4.1.5. *El tipo* bienvenida, *Adv* + N => N

Este modelo, con adverbio inicial, es aún menos común que los anteriores. El adverbio que aparece como primer miembro es *bien* o *mal* y el sustantivo que ocupa la segunda posición es casi siempre deverbal: *bienvenida (bien-ven-i-da), bienandanza (bien-and-a-nza), bienhechor, malhechor, bienaventuranza.* Notemos que el compuesto *bienestar* es también un sustantivo, a pesar de tener la estructura formal Adv + V.

4.1.6. *El tipo* sinvergüenza, *Prep* + N => N

Hemos analizado ya ejemplos como *en-tierro, sobre-techo* y *com-posición* como palabras con prefijos, que en estos casos son idénticos a preposiciones (pero que tienen también variantes diferentes). Dejando éstos a un lado, hay pocos ejemplos de compuestos con preposiciones. Con la preposición *sin* encontramos ejemplos como *sinnúmero, sinvergüenza* (exocéntrico: *Juan es un sinvergüenza*), y el humorístico *la sinhueso* (la lengua).

4.1.7. *Compuestos técnicos del tipo* morfología

En el lenguaje técnico encontramos numerosos ejemplos de compuestos que combinan dos raíces de origen griego (o, a veces, una raíz griega y otra latina)*: foto-grafía, grafo-logía,* etc. Aunque estas formas no suelen aparecer nunca de manera independiente, hay motivos para clasificarlas como raíces y no como afijos[5]. En primer lugar, muchas pueden aparecer tanto en posición inicial como final: *fonó-logo, gramó-fono.* En segundo lugar, algunas aparecen como base de palabras derivadas: *bió-t-ico, crón-ico, gráf-ico, crom-ático, antrop-oide, á-crata, sof-ista, sof-ismo.* Éstas son propiedades morfológicas que parecen incompatibles con su clasificación como prefijos o sufijos.

---

[5] Como notan Varela y Martín García (1999: 4997).

A continuación ofrecemos una lista con algunas de las raíces griegas más frecuentes en este tipo de palabras. (Como en otros casos, añadimos guiones entre morfemas para mayor claridad):

ántropo (-antropía) 'hombre': *antropo-logía, antropo-fagia, fil-ántropo.*

bio 'vida': *bio-logía, bio-sfera.*

crata (-cracia) 'poder' : *demó-crata, aristó-crata, tecno-cracia.*

cromo (-cromía) 'color': *polí-cromo.*

crono (cronía) 'tiempo': *crono-logía, cronó-metro, dia-cronía, sin-cronía, pan-crónico.*

demo (-demia) 'pueblo, popular': *demo-cracia, demo-grafía, pan-demia.*

doxo (-doxia) 'doctrina': *orto-doxia, hetero-doxo.*

fago (-fagia) 'comer': *fago-cito, antropó-fago.*

filo (-filia) 'amante, aficionado': *filó-sofo, filó-logo, biblió-filo, angló-filo.*

fono (-fonía) 'sonido': *fono-logía, fono-teca, telé-fono, micró-fono, caco-fonía.*

geo 'tierra': *geó-logo, geo-metría, apo-geo.*

grafo (-grafía) 'escritura, grabado': *foto-grafía, cali-grafía, grafo-logía.*

logo (-logía) 'palabra, tratado': *logo-peda, radió-logo.*

metro (-metría) 'medir': *cronó-metro, kiló-metro.*

orto 'correcto': *orto-doncia, orto-pedia, orto-grafía.*

sofo (-sofía) 'conocimiento': *filo-sofía.*

tele 'a distancia': *telé-fono, telé-grafo, tele-visión* (compuesto híbrido greco-latino).

termo (-termia) 'calor': *termó-metro, hipo-termia.*

4.1.8. *Compuestos sintéticos del tipo* sabelotodo

Un caso interesante, aunque muy poco frecuente, es el que presentan ejemplos como *sabelotodo*, resultantes de la nominalización de una secuencia de palabras: *sabelotodo* <= *sábelo todo* (esto es, *lo sabe todo*, 'alguien que piensa que lo sabe todo'), *metomentodo* <= *métome en todo* ('alguien que se mete en todo'), *correveidile* <= *corre, ve y dile* ('chismoso'), *hazmerreír* <= *hazme reír* ('alguien de quien todos se ríen'), *tentempié* <= *tente en pie* ('algo [=comida] para tenerse en pie'). La palabra *vaivén*, de estructura semejante, es probablemente de origen portugués: *vai e vem* 'va y viene'.

4.2. Adjetivos compuestos

4.2.1. *El tipo* pelirrojo, *N + Adj => Adj*

Un modelo especial de composición es el que ilustra un ejemplo como *pelirrojo*, en el que el primer miembro es una raíz nominal, referida a una parte del cuerpo, seguida de la vocal *-i-* , y la segunda es un adjetivo descriptivo. Dentro de su limitado campo de aplicación, la descripción física de personas y animales, es un tipo bastante productivo: *cabeciduro, carirredondo, carilargo, cariacontecido, pelicorto, cejijunto, ojinegro, barbilampiño, boquiabierto, cuellilargo, particorto, patizambo, cuernilargo.* Éstos son compuestos exocéntricos, parafraseables como 'alguien que tiene N Adj'. Por ejemplo, *pelirrojo* es 'alguien que tiene el pelo rojo' y *carirredondo* es 'alguien que tiene la cara redonda'. La flexión de género y número del compuesto son los del sustantivo al que modifica: *unas niñas pelirrojas, una vaca cuernilarga.*

Algunos tienen significado metafórico. Así, *manirroto* no significa 'alguien que tiene las manos rotas' sino 'derrochador'; *alicaído* no es literalmente 'con las alas caídas' sino 'deprimido', al menos cuando se aplica a personas; y *peliagudo* significa 'muy difícil o complicado'.

4.2.2. *Los tipos* rojiblanco *y* franco–italiano, *Adj + Adj => Adj*

Encontramos dos tipos principales de adjetivos compuestos de otros dos adjetivos. En adjetivos compuestos que indican combinaciones de dos colores tenemos un patrón con *-i-* como vocal de enlace, como en el tipo que acabamos de ver en la sección anterior: *verdinegro, blanquiazul, blanquinegro, rojiazul.* Como caso excepcional, fuera de la esfera de los colores, encontramos sólo algún ejemplo aislado como *agridulce.* No todos los adjetivos de color pueden aparecer como primer miembro en este tipo de compuesto. Así, no tenemos **azuli-*, ni **amarilli-*, por ejemplo.

En segundo lugar, hallamos combinaciones de adjetivos de nacionalidad en que el primer miembro adopta una forma "culta" especial, terminada en *-o: hispano-* 'español', *luso-* 'portugués', *catalano-* 'catalán', *franco-* 'francés', *italo-* 'italiano', *anglo-* 'inglés', *greco-* 'griego', *austro-* 'austriaco'. La vocal *-o* final del primer miembro del compuesto se mantiene invariable, cualquiera que sea la flexión que adopte el compuesto, que, como con todos los adjetivos, vendrá dada por la concordancia con un sustantivo: *una coproducción franco-italiana y otra italo-americana, la monarquía austro-húngara, las relaciones luso-españolas o hispano-portuguesas.* En compuestos de más de dos miembros, todos menos el último adoptan la forma terminada en *-o: tratado anglo-franco-alemán.* Nótese que, de acuerdo con las normas de la Real Academia, estos compuestos se escriben con guión. Esto permite, en principio, una distinción gráfica entre, por ejemplo, el compuesto coordinativo *hispano-americano,* con guión (como *en tratado hispano-americano,* firmado entre América y España), e *hispanoamericano,* escrito todo junto, perteneciente a Hispanoamérica.

Recordaremos quizá que éste es el mismo patrón que tenemos *en labio-dental, palato-alveolar, ápico-dento-alveolar*, etc. Su uso no se limita ni mucho menos a la terminología fonológica: *consideraciones político-financieras, socio-económicas y científico-tecnológicas*. El paralelismo con los compuestos de raíces griegas (o greco-latinas) que hemos estudiado ya es evidente.

Fuera de estos campos, los compuestos adjetivales de dos adjetivos no son frecuentes. (Con valor de sustantivo, no de adjetivo, encontramos *altiplano, altibajo, claro-oscuro* y algunos otros más.)

4.2.3. El tipo azul turquesa, *Adj + N => Adj*

Algunos nombres de colores aparecen modificados por un sustantivo que define un matiz específico: *verde oliva, amarillo limón, rojo sangre, azul cielo*. Estas formaciones son invariables en cuanto a su flexión: *dos camisas amarillo limón* (no **amarillas limón*, ni **amarillas limones*). Esto es, es como si tuviéramos *dos camisas (de color) amarillo limón*.

4.2.4. El tipo malencarado, *Adv + Adj => Adj*

Hay un pequeño grupo de compuestos en que un adverbio precede a un adjetivo deverbal: *altisonante, clarividente, malavenido, bienaventurado, bienhadado*.

4.3. Verbos compuestos

En español no existe ningún proceso productivo de creación de verbos compuestos. Los pocos ejemplos que hay se agrupan en dos clases:

4.3.1. El tipo maniatar, *N + V => V*

Aunque en catalán los compuestos verbales de sustantivo y verbo (en que el verbo es el objeto del verbo) tienen cierta frecuencia, en español encontramos poquísimos. *Maniatar* 'atar las manos' (producido históricamente a partir del participio *maniatado*) es casi el único ejemplo de uso común. El verbo *mantener* es perfectamente normal, pero su sentido originario de 'tener en las manos' se ha perdido, haciéndose opaca su estructura. Un caso diferente es la verbalización de compuestos de otras clases como en *fotocopia => fotocopiar*.

4.3.2. *El tipo* malvender, *Adv* + *V* => *V*

Hay un grupo de compuestos verbales con un adverbio en posición inicial. En casi todos ellos el adverbio es *mal-*: *maldecir, malgastar, malbaratar, malinterpretar*. Entre los pocos con *bien-*, el más común es *bendecir*, donde se ha reducido el diptongo. (Nótese que aunque el participio de *decir* es *dicho*, tenemos *bendito* y *maldito*.) Otro ejemplo de este tipo es *menospreciar*.

Aunque tenemos algún compuesto nominal basado en raíces verbales, como *compraventa*, no podemos juntar dos verbos para formar un verbo compuesto en español. Notemos que no hay nada ilógico en la idea. De hecho, parece que sería más económico poder decir, por ejemplo, **Aquí comprivenden coches usados* que tener que expresar esta idea como *Aquí compran y venden coches usados*. El hecho es que la lengua española simplemente carece de mecanismos para juntar dos raíces verbales en un compuesto también verbal.

Ejercicio 42. Clasifique las siguientes palabras compuestas de acuerdo con su estructura morfológica: 1. *rompetechos*, 2. *palestino-libanés*, 3. *carilargo*, 4. *bocamanga*, 5. *casa cuartel*, 6. *rojo carmín*, 7. *astrología*.

Ejercicio 43. Dé 5 ejemplos de compuesto con la estructura V + N => N no incluidos en el texto.

Ejercicio 44. ¿Tienen las palabras *norteamericano* y *norteafricano* la misma estructura y origen? Explíquelo.

Ejercicio 45. Analice las siguientes palabras, comparándolas con otros ejemplos dados en el texto y señalando las peculiaridades que presentan: 1. *sordomudez*, 2. *malencarado*, 3. *hispanohablante*, 4. *compraventa*, 5. *lugarteniente*.

5   Otros procesos morfológicos en español

5.1.   Abreviación o acortamiento y otros procesos

Un proceso característico del habla informal en español consiste en el acortamiento de palabras más largas a sus dos primeras sílabas, colocándose el acento en la primera. Algunos ejemplos bastante comunes son los siguientes:

(46) Acortamientos

profesor => *profe*	*policia* => *poli*	*televisión* => *tele*
universidad => *uni*	*película* => *peli*	*micrófono* => *micro*
colegio => *cole*	*bolígrafo* => *boli*	*repetido* => *repe*
facultad => *fácul*	*bicicleta* => *bici*	*progresista* => *progre*
compañero => *compa*	*cocaína* => *coca*	*director* => *dire*
pequeño => *peque*	*milicia* => *mili*	*saxofón* => *saxo*

Si bien las abreviaciones suelen tener su origen en registros informales, el matiz informal se ha perdido en muchos casos. Así, algunas formas abreviadas como *foto, moto, cine, taxi* y *radio* (de *fotografía, motocicleta, cinematógrafo, taxímetro* y *radiofonía*, respectivamente), han pasado a convertirse en la forma normal de la palabra, perdiendo su carácter de variante informal. Otras como *kilo* (de *kilogramo*) y *auto* (de *automóvil*), aunque compiten con la forma completa, resultan también normales en cualquier contexto.

Aunque el proceso es común al español en general, algunas formas abreviadas se emplean sólo en ciertos países. Así *zoo*, forma abreviada de *zoológico*, es muy común en España, incluso en registros formales, pero no en Latinoamérica.

Hay algún caso de acortamiento de frase, como *por favor* => *porfa*, de carácter muy informal.

Bastante menos común es el acortamiento de la parte inicial de la palabra, que es lo que tenemos en *hermano* => *mano*. Con nombres propios, sin embargo, ambos tipos de acortamiento son frecuentes:

(47) Hipocorísticos

Rafael => *Rafa*	*Guadalupe* => *Lupe, Guada*
Ruperto => *Rúper*	*Roberto* => *Be(r)to*
Javier => *Javi*	*Josefina* => *Fina, Jose*
Nicolás => *Nico*	*Eufrasia* => *Frasia*
Teresa => *Tere*	*Genoveva* => *Veva*

Muchos hipocorísticos (forma familiar de nombres propios) presentan peculiaridades de varios tipos. Fenómenos comunes son la sustitución de la terminación por /-i/, la pérdida de consonantes postvocálicas y la sustitución de /f/ por /p/ y de consonantes alveolares y dentales por /č/. A veces se conserva el principio y el final, eliminándose sílabas interiores. Estos diferentes procesos se ilustran en los siguientes ejemplos:

(48) Modificaciones fonológicas en hipocorísticos
    Francisco => Paco, Pancho   *Pilar => Pili*
    Marcela => Chela   *Manuel (=> Manolito) => Manolo*
    Jesús => Chus   *Ignacio => Nacho*

Quizá el caso más anómalo sea *Pepe*, hipocorístico de *José.*

En el registro popular de Buenos Aires, conocido como "lunfardo", encontramos un proceso morfológico diferente, consistente en cambiar el orden de las sílabas. Un par de ejemplos son *amigo => gomia* y *café con leche => feca con chele.*

Ejercicio 46. ¿A qué nombres propios, muy comunes en español, corresponden los siguientes hipocorísticos? ¿Qué alteraciones nota con respecto a la forma básica?: 1. *Toño,* 2. *Perico,* 3. *Conchita,* 4. *Merche,* 5. *Quique.*

5.2.   Siglas

Otra fuente de palabras nuevas la tenemos en las siglas, que funcionan sintácticamente como sustantivos. Así, la *Organización de las Naciones Unidas* es la *ONU,* la *Organización del Tratado del Atlántico Norte* es la *OTAN,* el *Síndrome de Inmuno-Deficiencia Adquirida* es el *SIDA,* un *Objeto Volador No Identificado* es un *OVNI* (escrito también *ovni*), las *Fuerzas de Orden Público* son las *FOP* (en España) y el *Partido Revolucionario Institucional* (de México) es el *PRI.* Como se ve por estos ejemplos, el género y el número gramatical de la sigla son los del primer sustantivo que contiene en su forma no abreviada. En el caso de siglas que corresponden a nombres en otros idiomas, el género puede ser el que correspondería a su traducción española, como en el caso de *la UNESCO* (la organización) y *el IRA* (el ejército), o simplemente el que normalmente tendría en español una palabra con esa terminación, como en el caso de *la ETA.* Esta última clase puede considerarse como simple préstamo léxico de otro idioma.

Las siglas se pronuncian como si se tratara de cualquier otra palabra siempre que contengan secuencias de vocales y consonantes silabificables en español: *PRI = el* [prí], *OPEP* (*Organización de Países Exportadores de Petróleo*)

= *la* [opép]. Las siglas que contienen sólo consonantes se deletrean. *CD* se pronuncia como si se escribiera *cedé* y el *PNV* (*Partido Nacionalista Vasco*) es *el peneúve*. Las siglas silabificables sólo en parte a veces se deletrean parcialmente, como en *PSOE* (*Partido Socialista Obrero Español*) = *el* [pesóe], y a veces por completo, como en *OLP* (*Organización para la Liberación de Palestina*) = *la* [oelepé].

Algunas siglas sirven de base a palabras derivadas. Así, el adjetivo correspondiente a *PRI* es *priísta* y, en España, un miembro del *PC* (*Partido Comunista*) es un *pecero*. De *SIDA* se han derivado los adjetivos *sidático* y *sidoso*. Las siglas que hacen referencias a objetos contables admiten pluralización: *los ovnis, tres CDs*.

Ejercicio 47. ¿Qué es la RAE? ¿Qué es el DRAE? ¿A qué se debe la diferencia de género entre estas dos siglas?

Ejercicio 48. Busque 4 siglas (no citadas en este capítulo) en un periódico escrito en español y explique la razón del género gramatical que adoptan.

6 La estructura jerárquica de las palabras

Cuando una palabra consta de sólo dos morfemas resulta bastante claro cuál ha sido el proceso de formación de dicha palabra. Sabemos ya que normalmente un afijo se une siempre a raíces o bases que pertenecen de manera uniforme a la misma parte de la oración: así, el sufijo *-ble* se une a bases verbales para formar adjetivos, (*lav-a-r* > *lav-a-ble*), pero no se une a raíces nominales o adjetivales (**mesable, *azulable*), y el sufijo *-ez* tiende a unirse a bases adjetivales (*delgadez*) para formar sustantivos pero no a bases verbales o nominales (**sillez*).

Podemos representar estos procesos de manera gráfica mediante un diagrama, en el cual representamos la categoría léxica (la parte de la oración) de la base y también la de la palabra resultante:

lavable:

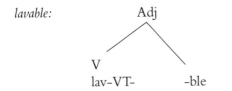

Con este simple diagrama describimos no sólo el proceso de formación concreto del adjetivo *lavable* sino que al mismo tiempo afirmamos un hecho específico y más general acerca de los procesos morfológicos que caracterizan al español: existe un proceso derivativo en nuestra lengua por medio del cual podemos formar un adjetivo a partir de un verbo mediante la adición del sufijo -*ble* tras la vocal temática. Sustituyendo la base en el diagrama previo por otro verbo obtenemos los posibles adjetivos *destacable, loable, creíble,* etc.

Este mecanismo tan simple tiene repercusiones importantes a la hora de decidir cómo funcionan los procesos de formación de palabras que involucran a más de un afijo. Está claro que el análisis morfológico del adjetivo *increíble* nos da como resultado tres morfemas lineales: el prefijo *in-*, la base verbal *cre(er)* y el sufijo -*ble*. Ahora bien, podemos preguntarnos si el mejor análisis para el proceso de formación de esta palabra es considerar que la palabra se ha formado añadiendo simultáneamente ambos afijos a la base o si el proceso ha sido jerárquico y añadimos cada vez un afijo a la base. En este caso tenemos dos posibilidades, que podemos representar gráficamente del siguiente modo:

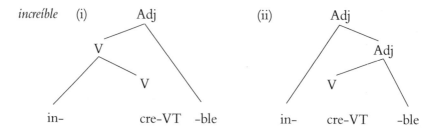

En otras palabras, la opción (i) nos dice que formamos el adjetivo *increíble* añadiendo primero a la base verbal el prefijo *in-* para formar un verbo mientras que la opción (ii) nos dice que primero añadimos el sufijo -*ble* para formar un adjetivo. Y luego, en un segundo paso, en los dos casos añadimos el afijo que falta para formar el adjetivo. Podemos preguntarnos cuál de las dos opciones es más correcta. Si pensamos que estos diagramas no sólo nos explican la formación de una palabra concreta sino que además nos dicen algo más general acerca de los procesos morfológicos de una lengua determinada, vemos que hay motivos para elegir la segunda opción como la más correcta, ya que en español es mucho más frecuente, como hemos visto, añadir el sufijo -*ble* a un verbo para formar un adjetivo que añadir el prefijo *in-* a una base verbal para formar otro verbo (piense si existen ejemplos posibles de este proceso en español). El análisis que parece ser más correcto para el adjetivo en cuestión es aquél en el que existe la palabra *creíble* como un paso en la derivación y no aquél en el que existe un paso que corresponde al inexistente verbo *increer*.

De todo esto se deduce que la estructura interna de las palabras, al igual que la estructura interna de las oraciones, como veremos en el capítulo de sintaxis, no es lineal sino jerárquica, un hecho de crucial importancia a la hora de explicar el funcionamiento interno de lo que en el primer capítulo denominábamos *articulación dual*, la característica del lenguaje humano por la cual los elementos de un determinado nivel se combinan entre sí de manera jerárquica para formar unidades del siguiente nivel de descripción (los sonidos se combinan para formar morfemas, éstos se combinan para formar palabras, las palabras para formar constituyentes sintácticos y éstos entre sí para formar oraciones).

EJERCICIOS DE REPASO

Ejercicio 49. ¿Tienen los siguientes pares de palabras la misma estructura morfológica? Explique su respuesta: 1. *pasaje* – *homenaje*, 2. *visión* – *región* 3. *paisano* – *verano*, 4. *morcilla* – *mesilla*, 5. *hierbajo* – *trabajo*, 6. *altivez* – *almirez*, 7. *asomen* – *examen*, 8. *servicio* – *oficio*, 9. *sopera* – *espera*, 10. *ignorante* – *elegante*, 11. *cochejo* – *conejo*, 12. *sufrimiento* – *pimiento*, 13. *mudara* – *cuchara*, 14. *dijera* – *cochera*, 15. *alado* – *helado*.

Ejercicio 50. ¿Qué funciones tiene el sufijo *-ero/a* en las siguientes palabras? Clasifíquelas de acuerdo con su significado. ¿Cuáles de ellas representan funciones estudiadas en el texto y cuáles no?: 1. *bombero*, 2. *azucarero*, 3. *trapero*, 4. *tapadera*, 5. *verdadero*, 6. *cartagenera*, 7. *asidero*, 8. *lechera*, 9. *perrera*, 10. *minero*, 11. *barriobajero*.

Ejercicio 51. (a) ¿Qué alomorfo de la raíz de *tiempo* puede identificar en los siguientes ejemplos?: *temporal, temporero, contemporáneo, temporada, contemporizar*. (b) ¿Puede dar ejemplos parecidos para *cuerpo*?

Ejercicio 52. Mientras que tanto *viscoso* como *viscosidad* son palabras perfectamente normales, *?viciosidad* resulta, como mínimo, extraña. ¿A qué puede deberse este contraste? Para contestar esta pregunta compare la estructura de *viscoso* y *vicioso*.

Ejercicio 53. ¿Es la formación del superlativo en español un proceso flexivo o derivativo? ¿Qué argumentos pueden darse a favor de una y otra interpretación?

Ejercicio 54. Además de los ejemplos citados en el texto, ¿qué otros ejemplos de sustantivos derivados en *-a-ción* puede mencionar?

Ejercicio 55. Describa la estructura morfológica de las siguientes palabras: 1. *acercamiento*, 2. *vanidoso*, 3. *escrupulosidad*, 4. *reglamentación*, 5. *contabilizar*.

Ejercicio 56. Describa la alternancia fonológica presente en los siguientes pares de palabras: *barba – imberbe, arma – inerme, apto – inepto, año – bienio.*

Ejercicio 57. ¿Qué tienen de especial los siguiente casos de derivación? ¿Puede dar una generalización única para todos ellos?: *virus – viral, Carlos – carlismo, lejos – lejano, sintaxis – sintáctico.*

Ejercicio 58. ¿Diría usted que el español *inevitable* y el inglés *inevitable* tienen la misma estructura morfológica?

Ejercicio 59. ¿Piensa usted que puede haber alguna diferencia entre las asociaciones léxicas que los anglohablantes establecen con respecto a la palabra *fidelity* y las que la palabra *fidelidad* sugiere a los hablantes de español?

Ejericicio 60. La palabra *palazo* tiene dos significados, ¿cuáles son? Por el contrario, *estacazo* tiene sólo un significado, ¿por qué?

Ejercicio 61. Busque al menos una palabra que ejemplifique cada una de las siguientes estructuras morfológicas:
1. N + Adj => Adj   2. N + N => N   3. V + N => N
4. Adj + N => N   5. Adv + V => V   6. Prep + N => N

Ejercicio 62. Las siguientes palabras tienen todas derivaciones complejas. Provea la estructura jerárquica más adecuada para cada una de ellas, justificando su decisión en cada caso:
1. *escrupulosamente*, 2. *desclavado*, 3. *enloquecido*, 4. *irrealidad*, 5. *reedificación*, 6. *intolerancia*, 7. *infelicidad*.

Bibliografía

Los artículos sobre morfología incluidos en el tercer volumen de la obra *Gramática descriptiva de la lengua española* (Bosque y Demonte 1999) constituyen, en su conjunto, un estudio sistemático, pormenorizado y puesto al día de la morfología del español, que ha sido tenido muy en cuenta en la elaboración de este capítulo. (Otros temas que hemos tratado aquí sólo de manera muy concisa, como las clases de palabra y las relaciones de tiempo, aspecto y modalidad, se examinan en detalle en otros volúmenes de esa obra.) En la bibliografía se incluyen estos trabajos junto con otros que han sido también consultados. Para el análisis de las alternancias en formas verbales, Harris (1980) es una referencia importante. Harris (1991) presenta un análisis formal muy lúcido del género en español que nos ha sido también muy útil.

Alcoba, Santiago. 1999. La flexión verbal. En Bosque y Demonte, 1999, pp. 4915-4992.

Alvar Ezquerra, Manuel. 1993. *La formación de palabras en español*. Madrid: Arco/Libros.

Alvar, Manuel y Bernard Pottier. 1983. *Morfología histórica del español*. Madrid: Gredos.

Ambadiang, Théophile. 1999. La flexión nominal. Género y número. En Bosque y Demonte, 1999, pp. 4843-4914.

Bosque, Ignacio. 1989. *Las categorías gramaticales: Relaciones y diferencias*. Madrid: Síntesis.

Bosque, Ignacio (ed.). 1990. *Tiempo y aspecto en español*. Madrid: Cátedra.

Bosque, Ignacio (ed.). 1990. *Indicativo y subjuntivo*. Madrid: Taurus.

Bosque, Ignacio y Violeta Demonte (dir.). 1999. *Gramática descriptiva de la lengua española*, 3 vols. Madrid: Espasa.

Bull, William E. 1990. *Time, tense and the verb: A study in theoretical and applied linguistics, with particular attention to Spanish*. Berkeley, CA: Univ. of California Press.

Casado Velarde, Manuel. 1999. Otros procesos morfológicos: Acortamientos, formación de siglas y acrónimos. En Bosque y Demonte, 1999, pp. 5075-5096.

Comrie, Bernard. 1976. *Aspect: An introduction to the study of verbal aspect and related problems*. Cambridge: Cambridge Univ. Press.

Comrie, Bernard. 1985. *Tense*. Cambridge: Cambridge Univ. Press.

Harris, James. 1980. Lo morfológico en una gramática generativa: alternancias vocálicas en las formas verbales del español. En Jorge Guitart y Joaquín Roy. *La estructura fónica de la lengua castellana: fonología, morfología y dialectología*, pp. 141-200. Barcelona: Anagrama.

Harris, James. 1991. The exponence of gender in Spanish. *Linguistic Inquiry* 22: 27-62.

Lang, Mervyn. 1990. *Spanish word formation: Productive derivational morphology in the modern lexis*. Londres: Routledge.

Lázaro Mora, Fernando. 1999. La derivación apreciativa. En Bosque y Demonte, 1999, pp. 4645-4682.

Núñez Cedeño, Rafael. 1993. *Morfología de la sufijación española*. Santo Domingo: Univ. Pedro Henríquez Ureña.

Pena, Jesús. 1999. Partes de la morfología. Las unidades del análisis morfológico. En Bosque y Demonte, 1999, pp. 4305-4366.

Piera, Carlos y Soledad Varela. 1999. Relaciones entre morfología y sintaxis. En Bosque y Demonte, 1999, pp. 4367-4422.

Portolés, José. 1999. La interfijación. En Bosque y Demonte, 1999, pp. 5041-5074.

Rainer, Franz. 1993. *Spanische Wortbildungslehre*. Tübingen: Niemeyer.

Rainer, Franz. 1999. La derivación adjetival. En Bosque y Demonte, 1999, pp. 4595-4644.

Santiago Lacuesta, Ramón y Eugenio Bustos Gisbert. 1999. La derivación nominal. En Bosque y Demonte, 1999, pp. 4505-4594.

Serrano-Dolader, David. 1999. La derivación verbal y la parasíntesis. En Bosque y Demonte, 1999, pp. 4683-4756.

Val Álvaro, José Francisco. 1999. La composición. En Bosque y Demonte, 1999, pp. 4757-4842.

Varela, Soledad. 1992. *Fundamentos de morfología*. Madrid: Síntesis.

Varela, Soledad (ed.). 1993. *La formación de palabras*. Madrid: Taurus Universitaria.

Varela, Soledad y Josefa Martín García. 1999. La prefijación. En Bosque y Demonte, 1999, pp. 4993-5040.

4   La estructura de la oración: Sintaxis

La estructura de las oraciones

Estudiar sintaxis es estudiar cómo se forman las oraciones mediante la combinación de formas léxicas (palabras) en cada lengua particular y en el lenguaje en general.

Dada la naturaleza creativa del lenguaje, que discutimos en el primer capítulo, no puede ser cierto que la sintaxis de una lengua consista meramente en una lista de oraciones que memorizamos en el proceso de adquisición del lenguaje. Algo más complejo, y por tanto más interesante, debe estar sucediendo. Debemos tener en cuenta dos hechos fundamentales: (i) un hablante es capaz de producir nuevas oraciones que jamás nadie ha producido en esa lengua y (ii) un hablante puede entender oraciones que jamás ha oído con anterioridad. Es a esto a lo que nos referimos cuando hablamos de la capacidad creativa del lenguaje humano.

Ninguna lengua permite que las oraciones se formen mediante secuencias de palabras ordenadas al azar. Supongamos que tenemos que combinar unas cuantas palabras del español de la siguiente lista para formar oraciones gramaticales, tantas como se nos ocurran:

hermano	jabón	buenísimo	un
gusta	le	aquí	pequeño
llamé	lo	a	de
mañana	mucho	por	siempre
la	amigo	mi	el
pescado	eso	pide	manzanas
restaurante	casa	que	en
dijo	hay	esa	me

Posibles oraciones:

_____

_____

_____
_____ ...etc.

Al intentar formar oraciones en español a partir de las palabras de la lista anterior hemos combinado, sin duda, unas palabras con otras en un orden determinado. Hemos decidido también qué palabras pueden o deben ir juntas y hemos descartado determinado tipo de combinaciones, como "hermano mi" o "manzanas el".

Imaginémonos ahora que la siguiente lista está formada por palabras del español que simplemente desconocemos:

los pombos, en la petera, motinadamente, con muchas fudinas, combando, están, moleros

Aunque las únicas de estas palabras que conozcamos sean _los, en, la, con, muchas_ y _están_, podríamos sin duda combinarlas para formar una oración similar a las oraciones en español con las que estamos familiarizados utilizando todas ellas:

_____

Probablemente la combinación propuesta tenga como base la estructura _Los pombos están combando,_ mientras que los otros elementos pueden aparecer en ciertas posiciones pero no en otras (_los pombos moleros están combando / los pombos están combando moleros, etc._). A partir de los dos breves ejercicios anteriores es fácil deducir que existen regularidades observables en la formación de oraciones. Existen determinadas combinaciones de palabras que son permitidas mientras que otras no lo son. Ciertos elementos parecen agruparse formando unidades y ciertos elementos mantienen una estrecha relación entre sí. La tarea del lingüista es descubrir las reglas implícitas que regulan tales procesos de formación. Dichas reglas no son más que generalizaciones sobre regularidades observadas en el comportamiento lingüístico de los hablantes de una lengua determinada y, en la medida en que sea posible, sobre dichas regularidades en todas las lenguas.

1　La estructura de la oración: constituyentes

Comenzamos nuestro estudio de la sintaxis estableciendo una lista de las características generales de los procesos de formación de oraciones. El primer paso es considerar las características del proceso mediante el cual agrupamos palabras para formar oraciones. Sabemos a ciencia cierta que el **orden de palabras** es relevante:

(1) La columna sostiene la casa.
(2) La casa sostiene la columna.

Las oraciones (1) y (2) tienen distintos significados porque el orden de los componentes oracionales es distinto. Además, si el orden de palabras no es el correcto, la oración resulta agramatical:

(3) *Casa la sostiene columna la

Consideremos ahora el siguiente ejemplo:

(4) Necesitamos más <u>alumnos y profesores inteligentes</u>.

Es evidente que la sección subrayada de la oración anterior tiene dos significados distintos: podemos interpretar que el adjetivo "inteligentes" modifica a ambos, "alumnos y profesores", o bien que modifica sólo a "profesores". En otras palabras, la oración (4) puede expresar la necesidad de encontrar alumnos que sean inteligentes y profesores que también lo sean, o la necesidad de encontrar profesores inteligentes y alumnos de cualquier tipo. Podemos expresar esta ambigüedad mediante el uso de corchetes:

(5)   a.   [[alumnos y profesores] inteligentes]
      b.   [alumnos y [profesores inteligentes]]

o medidante el uso de diagramas arbóreos:

(6)
  a.   b.

alumnos y profesores inteligentes   alumnos y profesores inteligentes

Ambos tipos de representación describen un hecho intuitivo: agrupamos los elementos oracionales en unidades que no son más pequeñas que la palabra ni mayores que la oración. A esas unidades las denominamos **constituyentes**. En las representaciones (5a) y (6a), "alumnos y profesores" forman un constituyente, una unidad sintáctica, mientras que en (5b) y (6b) "alumnos y profesores" no forman parte del mismo constituyente. El hecho de que la frase tenga dos interpretaciones se debe a la posibilidad de analizarla mediante constituyentes distintos. Decimos entonces que la frase "alumnos y profesores inteligentes" es **ambigua** desde el punto de vista estructural porque podemos atribuirle dos estructuras distintas.

Otra de las características del mecanismo mediante el cual agrupamos palabras para formar frases y oraciones es la **recursividad**. Con este término describimos el hecho de que no existe la oración más larga en una lengua dada, simplemente porque, dada una oración, el hablante puede construir una oración más larga siguiendo diversos mecanismos (añadiendo adjetivos, estructuras coordinadas o clausulas distintas, etc.):

(7)   a. Juan come manzanas.
       b. Juan come manzanas verdes.
       c. Juan come manzanas verdes y peras maduras.
       d. Juan come manzanas verdes y peras maduras enfrente de la casa de
          su hermano.
       e. Digo que Juan come…
       f. Pedro piensa que yo digo que Juan…

La recursividad de los mecanismos sintácticos está sin duda relacionada con la propiedad creativa del lenguaje que habíamos descrito con anterioridad: el hecho de que un hablante puede producir y entender oraciones que jamás había oído o producido antes. Volveremos a este punto más tarde.

Una descripción teórica de la sintaxis debe ser por tanto capaz de explicar, entre otras cosas, una serie de características sintácticas fundamentales: el orden de palabras, la estructura de constituyentes de la oración, la ambigüedad en la interpretación de frases y de oraciones y el hecho de que los mecanismos sintácticos son recursivos. Veamos cómo.

Para comenzar, consideremos la siguiente oración:

(8)   Mi hermano vio a un niño con un telescopio.

La oración (8) tiene, para cualquier hablante de español, dos interpretaciones posibles:

(9)   a. Mi hermano, usando un telescopio, vio a un niño.
        b. Mi hermano vio a un niño que llevaba un telescopio.

La oración es, por tanto, estructuralmente ambigua. Las dos posibles interpretaciones se basan en el hecho de que *a un niño con un telescopio* puede ser interpretado bien como un constituyente único o bien como dos constituyentes separados: *a un niño* por un lado y *con un telescopio* por otro.

1.2.   Criterios para determinar la estructura de constituyentes

Existen dos maneras básicas de demostrar que un conjunto de palabras forma un constituyente sintáctico: **sustitución** y **movimiento**. Si una serie de palabras puede ser sustituida por un elemento único, que denominamos <u>proforma</u>, ese conjunto de palabras forma un constituyente. De este modo, el hecho de que la frase *mi hermano* puede ser sustituida por el pronombre *él* ("Él vio a un niño con un telescopio") demuestra que existe cierto tipo de cohesión entre las palabras *mi* y *hermano* y que la unión de ambas constituye una unidad, que ambas forman un constituyente sintáctico. De la misma manera podemos decir:

(10)   a. Mi hermano lo vio.
        b. Mi hermano lo vio con un telescopio.

En (10a), el pronombre *lo* sustituye a *un niño con un telescopio*. Esta frase es, por tanto, un constituyente, y la interpretación de la oración corresponde a la de (9b), en la cual el niño en cuestión es el que lleva un telescopio. En cambio, en (10b) el pronombre *lo* sustituye a *un niño* y la interpretación es la que corresponde a (9a), en la que mi hermano está usando un telescopio para ver al maldito niño. Como vemos, podemos argumentar que una combinación determinada de palabras forma un constituyente mediante la prueba de sustitución.

Paralelamente, los constituyentes sintácticos pueden moverse de su posición original. Y tenemos que tener en cuenta, además, que sólo podemos mover de su posición original constituyentes sintácticos. El hecho de que en español podamos decir:

(11)   Con un telescopio, mi hermano vio a un niño

demuestra que *con un telescopio* es un constituyente sintáctico, puesto que lo hemos trasladado a una posición inicial de prominencia en la oración. Crucialmente, en este caso, la única interpretación posible es aquélla que corresponde a (9a), es decir, aquella interpretación en la que *un niño* y *con un telescopio* no forman un constituyente: es mi hermano quien usa el telescopio.

De manera un poco más complicada podemos decir:

(12)   Lo que vio mi hermano es un niño con un telescopio.

En este caso, *un niño con un telescopio* forma un constituyente y la interpretación es la que corresponde a (9b). Podemos reforzar estos argumentos si consideramos que sólo los constituyentes sintácticos pueden servir como respuestas aisladas a oraciones interrogativas. La pregunta "¿Quién vio al niño?" puede ser contestada sólo mediante el constituyente "Mi hermano", nunca con un fragmento del mismo ("*Mi" o "*Hermano"). Por tanto, el hecho de que las siguientes respuestas sean posibles:

(13)   a. - ¿A quién vio tu hermano con un telescopio?
           - A un niño
        b. - ¿A quién vio tu hermano?
           - A un niño con un telescopio

puede ser usado como evidencia adicional para demostrar los dos posibles análisis en cuanto a la estructura de constituyentes de la oración que estamos analizando. De la misma manera, en las oraciones anteriores, el fragmento *un niño con* no forma constituyente porque no puede servir como respuesta aislada y no puede ser sustituido por una proforma.

Resumiendo, la oración (8) es una oración estructuralmente ambigua porque podemos atribuirle dos estructuras diferentes:

(14)   a.   b.

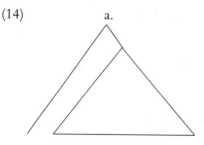
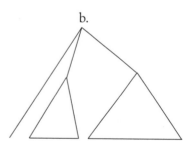

vio a un niño con un telescopio   vio a un niño con un telescopio

Ejercicio 1. Compare las dos oraciones siguientes:
(i) Ella le dio un libro a María. (ii) Ella me enseñó un libro de matemáticas. Un libro a María en (i) ¿forma un constituyente o se trata de dos constiyentes independientes, separados? ¿Por qué? ¿Y un libro de matemáticas en (ii)? ¿Por qué? ¿Qué tipo de evidencia propondría Ud. para apoyar sus intuiciones?

1.3. Los sintagmas. La noción de núcleo

Evidentemente no hemos sino empezado a analizar una parte pequeña de la oración. Consideremos ahora la frase *mi hermano*. Como sabemos, dicha frase forma un constituyente creado mediante la unión de dos elementos, *mi* y *hermano*. Cada agrupación natural de palabras, cada constituyente, es un miembro de una extensa familia de expresiones similares. En este caso, *mi hermano* pertenece a la misma familia que incluye expresiones como *mi coche, el coche de mi padre, un amigo de la familia, tu vecino, este libro interesante*, etc. En todos estos ejemplos, el constituyente tiene un **núcleo**, una palabra que lleva la información relevante dentro de la unidad, que es un núcleo nominal, un sustantivo. Hemos subrayado los núcleos nominales de las expresiones anteriores. La noción de núcleo nos permite diferenciar entre construcciones como las siguientes:

(15) La ventana roja de la casa.
  La casa de la ventana roja.

Ambas construcciones, a pesar de estar formadas por los mismos elementos, difieren considerablemente. En el primer caso nos referimos a una ventana mientras que en el segundo estamos hablando de una casa. El elemento subrayado en (15) constituye el núcleo de la construcción.

Los constituyentes cuyo núcleo es nominal se denominan **sintagmas nominales (SNs)**[6]. Del mismo modo, y de acuerdo a los distintos tipos posibles de núcleos (adjetivos, verbos, adverbios y preposiciones) tendremos:

Sintagma Nominal (**SN**):	mi hermano
Sintagma Verbal (**SV**):	bebe tequila por las mañanas
Sintagma Adjetival (**SAdj**):	difícil de resolver

---

[6] Estas unidades reciben también el nombre de **frases nominales** en algunas de las gramáticas del español. En este libro, en lugar de **frase,** usaremos el término **sintagma,** más frecuente en las gramáticas modernas.

213

Sintagma Adverbial (**SAdv**):   muy <u>rápidamente</u>

Sintagma Preposicional (**SPrep**):   <u>entre</u> los árboles

---

Ejercicio 2. Identifique el tipo de sintagma subrayado en cada una de las oraciones siguientes:

a) <u>Nuestros vecinos insoportables</u> vinieron a visitarnos.

b) Vamos a caminar <u>por el sendero.</u>

c) Vamos a caminar <u>por el sendero de la derecha.</u>

d) Me dio algo para <u>su prima de Boston.</u>

e) Lo hizo <u>extraordinariamente bien.</u>

f) Los niños a los que abandonaron sus padres <u>lloraban de pena.</u>

g) Ella me dio <u>un libro para María.</u>

h) Tienes un ayudante <u>increíblemente eficiente.</u>

i) Yo <u>me niego rotundamente a participar en esto.</u>

j) Me gusta <u>comer con los dedos.</u>

k) <u>Comer y rascar</u> todo es empezar.

l) <u>Los estudiantes que se sintieron maltratados</u> asesinaron a sus profesores.

m) Mis profesores <u>beben tequila añejo.</u>

n) <u>Sueño.</u>

Ejercicio 3. Busque argumentos para justificar que los sintagmas subrayados en los ejemplos (a), (b), (d) y (g) del ejercicio anterior son constituyentes sintácticos.

Ejercicio 4. Busque al menos tres títulos de películas, en español o en inglés, que no formen un constituyente sintáctico (por ejemplo, "Suddenly Last Summer" o "Pim, pam, pum fuego"). Recuerde que los títulos que constan de una sola palabra son, en general, constituyentes. Aproveche una de sus visitas a su tienda de vídeo favorita para pensar un poco en teoría sintáctica.

En el SN *mi hermano,* además del núcleo nominal tenemos un posesivo *mi* que pertenece a lo que denominamos la clase de los Determinantes (**Det**), una clase que incluye a los artículos *(el, la, los, las),* los llamados posesivos *(mi, tu, su, etc.),* los cuantificadores *(uno, dos, tres, varios, pocos, muchos, etc.)* y, en general, a todos los elementos no adjetivales que pueden preceder a un sustantivo. Los cuantificadores son, de todas formas, un tipo especial de determinante. Notemos, por ejemplo, que algunos de ellos, como los numerales, pueden ir precedidos por otros determinantes *(los dos estudiantes).* Por ello utilizaremos a veces también el símbolo *cuant.*

La configuración de dicho SN es, por tanto, la siguiente:

(16)

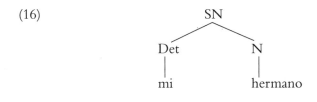

Igualmente, *con un telescopio* es un SPrep, formado por la unión de la Prep *con* y el SN *un telescopio*:

(17)

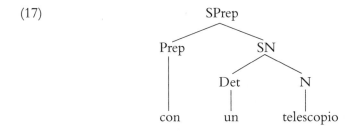

Y *vio un niño con un telescopio* es un SV cuyo núcleo es *vio*. Pero recordemos que esta frase tiene dos posibles interpretaciones: una en la que *un niño con un telescopio* es un sintagma único (un SN) y otra en la que tenemos dos sintagmas separados, *un niño* (SN) y *con un telescopio* (SPrep), como habíamos visto en (15). Evidentemente, la unión del SN *mi hermano* con el SV *vio a un niño con un telescopio* da como resultado un nuevo constituyente, una oración. Las dos interpretaciones de la oración (8) son las siguientes:

(18) a.

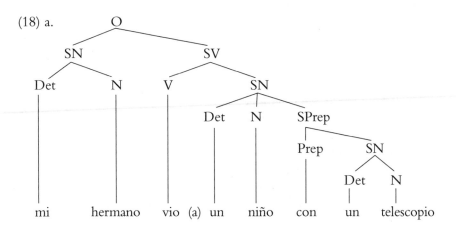

(18) b.

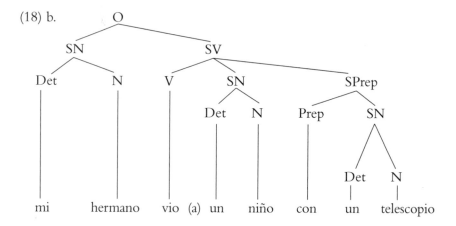

Estas representaciones reciben el nombre de diagramas sintagmáticos, diagramas arbóreos o, simplemente, árboles sintácticos. Estos árboles nos sirven para mostrar que una oración es por un lado una combinación secuencial de palabras y por otro lado una <u>configuración jerárquica</u> en la que los sintagmas están organizados estructuralmente. Estos árboles tienen además otra ventaja: nos permiten mostrar qué elementos en la oración modifican o son modificados por otros elementos. El mecanismo es simple: para saber cuáles son las relaciones de modificación de un sintagma determinado buscamos el sintagma que domina inmediatamente al sintagma en cuestión. Dominar significa estar en un nivel superior en el árbol y 'estar conectado por una rama'. Así, en el ejemplo (18b), el SPrep *con un telescopio* está dominado inmediatamente por el SV *vio a un niño con un telescopio*. Dicho SPrep modifica entonces al núcleo del sintagma que lo domina inmediatamente, es decir, al verbo *vio*, puesto que éste es el núcleo del SV. La interpretación de la oración es aquélla en la que mi hermano usó un telescopio para ver al niño. En (18a), por otra parte, el mismo SPrep está dominado por el SN *un niño con un telescopio* y modifica por tanto al núcleo de este sintagma, *niño*: es el niño el que lleva el telescopio.

Ejercicio 5. Explique la ambigüedad de las siguientes oraciones y dibuje los diagramas correspondientes a cada posible interpretación de cada oración:
(a) Mis primos comieron una sopa con pan.
(b) Entendí la demostración del teorema de Juan.
(c) Juan trajo un mapa de Italia.
(d) Un hombre alto golpeó a una mujer con un bolso.

1.4.   Reglas de reescritura sintagmática

La configuración jerárquica de una oración puede ser representada por medio de estos diagramas pero también por medio de **reglas de reescritura sintagmática.** Dichas reglas presentan siempre el siguiente esquema general:

(19)   **A ———> B   C**

La regla (19) se lee "A se reescribe como B más C", lo que significa que "el sintagma A se forma uniendo el sintagma B y el sintagma C en este orden particular". Siguiendo esta línea de razonamiento podemos describir las siguientes reglas sintagmáticas del español a partir de los diagramas que hemos construido en los ejemplos (16 a y b):

(20)

   a.   O ———> SN SV

(Una Oración en español es el resultado de la combinación de un Sintagma Nominal y un Sintagma Verbal.)

   b.   SN ———> Det N

(Un Sintagma Nominal es el resultado de unir un Determinante y un Nombre, "mi hermano".)

   c.   SV ———> V SN   (del árbol 18a)
         SV ———> V SN SPrep   (del árbol 18b)

(Un Sintagma Verbal es el resultado de la unión de un Verbo y un Sintagma Nominal o un Verbo, un Sintagma Nominal y un Sintagma Preposicional.) Podemos reducir estas dos reglas a una sola si utilizamos paréntesis para indicar opcionalidad:

   c'. (primera revisión)
         SV ———> V SN (SPrep)

(Ahora el SPrep es opcional. Por la misma razón, y puesto que es posible en español la oración "Juan durmió", podemos considerar que el SN en la regla anterior es también opcional):

   c''. (segunda revisión)
         SV ———> V (SN) (SPrep)

De igual manera:

      d.   SPrep ———> Prep SN

y

      e.   SN ———> Det N (SPrep)   (del árbol 18a)

Nuestra intención al usar estas reglas es hacer explícitos los principios que le permiten al hablante de una lengua organizar las oraciones en estructuras jerarquizadas de constituyentes sintagmáticos. El objetivo del lingüista es, por tanto, hacer estas reglas explícitas, descubrirlas en cada lengua, describir las reglas que generan o producen todas las oraciones gramaticales de una lengua dada y sólo aquéllas que son gramaticales.

Habíamos mencionado al principio de este capítulo que una descripción teórica de la sintaxis debería ser capaz de explicar, entre otras cosas, una serie de características sintácticas fundamentales: el orden de palabras, la estructura de constituyentes de la oración, la ambigüedad en la interpretación de frases y de oraciones y el hecho de que los mecanismos sintácticos son recursivos. Las reglas de reescritura sintagmática nos ofrecen:

(i) Información acerca de los elementos oracionales, puesto que cada regla impone un orden determinado a los constituyentes.

(ii) Información acerca de la estructura oracional, puesto que el resultado de la aplicación de las reglas es una estructura jerárquica que podemos representar mediante un árbol.

(iii) Información acerca de la posible ambigüedad de las oraciones, puesto que determinados sintagmas pueden ser interpretados de más de una manera (en nuestro ejemplo, el SV puede ser V + SN o V + SN + SPrep, lo que da lugar a las dos interpretaciones distintas de la oración (8)).

(iv) Un recurso para capturar la naturaleza recursiva del lenguaje. Fijémonos en las dos reglas siguientes:

(21)   a.   SPrep ———> Prep   SN
         b.   SN ———> Det N (SPrep)

Estas dos reglas tienen una característica particular: los mismos símbolos (SN y SPrep) aparecen a ambos lados de la regla, a derecha y a izquierda de las mismas. La primera regla nos indica que es posible en español tener la siguiente estructura:

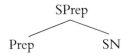

y la segunda que podemos expandir el SN:

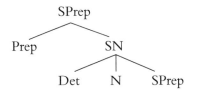

Pero ahora podemos aplicar de nuevo la primera regla al SPrep "más bajo" y generar la siguiente estructura:

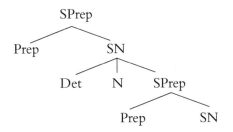

de manera que podemos seguir aplicando las reglas a sí mismas sin límite alguno. Por eso podemos decir en español *"el color del pomo de la puerta de la casa del hermano de Juan..."*. Algunas reglas sintagmáticas son por tanto recursivas, y nos permiten generar frases o constituyentes que no tienen límite. Tenemos así un mecanismo que nos explica cómo con un número determinado de palabras podemos crear un número infinito de oraciones. Ésta es, como hemos visto, una de las propiedades fundamentales del lenguaje.

La siguiente pregunta que se nos ocurre es, entonces, si las dos reglas anteriores son las únicas que dan cuenta de la naturaleza recursiva del componente sintáctico de la gramática. En este capítulo vamos a ver dos reglas recursivas más. En primer lugar nos damos cuenta de que, dado cualquier sintagma, podemos formar otro mayor mediante el simple mecanismo de añadirle la conjunción *y* y otro sintagma del mismo tipo:

mi hermano ———> mi hermano y su novia ———> mi hermano y su novia y sus dos hijos.

Podemos dar cuenta de este hecho si añadimos la siguiente regla general:

(22)   SX ——> SX Conj SX

Esta regla indica que cualquier SX (SN, SV, SAdj, etc.) puede desdoblarse en dos mediante el uso de una conjunción:

Por otro lado, dada una oración cualquiera, siempre podemos expandirla añadiendo una oración principal y uniendo ambas oraciones mediante la partícula *que*:

(23)   a. Juan mira la televisión.
        b. Digo <u>que</u> Juan mira la televisión.
        c. Pedro piensa <u>que</u> yo digo <u>que</u> Juan mira la televisión.
        d. María cree <u>que</u> Pedro piensa <u>que</u> yo digo <u>que</u> Juan...

A esta partícula *que* la vamos a llamar <u>Complementante</u> (Comp), y a la unión de una oración superior y una oración subordinada introducida por un complementante la vamos a denominar Oración con Barra (O') o, en términos más tradicionales, Oración Subordinada. Tenemos por tanto una nueva regla:

(24)   O' ——> Comp O

Puesto que una O' puede ser el complemento de un verbo, el conjunto de reglas:

(25)   O' ——> Comp O
        O ——> SN SV
        SV ——> V O'

es un conjunto recursivo que nos permite generar estructuras del siguiente tipo:

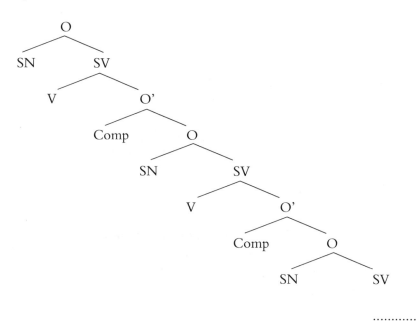

Aunque hasta ahora hemos asumido que una oración es siempre el resultado de la unión entre un SN y un SV, que en términos más tradicionales se denominan sujeto y predicado, una de las características del español es que, a diferencia de lenguas como el inglés, en nuestra lengua el sujeto puede no aparecer de forma explícita dada la rica flexión verbal que nos permite identificar la persona y el número del sujeto:

(26)   a. Nosotros vamos a llamar a tu hermano.
        b. Vamos a llamar a tu hermano.
        c. *Are going to call your brother.

En (26b) el sujeto de la oración es un pronombre tácito o vacío *nosotros*, como lo demuestra la concordancia con el verbo en primera persona del plural. Esto no es posible en inglés, como lo demuestra el ejemplo (26c). A este tipo de pronombre vacío que puede ser el sujeto en español lo denominamos *pro* personal. El sujeto de la oración (26b) es por tanto un SN cuyo núcleo es un *pro*.

Ejercicio 6. Escriba las reglas de reescritura sintagmática para los constituyentes subrayados en los ejemplos (a), (c), (m) y (n) del ejercicio 2 y que repetimos aquí:

a) <u>Nuestros vecinos insoportables</u> vinieron a visitarnos.
c) Vamos a caminar <u>por el sendero de la derecha.</u>
m) Mis profesores <u>beben tequila añejo.</u>
n) <u>Sueño.</u>

Ejercicio 7. Un poco de inglés para entretenerse.
¿Cuál es la diferencia entre las dos oraciones siguientes?:
(i)   Time flies like an arrow.
(ii) Fruit flies like a banana.

Reglas de reescritura del español
(algunas de las más básicas)

O' —> COMP O	("que te calles")
O —> SN SV	("Juan duerme")
(excepción: O —> SPrep SV "Entre él y yo lo solucionaremos")	
SN —> (Det)(Cuant) N (SAdj) (SPrep)	("los dos coches azules de Juan")
SN —> SN (O')	("la idea que tienes")
SV —> Vpred (SN) (SPrep) (SAdv)	("explicó la lección a María rápidamente")
O'	("quiero que vengas")
SV —> Vcop SAdj	("es rubio")
SN	("es médico")
SPrep	("es de Perú")
SPrep —> Prep SN	("desde la casa")
SAdj	("desde muy joven")
SAdv	("desde lejos")
O'	("sin que te importe")

SAdv —> (Cuant) Adv	("muy rápidamente")
SAdj —> (Cuant) Adj (SPrep) (SAdv)	("muy difícil de resolver") ("extraordinariamente difícil de resolver")

Ejercicio 8. Analice las siguientes oraciones y dibuje el árbol correspondiente a cada oración:

1. Juan come manzanas.
2. Juan come manzanas en su cuarto.
3. Creo que sueño.
4. Dijo que Juan tenía hepatitis.
5. Juan dice que Pedro piensa que tenemos demasiadas vacaciones.
6. Juan y María van a caminar por el parque.
7. María come carne argentina y bebe cerveza alemana.
8. Juan canta y María baila.
9. Mi hermano y sus hijos quieren que vaya a su casa y cocine para ellos.
10. El coche verde del amigo de la infancia de mi padre tiene frenos de disco.

1.5.   El componente léxico. Subcategorización

Ahora tenemos una idea un poco más clara de la organización de la sintaxis. Con el conjunto de reglas de reescritura descritas en la sección anterior podemos caracterizar un conjunto ilimitado, infinito, de oraciones en español. Podemos capturar la idea de que la organización de las oraciones no es secuencial sino jerárquica y también podemos explicar la habilidad que poseen los hablantes para producir y comprender un número infinito de oraciones. Las reglas que hemos presentado hasta ahora son sólo una fracción de las que necesitamos para tener una descripción completa de la lengua.

El problema que se nos plantea ahora es de una naturaleza distinta. No se trata sólo del hecho de que no hemos descrito todavía el conjunto exhaustivo de todas las reglas que permiten producir todas las oraciones gramaticales del español, sino que tenemos reglas que producen tanto oraciones gramaticales como oraciones que no lo son. Consideremos los siguientes ejemplos:

(27) a. *Juan puso en el garaje.   (O—> SN SV; SV —> V SPrep)
      b. *Juan puso el coche.   (O—> SN SV; SV —> V SN)
      c. *María llegó el tren.   "   "

Las oraciones de (27) no son gramaticales aunque pueden ser producidas por las mismas reglas de reescritura que producen oraciones como las siguientes:

(28) a. Juana durmió en el garaje.   (O—> SN SV; SV —> V SPrep)
      b. Luisa condujo el coche.   (O—> SN SV; SV —> V SN)
      c. Pedro vio el tren.   "   "

¿Cuál es entonces la naturaleza de la agramaticalidad de las oraciones en (27)? Parece evidente que el motivo está relacionado con la naturaleza del verbo en cada una de las oraciones: el verbo *poner* en español exige que especifiquemos un tipo de información determinada. El hablante de una lengua sabe no sólo cómo pronunciar miles de palabras sino que conoce además su significado, sabe en qué contextos pueden aparecer determinadas palabras y cómo se combinan dichas palabras para formar constituyentes o sintagmas, es decir, sabe a qué parte de la oración pertenecen éstas, si son verbos, adjetivos, sustantivos, etc. Esta información se encuentra en un componente de la gramática al que denominamos el **lexicón**, un 'diccionario mental' que, junto con las reglas de reescritura, nos aporta la información necesaria para formar estructuras sintácticas que sean, por un lado, completas, y que estén, por el otro, formadas correctamente. Sabemos, por ejemplo, que para usar el verbo *poner* correctamente debemos especificar 'qué es lo que ponemos' y 'dónde lo ponemos':

(29) a. Juan puso el coche en el garaje
              ――――― ―――――――
               qué   dónde

Si falta uno de estos dos constituyentes, la oración no es gramatical (27a/b). Puesto que "aquello que ponemos" viene en general expresado por un SN y "el lugar donde lo ponemos" viene expresado por un SPrep o un SAdv, una manera de capturar esta información es afirmar que el verbo *poner* debe estar seguido por dos sintagmas del tipo especificado para formar una oración correcta. Un poco más técnicamente decimos que en la información que nuestro diccionario mental posee acerca de *poner* debe estar incluida la información de que dicha palabra es un verbo y de que se combina con dos tipos específicos de sintagma:

(30)   poner, V, [_____ SN [SPrep/SAdv]]

A la información expresada en (30) la denominamos **subcategorización**, en este caso la subcategorización del verbo *poner*. Por tanto, sabemos que aunque el siguiente indicador sintagmático está bien formado en español, puesto que es el resultado de la aplicación de dos de nuestras reglas de reescritura:

(31)

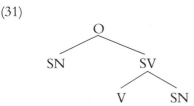

el verbo núcleo de este sintagma nominal no puede ser el verbo *poner*. Para que este verbo pueda ser usado como núcleo de un SV debemos tener la siguiente estructura:

(32)

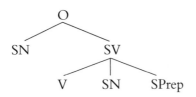

Hemos añadido, por tanto, un nuevo componente a nuestra gramática, un diccionario mental al que denominamos el **lexicón** que contiene, entre otras especificaciones, la subcategorización de cada verbo, adjetivo, sustantivo, adverbio o preposición de la lengua. Los ejemplos en (33) son una muestra muy reducida de subcategorización léxica:

(33)
    a. encontrar, **V**, [_____ SN]   *encontrar* es un verbo al que debe seguir obligatoriamente un SN ("*Juan encontró"). Es lo que conocemos como **verbo transitivo**.

b. pensar, **V**, [_____ SPrep]   *pensar* es un V que puede estar seguido por un SPrep

       [_____ O']   o por O' ("Pienso en ti"; "Pienso que estás loco").

c. destrucción, **N**,   ("la destrucción de Roma por los bár-
      [_____ (SPrep) (SPrep)]   baros"). Recuerde que el paréntesis in-
dica opcionalidad.

d. difícil, **Adj**, [_____ (SPrep)]   ("difícil de resolver").

e. embajador, **N**,
      [_____ (SPrep) (SPrep)]   ("el embajador de España en Italia").

Ejercicio 9. Proponga el marco de subcategorización de las siguientes unidades léxicas y dé ejemplos que los ilustren:

    a. propenso
    b. orgulloso
    c. construcción
    d. demostración
    e. imaginar
    f. regalar
    g. opinar

Las reglas de reescritura combinadas con la información que el lexicón nos provee pueden describir un conjunto infinito de estructuras oracionales en español. Pero existe todavía un número muy grande de estructuras que no podemos explicar. Vamos a considerar algunas de ellas.

1.6. Transformaciones

Empecemos por las oraciones interrogativas. Existen en todas las lenguas dos tipos de oraciones interrogativas: aquéllas que se pueden contestar con un simple *sí* o *no*, y aquéllas que solicitan una respuesta más informativa y que comienzan con una palabra interrogativa como *qué, cómo, dónde, cuándo, por qué, cuántos,* etc.:

(34)   a. ¿Vienes a la fiesta?
         b. ¿Quién vino a la fiesta?

Denominamos a las primeras <u>interrogativas totales, absolutas</u> o <u>preguntas sí/no,</u> y a las segundas <u>interrogativas parciales, pronominales</u> o <u>*preguntas Qu–*</u>. Vamos a prestar atención a las <u>*preguntas Qu–:*</u>

(35)   a. ¿Qué pusiste en el garaje?
         b. ¿Dónde pusiste el coche?

Las dos oraciones anteriores son perfectamente aceptables en español. Sin embargo, si les prestamos atención, vemos que ambas suponen un problema nuevo para nuestra teoría: en (35a) el verbo *poner* aparece seguido únicamente por un SPrep, mientras que en (35b) el mismo verbo va seguido por un SN solamente. Y habíamos discutido anteriormente que la subcategorización de dicho verbo exige que aparezca seguido de ambos, un SN y un SPrep. Así explicábamos la agramaticalidad de las oraciones (27a y b). ¿Cómo solucionamos este problema? ¿Debemos modificar nuestras reglas de reescritura? ¿Debemos establecer excepciones a nuestras reglas de subcategorización léxica?

Existe una solución más conveniente que nos permite mantener la uniformidad de la teoría sintáctica que hemos ido desarrollando paso a paso. Podemos considerar que en las oraciones (35) el SN y el SPrep requeridos por el verbo *poner* están presentes: son, respectivamente, el SN *qué* en (35a) y el SPrep *dónde* en (35b). En otras palabras, la estructura básica de ambas oraciones es:

(36)   a. ¿Pusiste [$_{SN}$ *qué*] [$_{SPrep}$ en el garaje]?
         b. ¿Pusiste [$_{SN}$ el coche] [$_{SPrep}$ *dónde*]?

Las oraciones en (35) son por tanto el resultado de un proceso que ha trasladado la palabra interrogativa desde su posición original (la posición del SN o del SPrep requerido por el verbo) a la posición inicial de la oración. Vamos a asumir dos cosas:

(i) el lugar al que se desplaza dicha palabra interrogativa es el único lugar disponible para el "aterrizaje" de dicha operación de movimiento. Dicho lugar es la posición del Complementante (COMP) que discutimos anteriormente. Las oraciones interrogativas son por tanto O' (oraciones-con-barra). Por eso podemos decir:

(37) Me pregunto [$_{O'}$ dónde pusiste el coche]

   (ii) el lugar original desde el que dicha palabra interrogativa se desplaza no permanece vacío sino que está ocupado por una **huella**, una categoría sintáctica que no se pronuncia, que no tiene realización fonética, pero que está presente en la estructura y que permite que procesemos y analicemos correctamente la oración interrogativa. Representamos la huella del movimiento sintáctico mediante la letra *h* y la dotamos de un subíndice idéntico al de la palabra interrogativa desplazada. Expresamos así la relación entre ambas:

(38)   a. ¿Qué$_i$ pusiste [$_{SN}$ h_i] [$_{SPrep}$ en el garaje]?
       b. ¿Dónde$_i$ pusiste [$_{SN}$ el coche] [$_{SPrep}$ h_i]?

   Los árboles respectivos son, por tanto:

(39)   a.

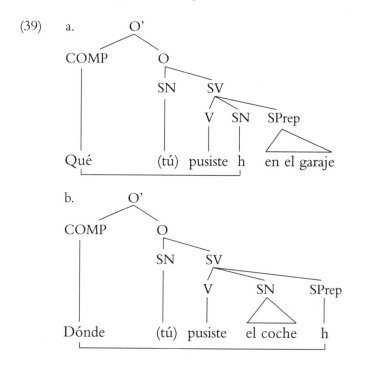

Asumimos por tanto que todas las oraciones interrogativas Qu- en español son el resultado de una **transformación**, una regla de movimiento que cambia la posición de un constituyente sintáctico y lo traslada a la posición de COMP. Con ello asumimos también que las oraciones interrogativas son O' (oraciones-con-barra u oraciones subordinadas).

Ejercicio 10. Explique por qué son agramaticales las siguientes oraciones:

(a) *Puse el libro.
(b) *¿Qué puso Juan el libro en la mesa?
(c) *Juan puso en la mesa.
(d) *María se preguntaba en la casa.
(e) *¿Qué ha visto Juan la película?
(f) *¿Qué libro conociste al autor que escribió?
(g) *¿De qué conoces a un profesor que entiende el libro?
(h) *¿Qué te ha recomendado Juan la idea de que visites?

Este proceso de transformación explica también la ambigüedad de ciertas oraciones interrogativas en español. La siguiente oración tiene dos interpretaciones (es ambigua):

(40)   ¿Cuándo dijo Juan que María había ido a visitarlo?

como lo demuestra el hecho de que hay dos respuestas posibles:

(41)   a. - Juan lo dijo el jueves.
        b. - María había ido a visitarlo el martes.

El motivo de dicha ambigüedad radica en la posibilidad de que la palabra interrogativa *cuándo* modifique al verbo principal *dijo* o al verbo subordinado *había venido*. En otras palabras, dependiendo de que la huella del movimiento de la palabra interrogativa aparezca al final del SV cuyo núcleo es *dijo* o al final del SV cuyo núcleo es *había ido a visitarlo*:

(42)   a. ¿Cuándo$_i$ dijo Juan [*huella$_i$*] que María había ido a visitarlo?
        b. ¿Cuándo$_i$ dijo Juan que María había ido a visitarlo [*huella$_i$*]?

> El modelo de la sintaxis que estamos desarrollando tiene por tanto tres componentes:
> A) Componente léxico: el lexicón.
> B) Componente sintagmático: las reglas de reescritura.
> C) Componente transformacional: las reglas de movimiento.

¿Por qué nos referimos a las reglas de movimiento cuando hablamos del componente transformacional? En primer lugar, porque estas reglas nos permiten dar cuenta de una de las características esenciales de la sintaxis de las lenguas, aquélla por la que interpretamos unidades oracionales en posiciones distintas a las posiciones en las que las interpretamos. En segundo lugar, porque la posibilidad de movimiento de los constituyentes sintácticos está regida por reglas estrictas cuya aplicación es universal. Por ejemplo, es imposible extraer un constituyente para formar una oración interrogativa si en dicho proceso de movimiento tenemos que "cruzar" o "atravesar" dos o más **nudos cíclicos** o **islas**. En español, los nudos cíclicos son los SN y las O'. Por ello, en la siguiente oración:

(43)   A Juan le ha gustado [$_{SN}$ la idea de [$_{O'}$ que vayamos a la fiesta]]

es imposible formar una oración mediante la extracción del constituyente interrogativo que equivaldría a la fiesta, porque para hacerlo tendríamos que atravesar un SN y una O' (y por tanto dos nudos cíclicos), tal como vemos en el diagrama anterior. Por tanto, la oración (44) es agramatical:

(44)   *¿Dónde le ha gustado a Juan la idea de que vayamos?

Evidentemente, el movimiento Qu- no es el único ejemplo de movimiento sintáctico en español. En este capítulo vamos a mencionar otro tipo de movimiento: **el movimiento de clíticos**.

Denominamos clíticos a los pronombres de complemento directo e indirecto que aparecen unidos inmediatamente a una forma verbal. Estos pronombres pueden ocupar diversas posiciones en la oración en español:

(45)   a. Quisiera poder seguir haciéndo**lo**   (**lo** es el Pr. de O. Directo)
        b. Quisiera poder seguir**lo** haciendo
        c. Quisiera poder**lo** seguir haciendo

d. **Lo** quisiera poder seguir haciendo

e. ★ Quisiera**lo** poder seguir haciendo

En cualquiera de las oraciones correctas anteriores (a–d), el pronombre se interpreta como el Complemento Directo del verbo *hacer*, independientemente de su posición. Parece evidente, por tanto, suponer que los pronombres clíticos se mueven de su posición original. Y, si se mueven, es también lógico suponer que dejan una huella. La tendencia actual es a considerar los pronombres clíticos como morfemas libres de concordancia entre el verbo y el objeto directo o indirecto. Por eso, una posible representación de la oración (46) es (47), aunque, como veremos en seguida, este análisis tiene algunos problemas:

(46)   Se lo dije.

(47)

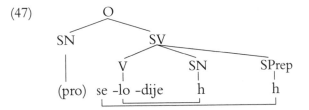

En la oración anterior, la subcategorización del verbo *decir* nos exige que esté seguido de un SN y de un SPrep (decir <u>algo</u> <u>a alguien</u>). El SN representa la posición del Complemento Directo y el SPrep la del Complemento Indirecto. Ambos complementos se han movido a la posición preverbal dejando sus respectivas huellas en su posición original en el indicador sintagmático.

Por otra parte, en oraciones como *Le hablé a Juan* claramente no puede haber movimiento, sino, más bien, copia de rasgos o concordancia. Es decir, aquí *le* aparece directamente bajo V y concuerda con *Juan* de la misma manera que la terminación de *hablé* concuerda con el sujeto (*yo*). La posibilidad de duplicar ciertos complementos con clíticos ha llevado a algunos lingüistas a cuestionar la validez del análisis en (47).

Ejercicio 11. Dibuje los diagramas correspondientes a las siguientes oraciones:

(a) Lo dijiste.

(b) Se lo dije a Pedro.

(c) Lo tengo que hacer.

(d) ¿Quién trajo el postre a la fiesta?

(e) ¿Qué trajo Juan a la fiesta?

Ejercicio 12. ¿Por qué tiene dos interpretaciones la siguiente oración? Dé una explicación detallada. (No es necesario dibujar los diagramas correspondientes.)

(a) ¿Cuándo dijo Juan que María había ido a visitarlo?

1.7. Hacia una teoría más general: La X-con-barra

Hemos mencionado anteriormente que la tarea del lingüista es descubrir las reglas implícitas que regulan el comportamiento lingüístico de los hablantes de una lengua determinada y, en la medida en que sea posible, sobre dichas regularidades en todas las lenguas. En la sección anterior nos hemos limitado a construir un sistema de reglas sintagmáticas del español. Pero la pregunta que surge es obvia: ¿Hasta qué punto son estas reglas similares a las de otras lenguas? No cabe duda de que sería deseable construir una teoría que regulara la arquitectura jerárquica de las oraciones en cualquier lengua. Aunque éste es un tema más adecuado para cursos de sintaxis más avanzados que éste, vamos aquí a discutir brevemente esa posibilidad.

Consideremos los siguientes sintagmas:

(48)   a. La venta [de bicicletas]

       b. Nunca tengo [dinero]

       c. Muy orgulloso [de su familia]

       d. Más hacia [la derecha]

No es muy difícil darse cuenta de que todos estos sintagmas tienen algo en común: todos ellos tienen un núcleo, subrayado en el ejemplo anterior, que le confiere la categoría al constituyente. El primero es un SN, el segundo un SV, el tercero un SAdj y el cuarto un SPrep. Precediendo al núcleo encontramos en todos ellos un elemento que puede aparecer o no sin modificar la gramaticalidad de la construcción. Y en todos los casos le sigue al núcleo un sintagma, nominal o preposicional. Podemos reducir la estructura anterior a un esquema común, si denominamos **especificador** al elemento que precede al núcleo y **complemento** al elemento que lo sigue. Si sustituimos N, V, P o Adj por X, como variable que representa a cualquiera de las categorías léxicas, la estructura del sintagma es:

(49)   SX→ (Especificador) + X'
        X' → X + (Complemento)

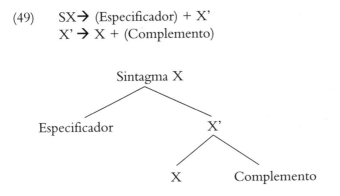

El hecho de que el complemento sea a su vez otro sintagma permite que el esquema anterior sea *recursivo:* cada categoría sintáctica puede proyectar un sintagma. Ese sintagma siempre se estructura de acuerdo a la regla anterior, de manera que un sintagma puede contener otro sintagma, que a su vez puede contener otro sintagma, que a su vez puede contener otro sintagma... Y así infinitamente.

Fijémonos ahora en el siguiente ejemplo:

(50)   La venta de bicicletas en el verano

A la derecha del núcleo nominal *venta* encontramos ahora dos sintagmas preposicionales, *de bicicletas* y *en el verano*. La relación que se establece entre ambos sintagmas y el núcleo no es la misma, como lo demuestra el hecho de que es mucho menos natural el cambiarlos de orden:

(51)   La venta en el verano de bicicletas

La relación del sintagma *de venta* con el núcleo es mucho más estrecha. Además, desde el punto de vista semántico, la información que nos ofrece el SPrep *en el verano* es en cierto modo circunstancial, mientras que, siempre que hablamos de *una venta*, tendemos a pensar que hay algo que se ha vendido. En otras palabras, como vimos en la sección anterior, *de bicicletas* es un argumento del sustantivo *venta* mientras que *en el verano* no lo es. A estos constituyentes que no están subcategorizados por un núcleo verbal los denominamos **adjuntos** o **modificadores** para distinguirlos de los complementos.

233

La estructura que tenemos ahora es:

(52)   SX —> Espec X'
        X' —> X' Adjunto
        X' —> X Compl

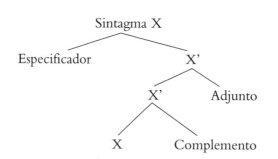

Nos encontramos ahora con un fenómeno ya discutido: una regla como *X'—> X'Adjunto* en la que el mismo símbolo aparece a ambos lados. Se trata por tanto de otra regla recursiva: podemos tener tantos adjuntos en un núcleo como queramos:

(53)   la venta de bicicletas [en el verano] [en Madrid] [en la esquina del parque] ...

Fijémonos ahora en ejemplos similares a los de (53) en inglés:

(54)   a. the **student** *of mathematics*
        b. very **proud** *of his work*
        c. will **buy** *books*
        d. right **in** *the middle*

Cada uno de los sintagmas anteriores se ajusta a la estructura de la X-con-barra descrita anteriormente si consideramos que cada elemento subrayado es un especificador, cada elemento en negrita es un **núcleo** y cada elemento en itálica es un *complemento*. El esquema (52) nos permite dar un primer paso para describir la estructura jerárquica de constituyentes en cualquier lengua. De hecho, nuestra teoría postula que las diferencias entre lenguas con respecto a su estructura sintagmática se basan tan sólo en diferencia de orden de los especificadores o de los adjuntos y complementos con respecto a su núcleo. Al igual que en lenguas como el español tendemos a tener los especificadores a la izquierda del núcleo, encontraremos lenguas en las que los especificadores aparezcan a la derecha del mismo de manera consistente, o los complementos lo precedan en lugar de seguirlo.

Aplicando esta teoría sería posible reducir el conjunto de reglas sintagmáticas del español que hemos descrito en el cuadro anterior a un solo esquema (el de la X-con-barra) compuesto por tres reglas. Algunos autores sostienen que dicho esquema tiene, además, carácter universal.

Ejercicio 13. Analice los siguientes sintagmas siguiendo el esquema de la X-con-barra:

  (a) El hijo de mi primo
  (b) Orgulloso de mis padres
  (c) Comiendo en la cocina
  (d) Comiendo peras en la cocina
  (e) Comiendo peras de Italia en la cocina
  (f) Vi una película en el cine
  (g) Vi una película de horror
  (h) En la estación
  (i) Una casa en la montaña

2   La oración en español

Hasta ahora hemos descrito un modelo sintáctico formado por tres componentes básicos: léxico, sintagmático y transformacional. Hemos discutido el carácter jerárquico de la organización de la oración en una estructura de constituyentes y algunas de las reglas de reescritura y de las transformaciones que caracterizan la sintaxis del español. Sin embargo, aunque la oración es la unidad básica de análisis sintáctico, todavía no la hemos definido y nos hemos conformado con decir que una oración es el resultado de la unión de un SN y un SV (de un sujeto y un predicado).

El problema de definición de la oración es un problema clásico pero no esencial. Existen en la historia de nuestra disciplina más de doscientos tipos distintos de definición. Podemos encontrar definiciones de naturaleza semántica ("oración es la unidad gramatical que posee sentido completo"), de naturaleza lógica ("la expresión de un juicio / la unidad de predicación"), de naturaleza psicológica ("es la unidad de intención comunicativa") o de naturaleza formal ("la forma gramatical que no es parte de ninguna otra más amplia"). Aunque todas ellas remarcan el carácter independiente de la oración como unidad, ninguna de ellas es lo suficientemente precisa como para separar una oración de aquello que no lo es. Dos son los problemas fundamentales con los que se enfrentan todas estas definiciones: primero, que nociones tales como "sentido completo" o "intención comunicativa" son difíciles de precisar; segundo, que existen unidades que intuitivamente aceptamos como oraciones y que, o bien no tienen verbo, o presentan atribuciones o predicaciones no verbales. Ejemplos clásicos de éstas son las siguientes:

(55)   a. ¡Fuego!
        b. ¡Socorro!
        c. La sal, por favor.
        d. Guerra en Irán.
        e. Muy buena persona, esta Anna María.
        f. De bastante mal gusto ese detalle.

En la actualidad se piensa que las definiciones no deben ser el objeto de la teoría sintáctica, sino que debemos preocuparnos de cómo se comportan las oraciones en una lengua dada, de sus propiedades formales y de la clasificación de los distintos tipos de oración. En las secciones que siguen vamos a ofrecer una clasificación de las oraciones del español y una descripción de sus características básicas. Como punto de partida vamos a definir la oración, a pesar de los problemas que dicha definición implica, como "la unidad predicativa formada en torno a un verbo conjugado". Esta definición nos lleva a descartar como oraciones las construcciones en (55) pero nos permite mantener la definición formal de oración como unión entre un SN (un sujeto) y un SV que predica algo de dicho sujeto (un predicado). A las oraciones que constan de un sujeto y de un solo predicado las denominamos **oraciones simples**. Ejemplos de oraciones simples son los siguientes:

(56)   a. Juan está harto de la sintaxis.
        b. ¿Dónde pusiste el libro?
        c. No tengo dinero.
        d. Pedro y María no quieren más café.

2.1.   La oración simple: Definición y clasificación

Las oraciones en (56) son oraciones simples porque constan de un solo predicado. Aunque la oración (56d) parece tener dos sujetos, sabemos que se trata de un solo sujeto coordinado (sección 1.4.). Existen en cambio oraciones que aparentan tener más de un verbo pero que son consideradas oraciones simples. El primer caso está formado por oraciones simples con verbos auxiliares como *estar* o *haber*:

(57)   a. Fernanda está mirando la televisión.
        b. Nosotros ya hemos comprado jamón serrano.

En segundo lugar, consideramos simples a aquellas oraciones con verbos modales tales como *poder, querer, soler, deber,* etc. :

(58)   a. Tú *puedes dibujar* indicadores sintagmáticos.
        b. Tú *quieres dibujar* indicadores sintagmáticos.
        c. Tú *sueles dibujar* indicadores sintagmáticos.
        d. Tú *debes dibujar* indicadores sintagmáticos.

En tercer lugar, algunas perífrasis verbales forman oraciones simples. Ocurre así con construcciones tales como *ir* + *a* + *infinitivo; acabar* +*de* + *infinitivo; seguir* +*gerundio*:

(59)   a. Voy a tirar el libro de lingüística a la basura.
        b. Acabo de romper las páginas del capítulo de sintaxis.
        c. Sigo odiando esta asignatura.

En estos casos consideramos que los dos verbos de cada oracion (el auxiliar o el modal y el verbo principal en las oraciones (58) o los que forman la perífrasis en (59)) forman una sola unidad sintáctica verbal. Hay un comportamiento formal que diferencia estas unidades sintácticas que forman oraciones simples: el ascenso de clíticos que describimos brevemente en la sección 1.6. Un pronombre de objeto directo o indirecto puede "saltar" por encima de una de estas unidades sintácticas verbales, como vemos en los siguientes ejemplos:

(60)   a. Fernanda está mirándo**la** / Fernanda **la** está mirando.
        b. Tú puedes/quieres/sabes/debes dibujar**los** —>
            Tú **los** puedes/quieres/sabes/debes dibujar.
        c. Voy a tirar**lo** a la basura —> **Lo** voy a tirar a la basura.
        d. Acabo de romper**las** —> **Las** acabo de romper.
        e. Sigo odiándo**la** —> **La** sigo odiando.

De esta manera diferenciamos las oraciones simples de los ejemplos anteriores de oraciones como las siguientes:

(61)   a. Lamento que **la** odies —> *__La__ lamento que odies
          b. Quiero que **te lo** comas —> *__Te lo__ quiero que comas

---

Ejercicio 14. Determine cuáles de las siguientes oraciones son simples y cuáles no. Explique su respuesta:

a) Pedro y Juan han vivido en Seattle.
b) Esa casa fue diseñada por Frank Lloyd Wright.
c) Plácido parece cantar ópera muy bien.
d) Joyce puede cocinar una tortilla de patatas estupenda.
e) Quiero proponérselo mañana.
f) Quiero que se lo propongas tú.
g) Él cuida del niño y ella trabaja.
h) Él y ella cuidan del niño.

Hay dos maneras tradicionales de clasificar las oraciones simples:

CLASIFICACIÓN DE LAS ORACIONES SIMPLES

(i) Según <u>la actitud del hablante</u>. De acuerdo con este criterio las oraciones se dividen en:
        - declarativas
        - interrogativas
        - exclamativas
        - imperativas

(ii) Según <u>la naturaleza del predicado</u>. Siguiendo este criterio clasificamos las oraciones en:
        - copulativas
        - intransitivas
        - transitivas (y, dentro de ellas, reflexivas y recíprocas)
        - pasivas
        - impersonales

2.1.1. De acuerdo con la actitud del hablante

Llamamos oraciones **declarativas** a aquéllas que proveen información (62 a/b), mientras que denominamos **interrogativas** a aquéllas que solicitan información (62 c/d):

(62)   a. Juan celebró su cumpleaños ayer.
        b. Faltan tres semanas para el final del semestre.
        c. ¿Vienes o te quedas?
        d. ¿Qué quieres hacer?

Existen dos clases de oraciones interrogativas simples: las que se pueden responder por medio de un *sí* o un *no* y que llamamos **interrogativas totales:**

(63)   a. ¿Estudias?
        b. ¿Vas tú a venir al partido de baloncesto con nosotros?

y las que solicitan información específica y que denominamos **interrogativas parciales**. Éstas van introducidas por los pronombres interrogativos *quién, cómo, dónde, cuándo, cuánto, por qué, de quién*, etc.:

(64)   a. ¿Quién ha leído el capítulo?
        b. ¿De quién son estos calcetines?
        c. ¿Por qué no te gustan las chimichangas?
        d. ¿Dónde vive Pepe?

Como podemos observar, tanto en las interrogativas parciales como en las totales invertimos normalmente el sujeto y el verbo. Existe un tipo adicional de oraciones interrogativas que denominamos **interrogativas disyuntivas**. En ellas el hablante debe elegir entre dos opciones:

(65)   ¿Quieres un jugo o una cerveza?

Este tipo de interrogativa recibe dos posibles interpretaciones: una excluyente (una opción o la otra: en el ejemplo anterior el interlocutor debe escoger o bien un jugo o bien una cerveza) y otra incluyente (cualquiera de las dos opciones; al interlocutor se le ofrece una, otra o ambas opciones). Ambas interpretaciones se diferencian únicamente por la entonación. Debemos recordar que la entonación es básica para distinguir las oraciones interrogativas de otros tipos de oraciones.

Las oraciones **exclamativas** son aquellas que expresan emoción y que generalmente se escriben entre signos de exclamación (¡!). Las estructuras exclamativas más frecuentes son *qué + ADJ o ADV; lo + ADJ o ADV + que ; cómo o cuánto + SV*:

(66)   a. ¡Qué increíble!
         b. ¡Lo bien que te sienta ese vestido!
         c. ¡Cómo canta María!
         d. ¡Qué rápido escribes a máquina!

Los pronombres exclamativos y los interrogativos son los mismos, y muchas veces lo único que los distingue es la entonación. La única diferencia formal que podemos resaltar es que hay adverbios que pueden modificar a un adjetivo, otro adverbio o un verbo y que aparecen sólo en oraciones exclamativas, nunca en interrogativas:

(67)   a. ¡Qué bien canta!
         b. ★¿Qué bien canta?

Las oraciones **imperativas** o **exhortativas** expresan un mandato o un ruego por parte del hablante. Usan en general el imperativo en la formas *tú* y *vosotros* y el modo subjuntivo en todas las demás formas:

(68)   a. ¡Escribe tu tarea!
         b. ¡Mirad a la derecha!
         c. ¡Salgamos a la calle!
         d. ¡Canten el himno!

Aparte de los mencionados, no hay muchos procedimientos gramaticales que caractericen al imperativo. Precisamente por esto se suele acudir a otros tiempos o modos con valor semántico de imperativo. Así, podemos expresar un mandato o un ruego mediante el uso de infinitivo (69 a/b), del presente (69 c/d/e), del condicional (69f) o del futuro (69g):

(69)   a. ¡No fumar!
         b. ¡A callar!

c. Sigue Ud. recto y tuerce a la derecha.

d. ¡Tienes que creerme!

e. ¡Ya estás saliendo!

f. Yo en tu lugar me callaría.

g. ¡No matarás!

Las definiciones anteriores de los distintos tipos de oración de acuerdo a la actitud del hablante son definiciones de carácter semántico que prestan una atención limitada a las características formales de las mismas. Uno de los problemas de este tipo de definición es que debemos separar la estructura sintáctica de las oraciones de su interpretación. Por eso es posible encontrar oraciones que son interrogativas desde un punto de vista formal pero que se interpretan como imperativas, es decir, que no solicitan una información sino que pueden ser interpretadas como una propuesta, una recriminación o un mandato:

(70)   a. ¿Quieres callarte?

         b. ¿Puedes pasarme la sal?

y también oraciones declarativas que se interpretan como preguntas (71a) o como mandatos (71b):

(71)   a. No tengo tu teléfono.

         b. Deberías callarte.

2.1.2. *De acuerdo con la naturaleza del predicado*

Denominamos oraciones **copulativas** o **de predicado nominal** a aquellas oraciones donde el verbo no añade nada al significado de la oración, sino que sirve de puente entre el sujeto y el sustantivo o adjetivo. Estas oraciones se caracterizan por la presencia de un verbo copulativo: *ser, estar, ponerse, quedarse, mantenerse*:

(72)   a. María es abogado.

         b. Ella está cansada.

         c. Nosotros nos pusimos muy tristes.

         d. Luis se quedó de piedra.

         e. Nos mantenemos alerta.

Como vemos, estas oraciones suelen estar formadas por un sujeto, un verbo copulativo y un constituyente nominal, adjetival, preposicional u oracional al que denominamos **atributo**. Cuando el atributo es un SN precedido de un Determinante resulta difícil establecer la diferencia entre el sujeto y el atributo:

(73)   a. Guillermo es el jefe.
         b. El jefe es Guillermo.

Un método para clarificar la diferencia es recordar que mientras que podemos sustituir un sujeto en español por un pronombre nominal, el atributo de una oración copulativa ha de ser sustituido por el pronombre *lo*. Así, la oración equivalente a la anterior es, en ambos casos:

(74)   Él lo es

donde *él* sustituye a *Guillermo* y es, por tanto, el sujeto, y *lo* sustituye a *el jefe* y es, por tanto, el atributo.

Este mecanismo de sustitución por *lo* nos permite diferenciar entre las construcciones con *ser, estar* y *parecer* del resto de las demás construcciones ejemplificadas en (72). Los verbos como *ponerse, quedarse, mantenerse* no admiten la sustitución de su atributo por medio del pronombre de complemento directo. Estos verbos reciben el nombre de **pseudocopulativos**. Nótese que, además, el atributo de estos verbos puede ser sustituido, en la mayoría de los casos, por el adverbio *así*:

(75)

a. María es abogado	=> María lo es
b. Ella está cansada	=> Ella lo está
c. Nosotros nos pusimos muy tristes	=> *Nosotros nos lo pusimos
	=>Nosotros nos pusimos así
d. Ella se quedó de piedra	=> *Ella se lo quedó
	=> Ella se quedó así
e. Nos mantenemos alerta	=> *Nos lo mantenemos
	=>Nos mantendremos así.

Por otro lado, *ser* y *estar* no son siempre verbos copulativos. Cuando *ser* tiene el sentido de 'existir' o cuando *estar* tiene el significado de 'permanecer' o 'estar presente' nos hallamos no ante un predicado nominal sino ante un **predicado verbal**, es decir, un tipo de predicado similar al formado por todos los verbos que no son copulativos:

(76)   a. La fiesta es a las siete.
       b. Para esa hora estaremos en casa.

Los predicados verbales, a diferencia de los nominales, expresan estados o actividades en las que participa el sujeto. Atendiendo a los núcleos de dichos predicados podemos separar las oraciones en **transitivas** e **intransitivas**. Como hemos visto cada verbo requiere un número determinado de argumentos. El verbo *poner* requiere la presencia de tres argumentos: un quién, un qué y un dónde. El primer argumento corresponde al sujeto oracional. Fijémonos ahora en los otros dos. Sabemos que si falta alguno de estos argumentos, la oración no es gramatical (sección 1.6). A estos argumentos distintos del sujeto y que son requeridos por el verbo los denominamos <u>complementos</u>. **Verbos transitivos** son aquellos que *pueden* aceptar uno o más complementos:

(77)   a. Escuchamos <u>la radio</u> por las mañanas.
       b. Enciende <u>la luz</u>, por favor.
       c. Pienso <u>que esto es ridículo.</u>

Fijémonos ahora en el ejemplo (77a). Dado que la subcategorización de *escuchar* nos dice que dicho verbo requiere sólo dos argumentos, el que escucha y lo escuchado (un quién y un qué), el SPrep *por las mañanas* no es un argumento del verbo. Decimos por tanto que ese SPrep es un modifcador o <u>adjunto</u> del sintagma verbal, no un complemento.

Denominamos <u>complemento directo</u> (u objeto directo) al SN o la O' subcategorizados por un verbo transitivo. El complemento directo puede ser sustituido por el correspondiente pronombre acusativo átono: *lo, la, los, las,* como es fácil de ver en los ejemplos anteriores:

(78)   a. <u>La</u> escuchamos por las mañanas.
       b. Enciénde<u>la</u>, por favor.
       c. <u>Lo</u> pienso.

Un caso especial de verbo transitivo es el de los denominados **ditransitivos**. Son éstos verbos que permiten dos complementos (qué y a quién), tales como *dar, regalar, enseñar, etc.* El segundo complemento recibe el nombre de complemento indirecto (u objeto indirecto) y puede ser duplicado y/o sustituido por un pronombre átono, *me, te, le, nos, os, les, se.*

(79)

    a. Pedro le dio a Juan la mala noticia => Pedro se la dio a Juan.

    b. Nadie enseña semántica a los estudiantes de español => Nadie se la enseña a ellos.

Encontramos otros dos casos especiales de verbos transitivos en español: los **reflexivos** y los **recíprocos**. En ambos casos, el agente y el paciente de la acción denotada por el verbo reflexivo coinciden. La diferencia fundamental consiste en que, por lo general, podemos añadir los SPrep "a sí mismo/a/os/as" a las oraciones de significado reflexivo mientras que añadimos opcionalmente el SPrep "el uno Prep+el otro" (*i.e. el uno al otro, el uno con el otro*) a las construcciones recíprocas:

(80)   a. <u>Yo</u> <u>me</u> miro en el espejo a menudo.   (reflexiva)

        b. <u>Bill</u> <u>se</u> tiñe el pelo <u>a sí mismo.</u>   (reflexiva)

        c. <u>Ellos</u> <u>se</u> admiran <u>el uno al otro.</u>   (recíproca)

        d. <u>Ellos</u> <u>se</u> miraban (a sí mismos/el uno al otro). (ambas)

No todos los verbos reflexivos o recíprocos son transitivos. Algunos intransitivos admiten incrementación reflexiva y permiten un uso recíproco. El caso más clásico es el verbo *pelearse* ("se peleaban el uno con el otro").

Debemos diferenciar entre aquellos verbos que sólo tienen la forma reflexiva: *jactarse, quejarse, arrepentirse, vanagloriarse,* etc., y que se construyen en todas sus formas y personas con pronombres reflexivos de los verbos de acción o estado usados de forma reflexiva: *bañar/bañarse; levantar/levantarse; mirar/mirarse; separar/separarse,* etc. El *se* de las primeras construcciones se denomina **se léxico** para diferenciarlo del puramente reflexivo.

Los verbos transitivos pueden aparecer también en construcciones pasivas. Las **oraciones pasivas** formalmente se caracterizan por que el verbo aparece en voz pasiva *(ser+participio pasivo).* En ellas el sujeto no se interpreta como agente sino como tema de la acción, es decir, como el complemento directo del verbo:

(81)   a. La ciudad fue atacada al amanecer.

        b. La pizarra ha sido robada por los estudiantes.

        c. Esa novela está escrita con esmero.

Como vemos en el ejemplo (81c), la combinación de un participio pasivo con el verbo *estar* en vez de *ser* no tiene el valor de una auténtica pasiva, sino que expresa el resultado de una acción acabada. De ahí la diferencia de interpretación entre:

(82)   a. La puerta fue cerrada.
         b. La puerta estaba cerrada.

En (82a) la oración tiene un sentido plenamente pasivo. En cambio, (83b) describe el resultado de la acción de cerrar la puerta.

Las construcciones pasivas pueden llevar también expresado el agente de la acción por medio de un SPrep con núcleo *por* o *de:*

(83)   a. Juan es respetado por todos.
         b. El libro fue escrito por tres amigos.
         c. El desfile fue precedido de las autoridades.

En español podemos usar una construcción similar a la pasiva mediante el uso de *se*, del verbo en forma activa y en tercera persona del singular o del plural y, en algunos casos, del agente precedido por las preposiciones *de* o *por*. Ejemplos clásicos son los siguientes:

(84)   a. Se firmó la paz (por los embajadores).
         b. Se han divulgado las noticias.

Denominamos a estas construcciones **pasivas reflejas**. En estas oraciones el sujeto, interpretado semánticamente de la misma manera que el objeto directo de la correspondiente oración activa, concuerda con el verbo en singular o plural como en el resto de las oraciones pasivas. Si se elimina el agente en los ejemplos anteriores en los que el sujeto es singular y por tanto el verbo aparece en tercera persona del singular, nos hallamos en el límite que separa las pasivas de las impersonales que discutimos al final de la sección. Volveremos a este tema más adelante.

Además de los verbos transitivos existen otros verbos que van acompañados necesariamente de un complemento preposicional: *equivaler (a), carecer (de), consistir (en)*, etc. Dicho objeto preposicional no puede ni dejar de aparecer en la oración ni ser sustituido por un pronombre de complemento directo. Llamamos a éstos **verbos preposicionales,** y a las oraciones resultantes, **oraciones de verbo preposicional:**

(84)

    a. El silencio equivale a la culpa => *El silencio equivale / *El silencio lo equivale.

    b. Este libro carece de fundamento => *Ese libro carece / *Ese libro lo carece.

    c. La tarea consiste en inventarse oraciones intransitivas => *La tarea consiste / *La tarea lo consiste.

Denominamos **verbos intransitivos** a aquéllos que no requieren ningún complemento, aunque puedan aparecer con uno o más modificadores no argumentales (adjuntos). Las oraciones en las que aparece un verbo intransitivo se denominan, lógicamente, **oraciones intransitivas:**

(85)   a. María estuvo durmiendo toda la noche.

    b. Paco vivió en Iowa.

    c. Llegaron a las tres.

Para terminar con la clasificación de las oraciones simples atendiendo a la naturaleza del predicado, hemos de mencionar las oraciones **impersonales.** Éstas son de tres tipos: en primer lugar, las oraciones impersonales con verbos meteorológicos naturales en los que es difícil pensar que hay un agente de la acción distinto de la acción misma, *llover, granizar, nevar, tronar, amanecer.*

(86)   a. Llueve.

    b. Está nevando en los puertos de montaña.

El segundo grupo de impersonales lo forman las oraciones con los verbos *haber, ser* y *hacer.*

(87)   a. Hay jamón serrano en la despensa.

    b. Hace calor.

    c. Es demasiado tarde.

El tercer grupo lo forman las **impersonales con *se.*** A diferencia de las oraciones pasivas reflejas descritas anteriormente, el verbo no concuerda con su complemento:

(88)   a. Se come bien aquí.
        b. Se bailó hasta las cuatro de la madrugada.
        c. Se invitó a todos los empleados.

En estos casos no podemos expresar un agente por medio de un SPrep. Tampoco podemos añadir un sujeto, aunque sea impersonal, a estas construcciones:

(89)   a. Se bailó mucho (*por los asistentes).   *Impersonal con se*
        b. Se trabaja bien aquí. (*Uno se trabaja bien aquí.)   "   "
        c. *El hombre se piensa demasiado.   "   "
        d. Se han divulgado las noticias.   *Pasiva-refleja (el verbo en plural concuerda con el sujeto)*

Una de las características de estas construcciones impersonales, además del hecho de que no concuerdan con el verbo en plural, es que pueden aparecer con un complemento de persona precedido por la preposición "a". Curiosamente, este complemento directo puede ser sustituido por un pronombre dativo *le* o *les* en vez de *lo, la, los, las:*

(90)   a. Se convocó a los asistentes => Se *les* convocó.
        b. Se premió al estudiante => Se *le* premió.

A la hora de analizar las oraciones impersonales de cualquier tipo suponemos que su sujeto es un *pro*, un elemento pronominal vacío, pero que a diferencia del analizado anteriormente en la sección 1.4, se trata de lo que denominamos un *pro impersonal* o un *pro expletivo* —en el caso de los verbos meteorológicos o de las impersonales con *haber, ser* o *hacer*. Algunas oraciones de significado impersonal pueden construirse con un sujeto determinado *uno* y un verbo en forma reflexiva, tal como mencionamos con anterioridad:

(91)   a. Uno se acostumbra a todo.
        b. Uno se tiene que afeitar todos los días.

Ejercicio 15. Clasifique las siguientes oraciones simples de acuerdo a la naturaleza del predicado y a la actitud del hablante:
a.   ¿Se baila mucho en Sevilla?
b.   ¡Qué bien te queda ese vestido!
c.   No está nevando.

> d. ¡Vende esa casa!
> e. Nadie le ha hecho nada a nadie.
> f. Siempre se quejan de los ejercicios.
> g. Hace mucho calor.
> h. La reunión fue en casa de Pepe.
> i. La reunión fue muy aburrida.
> j. ¿Por qué estás deprimido?

2.1.3. *Algunos usos del "se" en español*

No es difícil darse cuenta de que una de las unidades más difíciles de analizar en español es *se*. Ya hemos visto en la sección anterior que aparece tanto en oraciones impersonales como en oraciones reflexivas, recíprocas y pasivo-reflejas. Pero la misma unidad aparece en tres tipos de construcciones más: en primer lugar *se* puede ser un **dativo de interés**, que refuerza el valor subjetivo y afectivo de la frase pero que no es necesario desde un punto de vista gramatical:

(92)   a. Comí una hamburguesa => me comí una hamburguesa.
         b. Comió una hamburguesa => se comió una hamburguesa.
         c. Ella tomó el café => ella se tomó el café.

Además de esta construcción, encontramos *se* como una **variante contextual de *le* y *les***, es decir, cuando estos dos pronombres preceden a un pronombre de complemento directo de tercera persona en español (*lo, la, los, las*):

(93)   Le di un regalo => *Le lo di => Se lo di.

Además de estas construcciones existe otra construcción sin agente humano que es distinta de la impersonal pasiva. Fijémonos en que la oración (94a) tiene dos posibles traducciones al inglés (94b) y (94c):

(94)   a. El barco se hundió
         b. The boat sank
         c. The boat was sunk (by the enemy)

Mientras que la interpretación de (94c) es claramente pasiva, la interpretación (94b), en la que no existe la posibilidad de participación de un agente humano explícito, recibe el nombre de **voz media**. Las construcciones con *se* en español tienen por tanto interpretaciones muy distintas dependiendo de si hay o no un agente humano implícito. Puesto que todas se forman con el mismo pronombre ('se'), es difícil separar con claridad estas construcciones. A menudo se produce ambigüedad entre diferentes posibles interpretaciones. Así, el siguiente ejemplo puede ser interpretado como voz media, como construcción reflexiva o como pasiva-refleja, tal como demuestran sus posibles traducciones al inglés:

(95)   a. El coche se movió   *Reflexiva: The car moved itself*
                               Pasiva-refleja: The car was moved
                               Voz media: The car moved

Para la mayoría de los hablantes, una frase agentiva precedida por la preposición *por* es incompatible con las interpretaciones pasivo-reflejas y de voz media. Puesto que la construcción pasiva-refleja, pero no la de voz media, presupone la existencia de un agente implícito, una manera de desambiguar estas oraciones es añadir adverbios o construcciones de finalidad que presupongan la existencia de dicho agente. Por ello, las construcciones pasivo-reflejas resultan más naturales si añadimos adverbios como *voluntariamente* o construcciones de finalidad como *para despejar la calle*:

(96)   El coche se movió para despejar la calle (pasiva-refleja).

ALGUNOS USOS DE *SE*

i)	SE variante contextual de *le, les*	Se lo voy a decir a él.
ii)	SE reflexivo	Se afeita.
iii)	SE recíproco	Se despreciaban el uno al otro.
iv)	SE impersonal	Se come bien aquí.
v)	SE dativo de interés	Se tomó una cerveza.
vi)	SE pasivo-reflejo	Se venden casas baratas.
vii)	SE medio	La mantequilla se derritió.
viii)	SE léxico	Se jactaban demasiado.

Ejercicio 16. Explique la función sintáctica del *se* en las siguientes oraciones:
a. Juan se hizo daño.
b. María y Elisa no se saludan.

c. Se venden apartamentos.

d. Juan se consiguió una entrada para el concierto.

e. Ellos nunca se han jactado de ser los mejores.

f. Se los tenemos que dar.

g. Se habla inglés.

h. Se convocaron varios premios.

i. Se convocó a los estudiantes de tercer año.

j. Juan se despeinó a causa del viento.

k. Los duques se envenenaron.

Ejercicio 17. ¿Por qué decimos "Juan se levantó", "Juan nos levantó", "Juan se rió", pero no "*Juan nos rió"? Dé una respuesta detallada y proponga un análisis para las cuatro oraciones.

Ejercicio 18. ¿Cuál es la diferencia entre las dos oraciones siguientes? Se le entregó a la madre / Se lo entregó a la madre.

2.2. La oración compuesta: Definición y clasificación

Las oraciones simples pueden combinarse para formar unidades mayores a las que denominamos **oraciones compuestas**. Esta combinación se realiza mediante dos procedimientos recursivos:

i)   <u>Coordinación</u>: cuando las oraciones son independientes entre sí.

(97)   Pedro canta tangos mientras María baila guarachas.

ii)   <u>Subordinación</u>: cuando una de las oraciones carece de autonomía estructural y depende de la otra. A la primera la denominamos <u>oración subordinada</u> y a la segunda <u>oración principal</u>.

(98)

Pedro lee el libro <u>que le regaló Luis</u>.

                                        Oración subordinada
                          _____

                    Oración principal

2.2.1. Oraciones coordinadas

Las **oraciones coordinadas** son el resultado de la unión de dos o más oraciones independientes. La unión se realiza a través de uno o más elementos conjuntivos y/o de pausas. Atendiendo al nexo de unión, las oraciones coordinadas se clasifican en:

(i) **Copulativas**, con los nexos *y, e, ni,* etc.
(ii) **Disyuntivas**, cuando unimos dos o más oraciones mediante la conjunción *o.*
(iii) **Adversativas**, con las conjunciones *pero, más, sino que,* etc. En este caso el número de coordinadas se reduce a dos.

(99)   a. Juan mira la televisión y Pedro lee un libro.   *copulativa*
         b. Yo cocino, tú pones la mesa y él lava los platos.   *copulativa*
         c. Ni quiero estudiar ni quiero trabajar.   *copulativa*
         d. O vienes o te quedas.   *disyuntiva*
         e. Me gustaría ir pero no puedo.   *adversativa*
         f. No sólo es difícil sino que es imposible.   *adversativa*

La estructura general de una oración coordinada es la siguiente[7]:

(100)

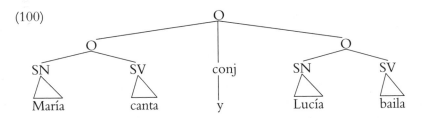

Sólo se pueden coordinar oraciones compatibles sintáctica y semánticamente. Por eso es casi imposible coordinar una declarativa y una interrogativa (101a), dos oraciones con distintos valores temporales (101b), dos oraciones incompatibles en cuanto a su contenido informativo (101c) o dos oraciones en orden lógico o cronológico inverso (101d):

(101)   a. Luis mira la televisión y Pedro lee un libro.
         a'. *Luis mira la televisión y quién lee un libro.

---

[7] En oraciones como *Ni María canta ni Lucía baila* tenemos una conjunción discontinua.

b. Juan sacó el perro y María acostó a los niños.

b'. *Juan saca el perro y María acostó a los niños.

c. Tengo hambre y estoy a régimen.

c'. *Tengo hambre y un presidente del país se llamaba Carter.

d. El suicida saltó al vacío y se mató.

d'. *El suicida se mató y saltó al vacío.

Las oraciones coordinadas que carecen de nexo conjuntivo se denominan **yuxtapuestas:**

(102) a. No vino a clase, estaba enfermo.
 b. Vino, vio, venció.

2.2.2. *Oraciones subordinadas*

A diferencia de las coordinadas, las **oraciones subordinadas** no pueden aparecer aisladas y dependen sintácticamente de otra oración, que denominamos **oración principal**. Estas oraciones subordinadas son, en general, O's (oraciones-con-barra) y suelen estar por tanto precedidas por un complementante en vez de una conjunción. En los siguientes ejemplos hemos señalado en *cursiva* la oración subordinada:

(103) a. Lamento *que tengas tanto sueño.*
 b. El profesor *que está tan delgado* odia la lingüística.
 c. Jacinto llegó *cuando estábamos desayunando.*

Hay tres tipos distintos de oraciones subordinadas, dependiendo de la posición que ocupen y de su función.

Si ocupan la posición y desempeñan la función de:

(i) un sustantivo, se denominan <u>subordinadas sustantivas o completivas</u>;

(ii) un adjetivo, se denominan <u>subordinadas adjetivas o de relativo</u>;

(iii) un adverbio, se denominan <u>subordinadas adverbiales</u>.

Ejercicio 19. En las oraciones siguientes, indique cuáles son coordinadas y cuáles son subordinadas:

a. El partido terminó cuando el árbitro expulsó a todos los jugadores.

b. Sé que María trabaja cuando le apetece.

c. El jugador que fue expulsado primero recibió una multa y los demás

jugadores han protestado.
d. Perdono pero no olvido.
e. Que llegues tarde me parece una falta de educación y de respeto.
f. Lo haré cuando José Ignacio, que sabe mucho de estas cosas, me lo diga.

2.2.2.1. Subordinadas sustantivas o completivas. Las oraciones subordinadas sustantivas ocupan la misma posición y desempeñan en la oración la misma función sintáctica que un sustantivo, como vemos en el ejemplo siguiente en el que el sustantivo subrayado y que se halla en posición de complemento directo puede ser sustituido por una oración-con-barra que ocupa su misma posición:

(104)   a. Quiero chocolate
         b. Quiero [O' que vengas]

Podemos representar la estructura de esta oración del siguiente modo:

(105)

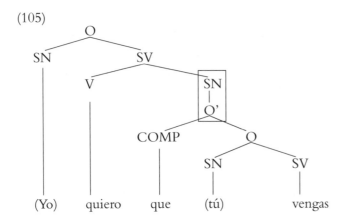

Puesto que las subordinadas sustantivas ocupan la posición característica del nombre, podemos encontrarlas en posición de **sujeto** del predicado principal (106a), de **objeto directo** (106b) o de **objeto preposicional** (106c) o **complemento de otro nombre o adjetivo** (106d):

(106)   a. Me gusta que la gente sonría.
         b. María creía que Luis estaba enfermo.

c. Juan insistió en que fuéramos al cine.

d. Juan está orgulloso de que su hijo estudie en Arizona.

Este tipo de subordinadas pueden ser **finitas** (con el verbo núcleo de la predicación en indicativo o subjuntivo) o **no finitas** (con el verbo en infinitivo). Sólo las primeras van introducidas por el complementante *que:*

(107)   a. Me gusta sonreír.

b. María cree estar enferma.

c. Juan insistió en ir al cine.

Además, las subordinadas sustantivas van encabezadas por un elemento distinto de *que* cuando son interrogativas.

(108)   a. Preguntó si habíamos hablado con María.

b. Preguntó con quién habíamos hablado.

c. No sabía si hablar con María.

d. No sabía con quién hablar.

Atendiendo a la actitud del hablante, y al igual que las oraciones simples, las oraciones completivas pueden ser tanto **enunciativas** como **interrogativas** o **exclamativas**. Las **completivas enunciativas** presentan tres variantes: de indicativo, subjuntivo e infinitivo. Los tres tipos pueden ser sujeto, complemento directo o complemento preposicional:

(109)   a. Está claro que Juan come.   *SUJETO*

b. Me gusta que Juan coma.

c. Me agrada comer.

(110)   a. María dijo que la gente era feliz.   *C. DIRECTO*

b. María deseó que la gente fuera feliz.

c. María deseaba ser feliz.

(111)   a. Insiste en que lo hará.   *C. PREPOSICIONAL*

b. Se conforma con que ella lo salude.

c. Se conforma con aprobar.

La aparición de estos tres tipos está determinada por el verbo principal: en general, las completivas de indicativo acompañan a verbos de contenido asertivo (fuertes; *decir, confirmar, demostrar* o débiles: *creer, opinar, pensar, parecer*). Ambas clases se comportan de manera distinta si van precedidas de negación:

(112)   a. Creo que Juan lo sabe.
        b. No creo que Juan lo sepa /*sabe.

(113)   a. Digo que Juan lo sabe.
        b. No digo que Juan lo sabe / sepa.

En general, las completivas con subjuntivo aparecen con verbos no asertivos (verbos de voluntad: *querer, desear*, verbos de influencia: *animar, obligar, ordenar*, verbos factivos: *lamentar, sentir*, etc.):

(114)   a. Deseo que ganes / *ganas.
        b. Les ordenó que se fueran /*iban.
        c. Lamenté que se fueran / *iban.

Tanto los verbos asertivos como los no asertivos aceptan completivas de infinitivo:

(115)   a. Desea / lamenta / ordena estudiar sintaxis.
        b. Asegura / piensa ganar mucho dinero.

Tanto las subordinadas de infinitivo como las de subjuntivo pueden ir precedidas del artículo *el*, lo que no ocurre con las de indicativo:

(116)   a. Me sorprendió el que llegara tarde.
        b. Me sorprendió el llegar tan tarde.
        c. Está claro (*el) que Juan llegará tarde.

Existen dos tipos de **completivas interrogativas o interrogativas indirectas**, las **totales**, que van introducidas por el complementante *si,* y las **parciales**, que van introducidas por un elemento Qu-. Al igual que los otros tipos de subordinadas sustantivas, también pueden funcionar como sujeto, objeto directo u objeto preposicional:

(117) a. Si se decide o no a venir dependerá de lo que le digamos. *Total- Sujeto*
     b. Preguntó dónde vivías. *Parcial- C. Directo*
     c. No me acuerdo de qué debía explicar hoy. *Parcial- C. Preposicional*

Las completivas **exclamativas indirectas** expresan una valoración extrema en cantidad o cualidad. Su estructura es muy similar a la de las interrogativas indirectas:

(118)   a. Me sorprendió la hora que era.   *Exclamativa*
             b. Me sorprendió qué hora era.   *Exclamativa*

(119)   a. Me preguntó la hora que era.   *Interrogativa*
             b. Me preguntó qué hora era.   *Interrogativa*

Ejercicio 20. Clasifique las siguientes subordinadas sustantivas e indique cuál es su función dentro de la oración (sujeto, complemento directo, complemento preposicional o complemento del nombre o adjetivo):
a.   Que te canses a tu edad me parece inaudito.
b.   No creo que salgamos esta tarde.
c.   No sé qué decirte.
d.   Me pregunto si tiene dos dedos de frente.
e.   Es inútil que trabajes tanto.
f.   Estoy molesto de que me lo hayan dicho.
g.   Tengo la ventaja de que nadie me hace caso.
h.   Está temeroso de que vaya a visitarlo a su casa.

Ejercicio 21. Explique la diferencia entre los siguientes pares de oraciones:
a.   Él dijo que llegaba a tiempo.
a'. Él dijo que llegara a tiempo.
b.   Siento que tengo catarro.
b'. Siento que tengas catarro.

2.2.2.2. Subordinadas adjetivas o de relativo. Las oraciones **subordinadas adjetivas** ocupan la misma posición y desempeñan la misma función sintáctica que un adjetivo en la oración, como vemos en el ejemplo siguiente, en el que el adjetivo subrayado puede ser sustituido por una oración-con-barra que ocupa su misma posición:

(120)   a. Quiero un coche <u>rojo</u>.
            b. Quiero un coche [$_{O'}$ que sea rojo].

Puesto que ocupan la misma posición que un adjetivo, funcionan como modificadores de una expresión nominal (antecedente) dependiente del predicado de la oración principal. En el ejemplo anterior, dicho antecedente es obviamente el SN *el coche*.

Las oraciones de relativo van encabezadas por un elemento subordinante a través del cual se establece una relación de modificación entre la oración de relativo y el antecedente (pronombre, adjetivo o expresión adverbial relativa):

(121) a. Las personas que / a las que conocí venían de otro país.
   b. Las personas con quienes hablé venían de otro país.
   c. Vivió siempre en el pueblo en el cual / donde nació.

En las oraciones anteriores, el elemento subordinante desempeña además una función sintáctica dentro de dicha oración, de objeto directo en el primer caso, de objeto preposicional en el segundo y de adjunto o modificador verbal en el tercero. Por eso, no podemos añadir o duplicar la función del elemento subordinante, como vemos en los siguientes ejemplos en los que un elemento subrayado añadido ocupa la posición original del elemento subordinante:

(122) a. *Las personas que conocí <u>a los hijos</u> venían de otro país.
   b. *Las personas con quienes hablé <u>con ellas</u> venían de otro país.
   c. *Vivió siempre en el pueblo donde nació <u>en la ciudad</u>.

Resulta por tanto lógico asumir que el relativo está en la posición de COMP como resultado de una regla de movimiento y que ha dejado una huella en su posición original. Un posible análisis es el siguiente:

(123)

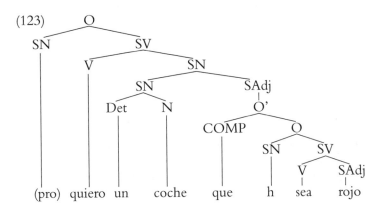

Además, el relativo y el antecedente se refieren a la misma entidad (son correferenciales). Esta relación se manifiesta formalmente mediante la concordancia en género y número entre antecedente y relativo:

(124)   a. Las personas a las que conocí venían de otro país.
          b. *Las personas al que conocí.
          c. Vivió siempre en el pueblo en el cual / donde nació.
          d. *Vivió siempre en el pueblo en la cual nació.

Los relativos del español son *que, el cual, quien, cuyo, cuanto, como, donde* y *cuando*. En general, *que, el cual* y *quien* se consideran pronombres, *cuyo* un adjetivo y *como, donde* y *cuando*, adverbios de modo.

Que es la forma menos marcada de los pronombres; sus rasgos de concordancia no están especificados a menos que vaya precedido del artículo *el*, y aparece, por tanto, en un gran número de contextos. Sólo cuando el artículo está presente la oración de relativo puede carecer de antecedente explícito:

(125)   a. *(Los) que llegaron tarde no encontraron asiento.
          b. Quemó *(lo) que había escrito.
          c. Entregó la carta a*(l) que abrió la puerta.

Quien es el relativo más especificado: [+humano] / [± plural]. Dada su autonomía referencial puede aparecer sin antecedente:

(126)   a. Quienes llegaron tarde no encontraron asiento.
          b. He visto a quien tú ya sabes.
          c. He hablado con quien me dijiste que hablara.

El cual está marcado para género y número pero carece de autonomía referencial, como prueba la imposibilidad de que aparezca sin antecente explícito:

(127)   a. Los asuntos, sobre los cuales hablamos ayer, se han resuelto.
          b. *Los cuales hablamos ayer se han resuelto.

Cuyo es un adjetivo relativo posesivo dotado de morfemas de género y número en concordancia con el sustantivo al que determina. Establece con este sustantivo una relación de pertenencia o posesión. Requiere, por tanto, la presencia explícita de un antecedente:

(128)   a. Las tropas cuyos mandos desertaron estaban sitiadas.
          b. *Cuyos mandos desertaron...

Cuanto es un cuantificador que no necesita antecedente. Puede ir precedido por *todo*, y en ese sentido se comporta como *el cual*.

(129)   a. (Todos) cuantos le conocen le aprecian.
          b. (Todos) los que le conocen le aprecian.
          c. Dijo (todo) cuanto quiso.
          d. Dijo (todo) lo que quiso.

Hay dos tipos de oraciones de relativo, **restrictivas** y **apositivas**. La diferencia fundamental entre ellas es la entonación: mientras que las restrictivas forman una unidad fónica con su antecedente, las apositivas están delimitadas por pausas:

(130)   a. Los profesores con los que habló Pedro han llegado.   *restrictiva*
          b. Los profesores, con los que habló Pedro, han llegado.   *apositiva*

Además de esta diferencia en cuanto a su entonación existen también diferencias semánticas y sintácticas. Desde un punto de vista semántico las restrictivas modifican el contenido intensional[8] del antecedente: en el ejemplo anterior (130a) no todos los profesores han llegado —tan sólo aquéllos con los que habló Pedro. Por eso, denominamos también **especificativas** a estas oraciones, ya que especifican a qué subconjunto del conjunto expresado por el antecedente se refiere la predicación. En cambio, la información aportada por las apositivas no altera el valor referencial del antecedente: en el ejemplo anterior (130b) la implicación es que todos los profesores han llegado y que Pedro habló con todos ellos. Por ello este tipo de oraciones de relativo recibe también el nombre de **explicativas**, ya que explican una característica del antecedente (en este caso, que Pedro habló con ellos).

Podemos encontrar diferencias sintácticas entre los dos tipos de oraciones de relativo, las especificativas y las explicativas, que tienen que ver con (i) el modo verbal, (ii) los antecedentes y (iii) la distribución de los elementos relativos. Pasamos a mencionar brevemente esas diferencias entre ambos tipos de construcciones. En primer lugar, las apositivas no admiten la variación de for-

---

[8] *Intensión* es un término de semántica utilizado en la definición de expresiones lingüísticas. No tiene nada que ver con *intención*, propósito.

mas verbales que exhiben las restrictivas: las restrictivas pueden ir en indicativo o subjuntivo o infinitivo dependiendo del carácter específico o inespecífico del antecedente (presuponemos la existencia de amigos concretos en (131a), pero no en (131b/c)). Las apositivas sólo admiten la presencia de indicativo (132).

(131)   a. Los amigos en los que confía...
        b. Los amigos en los que confíe...
        c. Los amigos en los que confiar...

(132)   a. Los amigos, en los que confía, ...
        b. *Los amigos, en los que confíe, ...
        c. *Los amigos, en los que confiar, ...

En cuanto a los antecedentes, las restrictivas presentan una distribución más limitada: no pueden tener como antecedente ni un nombre propio, ni un pronombre ni una oración:

(133)   a. Ignacio, del que os hablé ayer...
        a'. *Ignacio del que os hablé ayer
        b. Ella, a quien le debo mucho,...
        b'. *Ella a quien le debo mucho...
        c. Juan no ha venido, lo que no es extraño.
        c'. *Juan no ha venido lo que no es extraño.

Existen en español, además, **relativas de infinitivo**. Estas construcciones tienen una distribución limitada: el SN que modifica la relativa de infinitivo es un objeto regido por un grupo reducido de verbos (*buscar, encontrar, tener, necesitar, querer,* etc.). El antecedente tiene un carácter no referencial o inespecífico:

(134)   a. Busco un amigo en quien confiar.
        b. No tiene ropa que ponerse.
        c. Encontró un lugar en el que dormir.
        d. *Busco la casa de un amigo en quien confiar.
        e. * Alquiló un traje que ponerse.

Ejercicio 22. Explique detalladamente la diferencia entre las dos oraciones siguientes, indique de qué tipo de oraciones se trata y dibuje los árboles correspondientes:

(a) Ése es el hombre que Juan mató.
(b) Ése es el hombre que mató a Juan.

Ejercicio 23. Explique la ambigüedad de la siguiente oración:
Me sorprendió la cara que tenía Luis.

2.2.2.3. Subordinadas adverbiales. Las oraciones **subordinadas adverbiales** ocupan la misma posición y desempeñan la misma función sintáctica que un adverbio en la oración, como vemos en el ejemplo siguiente en el que el adverbio subrayado puede ser sustituido por una oración-con-barra que ocupa su misma posición:

(135) a. Vive <u>allí</u>
       b. Vive [$_{O'}$ donde puede]

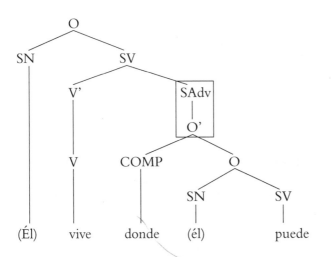

Puesto que estas oraciones ocupan el mismo lugar que un adverbio, son adjuntos, es decir, no están seleccionadas semánticamente por el verbo de la oración a la que están vinculadas.

Las subordinadas adverbiales se clasifican tradicionalmente en:

(i) temporales
(ii) de lugar o locativas
(iii) modales
(iv) causales

(v) finales
(vi) condicionales
(vii) concesivas
(viii) comparativas
(ix) consecutivas

Las oraciones **subordinadas adverbiales temporales** delimitan el tiempo en que ocurre el evento expresado en la oración principal a través de relaciones de simultaneidad o de sucesión. Los nexos usados en estas oraciones son *cuando, siempre que, mientras (que), antes (de) que, después (de) que, desde que, hasta que.* Las variantes con o sin preposición *de* se diferencian en que sólo con la forma sin preposición es posible la elisión del verbo:

(136)   a. Me fui antes (*de) que Pedro (se fuera).
        b. Me fui después (*de) que Pedro (se fuera).

Existe una enorme libertad en cuanto a la posición de estas oraciones adverbiales:

(137)   a. Juan estudia cuando quiere.
        b. Cuando quiere, Juan estudia.
        c. Juan, cuando quiere, estudia.

Las oraciones **subordinadas adverbiales locativas** enmarcan espacialmente el evento expresado en la principal. Los nexos usados para introducir la oración subordinada son *donde, adonde, por donde, de(sde) donde, hacia donde, hasta donde,* etc.:

(138)   a. Iremos donde / adonde / hacia donde tú digas.
        b. Pasó por donde vive Juan.
        c. Llegaré hasta donde pueda.

Las oraciones **subordinadas adverbiales modales** expresan el modo en que se realiza la acción expresada por el verbo principal y van introducidas por los adverbios *como* y *según* y mediante una serie de locuciones derivadas: *como que, según que, como si,* etc.

(139)   a. Juan acepta las cosas como vienen.
        b. Actúa según le place.

Las oraciones **subordinadas adverbiales causales** expresan el motivo o razón del evento expresado en la principal. Los nexos usados en estas oraciones son *porque, puesto que, ya que, que, como*:

(140) a. Porque tengo fiebre, estoy enfermo.
　　　 b. Puesto que ésta es su cartera, Juan ha venido.

Las oraciones **subordinadas adverbiales finales** expresan el objetivo o propósito de la acción denotada en la oración principal y van introducidas por los nexos *para que, a fin de que, con el fin de que*, etc. En ellas el verbo sólo puede aparecer en subjuntivo y en un tiempo posterior al de la principal:

(141) a. Se van al pueblo para que los niños se distraigan
　　　　　 / *se distrajeran / *se distraen.
　　　 b. Escribo mal para que los lectores no me entiendan
　　　　　 / *no me hayan entendido/ *no me entienden.

Las oraciones **subordinadas adverbiales condicionales** expresan un requisito de cuya realización depende lo enunciado en la principal. Van introducidas por *si, con que, con tal de que, en el caso de que, a condición de que*, etc. La condición expresada puede ser de posibilidad, de improbabilidad o de imposibilidad:

(142) a. Si hace buen tiempo, iremos a la playa. (posibilidad)
　　　 b. Si hiciera buen tiempo, iríamos a la playa. (improbabilidad)
　　　 c. Si hubiera hecho buen tiempo, habríamos ido a la playa. (imposibilidad)

Las oraciones **subordinadas adverbiales concesivas** se interpretan como una objeción o dificultad para la realización del evento expresado en la principal y van precedidas de *si bien, aun si/cuando, a pesar de que, por mucho que, por más que*, etc.:

(143) a. Aunque hacía frío nos fuimos a la calle.
　　　 b. Si bien él es un soso, su mujer es simpática.
　　　 c. No logro acordarme por más que lo intento.

Estas oraciones llevan indicativo o subjuntivo dependiendo del carácter real o posible de la objeción expresada. En ello se distinguen de las adversativas, que sólo admiten indicativo:

(144)   a. Juan es pobre aunque / pero (es) honrado.
        b. Juan es honrado aunque / *pero sea pobre.
        c. Me lo comeré aunque no me gusta / guste.
        d. Me lo comeré pero no me gusta / *guste.

Las concesivas y las adversativas se diferencian también en el orden de los miembros de la oración compuesta:

(145)   a. Leyó todo el libro aunque no lo entendía.
        b. Aunque no lo entendía, leyó todo el libro.
        c. Se lo leyó todo pero no lo entendió.
        d. *Pero no lo entendió se lo leyó todo.

Las oraciones **subordinadas adverbiales comparativas** expresan una comparación de **igualdad** o **desigualdad**. El primer miembro de la comparación de desigualdad contiene un cuantificador (*más, menos, tanto*) y el elemento comparado, mientras que el segundo incluye la partícula comparativa correlativa del cuantificador (*que, como*) y aquello con lo que se compara. Este segundo miembro puede estar formado por una oración cuyo segundo verbo se ha omitido.

(146)   a. Luis admira tanto a Lubitsch como yo a Billy Wilder.
        b. He escrito más cartas a Luis que tú a Juan.

Las de igualdad contienen el cuantificador *tanto* y sus variantes y en el segundo miembro *como*. Este segundo miembro puede ser un SN, SAdj, SAdv, etc.

(147)   a. Juan es tan feo como su padre.
        b. José es tan feo como tonto.
        c. Yo soy tan feo como antes.
        d. Él es tan feo como tonto su hermano.

Las de desigualdad se clasifican en dos grupos, de **superioridad** e **inferioridad**, diferenciados por el cuantificador con el que aparecen: *más* o *menos*.

(148)   a. Juan gana más / menos dinero que Pedro.
        b. Juan gana más /menos dinero ahora que Luis el año pasado.
        c. Juan gana más / menos dinero del que necesita.

Las oraciones **subordinadas adverbiales consecutivas** expresan el resultado o la consecuencia de la acción que las precede. Van introducidas por la partícula *que* mientras que la principal contiene los cuantificadores *tan(to)* y *tal*, a través de los cuales se valora una cualidad, una acción o el número de objetos designados por el sustantivo:

(149) a. Es tan tonto que le podemos ofrecer la cátedra.
   b. Toreó tan bien que el público lo vitoreó.
   c. Escribió tantos ejemplos estúpidos que los alumnos protestaron.

La presencia del cuantificador no es obligatoria. Esto ocurre cuando usamos las locuciones *de manera / modo / forma que*:

(150) Lo explicó de modo que nadie lo entendió.

El verbo de las consecutivas puede ir en indicativo o subjuntivo, mientras que en las comparativas el subjuntivo no es posible.

(151) Preparó la hoja de ejemplos de manera que nadie podría / pudiera entenderla.

Ejercicio 24. Las subordinadas adverbiales temporales, las causales, las condicionales, las finales y las concesivas pueden construirse con un verbo en infinitivo. Se pide del alumno que escriba tres ejemplos de cada una de ellas.

Ejercicio 25.
1) Identifique el tipo de sintagma subrayado en cada una de las oraciones siguientes (O, SN, SAdv, etc.):
   a) Mis compañeros de cuarto escuchan música clásica.
   b) Tenemos que hacer la tarea de lingüística.
   c) Lo hizo sin la ayuda de su familia.
   d) Estoy increíblemente cansado.
   e) Es un problema difícil de solucionar.
   f) Se comporta extraordinariamente bien.
   g) Yo nunca he leído un libro de sintaxis.
   h) Ella está cansada de tanto trabajar.
   i) Quiero que digas la verdad.

j) Que no tengas la tarea me parece imperdonable.
k) Juan vio al profesor que se había olvidado el cerebro en su casa.
l) Tengo hambre.
m) Entre María y Lucía resolverán el problema.
n) Exijo que te sientes y que te calles.

2) Busque argumentos para justificar que los sintagmas subrayados en los ejemplos (a), (d), (f) y (m) del ejercicio anterior son constituyentes sintácticos.

3) Escriba las reglas de reescritura sintagmática para los constituyentes subrayados en los ejemplos (c), (e), (i) y (n) del primer ejercicio y dibuje los árboles sintácticos correspondientes.

4) Escriba tres ejemplos originales de cada uno de los siguientes tipos de oraciones subordinadas: sustantivas, adjetivas y adverbiales. Elija tres de las nueve oraciones propuestas y dibuje el diagrama correspondiente.

APÉNDICES

Clasificación de las oraciones

Simples: –De acuerdo con la naturaleza del predicado:
- copulativas
- transitivas
- recíprocas
- reflexivas
- pasivas
- intransitivas
- impersonales

–De acuerdo con la actitud del hablante:
- declarativas
- interrogativas
- exclamativas
- imperativas

Compuestas: –Coordinadas
- copulativas
- disyuntivas
- adversativas

- Subordinadas
  - sustantivas
    - completivas
    - interrogativas indirectas
      - totales
      - parciales
  - adjetivas
    - restrictivas
    - apositivas
  - adverbiales
    - temporales   - condicionales
    - de lugar   - concesivas
    - modales   - comparativas
    - causales   - consecutivas
    - finales

SUBJUNTIVO–Cuadro de referencia

Este cuadro resume de manera esquemática los usos del subjuntivo en español descrito en las secciones anteriores. Se propone su uso como guía directa y simplificada de los usos básicos del subjuntivo en español.

1. En oraciones subordinadas sustantivas.

El uso del subjuntivo depende del **verbo principal**: Una vez que identificamos la oración subordinada y su tipo, si el verbo principal está en la siguiente lista o es similar en significado a alguno de los verbos que la componen, usamos subjuntivo en la oración subordinada. El alumno puede ir añadiendo verbos a dichas listas una vez que encuentre que dichos verbos requieren el uso del subjuntivo.

1. 1. Verbos de DUDA, VOLUNTAD o EMOCIÓN:

Dudar	Desear	Querer	Preferir	Esperar
Proponer	Recomendar	Pedir	Insistir	Rogar
Suplicar	Necesitar	Permitir	Prohibir	Aprobar
Ordenar	Aconsejar	Sugerir	Impedir	Lamentar
Temer	Alegrarse	Sentir	Exigir	Entristecerse

1.2. Expresiones impersonales (SER+Adjetivo):

SER (en 3ª persona singular)	+ADJETIVO	+ Oración subordinada sustantiva en función de sujeto
ES	necesario conveniente difícil fácil probable posible interesante maravilloso increíble bueno malo aconsejable importante dudoso lastimoso ...	+ QUE + <u>SUBJUNTIVO</u>

1.3. Expresiones negativas (DUDA):

NO SER (en 3ª persona singular)	+ADJETIVO	+ Oración subordinada sustantiva en función de sujeto
NO ES	cierto seguro claro evidente verdad obvio	+ QUE + <u>SUBJUNTIVO</u>

1.4. Verbos de pensamiento en forma negativa:

   NO PENSAR   NO CREER...   +QUE + <u>SUBJUNTIVO</u>

2. En oraciones subordinadas adjetivas.

Usamos subjuntivo si **el antecedente** de la oración subordinada es desconocido. Si es conocido, el verbo subordinado va en indicativo:

Busco una secretaria QUE SEA inteligente.	(Desconozco qué secretaria, sólo sé que debe ser inteligente; por tanto, uso subjuntivo).
Busco una secretaria QUE ES inteligente.	(Sé de qué secretaria hablo, la que es inteligente, por lo que uso indicativo).

Por lo tanto, usamos subjuntivo después de expresiones del tipo *nadie, nada* o *ninguno*:

No hay nadie que...

No había ningún/ninguna (+sustantivo) que..., puesto que, por definición, *nadie* o *ninguno* no son antecedentes conocidos por el hablante.

3. En oraciones subordinadas adverbiales

El uso del subjuntivo en la oración subordinada depende del **nexo (conjunción)**:

3.1. Nexos que siempre usan subjuntivo:

Cuando la oración es subordinada adverbial y el nexo es uno de los de la siguiente lista, usaremos <u>siempre</u> subjuntivo en la oración subordinada:

para que	Lo explico para que lo <u>entendáis.</u>
a fin de que	Lo escribo a fin de que lo <u>leas.</u>

3.2. Oraciones subordinadas finales

Se llaman así las oraciones que expresan el fin o la intención con la que se realiza la acción del verbo principal.

Oración principal +

Oración subordinada final	
(conjunción) PARA A FIN DE (raro)	+QUE + <u>SUBJUNTIVO</u>

3.3 Oraciones subordinadas concesivas:

Oración principal +

Oración subordinada concesiva	
(conjunción) AUNQUE AUN CUANDO A PESAR DE	SUBJUNTIVO + INDICATIVO

Aunque LLUEVA, saldré
Aunque LLUEVE, saldré

Con el indicativo se afirma la existencia efectiva de un obstáculo para el cumplimiento de lo enunciado en la principal, pero la dificultad se rechaza. Con el subjuntivo, la dificultad se siente sólo como posible.

3.4. Oraciones subordinadas temporales:

Oración principal +

Oración subordinada temporal	
(conjunción) CUANDO DESPUÉS DE QUE ANTES DE QUE EN CUANTO ...	SUBJUNTIVO + INDICATIVO

Cuando el verbo de la principal expresa futuro con respecto a la acción subordinada, el verbo subordinado va en subjuntivo.

Lo hizo cuando quiso.
Lo hará cuando quiera.

Con los nexos *antes de (que)* y *después de (que)* siempre usamos subjuntivo:

Salió de la ciudad antes de que llegáramos.
Vendrá después de que le avisemos.

3.5. Oraciones subordinadas modales:

Oración principal + <u>Oración subordinada modal</u>
(conjunción)
COMO QUE   + Indic.
COMO SI   + Subjun.

Expresan el modo de una acción mediante su semejanza con otra imaginaria:

> *Respira como si FUESE un camello.*
> *Hazlo como si FUERA a ser importante.*
> *Parece como que TIENE hemorroides.*

3.6. Oraciones subordinadas condicionales:

Hacemos depender el cumplimiento de lo enunciado en la principal de la realización de la subordinada.

i) **SI** + Verbo en Indicativo   + Indicativo
     (juega)   *(ganará)*

ii) **SI** + Verbo en Subjuntivo + Condicional Simple
     (jugara al póker)   *(ganaría)*
                 + Condicional compuesto
     (hubiera jugado)   *(habría ganado)*

Incorrecto: ★Si vendrá   Correcto: Si viniera / hubiera venido
         ★Si habrá venido
         ★Si hubo venido
         ★Si vendría
         ★Si habría venido

4. Secuencia de tiempos

Una manera sencilla de decidir cuáles son las posibles combinaciones temporales entre el tiempo del verbo principal y el subjuntivo de la oración subordinada es usar el siguiente cuadro. El cuadro está dividido en dos secciones. Para cualquier verbo de los que exigen subjuntivo en la oración subordinada sustantiva, todos los tiempos de indicativo que aparecen por encima de la línea de división pueden combinarse, cuando aparecen en una oración principal, con los tiempos de subjuntivo que aparecen a la derecha en la misma sección (por encima de la línea). Del mismo modo, todas las combinaciones de tiempos en la sección por debajo de la línea de división son combinaciones posibles.

Oración principal (verbo en indicativo)		Oración subordinada (verbo en subjuntivo)
Presente *Espero* Imperativo *Exije* Futuro *Esperaré* Presente Perfecto *He esperado*	QUE	Presente *apruebes* Presente Perfecto *hayas aprobado*
Pretérito *Esperé* Imperfecto *Esperaba* Condicional *Esperaría* Pluscuamperfecto *Había esperado* Condicional Perfecto *Habría esperado*	QUE	Imperfecto *aprobaras (aprobases)* Pluscuamperfecto *hubieras aprobado*

Por tanto, son combinaciones válidas:
Espero que apruebes / Espero que hayas aprobado.
Exijo que apruebes/ Exijo que hayas aprobado.
Esperaré que apruebes / Esperaré que hayas aprobado.
Etc.
Esperaría que aprobaras / Esperaría que hubieras aprobado.
Etc.

La diferencia entre las dos opciones para cada verbo principal (en el primer ejemplo, la diferencia entre 'apruebes' y 'hayas aprobado') se reduce básicamente a que, con los tiempos compuestos la oración expresa que la acción ha sido terminada. Esta implicación no está necesariamente presente en los tiempos simples del subjuntivo.

Bibliografía

Alarcos Llorach, Emilio. 1994. *Gramática de la lengua española*. Madrid: Espasa-Calpe.

Alcina Franch, J. y J. M. Blecua. 1982. *Gramática española*. Barcelona: Ariel.

Bello, Andrés. 1981. *Gramática de la lengua castellana dedicada al uso de los americanos*. Tenerife: Instituto Universitario de Lingüística Andrés Bello.

Bosque, Ignacio. 1989. *Las categorías gramaticales*. Madrid: Síntesis.

Campos, Héctor. 1993. *De la oración simple a la oración compuesta: curso superior de gramática española*. Washington D.C.: Georgetown University Press.

Fernández Lagunilla, M. y A. Anula Rebollo, eds. 1995. *Sintaxis y cognición: Introducción al conocimiento, el procesamiento y los déficits sintácticos*. Madrid: Síntesis.

Fromkin, V. y R. Rodman. 1993. *An Introduction to Language*. Nueva York: Harcourt Brace.

Gili Gaya, Samuel. 1972. *Curso superior de sintaxis del español*. Barcelona: Bibliograf.

Hernanz, M. L. y J. M. Brucart .1987. *La sintaxis*. Barcelona: Crítica.

Jannedy, S., R. Poletto y T. Weldon, eds. 1991. *Language Files*. Columbus: Ohio State University Press.

Radford, Andrew. 1992. *Transformational Grammar*. Nueva York: Cambridge University Press.

Real Academia Española. 1962. *Esbozo de una nueva gramática de la lengua española*. Madrid: Espasa-Calpe.

Seco, Rafael. 1975. *Manual de gramática española*. Madrid: Aguilar.

5   Historia de la lengua española

1   ¿Por qué estudiar la historia del español?

Quizá el lector de este libro se haya preguntado alguna vez por qué en español tenemos alternancias como *puedo/podemos* (frente a, por ejemplo, *podo/podamos*), *quiero/queremos* (frente a *cedo/cedemos*), o si hay alguna relación entre *fuego* y *hogar*. O es posible que se haya preguntado por qué al médico especialista en el cuidado de los *ojos* se le llama *oculista;* o por qué *ocho* y *octavo*. En materia de ortografía, tal vez se nos haya ocurrido preguntarnos si hay algún motivo por el que palabras como *harina* o *hacer* se escriben con *h* o por qué tenemos *huele* con *h* pero *olor* sin esta letra. ¿Y por qué la letra *c* tiene dos valores tan diferentes en la palabra *cerca*? Y, siguiendo con la letra *c*, ¿por qué españoles y latinoamericanos pronuncian la primera consonante de *cerca* de manera diferente? El estudio de la historia de la lengua nos ayuda a contestar éstas y muchas otras preguntas.

Al estudiar este capítulo descubriremos, por ejemplo, que, efectivamente, *fuego* y *hogar* derivan de la misma raíz y que, además, *fuego* y *foco* tienen el mismo origen (el latín *focum*). Veremos también que *madera* y *materia* son palabras con un origen común, aunque quizá no lo hubiéramos sospechado antes, y que la alternancia entre *-t-* y *-d-* que hay en este par de palabras tiene la misma razón histórica que la que encontramos, por ejemplo, en *vida* y *vital* o *marido* y *marital*. Aprenderemos también, por dar otro ejemplo, que la alternancia entre *ocho* y *octavo* es la misma que tenemos entre *noche* y *nocturno*, *pecho* y *pectoral*, *leche* y *lácteo* y varios otros pares de palabras relacionadas.

Para el lector que tenga algún conocimiento de lenguas hermanas del español, como el portugués, el catalán, el italiano o el francés, el conocer cómo han evolucionado históricamente las palabras en español le permitirá descubrir correspondencias sistemáticas entre el español y estas otras lenguas. Es posible que también le ayude a descubrir la relación que hay entre muchas palabras españolas y otras inglesas, que el inglés ha tomado del latín y del francés a lo largo de la historia.

2   ¿De dónde viene el español?

El español viene del latín; es el resultado de la evolución del latín hablado, transformado poco a poco de una a otra generación de hablantes. Podemos decir sin exageración que el español es simplemente una forma moderna del latín, porque el paso del latín hablado al español se produjo lentamente y sin que ninguna generación tuviera conciencia de que hablaba de una manera radicalmente diferente a la generación anterior. También son evoluciones del latín hablado las otras **lenguas románicas** o romances: el portugués (con el gallego), el catalán, el francés, el occitano (lengua hablada en el sur de Francia, con una larga y distinguida historia literaria pero hoy en vías de desaparición; incluye dialectos como el gascón y el provenzal), el italiano, el romanche o grisón (lengua hablada en algunos valles de Suiza) y el rumano. Una sola lengua, el latín, dio lugar a una serie de lenguas diferentes al producirse cambios lingüísticos diferentes en distintas regiones del antiguo imperio. Estos cambios, que al principio eran diferencias dialectales, al acumularse con el paso de los siglos han llegado a producir variedades lingüísticas que podemos calificar de lenguas diferentes.

El cambio del latín al español moderno es el resultado de una larga historia. Las lenguas tienen historia porque cambian con el tiempo. El hecho es que el cambio lingüístico es constante e imparable (los jóvenes siempre hablan algo diferente que los más viejos de la misma comunidad). Si dos comunidades que hablan la misma lengua se separan y deja de haber comunicación entre ellas, los cambios que se producen en una comunidad no se transmitirán a la otra, produciéndose evoluciones diferentes y, eventualmente, al acumularse cambios divergentes, lenguas diferentes. Esto es lo que ocurrió a la caída del imperio romano, cuando se rompió la comunicación entre las diversas provincias del imperio. El latín fue evolucionando entonces en formas divergentes; los dialectos locales del latín fueron haciéndose cada vez más diferentes entre sí, dando lugar por último a las distintas lenguas románicas.

Hemos dicho que el español proviene del latín. Esto vale tanto como decir que el español viene de Roma, pues en su origen el latín no era sino el habla de Roma. Para decirlo de una manera gráfica, aunque un tanto inexacta, el español que hoy se habla en México, en Puerto Rico, en Caracas, en Buenos Aires o en Madrid, viene de Roma pasando por Burgos. Vamos a explicarnos.

3   El latín, lengua de Roma

Antes de producirse la expansión militar y política de Roma, el latín no era más que el habla de la ciudad de Roma, una entre muchas variedades lingüísticas relacionadas extendidas por la península Itálica. Sabemos que en zonas cercanas a Roma se hablaban otros dialectos muy parecidos al latín, como el falisco. Algo más distantes, pero aún claramente lenguas relacionadas, eran el osco y el umbro, que se hablaban en regiones del centro y sur de Italia. Estas lenguas relacionadas con el latín y el latín mismo, se conocen en su conjunto con el nombre de **lenguas itálicas**. Las lenguas itálicas, a su vez, se integran dentro de un conjunto más grande que conocemos como **lenguas indoeuropeas**. Volveremos sobre este tema.

Al expandirse el poderío político-militar de Roma por toda la península Itálica, el habla de la ciudad, el latín, se expandió también con los ejércitos y la administración romana. Así, el latín progresivamente reemplazó a las otras lenguas de la Península. Todas las otras lenguas que hasta entonces se hablaban en la península Itálica desaparecieron al pasar sus hablantes a hablar latín. Esto ocurrió no sólo con las lenguas hermanas del latín que se hablaban en casi toda la península, sino también con una lengua tan diferente del latín como lo era el etrusco, hablado hasta entonces en lo que hoy es la provincia italiana de Toscana y que es de origen desconocido, no relacionado en ninguna manera con el latín.

4   Las lenguas prerromanas de Hispania

La península Hispánica cayó también bajo la dominación de Roma, y, al pasar los años, la mayor parte de sus lenguas corrieron la misma suerte que el osco, el umbro o el etrusco: sus hablantes las abandonaron por el latín. De las lenguas que entonces se hablaban, hay solamente una que no desapareció ante el latín y que ha llegado a nuestros días, la **lengua vasca**, vascuence o euskera. Esta lengua se habla hoy en día en partes de Navarra y en la Comunidad Autónoma del País Vasco así como, al norte de los Pirineos, en el País Vasco-Francés. El nombre de la lengua vasca proviene del de los vascones, una nación o tribu que en época romana habitaba lo que hoy es Navarra y partes del norte de Aragón. En época romana parece que la misma lengua, o una lengua muy semejante, se hablaba en grandes zonas del suroeste de Francia (la Aquitania de los romanos) y, por los Pirineos, hasta el norte de Cataluña.

Además del vasco, ¿qué lenguas se hablaban en la península Hispánica al llegar los romanos? La costa mediterránea de Hispania estaba habitada por los

iberos, quienes dieron nombre a la península Ibérica. Al contrario que el vasco, el ibero desapareció sin dejar otro rastro que algunas inscripciones. De la lengua de los iberos guardamos un número relativamente elevado de textos escritos, tanto en su propio alfabeto como en letras griegas y romanas. Sin embargo, todos los esfuerzos que se han realizado para descifrar el significado de estos textos han resultado infructuosos. Está claro que, al igual que el etrusco y el vasco, se trata de una lengua no-indoeuropea. En la estructura de sus palabras y en su sistema de sonidos parece guardar cierta semejanza con la lengua vasca. Pero no sabemos mucho más.

Más es lo que podemos adivinar de la lengua de los **celtíberos**, que habitaban partes del centro de la península Ibérica. El celtíbero o hispano-celta es una lengua extinta perteneciente al grupo de las lenguas celtas, que incluye la también extinta lengua de los galos (de Francia) y, entre las lenguas aún vivas, el irlandés, el escocés, el galés y el bretón (de la Bretaña francesa). Las lenguas celtas, como las itálicas, forman parte de la gran familia indoeuropea.

Los celtíberos reciben este nombre del hecho de ser un pueblo de lengua celta que vivía entre los iberos y que había adoptado muchas de sus costumbres y elementos culturales, entre ellos el alfabeto ibérico. Precisamente, algunos de los textos más importantes que conservamos en alfabeto ibérico no están escritos en lengua ibérica sino en celtíbero. Esto demuestra una vez más la falta de relación directa entre lengua y sistema de escritura.

El motivo por el que podemos entender mejor los textos celtíberos que los que están en lengua ibera es precisamente porque el celtíbero, al contrario que el ibero, es una lengua indoeuropea, como hemos señalado antes, y por tanto relacionada (aunque lejanamente) con el latín y otras lenguas que conocemos mejor y que podemos utilizar para interpretar las inscripciones en lengua celtibérica.

Otras lenguas indoeuropeas se extendían por el este de Hispania, incluyendo la de los **lusitanos** que habitaban lo que hoy es Portugal y otras zonas vecinas. En el extremo suroeste de la península, en el Algarve portugués y en el bajo Guadalquivir, hay restos de por lo menos otra lengua no-indoeuropea, identificable quizá con la civilización de los **tartesios**, quienes, según las fuentes clásicas, poseían la cultura más avanzada de la Península en época prerromana.

Por último, antes de llegar los romanos a la península Ibérica, **griegos** y **fenicios** habían establecido colonias a lo largo de toda la costa del Mediterráneo. Aunque la importancia cultural de estas colonias fue muy grande, el único resto lingüístico que se conserva de esta colonización son algunos nombres de lugar. Por ejemplo, el nombre de la ciudad de Cartagena, en el sureste de España (y que siglos después sería dado también a una ciudad de Colombia), deriva de Carthago Nova. Como recordaremos, Carthago fue en su origen una colonia fenicia en el norte de África.

¿Qué influencia han tenido las lenguas prerromanas en la formación del español? En general, la importancia de los elementos prerromanos en el español no es muy grande. La lengua vasca se hablaba en la Edad Media en zonas adyacentes a la que fue cuna del romance castellano y parece que el bilingüismo vasco-castellano puede haber influido en un par de evoluciones fonológicas en el castellano. Una característica del castellano medieval que se ha atribuido a influencia vasca es la aspiración de la *f*- latina, que, entre las lenguas románicas, se da también en gascón, el romance que se desarrolló en Aquitania, en zona que fue antes de habla vasca, como dijimos. También la pronunciación de los bilingües vasco-castellanos puede haber influido en el inicio de la pérdida de las fricativas sonoras en castellano medieval. Además de esto, sólo tenemos un puñado de palabras de origen vasco seguro en español. Entre éstas, la más importante sin duda es *izquierda* (del vasco *ezkerra* o, más probablemente, de *ezkerdo* 'zurdo'). Esta palabra, que ha pasado también al portugués y al catalán, se tomó prestada para reemplazar a la palabra de origen latino *siniestra* que había adquirido connotaciones negativas. Casi todas las demás palabras españolas de origen vasco, como *aquelarre* 'reunión de brujas', (del vasco *aker* 'macho cabrío' + *larre* 'prado') son de uso limitado. Por otra parte, muchos apellidos de origen vasco han tenido una amplia difusión por países de habla española. En éstos podemos reconocer elementos como *etxe* 'casa' (en ortografía española *eche*), *(h)iri* ~ *uri* 'ciudad', *zubi* 'puente', *iturri* 'fuente', *bide* 'camino', *mendi* 'monte', *solo* 'campo', *ibar* 'valle', *ola* 'cabaña', *berri* o *barri* 'nuevo', *zahar* o *zar* 'viejo', *zabal* 'ancho', *garai* 'alto', *goiti* 'arriba', *ondo* o *alde* 'lado', etc. Para dar un par de ejemplos, de origen vasco son *Iturbide*, literalmente 'camino a la fuente', y *Echevarría*, que se traduce como 'la casa nueva'.

¿Puede identificar algunos apellidos de origen vasco?

Es algo mayor el número de palabras españolas de origen prerromano desconocido, provenientes sea del ibero, del celtíbero o de otras lenguas. Entre éstas podemos citar la palabra *cama* y la palabra *perro,* que ha reemplazado a la latina *can* en casi todos los contextos.

Mapa 1. Situación lingüística de la Hispania prerromana. Celtíbero y lusitano son lenguas indoeuropeas. Las fronteras que se señalan para el ibero y el aquitano-vasco son muy aproximadas. Las ciudades indicadas en el mapa son algunas de las fundadas por fenicios, cartagineses y griegos.

4.1.   El alfabeto ibérico★

Los iberos adoptaron la idea de la escritura del contacto con griegos y fenicios y, con esta inspiración, desarrollaron sus propios signos. La originalidad de este sistema de escritura (y lo que hizo que su desciframiento se demorara) es que es en parte alfabeto y en parte silabario. Hay signos para cinco sonidos vocálicos, /a, e, i, o, u/, para una lateral /l/, para dos vibrantes /r/, /ř/, para dos nasales /n/, /m/ (y quizá también para una tercera nasal), y para dos fricativas sibilantes, que se suelen transliterar como /s/ y /ś/ y cuya diferencia desconocemos (quizá fuera una diferencia en punto de articulación, como en vasco moderno que posee una fricativa ápico-alveolar y otra predorso-alveolar en contraste fonémico). Por otra parte, otros signos representan grupos de consonante más vocal. No hay signos para oclusivas como /b/, /d/, etc., por sí mismas sino sólo signos para las secuencias /ba/, /bi/, /bo/, etc.

Hay cinco signos para representar una oclusiva labial seguida de cada una de las cinco vocales, otros cinco para oclusiva dental y cada una de las vocales y otros cinco correspondientes a una oclusiva dental. No hay distinción entre sorda y sonora, de tal manera que el mismo signo puede representar tanto /ba/ como /pa/.

El alfabeto ibérico

Una secuencia como /bilos/ se escribe en escritura ibérica con cuatro signos correspondientes a *bi-l-o-s*. Si nos preguntamos por qué las oclusivas no aparecen con signos independientes mientras que las otras consonantes sí, el motivo parece claro. Las vocales, las líquidas, las nasales y las fricativas se pueden pronunciar aisladas. Podemos decir los sonidos [a], [l], [m], [s] por sí solos. Lo que no podemos decir es [p], [b], [t], [d], [k] o [g] sin añadir una vocal. Éste es el criterio que al parecer utilizaron los iberos para decidir cuáles eran las unidades mínimas de pronunciación a las cuales deberían corresponder letras diferentes.

La estructura fonológica de la lengua ibérica hace que este sistema de escritura se adecuara bastante bien a las necesidades de sus usuarios. Por ejem-

281

plo, este "alfabeto" (o alfabeto-silabario) no permite representar secuencias de oclusiva con líquida (del tipo /tr/, /pl/, etc.). Pero como estas secuencias no ocurrían en ibero, esto no era ningún problema. El alfabeto ibérico se adaptaba bastante peor, por otra parte, para escribir la lengua de los celtíberos que sí tenía estos grupos. Cuando los celtíberos adoptaron el sistema de escritura de sus vecinos los iberos, se encontraron con dificultades para escribir palabras como *Contrebia* (nombre de un poblado donde se han encontrado textos celtíberos importantes). Para resolver este problema adoptaron soluciones diversas, como escribir *ko-n-te-bi-a, ko-n-te-re-bi-a* o *ko-n-te-r-bi-a*.

Ejercicio 1. Muchas monedas ibéricas presentan una inscripción con el nombre de la ciudad donde fueron acuñadas. La comparación de monedas con inscripciones en alfabeto ibérico con otras con inscripciones latinas fue la clave para el desciframiento del alfabeto ibérico. La siguiente inscripción aparece en algunas monedas ibéricas. ¿Cuál puede ser su significado?

4.2. Vasco e ibero★

La estructura del alfabeto ibérico nos permite entrever las características fonológicas de esta lengua. Muchas de éstas son compartidas por la lengua vasca. Como el ibero, el vasco antiguo carecía de grupos de oclusiva más líquida. Los préstamos del latín al vasco muestran adaptaciones para evitar este grupo: lat. *libru(m)* > vasc. *liburu* 'libro', lat. *flore(m)* > vasc. *lore* 'flor', lat. *ecclesia* > vasc. *eliza* 'iglesia', etc.

Como el ibero, el vasco posee cinco vocales, dos tipos de vibrante —ninguna de las cuales puede aparecer en inicial de palabra— y dos tipos de /s/. El alfabeto ibérico carece de símbolos para /f/ y /v/ y estos sonidos tampoco se encuentran en vasco antiguo. La estructura de la sílaba es muy semejante en ambas lenguas. En cuanto a la morfología, lo que podemos comprender del ibero nos muestra que, como el vasco, era una lengua sufijante y con numerosos compuestos.

Ahora bien, es importante tener en cuenta que encontrar semejanzas de este tipo es algo normal y esperable en lenguas que han estado en contacto durante algún tiempo. Estas características fonológicas y morfológicas comunes de ninguna manera prueban que vasco e ibero sean lenguas emparentadas ni mucho menos que se trate de la misma lengua. Como hemos dicho antes, los intentos de descifrar los textos iberos con ayuda de la lengua vasca han fracasado. En el estado de nuestros conocimientos, es injustificado el identificar lo ibero con lo vasco.

5   Las lenguas indoeuropeas

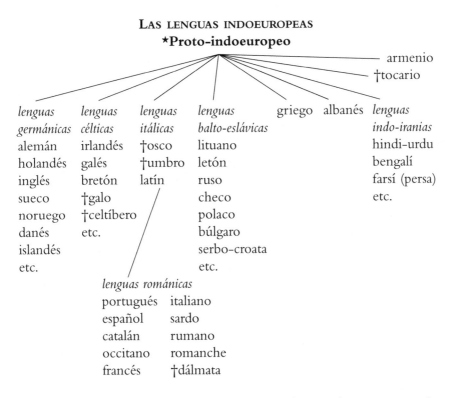

El símbolo † antes del nombre de una lengua indica una lengua muerta sin descendientes.

Un descubrimiento importantísimo de la filología del siglo XIX fue la demostración de que casi todas las lenguas de Europa junto con otras de Irán y de la India forman una única gran familia, denominada familia indoeuropea. Con esto queremos decir que estas lenguas derivan todas de un antepasado común, que conocemos con el nombre de **proto–indoeuropeo** (el prefijo *proto-* indica que no se trata de una lengua documentada en texto alguno, sino de una lengua reconstruida en base a la comparación de varias lenguas). Esta lengua se habló hace unos 6000 años en algún lugar entre Europa y Asia, extendiéndose después, por un lado, hacia Europa occidental y, por otro, hacia la India y diversificándose en dialectos cada vez más distintos entre sí, del mismo modo que, algunos milenios después, uno de sus muchos descendientes, el latín, lengua de Roma, se extendería por Europa.

Las lenguas que proceden del proto-indoeuropeo se agrupan en una serie de familias menores formadas por lenguas estrechamente relacionadas entre sí, como pueden ser las lenguas germánicas (que incluyen el alemán, el inglés, el holandés, el sueco, el danés, etc.), las célticas (irlandés, galés, bretón, los extintos idiomas celtíbero y galo, etc.), las balto-eslávicas (incluyendo el ruso, el serbo-croata, el polaco, el lituano, etc.), las indo-iranias (como el persa o farsí, el hindi-urdu, el bengalí, etc.), o las itálicas (incluyendo el latín y sus descendientes modernos e idiomas extintos cercanos al latín como lo eran el osco y el umbro). Algunas lenguas indoeuropeas, como el griego y el albanés, constituyen sus propios subgrupos. La gran familia indoeuropea incluye, pues, tanto lenguas y familias menores que todavía se hablan, como otras que han desaparecido sin dejar descendientes pero que conocemos por textos antiguos. Como señalamos antes, la única lengua itálica que ha dejado descendientes es el latín.

Entre las lenguas habladas hoy en día en Europa occidental y central, las únicas que no pertenecen a la familia indoeuropea son la lengua vasca, por un lado, que no tiene parientes conocidos, y, por otro lado, varias lenguas de la familia fino-úgrica: el finés, el estonio y el húngaro. Esta última, el húngaro, empezó a hablarse en Europa en el siglo IX al establecerse en lo que es hoy en día Hungría el pueblo húngaro o *magyar*, procedente del centro de Asia. Entre las lenguas no-indoeuropeas de Europa occidental hoy desaparecidas, pero de las que tenemos evidencia directa en forma de inscripciones, se cuentan el ibero y el etrusco.

6   Evolución del latín en Hispania

El mapa lingüístico de la península Ibérica se vio profundamente alterado con su incorporación al imperio romano. Antes en unos sitios que en otros, y en un proceso que sin duda duró bastantes siglos, una tras otra, las lenguas prerromanas de la Península fueron reemplazadas por el latín, con la única excepción de la lengua vasca.

Pero si el latín inicialmente trajo unificación lingüística a la península Ibérica, con el tiempo, al desaparecer la unidad política representada por el imperio romano y al dificultarse las comunicaciones, el latín hablado se fue fragmentando en dialectos locales. En situaciones de este tipo lo normal es que se produzca un **continuum dialectal**, donde la manera de hablar cambia progresiva pero no bruscamente de un extremo del territorio al otro. Esto es lo que encontramos de hecho en las hablas locales que aún perduran en Francia y en Italia. En España encontramos también rastros de un continuum dialectal hoy en día, pero sólo en el extremo norte. Aquí sí que aún hoy, en la medida en que se conserva la forma de hablar tradicional, podemos notar cómo el habla va cambiando del gallego a una serie de dialectos asturianos locales y de éstos al castellano. En los valles del Pirineo aragonés se conservan también aún una serie de dialectos que según vamos de oeste a este se van haciendo cada vez más diferentes del castellano y más parecidos al catalán.

Más al sur, sin embargo, no hay continuum dialectal; la transición es brusca. Pasamos del portugués al español y de éste al catalán de un pueblo a otro, sin formas intermedias entre el portugués y el español o el español y el catalán.

La explicación de estos hechos de geografía lingüística se encuentra en otro evento histórico de capital importancia: la dominación árabe de la península Ibérica y el proceso de expansión hacia el sur de los reinos cristianos del norte de la Península conocido como Reconquista.

Los dialectos románicos que se habían ido desarrollando por toda la península al ir evolucionando el latín siguieron siendo hablados también por algún tiempo en el territorio dominado por los árabes a partir del año 711. Las hablas románicas empleadas en la zona de la península bajo control árabe se conocen como **mozárabe** (del árabe *musta'rab* 'arabizado'). Este mozárabe fue dando paso al árabe después de un periodo de bilingüismo romance-árabe. En algunos lugares, como la zona de Toledo, al parecer el romance mozárabe persistió durante muchos siglos. Pero tanto las hablas románicas mozárabes como el árabe cayeron en desuso al avanzar los reinos cristianos del norte de la península hacia el sur, y con ellos sus lenguas.

El gallego-portugués, el castellano o español y el catalán avanzaron hacia el sur con las conquistas militares y subsecuentes repoblaciones realizadas por sus hablantes. Estas lenguas tienen todas su origen en el norte de la península. En concreto, el español moderno tiene su raíz en el desarrollo dialectal que sufrió el latín en la zona originaria de Castilla, en el área al norte de la ciudad de Burgos. Este dialecto burgalés castellano, inicialmente una entre las muchas diversificaciones del latín en la península Hispánica, se iría extendiendo por la mayor parte de la Península con las fortunas militares del Reino de Castilla. Al avanzar territorialmente a partir de su pequeño territorio originario, la lengua de Castilla también irá alterándose, recibiendo influencias de otras lenguas y diversificándose. Al hacerse el castellano la lengua más extendida por España empezó a recibir también el nombre de lengua española.

ORIGEN Y EXPANSIÓN DE LA LENGUA CASTELLANA

Mapa 2. Situación lingüística de la península Ibérica hacia el siglo X.

Mapa 3. Situación lingüística de la península Ibérica hacia el siglo XIV.
Nótese el avance de las lenguas románicas del norte hacia el sur y,
sobre todo, la expansión en forma de cuña del castellano.

Mapa 4. Las lenguas de la península Ibérica hoy.

Las siguientes lenguas se hablan en regiones bilingües donde la mayoría de los habitantes hablan también castellano:

Gallego: Co-oficial con el castellano en Galicia. Se habla también en áreas limítrofes de Asturias y León.

Asturiano-leonés: Esta lengua desciende del antiguo dialecto leonés. El asturiano tiene protección oficial en Asturias, donde se habla sobre todo en zonas rurales. Tiene pocos hablantes nativos.

Vasco: Co-oficial con el castellano en la Comunidad Autónoma del País Vasco. También se habla en partes de Navarra y en el País Vasco-francés.

Aragonés: Hablado hoy en día sólo en algunos valles de los Pirineos.

Catalán: Co-oficial con el castellano en Cataluña, Valencia y las Islas Baleares. Goza de gran prestigio social en Cataluña. Se habla también en la Cataluña francesa.

1. Valle de Arán. En este valle, que forma parte de Cataluña, la lengua autóctona, el aranés, es un dialecto occitano. Muchos hablantes son trilingües en aranés, catalán y castellano.

2. Gibraltar. En esta colonia inglesa en el extremo sur de la Península la mayoría de los habitantes nativos son bilingües en inglés y español.

La conquista militar y colonización del continente americano por hombres al servicio de los reyes de Castilla traerá consigo la expansión de la lengua de Castilla por vastos territorios de Norte, Centro y Sudamérica y su fragmentación dialectal en las distintas formas de hablar español que conocemos como español mexicano, caribeño, argentino, chileno, etc. Como reverso de la misma moneda, la expansión del español produjo la extinción de otras muchas lenguas indígenas habladas en estos territorios, proceso que continúa hasta nuestros días.

Los barcos que partían al Nuevo Mundo, lo hacían desde Sevilla, y en esta ciudad andaluza debían permanecer por periodos más o menos largos quienes pretendían embarcarse. A este hecho pueden deberse los rasgos de tipo andaluz que encontramos en el español de las Américas. Quizá el más notable de estos rasgos sea la ausencia del fonema /θ/. La aspiración de la /s/ es otro rasgo del español hablado en el sur de la Península que ha tenido amplia difusión en Latinoamérica.

7 Palabras patrimoniales y cultismos

Hemos dicho que el español procede de la evolución del latín hablado en la zona del norte de Castilla. Con el paso del tiempo este latín hablado fue acumulando cambios hasta convertirse en una lengua distinta. La acumulación de cambios en la pronunciación hace que muchas veces el aspecto de las palabras españolas modernas se aparte considerablemente de la forma latina. Así, por ejemplo, *fīlia* se ha transformado en *hija*, *auricula* en *oreja* y *octo* en *ocho* por medio de evoluciones bastante complicadas (que consideraremos después).

Pero mientras que la lengua hablada fue cambiando con el tiempo, el latín clásico se mantuvo por muchos siglos como lengua de cultura en la que se escribían todos los documentos y libros importantes. Esto no sólo en España sino en toda Europa, incluyendo países como Alemania o Inglaterra, cuya lengua no es de origen latino. Esta situación en que el latín era la lengua de cultura de Europa occidental continuó hasta el siglo XVII o XVIII. Recordemos, por ejemplo, que Isaac Newton escribió en latín sus *Principia Mathematica*. La situación cultural propiciaba que continuamente se tomaran palabras del latín escrito tanto en español, como en inglés y en otras lenguas de Europa. El resultado de este proceso por lo que respecta al español es que aunque la mayoría de sus palabras proceden del latín, su incorporación al léxico puede haber sido por una de dos vías completamente distintas. La parte central, básica, del vocabulario procede del latín hablado por transmisión oral ininterrumpida. Las palabras que tienen esta procedencia se conocen como **palabras patrimoniales**. Como hemos indicado antes, las palabras patrimoniales a menudo han sufrido cambios importantes en su evolución. Hablamos de **palabras cultas o cultismos**, por otra parte, para referirnos a aquellas palabras que en algún momento histórico se tomaron del latín de los libros, sin otros cambios que los necesarios para adaptarlas al sistema morfológico y fonológico del español. Algunas veces la misma palabra latina ha dado lugar a dos palabras diferentes en español moderno, por vía patrimonial y por vía culta. Así, por ejemplo, la palabra latina *directa* fue cambiando en pronunciación y significado hasta convertirse en *derecha*. Pero en un momento posterior, para expresar un concepto algo distinto esta misma palabra, se tomó otra vez del latín escrito como el español *directa*. Éste es el mismo origen de bastantes otros "dobletes" como *estrecho* y *estricto*, ambos del latín *strictu*, *delgado* y *delicado*, los dos del latín *delicātu* o *fuego* y *foco*, del latín *focu*. Decimos que palabras como *derecho, estrecho* y *fuego* son palabras patrimoniales mientras que *directo, estricto* y *foco* son cultismos.

Aclaremos ahora, antes de seguir adelante, que en latín nombres y adjetivos presentan terminaciones diferentes según su caso gramatical. La forma que damos como fuente de las palabras españolas corresponde al caso acusativo o de objeto directo. De acuerdo con la convención establecida, sin embargo, omitimos la *-m* final del acusativo singular, que se perdió muy pronto. Así escribimos *directu* y no *directum* al referirnos a la forma originaria de la palabra *derecho*, por ejemplo.

Muy frecuentemente lo que encontramos es que en un grupo de palabras españolas relacionadas por derivación, la palabra básica está bastante cambiada con respecto al latín porque se transmitió por vía patrimonial, mientras que palabras relacionadas son cultismos tomados en algún momento del latín escrito. Así, mientras que *fīlia* con el tiempo cambió hasta hacerse *hija*, el cultismo *filial* ha pasado al español por vía escrita y sin cambios notables. De la misma manera *auricula* cambió a *oreja*, pero estos cambios no se reflejan en *auricular*, que se tomó mucho después del latín por vía culta.

Podemos notar, de paso, que en un gran número de casos el inglés ha adoptado los mismos cultismos latinos que el español, lo que hace que en este tipo de vocabulario encontremos gran semejanza en las dos lenguas. La diferencia entre el español y el inglés es que en inglés aunque el léxico culto es en gran parte de origen latino, las palabras más básicas son de origen germánico, mientras que en español tanto unas palabras como otras suelen ser de origen latino, pero transmitidas por las dos vías que hemos indicado. Comparemos por ejemplo pares de palabras en español como *mano/manual, diente/dental, cabello/capilar, estrella/estelar, mar/marino, agua/acuático, árbol/arbóreo, noche/nocturno, estrecho/estricto, hija/filial* con sus equivalentes ingleses *hand/manual, tooth/dental, hair/capillary, star/stellar, sea/marine, water/aquatic, night/nocturnal, na-*

rrow/strict, daughter/filial, tree/arboreal. En los pares de palabras que hemos dado, la segunda ha pasado tanto al español como al inglés por vía culta, a través del latín de los libros. La primera palabra, por otra parte, es también en español de origen latino, pero patrimonial, transmitida por vía oral ininterrumpida, mientras que en inglés se trata de una palabra germánica y, por tanto, patrimonial también en esta lengua.

8 Evolución fonológica del latín al español

Aunque las diferencias entre el latín y el español moderno son igualmente evidentes en todos los aspectos lingüísticos (fonología, morfología, sintaxis, léxico), en este capítulo vamos a considerar en algún detalle solamente los cambios que han afectado a los sonidos. Por motivos expositorios es útil establecer dos etapas en esta evolución: del latín al castellano medieval y de éste al español moderno. Consideraremos estas dos etapas en sentido cronológico inverso. Es decir, vamos a estudiar primero los cambios principales que han tenido lugar a partir de la Edad Media.

8.1. Evolución fonológica del castellano medieval al moderno

Los primeros textos en castellano medieval nos muestran una lengua que está ya bastante más cerca del español moderno que del latín. Durante el largo periodo sin apenas documentación para el desarrollo de la lengua que va desde la colonización romana de Hispania a los primeros siglos del segundo milenio de nuestra era, se produjeron los cambios más importantes que hacen que el castellano nos aparezca como lengua bien diferenciada de las otras lenguas romances. Esto no quiere decir, sin embargo, que el castellano medieval sea igual al español moderno. En los últimos mil años la lengua ha seguido evolucionando y se han producido también algunos cambios importantes. Vamos a examinar los dos cambios fonológicos principales: la pérdida de la aspiración y la reestructuración del sistema de sibilantes.

8.1.1. *La /h/ aspirada del castellano medieval y otras "haches"*

Muchas de las "haches" que escribimos, pero generalmente no pronunciamos, en español moderno se aspiraban, es decir, se pronunciaban como fricativas laríngeas, en castellano medieval. Lo que hoy en día pronunciamos [arína], [ílo], [áβa] (pero escribimos *harina, hilo, haba*) se pronunciaba [harína], [hílo], [háβa] en castellano medieval. Uno de los cambios fonológicos importantes en la evolución del castellano medieval al español moderno ha sido la pérdida de la aspiración. Hay algunos dialectos modernos, sin embargo, que mantienen la aspiración en por lo menos algunas de estas palabras, habiéndose confundido con el sonido de la *j*. Un ejemplo lo tenemos en el nombre del *cante jondo*, esto es, cante hondo, referido a un estilo de cantar en el llamado arte flamenco. La palabra *jalar*, que compite con *halar*, conserva también una aspiración antigua. También tenemos ejemplos en la toponimia, como en el nombre de la zona residencial de La Jolla, en San Diego, California, que no es sino La Hoya, con aspiración conservada, aunque muchos de sus habitantes preferirían quizá una etimología diferente.

La /f/ aspirada del castellano medieval resultó de un cambio en la pronunciación de la /f/ latina. Así nuestros ejemplos *harina, hilo, haba*, vienen, respectivamente, de las palabras latinas *farīna, fīlu, faba*.

Latín	cast. medieval	español moderno
farīna	[harína]	[arína] *harina*
fīlu	[hílo]	[ílo] *hilo*
faba	[háβa]	[áβa] *haba*

La /f/ latina se ha conservado, por otra parte, ante diptongo con [u̯], como en *fuego* (del latín *focu*) y *fuerte* (del latín *forte*) y también ante consonante, como en *frío* (del latín *frigidu*).

En muchas palabras que escribimos *h-* podemos descubrir la /f/ etimológica comparándolas con cultismos relacionados. Así relacionado con *hilo* tenemos un cultismo como *filamento*. Comparemos también *harina* con *farináceo*, *hijo* con *filial*, *hormiga* con *formicario* (caja para criar hormigas). La presencia de /h/ aspirada procedente de /f/ latina es una de las características del castellano medieval. Las otras lenguas románicas principales conservan la /f/ latina. Por dar sólo un ejemplo, podemos comparar el español *hacer* con el portugués *fazer*, el francés *faire*, el italiano *fare* y el catalán *fer*.

El sonido que se pronunciaba [h] en castellano medieval se escribía a veces con la letra *h*, pero más frecuentemente como *f* o *ff*; por ejemplo, lo que se escribía *ferir* se pronunciaba [herír]. Hoy, en cambio, escribimos *herir* y pronunciamos [erír].

No todas las haches que escribimos hoy en día se pronunciaban en castellano medieval, sin embargo. Algunas como la de *haber* o la de *hoy* proceden de *h-* latina (*habēre, hodiē*) y eran tan mudas en castellano medieval como lo son hoy en día. De hecho, estas haches no solían escribirse en castellano medieval, donde encontramos, por ejemplo, *aver* por lo que hoy en día escribimos *haber* con ortografía etimologizante. Las haches aspiradas de la Edad Media eran, pues, las procedentes de *f-* latina que cambió su sonido al de [h] en el contexto que hemos indicado más arriba, no las correspondientes a *h-* latina (la *h-* se pronunciaba como tal en latín temprano, pero se perdió muy pronto). (La aspiración medieval puede aparecer también en préstamos de otras lenguas.)

Otras haches que escribimos, como las de *huele, huérfano, hueso, hueco*, etc., ni existían en latín ni se han aspirado nunca. Tienen un origen puramente ortográfico: en español no podemos tener *ue-* sin hache a principio de palabra (pensemos en palabras relacionadas sin diptongo y sin *h*: *huele* pero *olemos; huérfano* pero *orfanato; hueso* pero *óseo; hueco* pero *oquedad*). El porqué de esta regla ortográfica es fácil de entender si tenemos en cuenta que en la ortografía del latín no existía diferencia entre las letras *u* y *v*. Todos habremos visto inscripciones en imitación de la grafía latina como VNIVERSITAS (que en pronunciación latina clásica sería [uniu̯érsitas]) o E PLVRIBVS VNVM. En español y otras lenguas de alfabeto latino, *u* y *v* se siguieron considerando la misma letra incluso hasta después de la invención de la imprenta, aunque los sonidos vocálico y consonántico de esta letra se habían hecho ya muy diferentes. Una convención frecuente —aunque no observada consistentemente— era escribir sólo *v-* a principio de la palabra y sólo *u* en otros contextos, tanto para la vocal como para la consonante. En general esto no planteaba mayores problemas. Entre consonantes, como en la palabra *luna*, está claro que a la *u* no podía sino dársele valor vocálico, mientras que entre vocales, como en *daua* (moderno *daba*) la letra *u* se leía como consonante: [dáβa]. Del mismo modo, *vna* puede ser solamente [úna]. El problema surgía con grupos iniciales como *ue-*. El escribir una *h-* inicial en palabras como *hueso* es una solución que se ideó para dejar claro que la secuencia inicial era un diptongo y no podía pronunciarse como en otras palabras como *uezes* o *vezes* (moderno *veces*) donde la *u* o *v* prevocálica representaba una consonante.

8.1.2. *Las sibilantes del castellano medieval y su evolución*

Pero las mayores diferencias entre el castellano medieval y el español moderno en cuanto al sistema de sonidos tienen que ver con las sibilantes, es decir, sonidos parecidos a la /s/.

Por lo que podemos deducir de diversas fuentes de información, el castellano medieval distinguía entre una fricativa sorda /s/ y otra sonora /z/. Estas fricativas eran ápico-alveolares, [ś], [ź], en la zona originaria del castellano; es decir, representaban el tipo de /s/ que encontramos hoy en el norte de la Península. El contraste estaba limitado a la posición intervocálica, donde la sorda solía representarse como -ss- y la sonora como -s-; por ejemplo, *passa* /pása/ y *casa* /káza/. Además, el castellano medieval contaba también con dos africadas, sorda /ts/ y sonora /dz/, con elemento oclusivo dental. En la ortografía más común la africada sorda /ts/ se representaba como *c* o *ç* y la sonora /dz/ como *z*, como en los ejemplos *braço* /brátso/ (moderno *brazo*), *caça* /kátsa/ (moderno *caza*), por una parte, y *dizia* /didzía/ (moderno *decía*), *fazer* /hadzér/ (moderno *hacer*), por otra.

Otros fonemas presentes en castellano medieval y que han evolucionado a sonidos bastante diferentes en español moderno son la fricativa prepalatal sorda /ʃ/, representada ortográficamente con *x*, como en *dixo* /díʃo/ y su correspondiente sonora /ʒ/, escrita con *j*, con *g* ante *e,i* o algunas veces con *i*, como en *ojo, oio* /óʒo/, *mugier* /muʒér/ (moderno *mujer*), *fijo* /híʒo/ (moderno *hijo*).

LAS SIBILANTES DEL CASTELLANO MEDIEVAL

	ortografía	ejemplo
fricativa ápico-alveolar sorda /s/	s-, -ss-	*seco, passa* /pása/
fricativa ápico-alveolar sonora /z/	-s-	*casa* /káza/
africada ápico-dental sorda /ts/	c, ç	*braço* /brátso/, *caça* /kátsa/
africada ápico-dental sonora /dz/	z	*dizia* /didzía/
fricativa prepalatal sorda /ʃ/	x	*dixo* /díʃo/
fricativa prepalatal sonora /ʒ/	j, g(i,e), i	*ojo* /óʒo/

Una serie de cambios iniciados hacia el final de la Edad Media hicieron que este sistema se viera radicalmente alterado. El proceso de transformación empezó con dos cambios: a) las africadas perdieron su elemento oclusivo, y b) se perdió la distinción entre sordas y sonoras por ensordecimiento de las sonoras. Estos dos cambios se dieron en todos los dialectos del español, aunque antes en unas partes que en otras. En concreto, la neutralización de sordas y sonoras empezó desde muy temprano en las zonas más norteñas de Castilla y se fue extendiendo hacia el sur. Pero la distinción todavía se practicaba en el español de Toledo y Sevilla hacia finales del siglo XV y, de hecho, aún se mantiene en el español sefardita o judeoespañol, hablado por los descendientes de los judíos expulsados de España en esta época.

A partir de aquí la evolución fue diferente en Andalucía que en zonas del norte y centro de la Península. La solución andaluza fue la que se extendió por todo el español de las Américas.

El resultado de estos cambios (desafricación y ensordecimiento) en el español del norte y centro de la Península hacia el siglo XVI fue un sistema con tres fonemas fricativos sordos con puntos de articulación muy cercanos: predorso-alveolar o dental /s̄/ (procedente de las antiguas africadas sordas y sonoras), ápico-alveolar /ś/ y prepalatal /ʃ/. La diferencia en punto de articulación entre la fricativa /s/ [ś] y la africada /ts/ [t͡s] se mantuvo como único elemento diferenciador al perder la africada su elemento oclusivo.

Estos tres fonemas de articulación tan cercana, /ś/, /s̄/, /ʃ/, fueron separándose a partir de este momento, aumentando la diferencia entre los tres. La fricativa predorso-alveolar adelantó su punto de articulación a interdental /θ/ y la fricativa prepalatal atrasó su punto de articulación a velar /x/:

EVOLUCIÓN DE LAS SIBILANTES EN EL NORTE Y CENTRO DE LA PENÍNSULA

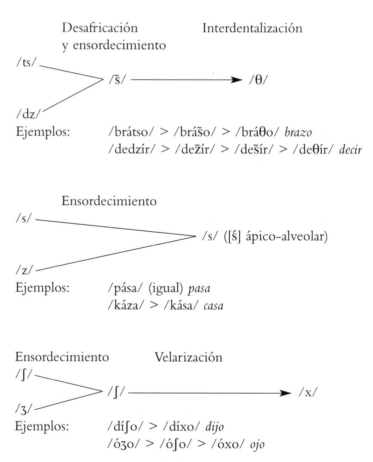

Desafricación y ensordecimiento · Interdentalización

/ts/ · /dz/ → /s̄/ ———————→ /θ/

Ejemplos: /brátso/ > /brás̄o/ > /bráθo/ *brazo*
/dedzír/ > /dežír/ > /des̄ír/ > /deθír/ *decir*

Ensordecimiento

/s/ · /z/ → /s/ ([ś] ápico-alveolar)

Ejemplos: /pása/ (igual) *pasa*
/káza/ > /kása/ *casa*

Ensordecimiento · Velarización

/ʃ/ · /ʒ/ → /ʃ/ ———————→ /x/

Ejemplos: /díʃo/ > /díxo/ *dijo*
/óʒo/ > /óʃo/ > /óxo/ *ojo*

La fricativa interdental /θ/ del español del centro y norte de la Península se encuentra, pues, en aquellas palabras que en castellano medieval tenían una africada dental /ts/ o /dz/, mientras que tenemos /s/ (ápico-alveolar) en este dialecto en aquellas palabras que en castellano medieval tenían una fricativa ápico-alveolar /s/ o /z/.

En Andalucía y el español de las Américas es probable que las fricativas antiguas /s/ y /z/ fueran predorso-alveolares o predorso-dentales, y no ápico-alveolares como más al norte. El hecho es que al desafricarse las antiguas africadas se confundieron con las fricativas en una articulación generalmente predorso-alveolar. Al perderse también la distinción entre sordas y sonoras, los cuatro fonemas medievales /ts/, /dz/, /s/ y /z/ desembocaron en un único fonema /s/.

EVOLUCIÓN DE LAS SIBILANTES EN ANDALUCÍA Y LAS AMÉRICAS

Desafricación y
ensordecimiento

/ts/
/dz/
            → /s/ ([s̪] predorso-alveolar o predorso-dental)
/s/
/z/

Ejemplos: /brátso/ > /bráso/ *brazo*
              /dedzír/ > /dezír/ > /desír/ *decir*
              /pása/ (igual) *pasa*
              /káza/ > /kása/ *casa*

Como en el norte y centro de la Península, las prepalatales antiguas /ʃ/ y /ʒ/ también se confundieron en una sola articulación sorda que después retrasó su punto de articulación. En algunas partes de Andalucía esta articulación se retrasó aún más, haciéndose la aspirada laríngea /h/ y dando lugar a pronunciaciones del tipo [óho] *ojo*, [muhér] *mujer*, etc. Como indicamos anteriormente, este sonido se confundió con el de la /h/ procedente de /f/ en aquellos dialectos donde se conservaba aún.

8.2.   Principales cambios fonológicos del latín al español

Los cambios fonológicos que se produjeron en el paso del latín al castellano medieval son mucho más numerosos. Veremos aquí, en forma resumida, algunos de los principales cambios observables en palabras patrimoniales.

8.2.1. *Vocales*

El latín clásico tenía diez vocales, cinco largas (*ī, ē, ā, ō, ū*) y cinco breves (*ĭ, ĕ, ă, ŏ, ŭ*). Esta oposición de duración o cantidad vocálica iba acompañada por ciertas diferencias de timbre vocálico. Las vocales breves eran también más abiertas o relajadas (como en inglés actual), de forma que /ĭ/ breve era [ɪ], /ĕ/ breve [ɛ], etc. Con el tiempo, las distinciones de timbre vocálico pasaron a predominar sobre las duracionales. La diferencia entre las dos vocales bajas se perdió pronto. Después, /ɪ/ y /ʊ/ se confundieron con las vocales medias cerradas. Estos cambios resultaron en un sistema de siete fonemas vocálicos en el latín tardío, que es el que encontramos hoy en día en italiano:

Latín clásico: ī   ĭ   ē   ĕ   ā   ă   ŏ   ō   ŭ   ū

i   ɪ   e   ɛ   a   ɔ   o   ʊ   u

Latín tardío: i   e   ɛ   a   ɔ   o   u

Estas siete vocales sólo se encontraban en sílaba tónica. En sílaba átona había sólo cinco vocales: la /ɛ/ abierta se confunde con la /e/ cerrada y la /ɔ/ abierta con la /o/ cerrada.

En español encontramos un cambio más: las vocales /ɛ/, /ɔ/, que, como hemos dicho, se encontraban sólo en sílaba tónica, se convierten, respectivamente, en los diptongos [i̯e], [u̯e].

Los principales cambios en las vocales a partir del latín clásico son los siguientes (en los ejemplos indicamos las vocales largas con una línea sobre la vocal: *ā, ē*, etc., y dejamos las breves sin marcar):

v1. Las vocales altas breves del latín clásico se hacen vocales medias (*ŭ* > *o, ĭ* > *e*). E.g.: *manu* > *mano, lupu* > *lobo, minus* > *menos.* Un ejemplo más: *musca* > _____.

v2. Las vocales medias breves del latín clásico *ĕ, ŏ*, que se pronunciaban como abiertas [ɛ], [ɔ], en latín tardío, se convierten en diptongos ([ɛ] > [i̯e], [ɔ] > [u̯e]) en posición acentuada. E.g.: *terra* > *tierra, centu* > *ciento, focu* > *fuego, ovu* > *huevo* (cf. *oval*). Otro ejemplo: *mola* > _____ (cf. *molar*).

Algunas excepciones aparentes a esta regla de diptongación se producen en contacto con ciertos sonidos palatales, que hicieron que las vocales abiertas se cerraran, impidiendo así su diptongación. Así *nocte* no da *nueche*, sino *noche* (a través, como veremos, de una forma intermedia /nóite/), y *oculu* da el castellano antiguo /óʒo/ (moderno /óxo/) y no /u̯éʒo/. En dialectos leoneses y aragoneses, sin embargo, sí encontramos formas con diptongo del tipo *güello* (ojo), *fuella* (hoja), etc.

¿Cuál es la forma española de las siguientes palabras latinas?: *vīnu, cibu, sēbu, servu, corpu(s), serra, tempu(s), flōres, pira, fīlu* (atención a la *f*-), *surdu, porta, perdo, lūna, bona, tēla, forte, schola, herba, novu, porcu.*

v3. La -*e* final de palabra se pierde cuando estaba precedida por una sola consonante dental o alveolar. E.g.: *pane > pan, cantāre > cantar.* Éste es el origen de alternancias como *pan/panes* en español moderno. En el plural la -*e* no se perdió porque no está en posición final de palabra. Otro ejemplo: *colōre > _____.*

v4. El diptongo *au > o.* E.g.: *tauru > toro* (cf. los cultismos *taurino, tauromaquia*), *auru > oro* (cf. *áureo*), *audire > oír* (cf. *audiencia, auditor*), *causa > cosa.* Otro ejemplo más: *pausāre > _____.*

v5. En latín clásico, el acento iba sobre la penúltima sílaba si ésta estaba cerrada por consonante (*diréctu*) o tenía una vocal larga (*formīca*). En los demás casos, el acento caía sobre la antepenúltima (*tábula*). Muchas veces la vocal de la sílaba pretónica o postónica se pierde. E.g.: *tábula > tabla* (cf. cult. *tabular, tabulación*), *fabulāri > hablar* (cf. cultismo *fábula*), *delicātu > delgado, solitāriu > soltero, civitāte > cast. med. cibdad > ciudad, cúbitu > cast. med. cobdo > codo, cómite* 'compañero' *> cast. med. comde > conde.* Un ejemplo más: *ásinu > _____.*

Dos terminaciones que pierden la vocal interna y dan lugar a evoluciones especiales son las siguientes:

-*mine > -mne > -mre* (disimilación) *> -mbre* (epéntesis). E.g.: *hómine >* cast. med. *homne > homre > hombre* (cf. *homínido*), *nómine > nombre* (cf. *nominar*), *fémina > hembra* (cf. *femenino*).

-*cul- > /-k'l-/ >* cast. med. /ʒ/, esp. mod. /x/. E.g.: *speculu > espejo.* Este caso lo explicamos más detalladamente en c8.

¿Cuál es la forma española de las siguientes palabras latinas?: *sōle, soles* (forma verbal), *viride, manica, hedera, lūmine, oculu, insula* (atención: la *n* se pierde ante *s*, cf. *mēnsa > mesa*).

8.2.2. *Consonantes*

c1. Consonantes geminadas. En latín todas las consonantes podían ser tanto simples como geminadas (consonantes dobles) en posición intervocálica, lo mismo que en italiano moderno. Al contrario que en italiano, en español las geminadas se han perdido. Casi todas las geminadas del latín han pasado a las consonantes simples correspondientes. E.g.: *bucca > boca, gutta > gota, cappa > capa, flamma > llama.* Dos ejemplos más: *saccu >* _____, *siccu >* _____ (atención: vocal alta breve, cf. v1).

Hay, sin embargo, tres casos especiales, los de las resonantes alveolares geminadas *-nn-, -ll-, -rr-*. La *-nn-* geminada se convierte en la nasal palatal *ñ* y la *-ll-* geminada en la lateral palatal *ll* [ʎ] (pronunciada [y] en dialectos yeístas). E.g.: *annu > año* (cf. ing. *annual*), *pullu > pollo* (cf. ing. *poultry*), *gallu > gallo, caballu > caballo.* Por su parte, la *-rr-* se mantiene como vibrante múltiple en oposición a la vibrante simple *-r-*.

c2. En posición intervocálica o entre vocal y líquida, las oclusivas sordas simples se hacen sonoras. E.g. *lupu > lobo, petra > piedra* (cf. cult. *pétreo*), *lacu > lago, apotheca > bodega, delicatu > delgado.* Uno más: *vīta >* _____ (cf. cult. *vital*).

El resultado de esta evolución combinada con la del punto anterior es que cuando encontramos / -p-, -t-, -k-/ en palabras españolas patrimoniales, éstas proceden de geminadas latinas. Comparemos, por ejemplo, *cūpa > cuba* con *cuppa > copa*.

En relación con este tema, y en cuanto respecta a las labiales, en el área originaria del castellano no parece haber habido nunca un fonema labiodental /v/. Por el contrario, en castellano medieval había una oposición fonémica entre /b/ y /β/. Entre vocales, la /b/ oclusiva medieval deriva de /p/ latina, como en *lupu >* cast. med. *lobo* /lóbo/, *sapit >* cast. med. *sabe* /sábe/; mientras que la continuante /β/ fue el resultado de la evolución de /b/ y /u/ latinas, como en *caballu >* cast. med. *cauallo* /kaβáʎo/ (moderno *caballo*, con ortografía etimológica latinizante impuesta después por la Academia Española), *lauat* > *laua* /láβa/. Posteriormente, las bilabiales aproximante y oclusiva pasaron de ser fonemas diferentes a ser alófonos en distribución complementaria, como ya sabemos.

¿Cuál es la forma española de las siguientes palabras latinas?: *sōca, lacrima, aqua, aquila, rota* (atención: vocal breve acentuada), *metu* (atención a lo mismo), *vacca, jocu, salute* (atención a la vocal final, cf. v3). *lepore* (atención: se pierde la postónica; también en los siguientes ejemplos), *populu, opera.*

c3. Las oclusivas sonoras intervocálicas del latín se pierden frecuentemente. E.g.: *frigidu* > *frío* (cf. cult. *frígido*), *digitu* > *dedo* (cf. cult. *digital*).

¿Cuál es la forma española de las siguientes palabras latinas?: *crēdo* (forma verbal), *pede, cade(t), audīre.*

c4. Antes de vocal anterior, /k/ > cast. med. /ts/ > esp. mod. /θ/ (norte y centro de España) o /s/ (otros dialectos), *centu* /kéntu/ > /tsi̯énto/ > /θi̯énto/ o /si̯énto/, *cena* /kena/ > /tséna/ > /θéna/ o /séna/. Esta palatalización es el origen de los dos valores tan distintos de la letra *c* en nuestra ortografía. En latín, por el contrario, *c* representaba siempre la oclusiva velar sorda.

c5. La *f-* inicial latina ante vocal se aspira en castellano medieval y se pierde en español moderno (f > h > Ø). E.g.: *farina* > *harina*, *formīca* > *hormiga* (pero no antes de [u̯], como en *fuego*, cf. *hogar*).

c6. Los grupos *pl-, cl-* > *ll-* [ʎ] en posición inicial (pronunciada [y] en dialectos yeístas). E.g.: *pluvia* > *lluvia*, *clamare* > *llamar*. En algunas palabras el grupo *fl-* tiene la misma evolución; e.g.: *flamma* > *llama* (cf. cult. *inflamable*). Otro ejemplo: *plēnu* > _____ (cf. cult. *pleno*, ing. *plenary*).

c7. Ante otra consonante, la /k/ final de sílaba se debilita en la semivocal /i̯/, que a su vez palataliza a ciertas consonantes siguientes. En concreto, el grupo *-ct-* /kt/ da lugar a la africada /tʃ/: /kt/ > /i̯t/ > /tʃ/ *ch*.; E.g.: *nocte* > /nói̯te/ > *noche* (cf. cult. *nocturno*), *factu* > /fái̯to/ > /féi̯to/ > *hecho* (cf. cult. *factor*), *lacte* > *leche* (cf. cult. *lácteo*), *directu* > *derecho* (cf. cult. *derecho*), *strictu* > *estrecho* (cf. cult. *estricto*). Uno más: *octo* > _____ (cf. cult. *octavo*).

c8. El grupo *li-, le-* antes de vocal da lugar a /ʒ/ en cast. med., por palatalización y deslateralización; e.g.: /-lia/ > /-l̯ia/ > /ʎa/ > /ʒa/. Después, por cambios que consideramos antes, /ʒ/ es ensordecida en /ʃ/, que, por fin, da lugar en esp. mod. a *j* /x/. E.g.: *filia* > /fil̯ia/ > /fiʎa/ > cast. med. /híʒa/ > /íʃa/ > esp. mod. /íxa/ *hija* (cf. *filial*), *folia* > *hoja* (cf. *folio*, ing. *foliage*), *consiliu* > *consejo* (cf. ing. *counsel*), *muliere* > *mujer*. Otro ejemplo: *conciliu* > _____ ('ayuntamiento', cf. cult. *concilio*, ing. *town council*).

En el grupo *-cul-* se pierde la vocal y el grupo resultante /k'l/ tiene la misma evolución que l+ j̯ : *-cul-* > *-cl-* > /ʒ/ > /ʃ/ > /x/. E.g.: *óculu* > cast. med. /óʒo/> /óʃo/ > esp. mod. /óxo/ *ojo* (cf. cult. *oculista, monóculo, binocular*), *ovicula* > *oveja* (cf. cult. *ovino*), *apicula* > *abeja* (cf. cult. *apicultura*), *auricula* > *oreja* (cf. cult. *auricular*), *speculu* > *espejo* (cf. cult. *especular*). Lo mismo ocurre con *-gul-;* e.g.: *tegula* > *teja* y a veces con *-tul-;* e.g.: *vetulu* > *viejo*. Otro ejemplo: *cuniculu* > _____.

c9. El grupo *ni-, ne-* antes de vocal da *ñ*. E.g.: *vinea* > *viña* (cf. *vino*), *balneu* > *baño* (cf. cult. *balneario*), *Hispania* > *España* (cf. cult. *hispánico*). Otro: *aranea* > _____.

Un tipo de cambio diferente a todos los que acabamos de mencionar es el fenómeno conocido como **metátesis**, que consiste en el intercambio de posición entre dos sonidos. Muchas veces se produce metátesis cuando la evolución regular de la lengua ha dado lugar a secuencias de sonidos poco comunes. Por ejemplo, la palabra latina *teneru*, por evolución regular, nos daría *tienro, con un grupo *-nr-* . Por metátesis en este grupo de consonantes obtenemos la palabra española *tierno*. Asimismo, el latín *spatula*, regularmente, daría lugar a *espadla, de donde, por metátesis, tenemos *espalda*.

Otro ejemplo importante de metátesis en la evolución del español lo encontramos en las terminaciones *-ariu, -aria*, donde la semivocal [i̯] pasó a la sílaba precedente; e.g.: *prīmariu* > *primairo* > *primeiro* > *primero* (cf. cult. *primario*, ing. *primary*). Notemos que el diptongo [ai̯], resultado de la metátesis, evoluciona a [ei̯] (forma que encontramos aún en gallego-portugués) y finalmente a [e] (cf. la evolución de *lacte, factu* en c7). ¿Cuál ha sido la evolución de *ferrariu*?

9   ¿Por qué cambian los sonidos con el tiempo?

La mayoría de los cambios fonológicos se basan en una tendencia a relajar la articulación. Como otros comportamientos humanos, el lenguaje se guía también por una especie de "ley del mínimo esfuerzo". Esta "ley" nos lleva a reducir los gestos articulatorios y a minimizar la distancia entre gestos articulatorios contiguos, asimilándolos o fusionándolos. Las pronunciaciones más reducidas aparecen primero en los contextos más informales, pero con el tiempo pueden llegar a convertirse en la norma de pronunciación en todos los estilos. Consideremos, por ejemplo, la siguiente evolución del latín a algunos dialectos modernos del español: [kantátum] > [kantádo] > [kantáðo] > [kantáᵟo] > [kantáo] > [kantáu̯]. En este ejemplo vemos que la [t] intervocálica originaria ha ido reduciéndose progresivamente, primero asimilándose en sonoridad a las vocales colindantes; después reduciendo la oclusión hasta desaparecer, dando lugar a una secuencia [ao] en hiato que, en algunos dialectos (en el norte de España, entre otros), se ha reducido después a diptongo. Podemos obtener una idea más clara de cómo se ha producido esta evolución si para cada estadio o etapa en la evolución distinguimos dos estilos de habla, que podemos llamar "formal" e "informal" (estamos simplificando). Lo que en un estadio determinado es una pronunciación informal puede convertirse en pronunciación formal en una etapa siguiente:

	estilo formal	*estilo informal*
Estadio 1	kantáto	kantáto
Estadio 2	kantáto	kantádo
Estadio 3	kantádo	kantádo
Estadio 4	kantádo	kantáðo
Estadio 5	kantáðo	kantáðo
Estadio 6	kantáðo	kantáᵟo
Estadio 7	kantáðo ~ kantáᵟo	kantáo
Estadio 8	kantáᵟo ~ kantáo	kantáu̯

Este ejemplo nos sirve también para notar que las pronunciaciones más informales algunas veces se estigmatizan en la sociedad, lo que lleva a la reposición de variantes más formales. Esto es frecuente cuando existe una norma escrita y la pronunciación nueva se aparta de la ortografía. En varios países de Latinoamérica (por ejemplo en Argentina) las variantes en [-ao] o [-au̯] han sido objeto de estigma, con lo que han perdido terreno y hoy en día se usan menos que en el pasado. Un resultado de este proceso de estigmatización es a veces la aparición de pronunciaciones "ultracorrectas" como [bilβáðo] por *Bilbao* y [bakaláðo] por *bacalao*, que tienen su origen en el deseo de algunas personas de evitar lo que perciben como incorrecto, en este caso la terminación [-ao]. En contraste con la valoración social de los participios en [-ao] en muchos lugares de Latinoamérica, en España hoy en día las pronunciaciones como [kantáo] son cada vez más aceptadas en contextos formales, aunque la forma más avanzada [kantáu̯] todavía no goza de esta aceptación.

Para dar otro ejemplo, un proceso de reducción articulatoria ha llevado también a la pérdida de la [s] final de sílaba en muchas regiones de habla hispana, a través de una etapa intermedia con fricativa laríngea [h] (reducción o eliminación del gesto con la lengua, con conservación únicamente del gesto en la laringe): [éste] > [éhte] > [éte]. En la República Dominicana, donde este proceso se halla bastante avanzado, las pronunciaciones con [s] o [h] gozan de prestigio o aceptación social, mientras que las pronunciaciones del tipo [éte] sufren estigmatización. Esto lleva a que algunos hablantes en cuyo estilo coloquial la /s/ ha desaparecido completamente, cuando quieren hablar más formalmente, coloquen "eses" no sólo en palabras donde este segmento corresponde etimológicamente, diciendo, por ejemplo [éste], en vez de la forma coloquial [éte], sino también, por ultracorrección, en lugares donde no ha habido nunca una [s], diciendo, por ejemplo [físno] por *fino*. Este fenómeno de ultracorrección se conoce, de hecho, como "hablar fisno".

Aunque, como hemos dicho, la mayor parte de los cambios en la pronunciación tienen su origen en la reducción articulatoria, empezando por los estilos más coloquiales o informales, hay cambios fonológicos que tienen otras causas. Una causa de cierta importancia es la "confusión acústica". Al oír una palabra que no conocíamos antes, es posible que confundamos algún sonido con otro acústicamente semejante. Por ejemplo, en España algunos hablantes dicen [θelpúðo] por *felpudo* y la variante coloquial *Celipe* (C = [θ]) del nombre Felipe se daba en un tiempo en el habla de Madrid. ¿Cómo se explica esto? Espectrográficamente los sonidos [f] y [θ] son extraordinariamente parecidos. Es perfectamente posible que al oír una palabra relativamente poco frecuente como [f]*elpudo* alguien la interprete como [θ]*elpudo*. Dada la influencia que hoy en día tiene la norma escrita es muy poco probable que esto lleve a un cambio más general /f/ > /θ/ en España. Sin embargo, en una situación diferente donde no existiera una norma general, podemos imaginarnos cómo la existencia de variantes con /f/ y con /θ/ para algunas palabras podría llevar a algunos hablantes a dudar sobre la correcta pronunciación de otras palabras (por ejemplo, ¿es [θ]*ésped* o [f]*ésped*?). Es muy común que una vez que aparecen variantes diferentes para la misma palabra, cada pronunciación adquiera connotaciones sociolingüísticas diferentes. Según el valor social otorgado a cada pronunciación, en nuestro ejemplo hipotético podríamos tener finalmente una sustitución de toda /f/ por /θ/ o viceversa.

En español actual tenemos algunas palabras con /x/ donde esperaríamos normalmente una /s/. Por ejemplo, el español antiguo *tisera(s)* ha pasado a *tijeras* en español moderno. La explicación de este hecho es la gran semejanza acústica que existía en una época entre la fricativa ápico-alveolar /ś/ y la prepalatal /ʃ/, lo que llevó a su confusión en cierto número de palabras. En una palabra como *tiseras*, algunos hablantes interpretaron /-iś-/ como /-iʃ-/ y ésta fue la pronunciación que se generalizó.

El mismo ejemplo nos sirve también para ilustrar otra causa importante de cambios en la pronunciación. Hay cambios fonológicos que parecen explicarse sólo tomando en consideración el sistema de contrastes fonémicos existentes en una época determinada. Los dos cambios en punto de articulación que transformaron el sistema de sibilantes del castellano norteño hacia el siglo XVI: /s̄/ > /θ/, /ʃ/ > /x/ se explican considerando el sistema de oposiciones. Como vimos, el sistema de sibilantes del castellano medieval había evolucionado hacia un sistema con tres sibilantes de punto de articulación muy cercano, predorso-alveolar (o dental) /s̄/, ápico-alveolar /ś/ y prepalatal /ʃ/. Una consecuencia de esta escasa diferenciación fueron confusiones acústicas como las que hemos mencionado. La posibilidad de tener tales confusiones disminuyó considerablemente al alejarse los puntos de articulación de los tres fonemas.

A veces se encuentran errores ortográficos como *expléndido, extricto, inflacción*. ¿Qué motivos pueden llevar a un hablante de español a utilizar estas grafías etimológicamente incorrectas?

Hemos mencionado tres posibles causas del cambio fonológico. Las tres son causas internas. Además podemos tener causas externas; es decir, la influencia de otras lenguas en contacto.

10   Algo sobre el cambio morfológico y sintáctico

Cuando comparamos la morfología y la sintaxis del latín clásico con las del español moderno es evidente que ha habido cambios enormes. Por dar un ejemplo, como hemos mencionado ya de pasada, en latín los nombres y adjetivos llevan terminaciones diferentes según la función que desempeñan en la oración (el caso gramatical). Así 'amigo' es *amīcus* como sujeto (caso nominativo: *amīcus puellam amat* 'el amigo ama a la niña') pero *amīcum* como objeto directo (caso acusativo: *amīcum puella amat* 'la niña ama al amigo'), *amīci* como posesor (caso genitivo: *filius amīci* 'el hijo del amigo'), *amīce* como vocativo ('¡amigo!'), etc. Por otra parte, los ejemplos que hemos dado muestran que el latín carecía de artículos. Los del español (*el, la, los, las*) proceden de demostrativos latinos: *illa amīca* 'aquella amiga' > *la amiga*; *illōs amīcōs* 'aquellos amigos' > *los amigos*, etc. Estos mismos demostrativos son también el origen de los pronombres de sujeto y de objeto de tercera persona (*él, ella, ello, la, lo, le* y sus plurales).

Uno de los aspectos más interesantes del cambio morfosintáctico es la creación de clases gramaticales (como los artículos) y categorías morfológicas nuevas. Consideremos como ejemplo la creación del futuro en español. Aunque el latín tenía un futuro de indicativo, éste se perdió totalmente y fue reemplazado por una perífrasis que originariamente tenía valor de obligación. Así, *cantāre habēmus* (que podía ser también *habēmus cantāre*) 'tenemos que cantar, hemos de cantar' da lugar a *cantar (h)emos* y finalmente a *cantaremos*. Por otra parte, la perífrasis *habēmus cantātum* 'tenemos cantado' da lugar a *hemos cantado*, creando una diferencia entre *canté* y *he cantado* que no existía en latín. El origen de esta forma verbal se encuentra en la reinterpretación semántica de oraciones del tipo *habeō scriptum librum* 'tengo un libro escrito' como 'he escrito un libro'.

11   Un texto castellano medieval

Uno de los primeros textos medievales de alguna extensión con los que contamos es el *Poema del Cid*, al parecer escrito durante la segunda mitad del siglo XII. Veamos un fragmento de este poema (que copiamos de la edición paleográfica de Menéndez Pidal, 1908):

1   *Delos sos oios tan fuerte mientre lorando,*
2   *Tornaua la cabeça & estaua los catando.*
3   *Vio puertas abiertas & vços sin cannados,*
4   *Alcandaras uazias sin pielles & sin mantos*
5   *E sin falcones & sin adtores mudados.*

Parte de los problemas que podemos tener para entender este texto son de naturaleza ortográfica. La ortografía no se ajustaba a reglas fijas como hoy en día e incluso el mismo autor podía escibir la misma palabra de más de una forma en el mismo texto. Sobre todo fluctuaba a menudo la grafía de aquellos sonidos que no existían en latín. La división en palabras es también, con frecuencia, incorrecta.

Examinemos el primer verso. En español moderno lo diríamos así: "De sus ojos tan fuertemente llorando" o, mejor, "llorando tan fuertemente por los ojos". Notemos el uso del artículo con el posesivo, como todavía ocurre en lenguas como el portugués y el catalán. "Fuertemente" aparece como *fuerte mientre* por cierta confusión con la palabra *mientras,* que es común en la Edad Media. En realidad los adverbios en *-mente* derivan de expresiones con la palabra *mente.* Por ejemplo, *habló claramente* significaba originariamente 'habló con la mente clara'. A partir de estos casos se generalizó el uso de *-mente* como sufijo adverbial. Lo que aparece escrito *lorando* sin duda representa [ʎorándo]. La lateral palatal no existía en latín, lo que creaba problemas para su representación ortográfica en romance.

El segundo verso es más fácil de entender: "Tornaba la cabeza y estaba mirándolos". El verbo *catar* significaba 'mirar' en castellano medieval, significado que se ha conservado en la palabra *catalejo.* Notemos que la posición que ocupa el pronombre clítico *los* es diferente de la que tenemos hoy en día (*los estaba mirando* o *estaba mirándolos* pero no *estábalos mirando*). La regla sintáctica que determina la posición de los clíticos ha cambiado.

En el tercer verso encontramos una palabra *vços* [útsos] que hoy no reconocemos ya. Significaba 'puertas' o 'entradas'. En cuanto a *cannados,* es la palabra 'candados', del latín *catenātu.* La forma que se ha conservado en español moderno presenta metátesis: *catenātu > *cadnado > candado.* Así pues, traduciríamos: "Vio puertas abiertas y entradas sin candados".

El cuarto verso empieza con otra palabra hoy en día obsoleta. *Alcandara* significaba 'percha': "Perchas vacías sin pieles y sin mantos".

Por último, el verso número cinco sería en español moderno "y sin halcones y sin azores mudados" (el azor es un tipo de ave de cetrería parecido al halcón y *mudados* significa 'cambiados de pluma').

Como vemos, del castellano medieval al español moderno encontramos diferencias en todos los aspectos de la lengua:

(a) el léxico: palabras que han desaparecido, como *uço, alcandara* y otras que han cambiado de significado, como *catar;*

(b) la fonología: las sibilantes, la /h/;

(c) la morfología y la sintaxis: uso del artículo con los posesivos, posición de los pronombres clíticos.

A continuación transcribimos un fragmento más del *Poema del Cid* con una traducción bastante literal al español moderno verso por verso. Comen-

te los cambios más importantes que note y clasifíquelos como léxicos, fonológicos, morfológicos o sintácticos:

6   *Sospiro myo Çid, ca mucho auie grandes cuydados.*
    [Suspiró Mio Cid, porque tenía muy grandes preocupaciones]
7   *Ffablo myo Çid bien & tan mesurado:*
    [Habló Mio Cid bien y tan mesurado]
8   *"Grado ati, señor padre, que estas en alto*
    [Gracias a ti, Señor Padre que estás en alto]
9   *Esto me an buelto myos enemigos malos."*
    [Esto me han hecho mis enemigos malos]
10 *Alli pienssan de aguiiar, alli sueltan las riendas.*
    [Allí piensan (=deciden) aguijar (=espolear los caballos), allí sueltan
    las riendas.]
11 *A la exida de Biuar ouieron la corneia diestra,*
    [A la salida de Vivar tuvieron la corneja a la derecha]
12 *E entrando a Burgos ouieron la siniestra.*
    [Y entrando en Burgos la tuvieron a la izquierda]
13 *Meçio myo Çid los ombros & engrameo la tiesta:*
    [Meció Mio Cid los hombros y enderezó la cabeza]
14 *"Albricia, Albarffanez, ca echados somos de tierra."*
    [Albricias (=noticias) Alvarfáñez, pues hemos sido echados de (nues-
    tra) tierra]
15 *Myo Çid Ruy Diaz por Burgos entraua,*
    [Mio Cid Ruy Díaz por Burgos entraba]
16 *En su compaña .LX. pendones leuaua*
    [En su compañía 60 pendones (= banderas) llevaba]
17 *Exien lo uer mugieres & uarones*
    [Salían a verlo mujeres y varones]
18 *Burgeses & burgesas por las finiestras son,*
    [Burgaleses y burgalesas están en las ventanas]
19 *Plorando delos oios, tanto auyen el dolor.* (Nota: *auyen = avien*)
    [Llorando por los ojos, tanto dolor tenían]
20 *Delas sus bocas todos dizian una razon:*
    [Por sus bocas todos decían una cosa]
21 *"Dios, que buen vassalo, si ouiesse buen Señor."*
    [Dios, que buen vasallo, si tuviese buen señor]
22 *Conbidar le yen de grado, mas ninguno no osaua*
    [Le convidarían con gusto, mas ninguno osava (=se atrevía)]

23   *El rey don Alfonsso tanto auie la grand saña,*
        [El rey don Alfonso tenía tan gran saña]
24   *Antes de la noche en Burgos del entro su carta,*
        [Antes de la noche en Burgos de él entró su carta]
25   *Con grand recabdo & fuerte mientre sellada:*
        [Con gran recaudo y fuertemente sellada]
26   *Que a myo Çid Ruy Diaz , que nadi nol diessen posada,*
        [Que a Mio Cid Ruy Díaz, que nadie le diese posada]
27   *E quel que gela diesse sopiesse uera palabra.*
        [Y que el que se la diese, supiese verdadera palabra]
28   *Que perderie los aueres & mas los oios de la cara*
        [Que perdería los haberes (=posesiones) y además los ojos de la cara]
29   *E aun demas los cuerpos & las almas*
        [Y aún más, los cuerpos y las almas]
30   *Grande duelo auien las yentes christianas;*
        [Gran duelo tenían las gentes cristianas]
31   *Asconden se de myo Çid, ca nol osan dezir nada.*
        [Se esconden de Mio Cid, pues no osan (=se atreven a) decirle nada].

Conteste las siguientes preguntas sobre el texto transcrito:

1. ¿Qué cambios han tenido lugar en el significado y empleo del verbo *haber* (*aver*) desde el castellano antiguo al moderno?
2. ¿Vemos alguna diferencia en el texto con respecto a la lengua moderna en el uso de la doble negación con adverbios negativos como *ninguno*, *nadie* y *nada*?
3. ¿Puede encontrar en el texto ejemplos de uso de artículos con posesivos?
4. ¿Puede encontrar algún ejemplo en el texto que muestre un uso del verbo *ser* diferente a los que encontramos en español moderno?
5. Explique la palabra *nol* (en los versos 26 y 31).
6. Analice y explique la expresión *conbidar le yen* en el texto (verso 22).
7. Si la palabra *exida* se hubiera conservado en español moderno ¿cómo se pronunciaría y cómo se escribiría? De hecho, en español se conserva una palabra relacionada.
8. Comente la expresión *exien lo ver* (verso 17).
9. Comente el significado de la palabra *siniestra* en el verso 12.
10. La misma palabra se escribe *lorando* en el verso 1 y *plorando* en el verso número 19. ¿Cuál puede ser el motivo?

12   Formación de la norma lingüística

En la evolución del castellano el reinado de Alfonso X, llamado el Sabio (1252-1284), constituye un hito de importancia capital. Antes de Alfonso X cada escritor escribe como quiere o como puede, tanto en lo referente a la ortografía como a la forma misma de las palabras. De hecho, en el mismo texto frecuentemente aparecen múltiples variantes morfológicas y un caos ortográfico considerable. Después de Alfonso X, existe ya un modelo de castellano literario y unas normas ortográficas a las que los escritores podrán atenerse.

Alfonso X promovió la producción de libros en todas las áreas del conocimiento desde la literatura y la historia al derecho y la astronomía. Favoreció Alfonso X como lengua lírica el gallego dada la tradición lírica gallego–portuguesa que existía, y en esta lengua escribió él mismo las *Cantigas* y otros poemas. En el resto de la producción escrita realizada bajo su mandato, sin embargo, se utilizó el castellano. Los libros incluyen obras jurídicas, históricas, de astronomía, mineralogía, etc. El resultado de esta vasta producción literaria fue la creación de una norma castellana que unificaba las variantes dialectales y sociales existentes y fijaba la ortografía. En la obra cultural de Alfonso X tiene un papel importante la traducción de libros del árabe al castellano y al latín. La producción de libros técnicos en castellano planteó el problema de la creación de vocabulario. En los libros traducidos del árabe se incorporan términos técnicos del árabe, muchos de los cuales han perdurado (*alquimia, álgebra, algoritmo, cero*). En libros referentes al mundo antiguo se incorporan bastantes latinismos.

La ortografía fijada por Alfonso X continúa usándose hasta el siglo XVI. Pero el problema de fijar una ortografía es que las lenguas no son inmutables. Inevitablemente las ortografías envejecen al evolucionar las lenguas. Con la reestructuración de las sibilantes, la distinción ortográfica establecida por Alfonso X entre -*ss*- /s/, -*s*- /z/, -*ç*- /ts/ y -*z*- /dz/ se convierte en algo difícil de aprender una vez que los usuarios de la lengua han convertido los cuatro antiguos fonemas en sólo dos o en uno solo, como sucede finalmente en Andalucía y el español de las Américas. Lo mismo vale para la distinción entre -*x*- /ʃ/ y -*j*- ~ -*g*- /ʒ/, el uso de la *f*- una vez que incluso la aspiración se ha perdido, etc. (e.g. mientras que se pronunció [hadzér] la grafía *fazer* no presentaba problemas, simplemente *f*- tenía el valor de [h]. Pero una vez que tenemos [aθér] o [asér] y la /f/ se independiza como fonema conservado en cultismos y otros contextos, la ortografía antigua deja de ser funcional).

En el siglo XVI tenemos un segundo momento de formación de una normativa literaria, más moderna. A la fijación de usos ortográficos, léxicos y morfológicos contribuye considerablemente la aparición de la imprenta.

Finalmente, con la fundación de la Real Academia Española en el siglo XVIII y la publicación de sus gramáticas y diccionarios, el español escrito adquiere una normativa fija y uniforme, aunque las normas de la Real Academia Española (que tiene Academias correspondientes en todos los países hispanoamericanos, con las que consulta) han ido también cambiando con los años.

13 El elemento árabe en el español

Al desaparecer la estructura administrativa del Imperio Romano, la provincia romana de Hispania fue invadida por varias tribus germánicas como los suevos, vándalos y alanos, hasta que uno de estos grupos de origen germánico, los visigodos, impuso su control en todo el territorio peninsular, estableciendo un reino que durará hasta la conquista árabe del año 711. Sin embargo, los visigodos al parecer eran un grupo no muy numeroso y abandonaron su lengua por el latín hispánico. La influencia de la lengua visigoda en la evolución de los romances de Hispania fue bastante escasa. En español tenemos una serie de nombres de raíz visigoda como Alfonso, Rodrigo, etc. Es muy posible que la terminación -ez en apellidos derivados de nombres propios (como *Rodríguez* de *Rodrigo*, *Álvarez* de *Álvaro*, etc.) sea de origen visigodo. Pero aparte de esto, no es mucho más lo que encontramos.

Mucho más importante fue el contacto con la lengua árabe. El español ha incorporado unas 800 palabras de origen árabe. Un hecho interesante es que muchos de los nombres de origen árabe empiezan por *a-* o *al-*. Esta primera sílaba es el artículo árabe *al-*, cuya consonante se asimila a una consonante apical siguiente, pero no a consonantes con otro punto de articulación.

Algunos préstamos del árabe se refieren a productos naturales que los árabes llevaron a España o en cuyo cultivo destacaban, como pueden ser *alcachofa, albaricoque, azúcar, aceite, algodón, alfalfa, zanahoria*. En el área culinaria, son también de origen árabe *albóndiga, almíbar, jarabe* y *azafrán*. Se refieren a elementos de la vida doméstica palabras como *almohada, alfombra, alcoba, alféizar, almirez, alfiler*. En el área de la organización civil y militar encontramos préstamos árabes como *alcantarilla, alcázar, almena, albañil, aduana, almacén, alquiler, aldea, alcalde, alguacil, alférez, almirante* y muchos otros. Los árabes tenían un nivel cultural más alto que el imperante en la Europa medieval y del árabe nos han llegado términos científicos y matemáticos como *álgebra, alquimia* (de la misma raíz griega que *química*, pero con el artículo árabe), *alambique, alcohol, algoritmo, guarismo, cifra* y *cero*. La palabra *algarabía* 'jaleo, alboroto' no es sino el nombre de la lengua árabe, *al'arabiyya*. Esto se debe sin duda a que una lengua desconocida suele sonar como una sucesión caótica de sonidos.

De origen árabe son también expresiones más básicas, como *ojalá* (del árabe *wašaʼ Allah* 'y quiera Dios') y la preposición *hasta*.

En el área de la toponimia son de particular importancia los nombres que empiezan con *Guad-*, del árabe *wadi* 'río', como *Guadalajara* 'río de piedras', *Guadalquivir* 'río grande', *Guadalcanal* 'río del canal' (nombre mixto árabe-latino), *Guadalupe* ('río Lupe o Lope'), *Guadarrama*, etc.

14   Influencia de las lenguas amerindias

Cuando los españoles llegaron al continente americano encontraron un gran número de plantas, animales y productos naturales y culturales desconocidos antes para ellos y a los que, obviamente, era preciso darles nombre. Estos nombres se tomaron normalmente de las lenguas habladas en la zona. Así, un número considerable de palabras de las lenguas indígenas de las Américas pasaron al español, y, a través del español, muchas veces a otras lenguas europeas. Las principales lenguas amerindias que aportaron elementos léxicos al español son las siguientes:

a) El náhuatl, lengua del imperio azteca (hablada hoy en día por unos 800.000 mexicanos). Del náhuatl han pasado al español palabras como *tomate, chocolate, aguacate, cacahuete* (en México, *cacahuate*), *chicle, coyote, ocelote, zopilote, petate, milpa, tamal, nopal*, y bastantes otras. Otras muchas palabras de origen náhuatl, como *guajolote* (pavo), *cuate* (chico) o *elote* (mazorca) se encuentran en español mexicano (algunas de ellas también en otros países) pero no forman parte del léxico español general. Como consecuencia del contacto con el náhuatl, el español mexicano ha adquirido el grupo /tl-/, que aparece no sólo en topónimos como *Tlaxcala* y otros nombres propios como *Tlaloc* (dios de la lluvia de los aztecas), sino también en nombres comunes como *tlapalería* (ferretería). Parte de lo que caracteriza al español de México frente a otras variedades del español se debe, pues, al sustrato náhuatl.

b) El quechua, lengua del imperio inca, y que aún cuenta con unos ocho millones de hablantes, principalmente en Perú, Bolivia y Ecuador. Del quechua tomó el español el nombre de la *llama* y animales de la misma familia (*vicuña, guanaco, alpaca*), y también el de otros animales nativos de las Américas como el *cóndor* y el *puma*. Otras palabras de origen quechua son *mate, papa* (la papa o patata procede de los Andes), *pampa, guano* y *puna*. Palabras quechuas

Mapa 5. Principales lenguas indígenas de Latinoamérica.[9]

como *guagua* (bebé) y *palta* (aguacate) tienen una distribución geográfica más limitada en español. En cuanto a influencias fonológicas, probablemente no es casualidad que la variedad del español latinoamericano donde se mantiene mejor el fonema palatal lateral /ʎ/ es precisamente el español andino, en contacto con el quechua y el aimara (hablado por más de un millón de personas en Bolivia y Perú), que poseen este fonema.

c) El guaraní (lengua hablada por gran parte de los habitantes de Paraguay y que, junto al español, es oficial en este país) y otras lenguas de la familia tupí-guaraní. De esta fuente proceden palabras como *jaguar, ñandú* (avestruz sudamericano), *tapir, tiburón, tucán, mandioca* y *tapioca*. El hidrónimo *Yguazú*, nombre de un río famoso por sus cataratas, se traduce literalmente como 'agua grande' (*y* 'agua' + *guasu* 'grande').

d) Los primeros americanismos o amerindianismos fueron tomados de las lenguas de las Antillas (caribe y arahuaco —grupo lingüístico, este último, que incluye al taíno, lengua extinta que se hablaba en Puerto Rico y Cuba

---

[9] El modelo de este mapa, aunque no su contenido, está tomado de Canfield (1981, pp. 14-17).

a la llegada de los españoles). Éstos incluyen palabras como *cacique, caníbal, canoa, piragua, hamaca, huracán, maíz* e *iguana*.

A veces para designar el mismo objeto encontramos palabras diferentes en regiones diferentes, derivadas cada una de la lengua del área correspondiente. Así, en vez de la palabra *aguacate*, de origen náhuatl, en gran parte de Sudamérica se utiliza la palabra *palta*, tomada del quechua. Del mismo modo, en países del Caribe encontramos *maní*, de origen arahuaco, en vez del nahuatlismo *cacahuete* ~ *cacahuate*, y *ají* (del arahuaco) compite con *chile* (del náhuatl).

15 Relaciones etimológicas posibles entre palabras inglesas y españolas

Si el inglés no es una lengua románica, ¿por qué encontramos tantas palabras parecidas en inglés y en español?

La mayoría de las palabras en inglés que están relacionadas de una manera obvia con otra palabra española (*strict, capital, dentist, study, literature,* etc.) son en inglés cultismos de origen latino, mientras que sus "cognados" en español pueden proceder del latín por vía patrimonial o por cultismo.

Otras muchas palabras de origen latino se han incorporado al inglés, no directamente, sino por medio del francés. Recordemos que la invasión normanda de Inglaterra en la Edad Media llevó la lengua francesa a este país como lengua de prestigio utilizada por las clases superiores de la sociedad (los normandos). Esto hizo que el inglés tomara un gran número de palabras del francés. Estas palabras hacen referencia sobre todo a elementos culturales pero incluyen también palabras tan básicas como puedan ser *mountain, river, face* o *very* (de una palabra francesa antigua que significaba 'verdaderamente').

También están relacionadas y son de origen latino *vino* y *wine, wall* y *valla*. En estos casos la palabra inglesa es un préstamo del latín al germánico antiguo (de donde deriva el inglés) y la española una palabra patrimonial.

El inglés ha tomado también algunas palabras directamente del español, como *sombrero, embargo, patio, burro, rodeo* o *siesta*, y, con alguna adaptación, otras como *desperado* (de *desesperado*), *buckaroo* (de *vaquero*) y *lasso* (de *lazo*). Casi todas estas palabras se relacionan con elementos culturales y muchas de ellas tienen su origen en el contacto entre las dos lenguas en el oeste americano.

Muchas más son las palabras que el español ha tomado del inglés. Estas palabras de origen inglés en español son casi todas préstamos recientes pertenecientes a campos como la tecnología y la ciencia (*software, radar, estrés*), los deportes (*fútbol, béisbol, tenis*), la moda (*bikini, jersey, minifalda, champú*) y el comercio (*boom, stock*), y su número es cada vez mayor por motivos culturales obvios.

Muchísimo más antiguos son los préstamos de origen germánico en español como *guerra, yelmo, robar* o *rico* que pasaron al español en la Edad Media y se relacionan con las inglesas *war, helmet, rob* y *rich*, respectivamente.

Hay otras palabras que tanto en inglés como en español son préstamos de otros idiomas. Entre éstas encontramos un grupo de palabras de origen árabe, integradas en español debido al contacto directo con esta lengua en la Edad Media y que pasaron al inglés a través de otras lenguas de Europa. En este grupo tenemos palabras como, por ejemplo, *algodón* y *cotton, azúcar* y *sugar, azafrán* y *saffron, alquimia* y *alchemy, álgebra* y *algebra*.

Más difíciles de descubrir sin ciertos conocimientos filológicos son las palabras de origen germánico en inglés y de origen patrimonial latino en español que tienen la misma fuente indoeuropea. Éstas incluyen, por ejemplo, *pez* (del latín *pisce*) y *fish* (del germánico *fisk*), últimamente de una raíz proto-indoeuropea **pisk* (escribimos un asterisco * para indicar que se trata de una forma reconstruida) con un cambio de *p-* a *f-* en germánico, que podemos observar también en correspondencias como *pie* y *foot, padre* y *father*, etc. También tienen un origen indoeuropeo común *cuerno* y *horn*, del proto-indoeuropeo **korn*, con un cambio similar de *k-* a *h-* en germánico, etc.

16 Cambio lingüístico y variación dialectal en el español de hoy

El cambio en la lengua es un hecho constante, como ya sabemos. En la medida en que los cambios que se inician en un lugar no se extiendan por todo el territorio donde se habla una lengua, surgirán diferencias entre los dialectos de esa lengua. Del mismo modo, en la medida en que las innovaciones no se empleen por todos los hablantes o en todos los contextos en una comunidad, encontraremos variación sociolingüística.

En esta sección consideraremos algunos de los principales aspectos en que encontramos variación dialectal dentro del ámbito de la lengua española, desde la perspectiva de su origen histórico. Para ello vamos a comparar cuatro dialectos del español bien diferenciados entre sí y que nos pueden dar una buena idea del grado de variación geográfica existente en nuestra lengua: los de Madrid, Ciudad de México, Buenos Aires y San Juan de Puerto Rico.

16.1. Diferencias fonológicas y fonéticas

Al comparar los cuatro dialectos mencionados observamos una serie de diferencias en la pronunciación:

a) Distinción /s/ — /θ/ vs. seseo

Empezando con lo fonológico, una primera diferencia clara que opone el habla de Madrid al de las otras tres ciudades consideradas (y de toda Hispanoamérica), es la existencia de un contraste entre las fricativas /s/ y /θ/. Hemos visto ya cuál es el origen histórico de esta diferencia dialectal.

Repitamos aquí también que la /s/ del norte y centro de España es típicamente ápico-alveolar, mientras que la mayoría de los latinoamericanos (y de los andaluces) tienen una /s/ predorso-alveolar.

b) Distinción /ʎ/ — /y/ vs. yeísmo

Siguiendo con los contrastes entre fonemas, algunos hablantes de Madrid, aunque pocos, diferencian /ʎ/ de /y/, mientras que ninguno de los otros tres dialectos tiene este contraste. La pérdida de este contraste fonémico, por deslateralización de la lateral palatal, es un cambio en marcha en muchas de las áreas donde se ha mantenido hasta hoy (fundamentalmente el norte de España y la región andina).

c) "Rehilamiento" y ensordecimiento de /y/

Relacionado con estos sonidos, y ya a nivel fonético, algo que distingue clara e inmediatamente el habla de la región bonaerense es la pronunciación "rehilada" del sonido escrito como *y, ll: yo me llamo Yolanda* [ʒó meʒámo ʒoláṇda]. De todas maneras, la fricativa prepalatal sonora [ʒ] no es exclusiva del español argentino y se encuentra también a veces en el habla de los mexicanos. Puede pronunciarse así en México, por ejemplo, cuando ocurre tras /s/, como en *las llaves* [lazʒáβes].

Como vimos en el capítulo 2, un proceso de cambio fonológico en marcha en la región de Buenos Aires es el ensordecimiento [ʒ] > [ʃ], como en *mayo* [máʒo] > [máʃo]. Dado que en otras regiones de habla española (partes de Andalucía, norte de México, Panamá) esta fricativa sorda resulta de la desafricación de [tʃ], como en *macho* [mátʃo] > [máʃo], es evidente que estas evoluciones fonológicas pueden llevar a un menor grado de intercomprensión entre hablantes de diferentes dialectos del español.

d) Aspiración de /s/

Otra diferencia obvia entre los dialectos que estamos comparando es en la existencia e intensidad de la aspiración y pérdida de /s/ final de sílaba y de palabra. Este cambio, que tiene su origen en el Sur de España, goza de amplia difusión en Latinoamérica. El contexto fonético inicial del cambio parece haber sido el preconsonántico, de donde la aspiración se ha extendido en algunos dialectos a otros contextos finales de sílaba y de palabra.

Entre nuestros cuatro dialectos, es, sin duda, el puertorriqueño el que presenta aspiración más abundante. En este dialecto, la /s/ puede aspirarse (o perderse) tanto en posición preconsonántica interior de palabra, como en *pesca* [péhka], como en posición final de palabra, sea en posición final absoluta (ante pausa), como en *atrás* [atráh], sea ante consonante, como en *los miro* [lohmíro] o sea ante vocal, como en *los ata* [loháta]. Hemos dicho "puede aspirarse" y no "se aspira" porque la aspiración no es un un fenómeno obligatorio, sino variable. La /s/ se aspira y se pierde con mayor frecuencia cuanto menor es el grado de formalidad en la interacción lingüística (por ejemplo, más hablando entre amigos que leyendo un discurso).

El siguiente dialecto, por orden de incidencia del fenómeno de la aspiración, es el de Buenos Aires. En este dialecto la aspiración es corriente ante consonante, sea en interior de palabra o entre palabras, pero no en los otros contextos mencionados. Tenemos así *los parte* [lohpárte], con aspiración, pero *los ata* [losáta] o *atrás* [atrás], sin ella.

Tradicionalmente el habla de Madrid no se considera un dialecto con aspiración. Lo cierto es que, aunque en los estilos más formales se evita totalmente la aspiración en este dialecto, en registros coloquiales la aspiración de /s/ es frecuente en el habla de muchos madrileños. Ésta se da sobre todo ante ciertas consonantes como /p/ y /k/: *espera* [ehpéra], *es que* [éhke] o [éxke] y, en menor medida, en posición final absoluta: *vámonos* [bámono(h)].

Por último, el español de la Ciudad de México es un dialecto conservador en este respecto, donde la /s/ no se aspira en ningún contexto. En contrapartida a la estabilidad de la /s/, en México (como en partes de Perú y Bolivia) las vocales átonas se reducen con cierta frecuencia antes de /s/: *buenas noch's; p's no*.

Lo que hemos dicho acerca de estos cuatro dialectos no agota las posibilidades de variación entre dialectos. Así, en el español de Nuevo México, parte de Centroamérica y algunas otras áreas se aspira la /s/ inicial de palabra, como en *la semana* [la hemána].

e) Velarización de /n/

Otro aspecto de variación dialectal en español que ya conocemos por el capítulo 2 es la realización de /n/ final como alveolar o como velar. En Puerto Rico hay velarización. En la Ciudad de México, Buenos Aires y Madrid la /n/ final es alveolar (aunque algunos madrileños velarizan). Como la aspiración, la velarización resulta de un debilitamiento articulatorio, que, en el

Caribe y Andalucía, puede llevar a la pérdida de la oclusión oral, produciéndose una vocal nasalizada.

La velarización, lo hemos dicho ya, es un fenómeno cuya extensión geográfica abarca grandes áreas de España e Hispanoamérica. Por el contrario, un fenómeno bastante menos común, que se da en Yucatán y alguna otra región, es la pronunciación de la nasal final como [m]: *pan* [pám].

f) Pronunciación de las vibrantes

La pronunciación de las consonantes vibrantes incluye también alguna variación notable. En primer lugar, en Puerto Rico está muy extendida la neutralización entre /r/ y /l/ al final de sílaba, fenómeno que se da también en otras partes del Caribe y en Andalucía. Aparte de esto, algunos puertorriqueños, aunque no todos, tienen una pronunciación velar o uvular de la vibrante múltiple, que puede además pronunciarse como fricativa y como sorda. Una manera humorística e impresionista, aunque inexacta, de caracterizar este fenómeno es decir que estos hablantes pronuncian *Ramón* como *jamón*. La misma evolución (cambio de articulación apical a dorsal) se ha producido en lenguas bien estudiadas, como son el francés, el portugués y el alemán, en época relativamente reciente.

En México un fenómeno variable es el ensordecimiento y fricativización ("asibilación") de la /r/ final, como también vimos en su lugar. La asibilación de la vibrante múltiple, por otra parte, es un fenómeno que se da en muchas zonas. Así, aunque no ocurre en Buenos Aires, sí se da en otras regiones de la República Argentina.

g) Pronunciación de la /x/

El grado de fricción o estridencia con que se suele pronunciar la /x/ —que se relaciona con su punto exacto de articulación— varía notablemente de unos dialectos a otros. En una "escala de estridencia" en la pronunciación de este sonido, y de mayor a menor, tendríamos primero Madrid, después Buenos Aires, México y en último lugar San Juan de Puerto Rico.

h) Elisión de /d/

Como hemos discutido ya en este capítulo, éste es otro campo de variación en el español actual. La /d/ de la terminación −*ado* se pierde frecuentemente en madrileño y a veces en puertorriqueño. En mexicano y bonaerense, por el contrario, se mantiene firme hoy en día.

Lo visto nos puede servir para hacernos una idea de la variación fónica existente en el español de hoy. Nótese la desigual distribución dialectal que tienen los fenómenos examinados y el entrecruce de isoglosas.

Como ejercicio, entreviste a un hispanohablante de un área diferente a las cuatro examinadas aquí y describa su pronunciación utilizando la lista de rasgos que hemos empleado.

16.2. Diferencias morfológicas, sintácticas y léxicas

a) Pronombres de segunda persona

Entre las diferencias morfológicas en los dialectos que estamos comparando, hay dos, ambas relacionadas con los pronombres de segunda persona y formas verbales correspondientes, que saltan inmediatamente a la vista: la distinción entre *vosotros* y *ustedes*, que se practica sólo en España, y el uso de *vos* en lugar de *tú* en Argentina. Los sistemas de formas de tratamiento que encontramos en estos cuatro dialectos son, pues, los que se indican en el cuadro (para México y San Juan son idénticos).

	México	San Juan, PR	Madrid	Buenos Aires
2ª sg. informal	*tú*	*tú*	*tú*	*vos*
2ª sg. de respeto	*usted*	*usted*	*usted*	*usted*
2ª pl. informal	*ustedes*	*ustedes*	*vosotros*	*ustedes*
2ª pl. de respeto			*ustedes*	

El uso de *vos* como forma de tratamiento se conoce como voseo. El voseo es un fenómeno hoy en día desconocido en España pero que tiene amplia difusión en el español del Nuevo Mundo, dándose en amplias zonas de Centroamérica y Sudamérica. En general, en la mayoría de las zonas donde se practica, el voseo en el habla familiar coexiste con el empleo de *tú* en registros algo más formales. Esto es, *vos* suele indicar mayor intimidad que *tú* en regiones en que se utilizan ambas formas. En Argentina, sin embargo, el tuteo ha desaparecido totalmente. En el voseo argentino, las formas verbales derivan

317

de las de *vosotros* por monoptongación: *vos sos, cantás, perdés, salís* (cf. *vosotros sois, cantáis, perdéis, salís*). En cuanto a las formas pronominales, el sistema es etimológicamente mixto: la forma *vos* se usa como sujeto y como objeto de preposición, mientras que el pronombre átono es *te: vos te levantás; te lo doy a vos*. El posesivo es también *tu: acá tenés tu libro*.

Puede ser interesante el repasar brevemente la evolución histórica de los sistemas de tratamiento que tenemos en español. En latín el sistema era bastante simple. Había una forma de segunda persona del singular, *tū*, y una forma de segunda persona del plural, *vōs*. En época imperial, empezó a usarse la forma *vōs* como singular también, primero en el trato con las autoridades, generalizándose luego como singular de respeto. Éste es el sistema que encontramos aún hoy en francés, donde hay una forma *tu*, informal de segunda persona del singular, y otra forma *vous*, que se usa como forma de respeto en el singular y también para dirigirse a dos o más personas, sin distinción de formalidad en este caso. En castellano, por el contrario, las cosas no se quedaron aquí. Un cambio fue la gramaticalización de la expresión *vos otros* como pronombre de plural (en francés y en italiano encontramos la misma expresión: *vous autres, voi altri*, pero el elemento 'otros' no es obligatorio en estas lenguas para expresar pluralidad). En cuanto a la forma *vos* con referente singular, ésta fue expandiendo su uso cada vez más en castellano, hasta el punto en que ya no se sentía como demasiado formal. Para expresar mayor cortesía o respeto, se recurrió a la expresión *vuestra merced*. Y las formas *tú* y *vos* pasaron a verse como más o menos equivalentes. Este sistema es el que encontramos en el español del Siglo de Oro: Don Quijote emplea tanto *tú* como *vos* hablando con Sancho, mientras que éste se dirige a su señor con *vuestra merced*. La forma *usted* (a veces abreviada *Vd.*) deriva de *vuestra merced* por contracción: *vuestra merced > vuesarced > usted*. Establecida *usted* como forma de respeto, la pugna entre *tú* y *vos* como formas familiares se resolvió finalmente en la Corte con la desaparición del tratamiento de *vos*. En ciudades como México y Lima, que tenían contacto más directo y frecuente con la metrópoli, se adoptó la misma solución. En otras áreas más alejadas de la influencia metropolitana, sin embargo, se mantuvo el sistema antiguo con las tres formas *tú, vos* y *usted*, creándose diferentes matices en su uso, o, por evolución opuesta a la de la Corte, se eliminó la forma *tú* en el habla vernácula.

b) Otros fenómenos morfosintácticos

Respecto al uso de los pronombres clíticos, en el capítulo 3 nos referimos brevemente a ciertas diferencias dialectales en el uso de los pronombres clíticos de dativo y acusativo: los fenómenos de *leísmo* y *laísmo* —a los que podemos añadir el más infrecuente *loísmo*. Frente al uso leísta con objeto directo humano y masculino de los madrileños, el sistema más extendido por Latinoamérica, que encontramos en México, Puerto Rico y Buenos Aires, es el etimológico (una excepción es Ecuador, donde se practica el leísmo extendido a todo tipo de objeto directo). Volveremos a este tema en el capítulo 6. Relacionado con el uso de clíticos podemos mencionar aquí también, como fenómeno interesante, la innovación mexicana (frecuente también en otras áreas de Latinoamérica) consistente en añadir una /s/ al final de una secuencia de clíticos para pluralizar el objeto indirecto en casos en que *le* y *les* se neutralizan bajo la forma *se: esto se los digo a ustedes.*

Una innovación sintáctica en el español de Puerto Rico, que también merece la pena mencionar aquí, es la ausencia de inversión obligatoria del sujeto pronominal en preguntas parciales: *¿Qué tú dices?*

c) Diferencias léxicas

Para concluir nuestro breve estudio comparativo, la existencia de diferencias en el vocabulario entre los dialectos del español es algo que difícilmente pasa desapercibido a nadie que tenga trato con hablantes de lugares diferentes. Así, por ejemplo, es sabido que 'niño, chico' se dice *chaval* en Madrid, *pibe* en Buenos Aires y *cuate* en México; que los argentinos dicen *che*, los mexicanos *órale* y los madrileños *vale, tío.* Un enunciado como *el laburo no da guita*, sin contexto extralingüístico que aclare el significado, es totalmente incomprensible para quien no cuente con algún conocimiento del español coloquial de Argentina.

Por llamativas que tales diferencias nos resulten a primera vista, sin embargo, el alcance de la diferenciación léxica interdialectal es limitado. Las diferencias más importantes aparecen en los registros más coloquiales y en ciertos campos semánticos bien definidos (como la gastronomía: lo que para los mexicanos son *frijoles*, para los puertorriqueños son *habichuelas*, para los argentinos, *porotos* y para los madrileños *judías* —para otros españoles son *alubias*).

Los orígenes de las diferencias léxicas entre dialectos son muy diversos. Podemos tener préstamos de otras lenguas que sólo se han extendido al español de una cierta área (así ocurre, por ejemplo, con muchos préstamos del náhuatl en español mexicano o algunos del italiano en español argentino); palabras que se han perdido en ciertas regiones se pueden haber mantenido en otras (arcaísmos); algunas palabras pueden haber cambiado de significado en algunos dialectos; etc.

En el siguiente capítulo consideraremos la variación dialectal en español en mayor detalle.

17 Análisis de textos en otras variedades lingüísticas contemporáneas cercanas al español

17.1. Judeoespañol

Entre los dialectos contemporáneos de la lengua española, el judeo-español o sefardita constituye un caso especialísimo. Los judíos españoles que fueron forzados a abandonar su país en los siglos XV y XVI por mantenerse fieles a sus ideas religiosas establecieron comunidades en varios lugares de Europa y del Mediterráneo, donde sus descendientes han conservado su lengua hasta el día de hoy (aunque en la actualidad esta variedad del español corre grave riesgo de extinción). Al desgajarse del tronco común hispánico, sin contacto con otros dialectos, el judeoespañol ha tenido un desarrollo completamente independiente del de las demás variedades. Muchos rasgos del español del siglo XV, perdidos en español general por evolución lingüística, se han mantenido inalterados en judeoespañol (arcaísmos). El judeoespañol ha sufrido también otros muchos cambios que no se han producido en otras variedades (innovaciones). Entre estas innovaciones hay muchas, sobre todo en el léxico, debidas al contacto de lenguas. Otro factor a tener en cuenta es que entre los judíos expulsados de España los había procedentes de todas las regiones de la Península, por lo que en el judeoespañol de algunas zonas es posible encontrar, dentro de una base castellana, elementos lingüísticos de origen leonés, gallego-portugués o aragonés. Como muestra de judeoespañol incluimos aquí tres estrofas de una canción tradicional sefardí. La grafía *z* se emplea para la fricativa sonora /z/, *v* para la fricativa labiodental sonora (que es un fonema independiente en algunas variedades del judeoespañol), *x* para la fricativa prepalatal sorda, y *dj* para la africada prepalatal sonora:

Por la tu puerta yo pasí	*Por la tu puerta yo pasí*	*Ermoza sos en kuantidad*
yo la topí serrada,	*te vidi en la güerta,*	*onestedad no tienes,*
la yavedura yo bezí	*te demandí una kondja,*	*miliones si me vas a dar,*
komo bezar tu kara.	*dexites "no ay avierta".*	*mi djente no te kere.*

Preguntas:

1. Considere las siguientes correspondencias, que ilustramos con ejemplos tomados del texto y representan hechos sistemáticos:

judeoespañol	castellano peninsular
/s/ pa<u>s</u>í	/s/ pa<u>s</u>é
/s/ <u>s</u>errada	/θ/ <u>c</u>errada

/z/ *bezar, ermoza*	/s/ *besar, hermosa*
/ʃ/ *dexites*	/x/ *dijiste*
/dʒ/ *djente*	/x/ *gente*

(a) Como vemos, el judeoespañol tiene un contraste /s/ - /z/ que no existe en castellano peninsular (ni en ningún otro dialecto del español), pero no tiene el contraste /s/ - /θ/ del castellano centronorteño. Partiendo del sistema de sibilantes del castellano medieval, ¿cómo explicaría la evolución en judeoespañol que ha dado lugar a estas correspondencias?

(b) Los ejemplos nos muestran también que a la velar /x/ del castellano peninsular, en judeoespañol corresponde /ʃ/ en algunas palabras y /dʒ/ (o /ʒ/) en otras. ¿Cuál es el origen histórico de estas correspondencias?

2. Una innovación morfológica importante en judeoespañol es la que ha afectado al paradigma del pretérito. ¿Cómo describiría los hechos observables en este texto?

3. ¿Qué arcaísmos morfológicos o sintácticos se encuentran en el texto?

4. Una innovación fonológica en judeoespañol (no ilustrada en el texto) es la que se observa en ejemplos como los siguientes: *nuevo > muevo, nueve > mueve, nuestro > muestro* (*Los Muestros* es el nombre de una revista cultural sefardita). ¿Cómo definiría el contexto fonológico de este cambio? ¿Cuál sería su explicación fonética?

5. Otra canción sefardita contiene los versos "akódrate de akeya ora ke yo te bezava la boka". Encontramos también ejemplos como *sodro* (sordo), *pidrió* (perdió), *kodreriko* (corderico), etc. ¿Qué tipo de cambio fonológico es éste?

17.2. Aragonés

En el norte de Aragón se conservan una serie de hablas cercanas al castellano pero que representan evoluciones autóctonas del latín hispánico. Por tanto, no son dialectos sino "co-dialectos" (lenguas hermanas) del español, aunque en época más reciente han recibido influencia muy fuerte del castellano. Como ejemplo de habla aragonesa moderna, presentamos aquí unas coplas populares en cheso, el dialecto o "fabla" del Valle de Hecho, en el Pirineo aragonés (que tomamos del libro publicado por el Grupo d'Estudios de la Fabla Chesa, 1990), con traducción al castellano. Entre los dialectos de los valles pirenáicos de Aragón que se conservan vivos, éste es el más próximo al castellano. Note las principales diferencias clasificándolas como fonológicas, morfológicas, sintácticas o léxicas (el grafema *x* en aragonés representa la fricativa prepalatal sorda /ʃ/). En la medida que le sea posible, señale también el origen histórico de la divergencia:

Aragonés	Castellano
Pa rondar en esta nuey	Para rondar en esta noche
¡ay qué bien ve la vigüela!	¡ay qué bien viene la vihuela!
cómo se clava ixe son	cómo se clava ese son
si la prima no se creba.	si la prima (cuerda) no se quiebra.
Lo cuco y lo mameluco	El cuco y el mameluco
cantan por la primavera	cantan por la primavera
y yo canto cuando quiero	y yo canto cuando quiero
debaxo la chaminera.	debajo de la chimenea.
En lo lugar hemos cura,	En el lugar tenemos cura,
lo cura de lo lugar.	el cura del lugar.
¿Pa qué queremos un cura?	¿Para qué queremos un cura?
¡no bi-há cosa que curar!	¡no hay cosa que curar!
En lo furno, las mullés	En el horno, las mujeres
se barallan por la masa;	se barajan (disputan) por la masa;
unas porque no lis viene;	unas porque no les viene,
otras porque lis se pasa.	otras porque se les pasa.
En setiembre ye la fiesta	En septiembre es la fiesta
d'Hecho lo mío lugar;	de Hecho, mi lugar;
los viellos a itar la siesta	los viejos a echar la siesta
y los chovens a rondar...	y los jóvenes a rondar...
¡qué triballo no lis cuesta!	¡qué trabajo no les cuesta!

17.3. Gallego

El gallego es la evolución del latín en el extremo noroeste de la península Ibérica. Lingüísticamente es más distante del castellano de lo que lo es el cheso. Como botón de muestra ofrecemos un cuento popular (tomado de Harguindey y Barrio 1995: 44), con traducción al castellano al final. Como antes, clasifique las diferencias que note según su categoría lingüística y trate de buscar explicaciones diacrónicas cuando sea posible. (La grafía *nh* representa la nasal velar /ŋ/ en posición intervocálica, mientras que, como en aragonés y en castellano antiguo, *x* es el fonema /ʃ/. Nota: Como en castellano, *v* y *b* representan el mismo fonema. La grafía *vodas*, usada en gallego en este texto, es simplemente más consistente con la etimología que el castellano *boda* < Lat. *uota* 'votos'):

> Ía unha vez unha raposa polo monte e viu voar unha aguia moi alta.
> — ¡Ai, ho! —díxolle berrando—. ¿Para onde vas?
> — Vou ás vodas do ceu —respondeulle a aguia.
> — ¿E logo? ¿Hai vodas hoxe?
> — Hai, e moi boas por certo.
> — Pois eu quería ir, ¿como faremos?
> — Eu te levarei.
> Entón a aguia pousouse no chan, a raposa subíuselle ás costas e botaron a voar.
> Ao iren xa moi alto, a aguia fixo un recorte e chimpou á raposa embaixo. E a raposa, ao ver que ía caer por riba dun penedo, púxose a berrar:
> — ¡Fuxe, laxe, que te esfarelo, que se saio desta non torno ás vodas do ceo!

"Iba una vez una zorra por el monte y vio volar un águila muy alta.
— ¡Eh! —le dijo gritando—. ¿Para dónde vas?
—Voy a las bodas del cielo —le respondió el águila.
— ¿Y entonces? ¿Hay bodas hoy?
— Hay, y muy buenas por cierto.
— Pues yo quería ir, ¿cómo haremos?
—Yo te llevaré.
Entonces el águila se posó en el suelo, la zorra se le subió a las costillas y echaron a volar.
Al ir ya muy alto, el águila hizo un recorte y tiró a la zorra abajo. Y la zorra, al ver que iba a caer por encima de un peñascal, se puso a gritar:
— ¡Huye, roca, que te destrozo, que si salgo de ésta no vuelvo a las bodas del cielo!"

EJERCICIOS DE REPASO

Ejercicio 1. A veces encontramos una alternancia entre oclusivas sordas y sonoras en palabras relacionadas históricamente como *madera* y *materia*, *vida* y *vital*, *sabio* y *sapiencia*, *abertura* y *apertura*, *siglo* y *secular*, *padre* y *paterno* ¿Cómo se explican estos hechos?

Ejercicio 2. ¿Cuál es la evolución en español de las siguientes palabras latinas? Explique qué cambios se observan en esta evolución distinguiendo entre cambios ocurridos entre el latín y el castellano medieval, por una parte, y los que han tenido lugar después, por otra.

Ejemplo: *cuniculu >conejo*.
Cambios:
I. Latin > castellano medieval
cuniculu > /konéʒo/
a) se pierde la vocal postónica en el grupo -cul- > /k'l-/ (regla v5)
b) las vocales altas breves se hacen vocales medias (v1)
c) /k'l/ > /ʒ/ en castellano antiguo (c8)

II. Castellano antiguo > español moderno
/konéʒo/ > /konéʃo/ (ensordecimiento) > /konéxo/ (velarización)

formica > hormiga
focu > fuego
similiāre > semejar
delicātu > delgado
homine > hombre
seniōre > señor
hortu > huerto

Ejercicio 3. Observe las correspondencias entre el español y el portugués ilustradas en los ejemplos que siguen. Note que la grafía *lh* indica una lateral palatal en portugués (igual al sonido de *ll* en dialectos lleístas del español), y la grafía *ch* correspondía a /tʃ/ en portugués medieval pero a /ʃ/ en portugués moderno. Explique los cambios que han originado estas correspondencias.

latín	español	portugués
filia	hija	filha
palea	paja	palha
folia	hoja	folha
consiliu	consejo	conselho
muliere	mujer	mulher
oculu	ojo	olho
auricula	oreja	orelha

gallu	gallo	galo
caballu	caballo	cavalo
villa	villa	vila
plenu	lleno	cheio
pluvia	lluvia	chuva
plōrāre	llorar	chorar
plānu	llano	chão
clamāre	llamar	chamar
flamma	llama	chama
clave	llave	chave

Ejercicio 4. ¿Cómo se explican las siguientes correspondencias entre portugués y español?

latín	español	portugués
nocte	noche	noite
octo	ocho	oito
pectu	pecho	peito
dirēctu	derecho	direito
factu	hecho	feito
lacte	leche	leite

En italiano, las palabras correspondientes son: *notte, otto, petto, diretto, fatto, latte.* ¿Qué ha ocurrido en esta lengua?

Ejercicio 5. Para cada una de las palabras españolas siguientes dé por lo menos una palabra derivada de la misma raíz que haya sufrido menos cambios y por tanto se muestre más fiel a la forma original latina de la raíz:

1. *minus > menos*
2. *centu > ciento*
3. *ovu > huevo*
4. *tauru > toro*
6. *tenet > tiene*
7. *tabula > tabla*
8. *nōmine > nombre*
9. *fēmina > hembra*
10. *petra > piedra*

11. *lacte > leche*
12. *lacu > lago*
13. *frīgidu > frío*
14. *focu > fuego*
15. *bucca > boca*
16. *fastīdiu > hastío*
17. *clamāre > llamar*
18. *pluvia > lluvia*
19. *nocte > noche*

20. *annu > año*
21. *speculu > espejo*
22. *Hispania > España*
23. *plānu > llano*
24. *auricula > oreja*
25. *folia > hoja*
26. *marītu > marido*
27. *cilia > ceja*
28. *famine > hambre*
29. *populu > pueblo*
30. *opera > obra*

Ejercicio 6. Las cuatro correspondencias fonológicas entre portugués y español que ilustramos a continuación tienen su origen en evoluciones diferentes a partir del sistema consonántico del romance medieval. Conteste las siguientes preguntas: (a) ¿Qué sonido tenían en la Edad Media los ejemplos de cada grupo? (b) ¿De qué manera ha sido diferente la evolución de estos sonidos medievales en portugués y en castellano? (c) ¿Ve alguna semejanza entre el portugués y el judeoespañol a este respecto? Las abreviaturas que empleamos son: Port. = portugués, EP = español peninsular centro-norteño, EL = español latinoamericano:

1.	Port. /z/	EP /θ/, EL /s/
	razão	*razón*
	vizinha	*vecina*
	fazer	*hacer*

2.	Port. /z/	EP /s/, EL /s/
	rosa	*rosa*
	coisa	*cosa*
	famoso	*famoso*

3.	Port. /s/	EP /s/, EL /s/
	osso	*hueso*
	pessoa	*persona*
	esse	*ese*

4.	Port. /s/	EP /θ/, EL /s/
	lançar	*lanzar*
	força	*fuerza*
	praça	*plaza*

Bibliografía

Mucho de lo que sabemos sobre la historia del español lo debemos al trabajo de Ramón Menéndez Pidal. Su *Manual* (Menéndez Pidal 1973 [1904]) es una obra clásica en este campo. Lloyd (1987) y Penny (1991) son dos excelentes libros de texto que reflejan el estado actual de nuestros conocimientos. Lapesa (1981 [1942]) tiene un enfoque algo diferente, concentrándose en la llamada historia externa de la lengua y puede usarse como texto complementario.

Otra obra cuya consulta puede resultar muy útil al estudiante es el *Breve diccionario etimológico* de Corominas (1973).
Un tema que discutimos en este capítulo (en secciones opcionales) que requiere otras referencias bibliográficas es el de las lenguas prelatinas de Hispania. El desciframiento de la escritura ibérica se debe fundamentalmente a Gómez Moreno (1949). De gran importancia también son los trabajos de Untermann. Sobre vasco antiguo e historia de la lengua vasca la obra central es la de Michelena (1985 [1961]). Más accesibles al estudiante pueden ser Trask (1997) y Gorrochategui (1995).

Canfield, D. Lincoln. 1981. *Spanish pronunciation in the Americas.* Chicago: Univ. of Chicago Press.

Corominas, Joan. 1973. *Breve diccionario etimológico de la lengua castellana*, 3ª ed. Madrid: Gredos.

Gómez Moreno, Manuel. 1949. *Misceláneas: Historia-Arte-Arqueología.* Madrid: Consejo Superior de Investigaciones Científicas.

Gorrochategui, Joaquín. 1995. The Basque language and its neighbors in antiquity. En *Towards a history of the Basque language*, ed. por José I. Hualde, Joseba A. Lakarra y R.L. Trask, pp. 31-63. Amsterdam y Philadelphia: Benjamins.

Grupo d'Estudios de la Fabla Chesa. 1990. *De la gramática de lo cheso, fabla altoaragonesa.* Zaragoza: Octavio y Félez.

Harguindey, Henrique y Maruxa Barrio. 1995. *Antoloxía do conto popular galego*, 2ª ed. Vigo: Galaxia.

Lapesa, Rafael. 1981. *Historia de la lengua española*, 9ª ed. [1ª ed., 1942]. Madrid: Gredos.

Lloyd, Paul. 1987. *From Latin to Spanish.* Philadelphia: American Philosophical Society.

Menéndez Pidal, Ramón. 1908. *Cantar de Mio Cid. Texto, gramática y vocabulario* (3 vol.). Madrid: Bailly-Baillière.

Menéndez Pidal, Ramón. *Manual de gramática histórica española.* 14ª ed. [1ª ed., 1904]. Madrid: Espasa-Calpe.

Michelena, Luis. 1985. *Fonética histórica vasca*, 3ª ed. [1ª ed., 1961]. Donostia-San Sebastián: Diputación de Guipúzcoa.

Penny, Ralph. 1991. *A history of the Spanish language.* Cambridge: Cambridge Univ. Press.

Trask, R. L. 1997. *The history of Basque.* Londres y Nueva York: Routledge.

Untermann, Jürgen. 1983. Die althispanischen Sprachen. *Aufstieg und Niedergang der römischen Welt* II, 29, 2.791-818. Berlín: Walter de Gruyter.

Untermann, Jürgen. 1987. La gramática de los plomos ibéricos. *Studia pa-leohispanica. Actas del IV coloquio sobre lenguas y culturas paleohispánicas*, ed. por Joaquín Gorrochategui, José L. Melena y Juan Santos, pp. 35-56. Vitoria-Gasteiz: Instituto de Ciencias de la Antigüedad.

Williams, Edwin. 1962. *From Latin to Portuguese: Historical phonology and mor-phology of the Portuguese language*. Philadelphia: Univ. of Pennsylvania.

6 Variación lingüística

1 Variedades geográficas y sociales

El español es una de las lenguas más habladas del mundo. Después del chino mandarín, el español es la segunda lengua que cuenta con un mayor número de hablantes nativos (aunque si contamos el número total de hablantes, no sólo los nativos, el inglés aventaja al español). La difusión del español fuera de la península Ibérica empezó con la expansión del imperio español durante los siglos XV y XVI. Hoy el español se habla en cuatro continentes: en el americano (como lengua oficial en 19 países: México, Guatemala, El Salvador, Honduras, Nicaragua, Costa Rica, Panamá, Cuba, República Dominicana, Puerto Rico, Colombia, Venezuela, Ecuador, Perú, Bolivia, Chile, Paraguay, Uruguay y Argentina; se habla también en partes de Estados Unidos), en el europeo (España), en el africano (Guinea Ecuatorial) y en el asiático (Israel, Filipinas, en ambos países como lengua minoritaria).

Como usuarios de la lengua, sabemos que no todos los hablantes de español hablamos de la misma manera, es decir, no todos empleamos la misma variedad de español. Así reconocemos, por ejemplo, que el español contemporáneo no es el mismo español que se hablaba en España en los siglos XV y XVI, cuando los primeros españoles llegaron al continente americano. Así mismo percibimos que el español que se habla hoy en día en Buenos Aires no es igual al español que se habla en la ciudad de México, en San Juan, en Tenerife o en Salamanca en España. Los hablantes de español, según nuestra experiencia, podemos reconocer de dónde es una persona por la manera como se expresa en español. Por ejemplo, si escuchamos decir a alguien: *Y vosotros, ¿cuándo vendréis a visitarme?*, lo más probable es que esa persona sea de España. Si nos pregunta: *¿qué tú quiere*[h] *pa comer?*, lo más probable es que sea del Caribe. Si escuchamos decir, en cambio, palabras como [gaʒína] o *¿vos querés* *ir a la* [pláʒa]?, lo más probable es que la persona sea de Argentina; y así sucesivamente con otras características lingüísticas.

No hay duda, entonces, de que las diferencias morfosintácticas o fonológicas, como las de los ejemplos anteriores, nos permiten diferenciar el habla de las personas como provenientes de diferentes lugares del mundo hispano. Además de las diferencias morfosintácticas y fonológicas, también existen expresiones léxicas y entonativas que nos permiten diferenciar el español de ciertas regiones con respecto al de otras. Por ejemplo, podríamos identificar expresiones como *híjole, ándale, órale*, como propias del habla mexicana; mientras que expresiones como *oye chico* o *pero chico*, podríamos identificarlas como propias del Caribe; e igualmente, *pero che*, como propia de Argentina.

Como vemos por estos ejemplos, se puede constatar la variación lingüística (o diferentes maneras de hablar español) observando todos los niveles de la lengua: el nivel fonológico, el morfológico, el sintáctico, el léxico, e incluso el entonacional, que no incluiremos aquí. Igualmente, los ejemplos anteriores nos permiten constatar que las características lingüísticas del habla de una persona nos dan también información sobre su lugar de procedencia. Vemos que la lengua española varía según la región geográfica en donde se emplee. Cuando hacemos referencia a las variedades del español según la región geográfica, decimos que estamos hablando de los **dialectos** de la lengua española. El dialecto es, entonces, una variedad lingüística definida por las características regionales de sus hablantes. Es decir, es una variedad lingüística regional.

Claramente el español de España es diferente del español de Hispanoamérica. Pero dentro de España también encontramos que en Burgos se habla diferente de como se habla en Córdoba. Incluso dentro de una ciudad como Madrid, o Santiago, o Caracas, o San Juan podemos notar que no todas las personas hablan español de la misma manera.

Podemos preguntarnos por qué existe la variación lingüística. ¿Por qué los hablantes de español no hablan todos de la misma manera? No hay duda de que hay cierta homogeneidad entre todos los dialectos del español, por eso reconocemos que la otra persona habla español también. Sin embargo, la lengua también permite cierta flexibilidad en el uso. Esto se debe a que la lengua está en íntima relación con los hablantes que la emplean. Es decir, la lengua es producto de las relaciones sociales, políticas e históricas que tienen sus hablantes. De ahí que las características regionales y sociales de los hablantes puedan intervenir como factores que afectan al uso de la lengua y, eventualmente, al cambio lingüístico. Como se desprende de los ejemplos que hemos mencionado, la característica extralingüística más importante que interviene en la variación lingüística es el lugar de origen del hablante. Pero además de ello, existen otras características extralingüísticas del hablante que también pueden reflejarse en el uso de la lengua. La más común es su estatus socio-económico. Muchas veces, en el mundo hispano, identificamos el estatus socio-económico con el nivel de educación de la persona y/o con su ocupación. Por ejemplo, si escucháramos a una persona decir [el pehkáo htá maloɣráo] ('el pescado está malogrado'), mientras una segunda persona dijera [el peskáðo está maloɣráðo], quizá interpretaríamos que la segunda persona pertenece a un estatus socio-económico más alto que la primera. El habla exhibe las características lingüísticas propias del grupo social al que pertenece el hablante en el espectro social de su comunidad. Si el hablante pertenece a los estratos bajos de la sociedad en la que vive, tendrá menor contacto con los hablantes que pertenecen a los estratos más altos, pero más contacto con otros miembros de su grupo social. Esta *distancia social*, que es semejante a la *distancia regional* a la que hacíamos alusión cuando describíamos los dialectos, nos lleva a hablar de **variación lingüística social** o de **sociolectos**. El sociolecto está definido por las características sociales del hablante. Además del estatus socio-económico, otras características sociales que influyen en la manera de hablar de una persona son su edad, sexo, etc. En pocas palabras, cualquier característica social que pueda separar a un grupo de otro puede contribuir a la diferenciación lingüística entre los hablantes de una lengua.

Aparte de las características del hablante, también es importante para el estudio de la variación lingüística considerar dónde se está dando el intercambio conversacional (contexto), con quién estamos conversando (interlocutor), y de qué estamos hablando (tópico o tema). Generalmente, todos tenemos la oportunidad de movernos en diferentes tipos de situaciones conversacionales. Tenemos conversaciones con nuestros amigos y familiares en casa, pero también con personas que no conocemos, o con personas con quienes sólo tenemos una relación profesional. En nuestra vida diaria empleamos la lengua en una serie de contextos que pueden situarse desde el contexto más informal hasta el más formal. Algunos casos extremos que ejemplificarían el extremo informal y el formal serían una velada nocturna con amigos y una entrevista de trabajo, respectivamente. Sin embargo, no todas las situaciones son así de claras y diferentes. La formalidad relativa del contexto depende de muchos factores. Por ejemplo, la relación entre padres e hijos en algunos países de habla española, como Costa Rica, requiere que los hijos empleen la forma de respeto *usted* cuando se dirigen a sus padres, mientras que en otros países del mundo hispánico, como Perú, los hijos emplean la expresión informal *tú* con sus padres. Otro ejemplo es la relación estudiante-profesor en un centro universitario. En muchos países hispanohablantes esta relación es mucho más formal que la relación estudiante–profesor que encontramos en los salones de las universidades estadounidenses. Los contextos que se consideran más formales para algunos hispanohablantes, no lo son necesariamente para otros. Ciertos contextos que en algunas regiones se consideran muy formales pueden no serlo en otras regiones. Por eso decimos que cuando hablamos de contextos informales y formales hay variación y tenemos que reconocer que estamos ante un continuo de contextos que va del extremo más informal al más formal. Estas diferenciaciones de usos lingüísticos por el contexto en el que se da el intercambio lingüístico definen la **variedad lingüística situacional** que se conoce como **registro**.

Los dialectos, los sociolectos, y los registros (además de las variedades históricas) representan la esencia de lo que es la variación lingüística. Al mismo tiempo, es innegable que todos los hablantes reconocemos una variedad de español que es común a todos. Esta variedad no la habla nadie, sólo existe en la lengua escrita y la consideramos el modelo de lo que es la lengua española. A esta variedad la llamamos la **variedad estándar escrita** o español normativo escrito.

Si bien todas las variedades orales del español son diversas variantes de la lengua española, los hablantes tienden a dar mayor prestigio a una de las variedades orales a las que están expuestos. Generalmente ésta es la variedad que identifican con el grupo social con mayor poder económico, cultural y/o político en su comunidad y tiende a ser la variedad más cercana a la variedad estándar escrita. A esta variedad se la conoce como la **variedad estándar oral** o **norma culta oral**. En español no hay una norma culta oral única, válida en todos los países donde se habla la lengua. Dentro de la unidad, españoles, argentinos, venezolanos y mexicanos, por dar algunos ejemplos, no comparten exactamente el mismo modelo de lengua culta oral.

Todos los tipos de variedades descritos hasta aquí suponen que sus hablantes viven en zonas donde sólo se habla español. Pero el español también se habla en zonas donde coexiste con otra lengua. Pensemos, por ejemplo, en zonas como Estados Unidos donde el español está en contacto con el inglés. También encontramos que el español está en contacto con otras lenguas en España: con el catalán, el vasco y el gallego; o en Hispanoamérica, con las lenguas maya (en México y Guatemala), con el quechua (en Ecuador, Perú y Bolivia, principalmente); con el guaraní (en Paraguay), etc. En estas situaciones de contacto lingüístico, las variedades de español que se hablan en estas regiones contienen características lingüísticas que son producto del contacto con la otra lengua. En estos casos nos referimos a **variedades de contacto**.

Tratando de resumir lo visto hasta aquí, diremos que los rasgos dialectales se crean debido a obstáculos para la comunicación entre áreas diferentes. Por ejemplo, un accidente geográfico como puede ser un océano (e.g. el que separa el español peninsular del de América) o una cordillera (e.g. la que separa el español de Chile del de Argentina) crean distancia geográfica y pueden ser causas de separación entre grupos de hablantes, que a su vez llevará a que se originen dialectos de una lengua al acumularse las diferencias. Razones políticas, además de las estrictamente geográficas, también pueden llevar a que surjan dos variedades de una lengua; éste el caso del español de Cuba y el español de los cubano-americanos que han nacido y crecido en Miami y que por razones políticas no pueden viajar a Cuba. La falta de contacto entre estos dos grupos y el contacto de los cubano-americanos con otros hablantes de español que han emigrado a Miami, especialmente de Sudamérica, ha llevado a que la variedad de español de los cubano-americanos se esté diferenciando cada vez más de la variedad de español que se habla en Cuba.

El habla de México es, entonces, un dialecto que se diferencia del habla de Chile, que es otro dialecto. Por otra parte, dentro de México, no todos hablan igual, así como tampoco todos dentro de Chile. Por lo tanto, encontramos que las zonas dialectales pueden incluir otras zonas dialectales más pequeñas, además de las diferencias sociales que se encuentran entre sus hablantes. Las principales diferencias entre dialectos geográficos que encontramos en el mundo hispánico han sido ya descritas en otros capítulos de este libro (sobre todo las que tienen que ver con la pronunciación). Aquí haremos un breve resumen de éstas y consideraremos también algunos ejemplos de variación sociolectal y variedades de contacto en el mundo hispánico.

Hay que aclarar que al distinguir dialectos y zonas dialectales estamos idealizando. No concluimos nunca que hay un punto geográfico donde termina una zona dialectal y empieza otra (al contrario de lo que ocurre con las fronteras políticas entre países o provincias), sino que la lengua cambia de manera gradual de un extremo del territorio al otro.

② Principales zonas dialectales

2.1. El español de España

Las variedades regionales del español de la península Ibérica más importantes son los llamados dialectos **centro-norteño** y **andaluz**. Históricamente la implantación de la lengua en el norte de Castilla es anterior a su expansión por Andalucía, como hemos visto en el capítulo 5. En términos cronológicos vimos que el español nació como evolución local del latín hispánico cerca de lo que hoy es Burgos alrededor de los siglos VIII-X, y se fue expandiendo posteriormente hacia el sur. El dialecto andaluz, se formó en los siglos XIII-XVI de la variedad castellana que llegó a la región. Otro dialecto del mismo origen que encontramos hoy en día es el español canario, que se habla en las islas Canarias (La Palma, Tenerife y Gran Canaria son las principales), en el océano Atlántico.

En 1492, el mismo año en que Colón viajó al continente americano por vez primera, los judíos españoles fueron expulsados de sus reinos por los Reyes Católicos y con ellos salió de la Península la variedad conocida hoy en día como judeoespañol, que hemos examinado ya en el capítulo 5.

El dialecto **centro-norteño** (o "castellano" en sentido estricto; es decir, la forma de la lengua que se habla en Castilla –lo que en inglés se suele entender por *Castilian Spanish*) se considera a veces la más conservadora de las variedades dialectales de la lengua española. En el nivel FONOLÓGICO, las características más importantes de este dialecto incluyen las siguientes (sirva todo esto de repaso):

- La distinción fonológica entre /s/ y /θ/, mediante la cual se distingue entre, por ejemplo, *casa* [kása] y *caza* [káθa]; *sebo* [séβo] y *cebo* [θéβo] en el habla oral.
- El contraste fonológico entre /y/ y /ʎ/, que permite distinguir entre *poyo* [póyo] y *pollo* [póʎo]; *cayó* [kayó] y *calló* [kaʎó] en la pronunciación. Como hemos señalado en otros capítulos, esta distinción está en retroceso y no se suele encontrar ya en el habla de las personas más jóvenes.
- El empleo de la /s/ ápico-alveolar, que se describió en el capítulo 2.

Por otra parte, este dialecto muestra también características poco conservadoras, como son:

- La tendencia a omitir la /d/ en posición final de palabra: *ciudad* [θi̯uðá], *Madrid* [maðrí], *salud* [salú]. También se encuentra la tendencia a producirla como [θ]: [θi̯uðáθ], [maðríθ], [salúθ]. (Chiste: [salúθ]. Gracias. Digo que apagues esa luz, ¡que no me dejas dormir!)
- La tendencia a omitir la /d/ en /-ado/: *cansado* [kansáo], *pescado* [peskáo].

Los rasgos más importantes en el nivel MORFOLÓGICO son:

- El empleo del pronombre *vosotros* para la segunda persona plural informal: *Me gustaría invitaros a vosotros a que vinierais a comer con nosotros mañana.*
- El empleo del leísmo, mediante el cual el objeto directo para personas de sexo masculino se expresa con el pronombre *le*: *Ahí está Juan. Le veo* (pero *el libro lo veo*).

- La segunda persona plural del imperativo se forma con el infinitivo: *¡Comed todo!* > *¡Comer todo!*
- El empleo del presente perfecto para expresar un pasado reciente o con relevancia para el presente, e.g. *Juan vino ayer, pero María ha venido esta mañana.*

Si bien el dialecto centro-norteño tiende a ser leísta animado, hay zonas en las que existen otros sistemas lingüísticos pronominales. En estas regiones, quién usa qué sistema depende de la clase socio-económica a la que pertenezca, de la edad que tenga la persona, o de su sexo. Por ejemplo, en un estudio sobre el uso de los pronombres de objeto en Valladolid, Logroño y Soria (en Castilla), Klein (1980) describe varios sistemas de uso (véase el cuadro 1).

SISTEMA DE CASO

Mario vio a Pedro.	Mario lo vio.
Mario vio el coche.	Mario lo vio.
Mario vio a Carmen.	Mario la vio.
Mario vio la casa.	Mario la vio.
Mario le dio la carta a su padre.	
Mario le dio la carta a su madre.	

SISTEMA DE LEÍSMO ANIMADO

Mario vio a Pedro.	Mario **le** vio.
Mario vio el coche.	Mario lo vio.
Mario vio a Carmen.	Mario la vio.
Mario vio la casa.	Mario la vio.

SISTEMA DE LEÍSMO ANIMADO E INANIMADO

Mario vio a Pedro.	Mario **le** vio.
Mario vio el carro.	Mario **le** vio.
Mario vio a Carmen.	Mario la vio.
Mario vio la casa.	Mario la vio.

SISTEMA DE LEÍSMO ANIMADO Y LEÍSMO

Mario vio a Pedro.	Mario **le** vio.
Mario vio el coche.	Mario lo vio.
Mario vio a Carmen.	Mario la vio.
Mario vio la casa.	Mario la vio.
Mario le dio la carta a su padre.	
Mario **la** dio la carta a su madre.	

Cuadro 1. Algunos sistemas de uso pronominal de objeto.

335

En su estudio, Klein encontró que en Valladolid el uso del leísmo animado (generalmente conocido simplemente como leísmo) y del laísmo es bastante general. Se emplea por hombres y mujeres de todas las clases socioeconómicas y no tiene connotación negativa. Klein concluye que estos sistemas de uso pronominal se deben considerar como característicos de esta región de Valladolid. En Logroño, en cambio, el sistema de caso es el más generalizado, aunque el leísmo animado está empezando a ser empleado más frecuentemente que antes, especialmente por las mujeres de clase alta. Klein encuentra que los sistemas de leísmo inanimado y laísmo no se emplean mucho en Logroño y que los hablantes les atribuyen una connotación negativa. En Soria, otra región cercana, el sistema que predomina es el sistema de caso. Los otros sistemas tienen diferente grado de connotación negativa. Es decir, las características sociales de los hablantes de Valladolid, Logroño y Soria (dónde viven, clase social, sexo) determinarán el uso lingüístico y la actitud lingüística que el hablante tendrá hacia los sistemas de uso pronominal. La consideración de las características extralingüísticas de los hablantes nos da una visión más clara de la variación lingüística. (Para un estudio más reciente y completo del tema, véase Fernández-Ordóñez 1994).

En otro estudio sobre el español del norte de la Península, Holmquist (1985) analizó el habla de Ucieda (en Cantabria, en el norte de España y en el extremo occidental del continuo dialectal que va, por la cornisa costera, de Galicia a la zona de habla vasca), un área predominantemente rural donde se han conservado algunas características regionales arcaicas de lo que debió haber sido el romance local antes de la difusión a esta región de las soluciones del castellano de tipo burgalés. En esta región se tiende a pronunciar como /-u/ la vocal final de las palabras que terminan en /-o/ en castellano normativo. Holmquist encontró que la tendencia a pronunciar como /-u/ la vocal /-o/ en posición final de palabra dependía de quién fuera el hablante. Si el hablante era un hombre mayor que trabajaba en una ocupación tradicionalmente rural (de agricultor, de pastor de animales), había más probabilidades de que en su habla se encontraran más ejemplos como [mánu] y [kaβáʎu]. Por otra parte, los jóvenes que estaban menos interesados en la vida rural y tenían más contacto con zonas urbanizadas, tenían menos ejemplos de /-u/ final en su habla. Otra vez encontramos una relación directa entre las características extralingüísticas de la persona y su uso lingüístico. El autor concluye, entonces, que el uso de /-u/ está en posible vía de desaparición en esta región. Quiénes usan las características propias de una región, entonces, es un factor que influirá en la preservación o no de una característica lingüística dada. Sin embargo, sólo el tiempo nos dirá si estamos o no en presencia de un cambio lingüístico.

El dialecto **andaluz**, el otro dialecto importante de España, se formó en los siglos XIII y XVI a partir del castellano traído por los colonizadores, con posible influencia de otras variedades romances. Entre sus características FONOLÓGICAS más importantes se incluyen las siguientes:

- El empleo del seseo, es decir, de la /s/ sin distinción fonológica entre, por ejemplo, *casa* y *caza* (las dos pronunciadas [kása]). El seseo se emplea en Sevilla, Córdoba y la zona central de Andalucía. En la zona sur de Andalucía y en Almería se emplea el ceceo, es decir, se usa [θ] siempre: *casa* y *caza* se pronuncian ambas [káθa] y se escuchan cosas como [θí θeñó] por *sí señor*. En el norte de Andalucía, por el contrario, sí se hace la distinción fonológica entre /s/ y /θ/, como en la variedad dialectal centro-norteña, aunque la /s/ es generalmente predorsal.
- El empleo del yeísmo: es decir, la no distinción fonológica entre, por ejemplo, *vaya* y *valla*.
- La aspiración de la /s/: *comes* [kómeh], *estudiar* [ehtudiá]. La aspiración puede también perderse por completo: *nos hablamos* [no aβlámo].
- La aspiración de la /x/: *ceja* [séha], *ojo* [óho].
- La conservación de la aspiración en palabras que originalmente tenían /f/ latina, en parte de la región andaluza: *humo* [húmo], *hambre* [hámbre] (la aspiración también se conserva en zonas de Extremadura y en Cantabria y Asturias, en el norte de España).
- La omisión de /d/ en posición intervocálica, en más contextos que en el castellano centro-norteño: *crudo* [krúo], *comido* [komío], *pasada* [pasá], *cadena* [kaéna]. (Chiste: Van dos exploradores andaluces por la selva y uno grita: "¡Una boa!". Y el otro: "¡Pueh que vivan lo novio!").
- La elisión de /l/, /r/, /d/ en posición final de palabra: *animal* [animá], *hermandad* [ermandá], *señor* [señó], *mujer* [muhé].
- La velarización de la nasal en posición final absoluta, con nasalización de la vocal precedente: *pan* [pãŋ].
- El debilitamiento de /tʃ/ en /ʃ/ (pérdida del elemento oclusivo de la africada): *muchacho* [muʃáʃo], *corcho* [kórʃo].
- La neutralización de /l/ y /r/ en final de sílaba: *calma* [kárma].
- En partes de Andalucía hay acentuación esdrújula en verbos de primera persona plural en el presente de subjuntivo: *váyamos, véngamos* (en lugar de *vayamos, vengamos*).

Con respecto a las características en el nivel MORFOLÓGICO, podemos mencionar como peculiar que en Andalucía se emplea *ustedes* en lugar de *vosotros*, pero alterna la forma verbal: *ustedes podéis / ustedes pueden; ustedes se sentáis / sientan aquí.*

En muchos aspectos la variedad andaluza presenta características lingüísticas más innovadoras que las de la variedad centro-norteña. Lo mismo puede decirse de la variedad canaria y de las variedades hispanoamericanas.

El dialecto **canario** tiene muchas semejanzas con los dialectos hispanoamericanos, sobre todo con los del Caribe. Esto se debe a que muchos canarios emigraron a diferentes partes del Caribe (a las islas y las costas continentales) desde finales del siglo XV. El dialecto canario comparte la mayoría de las características fonológicas que hemos mencionado para el andaluz (seseo, aspiración de /s/ y /x/, yeísmo, velarización de /n/, omisión de /d/ intervocálica). Además se ha notado una fuerte tendencia a la sonorización de las oclusivas sordas intervocálicas: *los zapatos* [losabádoh] y una pronunciación más retrasada (más palatal) de la /tʃ/ que en Castilla, fenómenos que se dan también en Cuba y algunas otras áreas del Caribe. En las Islas Canarias también se emplea *ustedes* en lugar del *vosotros* de la variedad centro-norteña, con concordancia verbal como en Latinoamérica.

2.2. El español de Hispanoamérica

El español llegó al suelo americano con las carabelas de Colón. El asentamiento de la lengua española en el Nuevo Mundo tuvo lugar progresivamente, pero de manera bastante rápida, en un periodo que duró unos cien años. Las diferentes variedades de español que hoy en día encontramos en el continente americano se han visto matizadas por una serie de factores: por las diversas características del momento cuando se pobló cada región, por las características lingüísticas que los primeros pobladores trajeron de España y por las características que tenían los grupos indígenas con los que se encontraron en el suelo americano.

Aunque ciertas características lingüísticas, como la falta de distinción entre /s/ y /θ/ y la ausencia del pronombre *vosotros,* son generales en toda Hispanoamérica, hemos visto que estos rasgos también ocurren en el sur de España y en Canarias, por lo que no podemos realmente utilizarlos para distinguir el español latinoamericano del hablado en la Península y en las Islas Canarias. Si bien cada país hispanoamericano presenta diferencias dialectales con respecto a los otros países y variación con respecto a sus regiones internas, simplificando bastante las cosas podríamos diferenciar seis grandes dialectos dentro de Hispanoamérica: el caribeño (que incluye las islas del Caribe y las zonas costeras de los países que lo rodean), el español mexicano/centroamericano (que podríamos también dividir en al menos dos dialectos diferentes, el mexicano y el centroamericano), el español andino (que incluye las zonas altas de Venezuela, Colombia, Ecuador, Perú, Bolivia y norte de Argentina), el español paraguayo, el español argentino/uruguayo y el español chileno. Otras clasificaciones también son posibles. Así, como hemos indicado, algunos autores separan el dialecto mexicano del centroamericano como dialectos principales. Otros cuestionan la existencia de un dialecto centroamericano, dado el grado de variación dialectal que se encuentra dentro de esta región. Por otra parte, algunos estudiosos prefieren agrupar el español paraguayo con el argentino/uruguayo. Todo depende de qué rasgos lingüísticos se empleen para establecer la clasificación dialectal.

En el mapa necesariamente se omiten muchos detalles. Así, por ejemplo, los rasgos andinos predominan mucho más en las regiones del interior de los países indicados que en sus zonas costeras.

Mapa 1. Dialectos de Hispanoamérica.

A continuación presentamos algunas de las características que distinguen a los diferentes dialectos hispanoamericanos.

Entre las características FONOLÓGICAS que distinguen a ciertas variedades de español en Hispanoamérica están las siguientes.

• La distinción fonológica entre /y/ y /ʎ/ en el español andino, frente al yeísmo de los demás dialectos.

• La conservación de la /s/ en posición implosiva en México y la zona andina: *estás* [estás], *los lunes* [lozlunes], frente a la tendencia a la aspiración, en mayor o menor medida, en casi todos los otros dialectos latinoamericanos.

• Las oclusivas sonoras se mantienen oclusivas tras cualquier consonante o semivocal en partes de Centroamérica y Colombia: [árbol], [déu̯da].

• La vibrante múltiple se asibila en partes de Centroamérica (Costa Rica y Guatemala) y la zona andina. En México se asibila la vibrante en posición final.

• La vibrante múltiple se velariza en el Caribe.

• La vibrante simple se lateraliza en Puerto Rico en posición implosiva: *verdad* [belðá], *amor* [amól].

• Las vocales se nasalizan en contacto con nasal en el Caribe (como en Andalucía).

• Las vocales se tienden a perder en sílaba átona, especialmente en México y la zona andina: *todos* [toðs].

• La /x/ se pronuncia como [ç] ante las vocales anteriores /e,i/ en el habla de Chile: *gente* [çénte], *mujer* [muçér].

• El yeísmo se expresa mediante [ʒ] (o [ʃ]) en Argentina: *playa* [pláʒa].

• La aspiración de la /h/ proveniente de la /f/ latina se conserva en algunas palabras en Puerto Rico, la República Dominicana, Panamá y Chile: *harto* [hárto], *hambre* [hambre], *humo* [húmo], *harina* [harína] (como en partes de Andalucía, Extremadura, Asturias y Cantabria).

Algunas de las características MORFOLÓGICAS dialectales más importantes del español latinoamericano son:

• El uso extendido del diminutivo, especialmente en México y la zona andina: *callandito, corriendito, dositos, ahisito, acasito, estito, unito, ellita.*

• La marca de plural con /-se/ en algunas variedades sociolingüísticas de la República Dominicana: *cafés* > *cafése, gallinas* > *gallínase, muchachas* > *mucháchase, latas* > *látase.*

• El voseo se percibe como característico de Argentina, aunque tiene una extensión geográfica mucho mayor (Centroamérica, partes de Venezuela y de Colombia, Bolivia, Chile, etc.).

• El empleo del pronombre *le* en ciertas expresiones mexicanas: *híjole, ándale pues, échale, órale.*

- El empleo de *che* en Paraguay y Argentina: *¿qué tomás, che?*
- El empleo del leísmo animado en la zona andina, en Paraguay y en partes del Caribe: *¿Llamaste a Juan? Me olvidé de llamarle.*
- El empleo ocasional de la terminación /-sen/ con verbos reflexivos en imperativos plurales en el Caribe: *siéntensen, vístansen.* Este fenómeno también se da dialectalmente en España.

Entre las características SINTÁCTICAS más importantes se encuentran las siguientes.

- La tendencia a no invertir el pronombre sujeto en preguntas en el Caribe: *¿qué tú dices?, ¿cómo tú estás?*
- La duplicación del objeto directo cuando es animado y determinado en Chile, Buenos Aires y la zona andina: *la vi a tu hermana.*
- El empleo del verbo en infinitivo con sujeto prepuesto después de *para* en Venezuela y Panamá especialmente: *para yo poder venir* (para que yo pueda venir, para poder venir yo).
- El empleo de la preposición *en* delante de adverbios de lugar en la zona andina: *en aquí, en su delante.*

¿Qué características son típicas de México y Centroamérica? ¿Qué características son propias de la zona andina? ¿Qué dialectos hispanoamericanos comparten más características y cuáles son estas características?

En el español de Latinoamérica también encontramos variación entre los hablantes de una misma zona geográfica, como hemos mencionado anteriormente. Variables como la edad del hablante, su clase socioeconómica, e incluso su sexo pueden explicar la variación que existe en el uso de una variable lingüística. Por ejemplo, en un estudio sobre la asibilación de la vibrante en posición final (*comer*) en Ciudad de México, Perissinotto (1975) encontró que el 68.2% de las veces sus informantes asibilaban la vibrante. Cuando consideró ciertas características sociales de los hablantes, encontró que las mujeres asibilan mucho más que los hombres. Examinando la edad de sus hablantes, encontró que todos los grupos generacionales (I: 16–32 años, II: 33–55 años, III: más de 56 años) empleaban la vibrante asibilada de manera frecuente. Sin embargo, los más jóvenes tendían a asibilar más que los otros grupos. También consideró la clase socioeconómica de los hablantes y encontró, igualmente, que en todas las clases socioeconómicas se asibilaba la vibrante final.

Sin embargo, la clase socioeconómica media asibilaba un poco más que los otros grupos.

Sus resultados apuntan a las mujeres y a la clase media como los grupos que más emplean la vibrante asibilada. Estos resultados llevaron a Perissinotto a postular que la vibrante simple asibilada es una característica lingüística que no tiene connotación negativa en el habla de Ciudad de México. Si bien no todos los hablantes de su estudio la empleaban, sus resultados indican que son los más jóvenes los que asibilan más. Este último resultado lleva a Perissinotto a postular que el uso de la vibrante asibilada se está extendiendo en el habla de Ciudad de México.

En otro estudio sobre la asibilación de la vibrante, en este caso tanto la final de palabra como la múltiple, que De los Heros (1997) llevó a cabo en la ciudad del Cuzco (Perú, en la zona andina), los resultados son diferentes. En esta región la vibrante asibilada se emplea especialmente por los hombres y muy poco por las clases altas. En un estudio paralelo de actitudes lingüísticas que hizo De los Heros, encontró que todos los hablantes le asignan connotación negativa a la vibrante asibilada. Estos resultados indican que, en el caso cuzqueño, la vibrante asibilada es percibida de manera diferente a como es percibida en Ciudad de México. Mientras en Ciudad de México el uso de la vibrante asibilada no tiene carga negativa, en la ciudad del Cuzco sí la tiene. Esto parece explicar por qué la vibrante asibilada se está extendiendo en el habla de Ciudad de México y no así en el habla de la ciudad del Cuzco. Éste es otro ejemplo de cómo las variedades del español pueden ser diferentes. Es decir, son diferentes no sólo con respecto a las características lingüísticas que presentan, sino también con respecto a cómo estas características son percibidas por cada grupo lingüístico.

Como mencionamos anteriormente, el español también se encuentra en contacto con otras lenguas tanto en España como en Latinoamérica. A continuación pasamos a describir este tema del contacto de lenguas.

3   El bilingüismo y el contacto de lenguas

Los hablantes de una lengua conviven a veces con hablantes de otra lengua en la misma región o comunidad. Estos casos los conocemos como situaciones de **contacto de lenguas.** Cuando dos lenguas se emplean en un mismo espacio geográfico, ha de haber un grupo de hablantes que sean bilingües, es decir, que empleen las dos lenguas, para que podamos hablar de una variedad de contacto que surge de la situación lingüística. El español está en contacto con otras lenguas en diversas regiones de España y de Hispanoamérica. En estas regiones han surgido algunas variedades de español que presentan características lingüísticas propias y derivadas del contacto. Pasamos a describir el contacto de lenguas en España y en Hispanoamérica.

Antes de seguir: ¿Sabe usted de regiones en España donde se hable más de una lengua? ¿Y de regiones en Hispanoamérica donde se hable más de una lengua? ¿Cuáles son éstas?

3.1.   El español en contacto en España

Mapa 2. El español en contacto en España.

En varias regiones de España podemos encontrar lenguas que conviven con el español. Algunas de estas lenguas han sido reconocidas por el gobierno español (el catalán, el vasco y el gallego) y son cooficiales en las regiones autónomas de España donde se hablan. Otras, como el aranés, el bable asturiano y la fabla aragonesa, tienen también cierto reconocimiento oficial en sus zonas respectivas. En todas estas áreas existe una situación de **diglosia**. La mayor parte de los hablantes de estas lenguas minoritarias son bilingües en castellano y emplean ambas lenguas, pero para funciones diferentes, aunque el reparto de funciones entre las lenguas es muy distinto en Cataluña que en Asturias, por dar dos ejemplos claros.

En el caso de lenguas que se emplean hoy en día sólo en zonas rurales, como lo son las hablas asturiana y aragonesa, mientras el español ocupa la función de lengua culta o lengua formal, la lengua propia de la región se emplea en contextos familiares. En el caso de Cataluña, por el contrario, tanto el catalán como el español se emplean en todas las esferas, desde una discusión entre amigos hasta una clase universitaria o un discurso en el Parlamento regional. Por otra parte, el contacto de siglos ha influenciado también al español de la región. Por ejemplo, en Asturias y otras zonas del oeste de la Península, el castellano local presenta a veces (de manera variable) características como el llamado neutro de materia (*la leche está frío*), diminutivos en -*ín*/*a* (*guapina, prontín*) o, como vimos anteriormente, el uso de /-u/ final, atribuibles todas ellas a influencia asturiano-leonesa.

3.1.1. *El castellano en contacto con el catalán*

Entre las situaciones de contacto que afectan al español en la Península, la más importante en términos numéricos es, sin duda alguna, el contacto con el catalán. El contacto entre estas dos lenguas se da desde la unión de los reinos de Castilla y Aragón llevada a cabo por los Reyes Católicos, Fernando de Aragón e Isabel de Castilla, en el siglo XV. A partir de este momento comienza la ascendencia política de Castilla sobre las otras regiones de España y la imposición progresiva del castellano, que pasa así a convertirse en español. Por el este, es decir, por los territorios de la antigua Corona de Aragón, que incluía los reinos de Aragón, Cataluña, Valencia y Mallorca, el avance del castellano supone la práctica desaparición del aragonés como lengua independiente y el nacimiento de una situación de bilingüismo castellano/catalán, con el castellano como lengua de prestigio, en áreas que hasta entonces habían sido monolingües en catalán. Después de varios siglos de decadencia lingüística, agravada tras la Guerra de Sucesión a la Corona Española, cuando, por decreto real, el catalán perdió su uso como lengua administrativa y en otras funciones públicas, en el siglo XIX y primeras décadas del XX hay un auge del catalán, que lleva a la elaboración de normas ortográficas y codificación gramatical de la lengua (tareas en que Pompeu Fabra desempeñó un papel fundamental). Como consecuencia de la Guerra Civil española (1936-1939), el catalán pierde su estatus oficial, que había recuperado. En los primeros años después de la guerra hay una campaña oficial para "castellanizar" Cataluña. Una fuerte emigración de otras regiones de España a las zonas industrializadas de Cataluña que dura hasta los 70 lleva también a un debilitamiento en el empleo del catalán. Sólo tras la muerte de Franco y con la subsecuente Constitución de 1978 obtiene el catalán el rango de lengua cooficial con el español en los territorios donde es la lengua nativa de parte de la población. Hoy en día el catalán se habla y tiene reconocimiento oficial en Cataluña, en Valencia y en las Islas Baleares (Mallorca, Menorca e Ibiza) en el Mediterráneo, así como en una franja de Aragón a lo largo de la frontera con Cataluña. El catalán sobrevive también, en condiciones más bien precarias, al norte de los Pirineos, en la Cataluña francesa (que incluye la comarca del Rosellón). Como recuerdo del pasado colonial de la Corona de Aragón y Cataluña, se conserva el catalán en la ciudad de Alghero (en catalán, l'Alguer), en la isla de Cerdeña, que políticamente pertenece a Italia. La gran mayoría de los catalanohablantes domina también el castellano. Su castellano, sin embargo, a menudo presenta rasgos que permiten detectar un "acento catalán". A nivel fonológico, los rasgos más llamativos para los hablantes de otras regiones son la sonorización de la /s/ final de palabra en posición intervocálica (*lo*[z] *unos y lo*[z] *otros*), el ensordecimiento de la /d/ final, pronunciada como [t] (*Madri*[t], *verda*[t]) y la velarización de la /l/ (*igua*[ɫ]). Es de notar que algunos de estos rasgos (sobre todo el ensordecimiento de /d/ final), aparecen también en el habla de personas de estas regiones cuya lengua dominante es el castellano.

Entre las características sintácticas del español en contacto con el catalán, la más interesante tiene que ver con el empleo de los deícticos, es decir, palabras como *aquí, ahí, allí, este, ese, aquel, ir, venir, traer, llevar*, que incluyen ubicación o dirección en su significado. El sistema empleado en el catalán de Cataluña es bastante diferente del que se emplea en castellano. Los hablantes dominantes en catalán suelen emplear el sistema de esta lengua también en castellano, diciendo, por ejemplo: ¿*Está la María aquí?* (hablando por teléfono, donde esperaríamos *ahí*); *ya vengo* (en lugar de *ya voy*); *ahora te lo llevo otra vez aquí* (en contextos donde otros hablantes dirían *ahora te lo traigo otra vez aquí*), etc. La mayor diferencia es que palabras como *aquí, este, venir, traer*, que en español general hacen referencia al lugar donde está el hablante, se emplean también con referencia al lugar donde está el oyente en español de Cataluña. Por el contrario, los hablantes bilingües dominantes en castellano emplean el sistema castellano también en catalán. Otro rasgo que podemos mencionar es el empleo del artículo con nombres propios: *la Montse, el Manuel*, que es la norma en catalán (aunque este uso es normal también en el habla coloquial de muchas otras regiones).

En Cataluña se produjo una fuerte inmigración de otras regiones de España durante varias décadas. Debido al estatus oficial y el prestigio social del catalán en Cataluña, estas poblaciones hispanohablantes aprenden el catalán, lo que ha llevado a un alto grado de bilingüismo en esta región.

3.1.2. *El castellano en contacto con el gallego*

El contacto del castellano con el gallego es también antiguo. El gallego es una variedad lingüística estrechamente relacionada con el portugués, hasta el punto que muchos especialistas consideran al gallego como variedad o dialecto de la lengua portuguesa. Sin embargo, en Galicia existe una polémica sobre si el gallego es una variedad del portugués o una lengua aparte. Obviamente, además de los criterios puramente lingüísticos intervienen los criterios emotivos en la evaluación. Después de un periodo de decadencia en el uso del gallego, en el siglo XIX surgen movimientos culturales a favor de la lengua gallega. Al igual que con el vasco y el catalán, el gallego se convierte en una lengua que se emplea sólo en el hogar después de la Guerra Civil y hasta la muerte de Franco en 1975. Con la Constitución española de 1978 el gallego obtiene el rango de lengua cooficial con el español en Galicia (se habla también gallego en zonas limítrofes de Asturias y León). El gallego ha pasado de ser una lengua familiar, de uso predominante en las zonas rurales, a adquirir cierto prestigio social. La recuperación del gallego por las clases medias urbanas y la normativización de la lengua han traído consigo fenómenos interesantes. En un estudio fonético y fonológico sobre el habla de Vigo, Vidal Figueroa (1997) distingue tres dialectos: (a) el dialecto gallego tradicional de Vigo, empleado sobre todo por personas de cierta edad de las clases sociales menos favorecidas, funcionalmente monolingües; (b) el castellano urbano de Vigo, y (c) el gallego urbano culto, utilizado por hablantes bilingües de las clases medias. La conclusión a la que llega el autor después de comparar los sistemas fonológicos de estos tres dialectos de Vigo es la siguiente:

> En vista dos datos expostos en relación coas estructuras fonéticas dos tres dialectos descritos, pódese logo constatar que o vigués tradicional e o castelán son dúas entidades ben diferenciadas, que teñen en común menos da metade dos segmentos considerados (46%), e entre os cales non se pode advertir ningún tipo de interferencia. (Falo, naturalmente, dos falantes unilingües considerados neste traballo.) [...] O galego urbano culto, por súa vez, mostra unha paradoxal semellanza co castelán, contra o que sería de esperar en vista das etique-

tas que adscriben cada un deles a unha 'lingua' diferente, e en consecuencia aparece moi diferenciado do dialecto tradicional (Vidal Figueroa 1997: 329).

Algunas de las características del castellano de Galicia, compartidas también con el de Asturias, son la velarización de /n/ final, cierta tendencia a cerrar las vocales medias finales de palabra, el empleo del pretérito en contextos donde en Madrid se emplearía el perfecto y, de modo variable, la posición postverbal de los pronombres clíticos (*dijístemelo*). Otra característica del gallego que se encuentra en el castellano de Galicia es el uso de la forma verbal en -*ra* como pluscuamperfecto de indicativo: *Cuando llegué ellos ya terminaran* (= *habían terminado*).

3.1.3. *El castellano en contacto con el vasco*

El contacto del español con el vasco es un caso especial, ya que el vasco es la única lengua viva que se empleaba en la Península antes de la llegada de los romanos. (Es una lengua prerromana.) El contacto entre el español y el vasco existe desde la formación del español, dado que el romance castellano se formó en una zona adyacente a la que era de lengua vasca en la Edad Media. Las primeras frases en castellano que han llegado hasta nosotros, las *Glosas Emilianenses*, fueron escritas por un monje bilingüe, que escribió también un par de glosas en vasco en el mismo texto. Encontramos palabras vascas también en el *Poema de Mio Cid* y en los poemas de Berceo, nuestro primer poeta culto. Al expandirse el romance castellano más allá de los angostos confines en que nació, sin embargo, el contacto con la lengua vasca dejará de ser un factor importante en su desarrollo lingüístico.

La lengua vasca goza hoy en día de estatus cooficial con el español en la Comunidad Autónoma del País Vasco, que incluye las provincias de Guipúzcoa (Gipuzkoa), Vizcaya (Bizkaia) y Álava (Araba), y también en la zona de habla vasca de Navarra. La lengua vasca se habla también al norte de los Pirineos, en una pequeña zona de Francia, donde no tiene reconocimiento oficial. Aproximadamente un 20% de la población del País Vasco habla la lengua vasca. Algunas características del español del País Vasco son las siguientes:

- Frecuente colocación preverbal del objeto directo y otros complementos del verbo: *Cebollas enteras dice que le metían. Trabajo mucho tiene. Flores compra para su mamá.*
- Uso del adverbio *ya* en posición preverbal inmediata para afirmar el verbo: *Ya trajo.*

347

- Omisión de pronombres de objeto inanimado: *¿Compraste los sobres? – Sí, compré.*
- Uso de *le* para objeto directo con referencia tanto a personas masculinas como femeninas: *A Angélica le vi. Le llamé en la noche (a Rosa). Le cerré (el cerrojo).*
- Uso del condicional en lugar del imperfecto de subjuntivo en oraciones condicionales: *Si le vería yo le preguntaría. Si yo tendría dinero, me compraría esa casa.*

Como característica fonológica podemos notar que en el español del País Vasco la distribución de las vibrantes sigue las pautas que encontramos en la lengua vasca. Como en esta lengua, la vibrante que ocurre en posición de neutralización es la múltiple. El empleo de la vibrante múltiple en posición pre- o posconsonántica (*parte, pobre*) es general en el español del País Vasco. En el habla de los bilingües la vibrante múltiple aparece también a veces en posición final de palabra ante vocal: *por eso* [poῖéso].

3.2. El español y las lenguas indígenas en Hispanoamérica

En Hispanoamérica el español está en contacto con muchas lenguas. Cuando los primeros españoles llegaron a las Américas, encontraron un gran número de lenguas. Después de la llegada de los españoles algunas lenguas indígenas desaparecieron, ya que sus poblaciones fueron exterminadas por las guerras, las epidemias, etc. Esto ocurrió especialmente en la zona antillana (las islas del Caribe): en Cuba, en Puerto Rico y en la República Dominicana. En otras áreas, sin embargo, los habitantes indígenas mantuvieron sus lenguas. En algunas regiones del continente americano se crearon ciudades españolas importantes como las ciudades de México (1519) y Lima (1535). En estas ciudades se concentraba el poder político, administrativo, educativo y cultural español. Le seguían en importancia otras ciudades como Quito (Ecuador), Potosí (Bolivia), Bogotá (Colombia), Guatemala, Santiago de Chile y Buenos Aires (Argentina). Fuera de estas ciudades y sus zonas de influencia, sobre todo en las áreas de más difícil acceso, se han mantenido vivas las lenguas indígenas.

Si bien el grado de contacto entre la comunidad hispanohablante y las comunidades indígenas ha variado según la región y a través de los años, hoy en día encontramos variedades de español que presentan características muy particulares, debidas a la situación de contacto. Especialmente importantes por el número de hablantes con que cuentan son las variedades de español en contacto con el quechua (la lengua indígena más hablada en el continente

Mapa 3. El español en contacto en Hispanoamérica.

americano), con el guaraní y con las lenguas mayas. Aunque el contacto con estas lenguas ocurre desde la llegada de los españoles, la población bilingüe parece haberse incrementado especialmente en el siglo XX.

La lengua indígena más hablada en el continente americano es el **quechua**. Se calcula que hay entre 8 y 12 millones de hablantes de quechua en un área que va desde el sur de Colombia hasta el noroeste de Argentina y que incluye partes de Ecuador, Perú y Bolivia. Los hablantes de lenguas **mayas** constituyen el segundo grupo de hablantes de lenguas amerindias, calculándose su número en alrededor de 6 millones en el sur de México (en las regiones del Yucatán y Chiapas) y en Guatemala. Sigue en número de hablantes la lengua **guaraní** que se habla especialmente en Paraguay y en zonas adyacentes de Argentina y Bolivia, con aproximadamente 5 millones de hablantes. A continuación tenemos el **aimara** (o aymara) en la zona andina del sur de Perú y Bolivia (alrededor del lago Titicaca) y en el noroeste de Argentina, con aproximadamente 2 millones de hablantes. Los hablantes de las lenguas **náhuatl**, de México, incluyen aproximadamente entre un millón y millón y medio de hablantes. En todas estas zonas se puede hablar de contacto del español con las lenguas amerindias. Aquí vamos a examinar brevemente el contacto del español con las lenguas mayas, con el guaraní y con el quechua.

3.2.1. El español en contacto con las lenguas mayas

El contacto del español con las lenguas mayas se da en el sur de México, en la zona del Yucatán y Chiapas, y en Guatemala. Los estudios sobre el español de estas regiones proponen las siguientes características como propias de esta variedad de contacto:

- La nasal /n/ se convierte en bilabial en final de palabra: *pan* [pám].
- La fricativa /f/ se convierte en /p/ en posición inicial de palabra: *feliz* [pelís].
- La reduplicación de *-ísimo* en *-isísimo*: *riquisisísimo, pobrisisísimo.*
- El uso redundante del pronombre posesivo: *su casa de Juan, su tapa de la olla.*
- El uso del pronombre de objeto de tercera persona de manera redundante: *Lo llamé a Juan. Lo metió el libro en el cajón.*
- El uso extendido del diminutivo: *callandito, corriendito, dositos, ahisito, acasito, estito, unito, ellita* (como ocurre también en la zona andina).
- El uso del artículo indefinido antes del posesivo: *un mi sombrero, una mi taza de leche.*

3.2.2. El español en contacto con el guaraní

El español en contacto con el guaraní constituye un caso especial de contacto en Hispanoamérica, porque el 89% de la población paraguaya es bilingüe en español y guaraní. En este país, el español es la lengua oficial y el guaraní es la lengua nacional. Debido al extenso grado de contacto y bilingüismo, el español de Paraguay presenta características lingüísticas muy definidas que son producto del contacto con el guaraní, sobre todo a nivel léxico. La mayor o menor presencia de rasgos guaraníes en el español (o españoles en el guaraní) depende del grado de bilingüismo de los hablantes y de las circunstancias de la conversación. En español paraguayo se asibila tanto la vibrante final de palabra como la múltiple. En general, se distinguen *ll* /ʎ/ y *y* en la pronunciación, a pesar de que el guaraní carece de la lateral palatal. Característica del español paraguayo es la realización de /y/ como oclusiva o africada palatal en todas las posiciones: *mayo* [máǰo], en lo cual sí que es posible ver influencia de la lengua guaraní. Así, la mayoría de los paraguayos distinguen entre *cayó* [kaǰó] y *calló* [kaʎó]. A nivel morfosintáctico, si comparamos el español paraguayo con el argentino-uruguayo, encontramos tanto coincidencias como diferencias. Un rasgo común es el uso del voseo. Un rasgo diferencial es el empleo del leísmo en Paraguay.

Entre las características del español en contacto con el guaraní Granda (1988) señala las siguientes:

- El uso de los artículos *la* para singular y *lo* para el plural: *la señor ministro*.
- El uso redundante del pronombre posesivo: *su casa de Juan, mi casa de mí*.
- El empleo de *todo* + *ya* para enfatizar el término de algo: *Ya trabajé todo ya. Tu hijo creció todo ya*.
- El uso de la doble negación como refuerzo: *Nada no te dije. Nadie no vino*.
- El uso del subjuntivo en lugar del condicional en las oraciones condicionales: *Si tuviera plata, comprara esa casa*.
- El uso del determinante + posesivo + N: *un mi amigo, ese mi hijo, otro mi hermano*.

3.2.3. *El español en contacto con el quechua*

El contacto del español y el quechua se da en varios países como hemos mencionado ya, aunque concentrado fundamentalmente en Ecuador, Perú y Bolivia, con grupos menores en el norte de Argentina y el suroeste de Colombia. Sólo en Perú tiene el quechua estatus oficial, y aun aquí únicamente en las zonas donde el quechua es la lengua dominante de la población, es decir, en las zonas rurales del país. En estas zonas predominantemente quechuas, el español ocupa el papel de lengua para comunicación con los de fuera de la comunidad, mientras, en distinto grado, tanto el español como el quechua se emplean para funciones dentro de la comunidad, y generalmente sólo el quechua para funciones familiares. Es decir, en estas regiones, el español y el quechua están en función diglósica.

Las características lingüísticas más importantes del contacto entre el español y el quechua son las siguientes:

- La vibrante múltiple se asibila, al igual que en Costa Rica, Guatemala y Paraguay: *risa* [řísa], *salir* [salíř].
- Las vocales se tienden a perder en sílaba átona, al igual que en México: *ahorita* [oríta], *todos* [tóðs].
- En el habla de personas cuya lengua dominante es el quechua las vocales /o/ y /e/ tienden a pronunciarse como [u] e [i] respectivamente: *señor* [siñúř], *niño* [níñu] (el quechua tiene únicamente tres fonemas vocálicos).
- El uso extendido del diminutivo: *callandito, corriendito, dositos, ahisito, acasito, estito, unito, ellita*.

- El pronombre de objeto directo redundante: *vémelo el asado, lo visité a mi papá*.
- El posesivo redundante: *su padre de mi padre, mi chacra de mí*.
- La secuencia demostrativo + posesivo + N: *este mi ganado, esos mis hijos*.
- El uso del condicional en la prótesis en oraciones condicionales: *Si tendría dinero, compraría esa casa* (como hemos visto que también ocurre en el español del País Vasco).
- La tendencia a mover el objeto, expresiones adverbiales y las frases preposicionales a la posición preverbal: *Harto hemos correteado. Yo de nada me enojo. Porque poca preparación tiene*.
- La tendencia a omitir el pronombre de objeto: *¿Sabes que el señor Quispe se murió? - No __ he sabido*.
- El uso del pluscuamperfecto de indicativo para indicar conocimiento indirecto. Para dar un ejemplo, una oración como *Juan había vivido en Lima* puede significar '(he oído que) Juan vivió en Lima'.

En las zonas rurales de Perú todavía se encuentran hablantes monolingües de quechua, pero la alta migración hacia las zonas urbanas ha contribuido a un bilingüismo extendido y disperso por todo el país. De igual manera, las características lingüísticas antes atribuidas solamente al español de la zona andina se están extendiendo a otras zonas del país.

En Latinoamérica el español está en contacto no sólo con lenguas amerindias sino también con lenguas de otros orígenes. Si bien no es nuestra intención hacer una presentación exhaustiva de todas las variedades del español en contacto, quisiéramos hacer referencia al contacto del español con el portugués en la frontera entre Uruguay y Brasil. A esta variedad de español se la conoce como fronterizo. Algunas de las características fonológicas del fronterizo que muestran la influencia del portugués son la presencia de vocales nasales, el fonema /v/ y la /z/ sonora. Sin embargo, no existe una sola variedad de fronterizo, sino más bien una serie de variedades que están más cercanas al español o al portugués, según sea el caso.

Además del contacto del español con la lenguas indígenas y el portugués, el contacto más importante que existe en el continente americano es el del español con el inglés, especialmente en la zona suroeste de Estados Unidos, que pasamos a estudiar en la sección siguiente.

3.3.   El español y el inglés en Estados Unidos

La región suroeste de Estados Unidos perteneció a México hasta 1848. Esta situación explica por qué existen familias de ascendencia hispana en Nue-

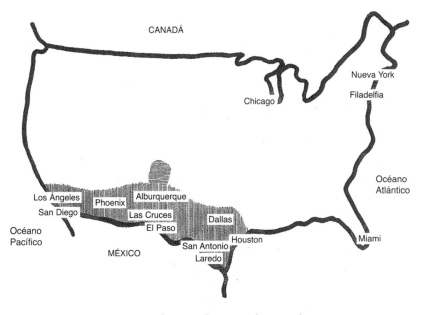

Mapa 4. El español en Estados Unidos.

vo México y el sur de Colorado que han mantenido el español durante siglos y que hablan un dialecto local del español diferente al de otras áreas. Pero además del español tradicional del suroeste, encontramos hoy en día variedades del español originadas en otras áreas que han sido trasplantadas a Estados Unidos como consecuencia de la emigración a este país de grupos procedentes de otros lugares. Además del suroeste, la población hispanohablante en Estados Unidos se concentra en otras regiones del país como Dade County en Florida, las ciudades de Nueva York, Chicago, Kansas City, Denver, Seattle, Boston, etc. La población hispana constituía el 6.4% de la población total del país en 1980 (14.6 millones). En 1990, ya había aumentado al 9% (24 millones) de la población total, es decir, se había incrementado en 65% con respecto a los números de 1980. La población hispana es el grupo minoritario que crece más rápidamente en Estados Unidos. Si bien todavía no se tienen los resultados del último censo del año 2000, las proyecciones de la Oficina de Censos considera que para el año 2050 la población hispana constituirá el 24% de la población total del país, es decir, será el grupo minoritario más grande en el país. En el año 2000, la población hispana en Estados Unidos constituía la quinta población hispana más numerosa del mundo. El crecimiento de la población hispana en Estados Unidos se calculó en 3.4% para 1996, lo que significa que es la población hispana que crece más rápidamente en el mundo. Dentro de la población hispana en Estados Unidos los grupos más importantes son los de ascendencia mexicana (58%), puertorriqueña (12.5%) y cubana (4.2%). Ha habido también emigración procedente de muchos otros países de Latinoamérica y, como hemos mencionado antes, encontramos también población hispana autóctona en el suroeste.

Geográficamente, los mexicano-americanos son mayoría y se concentran en los estados del suroeste, como son California (especialmente el área de Los Ángeles), Arizona, Nuevo México y Texas (especialmente San Antonio); mientras los puertorriqueños se concentran sobre todo en Nueva York, Nueva Jersey, Filadelfia y Chicago; y los cubanos se concentran mayoritariamente en Florida, específicamente en Dade County (zona donde se encuentra la ciudad de Miami).

Desde la perspectiva sociolingüística, el caso del español en Estados Unidos es interesante, pues a diferencia de los otros países hispanoamericanos y España, el español no es la lengua mayoritaria en este país. Es decir, el español sólo se enseña en la escuela en programas bilingües especiales, o como asignatura en las otras escuelas. Decimos, entonces, que el español y el inglés se encuentran en una relación diglósica en Estados Unidos, porque entre los hispanohablantes de este país el español se relega a situaciones menos formales y sólo el inglés se emplea en situaciones formales. Esta situación de contacto ha contribuido al desarrollo de características lingüísticas propias.

Si nos concentramos en la variedad de español que encontramos en esta situación de contacto, estamos ante la necesidad de considerar el origen de los hablantes hispanos. Si son de origen mexicano, su variedad lingüística incluirá características de la variedad mexicana. Si su ascendencia es puertorriqueña o cubana, compartirá características con las variedades puertorriqueña y cubana, o caribeña en general. Sin embargo, como ya hemos mencionado anteriormente, en situaciones de contacto de lenguas también encontramos características lingüísticas que surgen como producto de estas situaciones. Éstas tienen que ver con los llamados préstamos y con las interferencias estructurales. En el caso del español en contacto con el inglés encontramos la mayor cantidad de características de contacto en el ámbito de los préstamos, si bien también hay casos de interferencia estructural. La explicación se encuentra en el hecho que el español es la lengua minoritaria en esta situación de contacto. Según Thomason y Kaufman (1988), este tipo de situaciones de contacto propician especialmente los préstamos. Existen muchas palabras del inglés que han entrado al español de Estados Unidos. Estos préstamos no han entrado todos de la misma manera, como explicamos a continuación.

Algunos préstamos han entrado al español sin apenas adaptación fonológica ni morfológica: *pícap* (pickup), *cartún* (cartoon), *balún* (balloon), *crismas* (Christmas), *yúnior* (junior). Otros han sufrido adaptaciones fonológicas y morfológicas mayores: *mompes* (mumps), *taipear/taipiar* (to type), *troca* (truck), *wekear/wekiar* (to wake up). Otros tipos de préstamos son los llamados **calcos,** que consisten en traducciones literales: *va para atrás/va p'atrás* ('he goes back', regresa), *escuela alta* ('high school', escuela secundaria), *dar quebrada* ('give a break', darle un descanso), *correr para una oficina* ('run for an office', postular para un puesto político). Finalmente, otra categoría es la de los cognados falsos o **préstamos semánticos** en los cuales se agrega un significado que no existía en el español general a una palabra española: *aplicar a un trabajo* (solicitar un trabajo, 'to apply'), *el ministro de la congregación* (el pastor/el reverendo de la congregación, 'minister'), *estar embarazada* (estar avergonzada, 'to be embarrassed'), *introducir a una persona* (presentar a una persona, 'introduce'), *soportar a los hijos* (mantener a los hijos, 'support'), *ha entrado al colegio* (ha entrado a la universidad/escuela superior, 'college').

Las características FONOLÓGICAS más importantes del español del suroeste de Estados Unidos incluyen las siguientes:

- La pérdida del elemento oclusivo de la africada /tʃ/: *mucho* [múʃo], característica que comparte con el español del norte de México.
- La aspiración del fonema /x/: *México* [méhiko], *caja* [káha].
- La omisión de /y/ en posición intervocálica, generalmente en contacto con /i/ o /e/: *silla* [sía], *calle* [káe].
- Conversión de hiatos en diptongos: *cohete* [ku̯éte].
- El empleo, en el español tradicional de Nuevo México, de una /e/ epentética al final de sílabas tónicas terminadas en líquida: *Isabel* [isabéle], *comer* [komére].
- La aspiración de /s/ inicial de sílaba en el español tradicional de Nuevo México: *la semana* [lahemána].
- La elevación vocálica de /e/ a [i] después de /tʃ/: *noche* [nóʃi], *leche* [léʃi].
- El empleo del fonema /v/: *evitar* [evitár].

Las características MORFOSINTÁCTICAS más importantes del español de Estados Unidos incluyen las siguientes:

- El empleo de /-nos/ en verbos para primera persona plural: *íbanos*, *estábanos*, *comeríanos*.

- En las formas imperativas de formas de primera persona plural, la /-n/ se expresa en el pronombre que sigue al verbo: *dénmelo > démenlo, vénganse > véngasen.*
- El uso extendido de *estar* + gerundio para expresar presente: *estoy oyendo.*
- El uso del gerundio como adjetivo: *las compañeras enseñando español* (que enseñan español).
- El uso del gerundio nominalizado: *lo que hace es comparando precios.*
- El uso del imperfecto de *ir* + participio con función de pluscuamperfecto: *iba comido* (había comido).
- El empleo extendido de *qué* en preguntas: *¿qué te llamas? ¿qué es tu dirección?*
- El plural se forma con /-ses/ en palabras que terminan en /-a/ o /-e/ tónica: *pieses, caféses.*
- El uso extendido de la estructura pasiva: *Las flores fueron traídas desde lejos. Mis padres fueron muy queridos.*
- La omisión del complemento *que* en oraciones subordinadas nominales: *Yo creo __ inventaron el nombre.*
- El empleo de *para* + V infinitivo en oraciones subordinadas: *No hay tiempo para yo poder comprar algo.*

Además de lo dicho, en el español del suroeste de Estados Unidos existe una manera de hablar especial, utilizada sobre todo por hombres jóvenes que comparten también ciertos rasgos no lingüísticos relacionados con aficiones, vestimenta, tipo de vehículo, etc. Ha habido mucha discusión acerca de si las características lingüísticas de este tipo de habla son suficientes para concluir que estamos ante una variedad diferente de español o, por el contrario, nos encontramos simplemente con una **jerga** o **argot**. La diferencia está en que una variedad lingüística (un sociolecto en este caso) tiene características lingüísticas en todos los niveles de la lengua (fonológicas, morfológicas, sintácticas, léxicas, etc.), mientras que una jerga o argot hace referencia solamente al ámbito léxico. Los ejemplos que se presentan para caracterizar el **pachuco**, como se conoce a este uso lingüístico, incluyen especialmente expresiones léxicas. Barker (1975), Sánchez (1972) y otros consideran que el pachuco surge como estrategia intra-grupal para diferenciarse de otros grupos y para expresar pertenencia al grupo pachuco. Veamos algunos ejemplos del habla pachuca:

(1)   *Sabe que el bato que la hizo chillar no anda aquí.*
        'Sabe que el chico que le dio problemas no está aquí'

(2) Palabras en español general   Significado pachuco
     al alba   'alerta'
     clavar   'robar'
     refinar   'comer'
     el mono   'la película'
     carnal   'hermano'

(3) Palabras del pachuco   Significado pachuco
     bute   'mucho'
     frajo   'cigarrillo'
     gacho   'malo'
     liquellar   'ver'
     carlongo   'saco, chaqueta'

Naturalmente ejemplos semejantes (o en algunos casos idénticos) podrían darse para el habla de grupos marginales en otros países y regiones de habla española.

El español de Estados Unidos incluye también el fenómeno conocido como **codeswitching** o **alternancia de lenguas**. Esta manera de hablar se caracteriza por tener secuencias en español seguidas de otras en inglés, y así sucesivamente. Este tipo de variedad se encuentra generalmente en situaciones de contacto de lenguas. A continuación presentamos ejemplos de codeswitching del contacto del español con el inglés (4), del español con el vasco (5) y del español con el quechua (6).

(4) Español / inglés (Sánchez 1972: 155)
     oh, but so, no but this guy didn't know anything, so I told him, I told him, you know, <u>le pregunté, que cuántos, cuántas botellas te dejaba antes y me dijo que dos</u>
     'pero, no, pero este joven no sabía nada, así que le dije, le dije, tú sabes, le pregunté, que cuántos, cuántas botellas te dejaba antes y me dijo que dos'.

(5) Español / vasco (Muñoa 1998)
     Tabernariak ze obligazio dauka? / <u>servicio de bebidas al por menor</u> ho- horregatik ordaintzen da / besteak / tallerrak zer dauka? / <u>pues arreglo de automóviles o venta de automóviles o</u>...
     '¿Cuál es la obligación de un dueño de un bar? Servicio de bebidas al por menor; eso es por lo que uno paga. El otro, el taller ¿cuál tiene?, pues arreglo de automóviles o venta de automóviles o...'

(6)   Español / quechua (Courtney 1993)
      <u>Pero si</u> rima-nki quechua-ta chay-pi chay-qa <u>capta</u>-ka-nku <u>como cas-
      tellano</u>-ta hina
      'Pero si usted le habla en quechua, lo van a entender como castellano'.

Si bien para entender una conversación con codeswitching es necesario saber las dos lenguas, no es suficiente saber las dos lenguas para poder hacer uso del codeswitching. En el suroeste de Estados Unidos y en el habla puertorriqueña, por ejemplo, el codeswitching es otro comportamiento lingüístico que los hablantes tienen a su disposición. Se emplea especialmente en contextos informales y entre hablantes bilingües.

Para resumir, el español en Estados Unidos no es homogéneo, pues diferentes hablantes emplean variedades diferentes, algunas autóctonas (en Nuevo México y Colorado) y otras derivadas de variedades de diversas áreas dialectales de Hispanoamérica. Sin embargo, todas estas variedades de español presentan características atribuibles al contacto lingüístico. Las características que hemos presentado aquí son las que se encuentran especialmente en el español del suroeste de Estados Unidos. Hemos elegido ésta por ser una variedad que ha existido durante varias generaciones en esta región.

3.4.   El español y las lenguas criollas

El español ha dado origen a otro tipo de variedades lingüísticas que se conocen como **lenguas criollas**. Como vimos en el primer capítulo, las lenguas criollas surgen a partir de pidgins en situaciones donde los hablantes no tienen una lengua en común. Muchas de las lenguas criollas que se hablan hoy en día surgieron como consecuencia de la colonización europea de otras partes del mundo a partir del siglo XV. En estas sociedades coloniales, los europeos, ya fueran ingleses, holandeses, españoles, franceses o portugueses, a menudo recurrieron al transporte forzoso de seres humanos de un lugar a otro para trabajar en condiciones de esclavitud en explotaciones agrícolas y mineras. De esta manera, grupos de personas que frecuentemente incluían a hablantes de lenguas muy diversas, se veían obligados a trabajar y vivir juntos y, en consecuencia, a crear un medio de comunicación en común en circunstancias muy adversas. La lengua de contacto así formada pudo ser adquirida como lengua nativa por los hijos de los primeros esclavos con la consecuente expansión del léxico y, sobre todo, de los medios gramaticales que este proceso conlleva y, convertida así en una lengua natural como cualquier otra, ser transmitida a partir de entonces como lengua de la comunidad. En la mayoría de los casos, el léxico de las lenguas criollas así formadas deriva de la lengua europea de la colonia, mientras que en su sintaxis y morfología podemos encontrar influencia de otras lenguas (sobre todo africanas, en los casos que nos atañen) y también fenómenos atribuibles a tendencias universales.

En el continente americano no hay muchos ejemplos de lenguas criollas que derivan del español. Un ejemplo es el **palenquero**, hablado en el Palenque de San Basilio, en la costa colombiana, que es la lengua de los descendientes de un grupo de esclavos negros que se escaparon de sus dueños en el siglo XVI. Durante varios siglos, los hablantes de esta variedad se mantuvieron aislados de los centros españoles. Los estudiosos consideran que a comienzos del siglo XX este aislamiento se empezó a perder debido a la emigración a centros de trabajo cercanos donde se cultivaba el azúcar. El aumento de contacto con el español y la necesidad de hablarlo para poder trabajar ha contribuido a que el palenquero se hable cada vez menos. Por eso los estudiosos consideran que es una lengua que está en proceso de desaparecer. Desde el punto de vista lingüístico, el palenquero es una lengua criolla que está influenciada, además de por español, por lenguas africanas y amerindias. A continuación presentamos un ejemplo tomado de Patiño Roselli (1989).

(7) a. *si yo rigo k'í ba nda ané kumina nu*
     'si yo digo que no les voy a dar comida'.
     b. *í á mini pokke í tamba kelá si ané me pagaba ocho boliba*
     'me vine porque yo me iba a quedar si ellos me pagaban ocho bolívares'.

Otro ejemplo de una lengua criolla con base española es el **papiamento**, si bien en este caso tenemos más exactamente una lengua criolla con base luso-española y con mucha influencia del holandés. El papiamento es lengua oficial hoy en día, junto al holandés, en las Antillas Holandesas (Aruba, Bonaire y Curaçao). Un ejemplo aparece a continuación:

(8)   *e   buki-nan   ta   riba   mesa*
        los libro-PLURAL   está arriba mesa
        'Los libros están sobre la mesa'.

Además de las lenguas criollas, encontramos **variedades pidginizadas** que no han participado en el proceso de criollización. Éstas son variedades lingüísticas cuyas palabras de contenido léxico provienen en su mayoría de una lengua, pero cuya estructura gramatical proviene de otra lengua. Una diferencia con las lenguas criollas es que una variedad pidginizada puede surgir del contacto de sólo dos lenguas y no tiene nativohablantes. Un ejemplo de esta variedad es la *media lengua* que se habla en San Miguel de Salcedo en Ecuador y ha sido descrita por Muysken (1981, 1985). En esta región, una de las más pobres de Ecuador, viven campesinos, tejedores y trabajadores de construcción que hablan quechua, español y media lengua. Esta variedad tiene un 90% de léxico proveniente del español, aunque las reglas fonológicas y morfosintácticas provienen del quechua. Ni hablantes de quechua de otros lugares ni los hispanohablantes entienden la "media lengua". Es una variedad que sólo se usa y sólo la entienden los habitantes de San Miguel de Salcedo. Algunos ejemplos de media lengua aparecen a continuación:

(9)

a. Q: *yalli-da   tamia-pi-ga,*   *mana ri-sha-chu*

    ML: *dimasta llubi-pi-ga,*   *no*   *i-sha-chu*

        Mucho lluvia-SUBOR-TOP,   no   ir-1FUT-NEG

    Esp: 'Si llueve demasiado, no voy a ir.'

b. ML: *todabia no bien aprendi-naku-n /porke eskwela-bi /anda-naku-n*

        todavía no bien aprender-PLUR-3 /porque escuela-LOC /andar-PL-3

    Esp:'todavía no aprenden bien porque van (andan) a la escuela'

c. ML: *ya i-gri-ni*

        ya ir-INCOA-1s

    Q: ña ri-gri-ni

    Esp: ya me voy

Vemos, como conclusión, que la lengua española es muy rica con respecto a las diferentes variedades que existen en ella. Aunque sólo hemos presentado una descripción general de estas variedades, esperamos haber incitado su curiosidad para aprender más sobre éstas. A continuación incluimos algunos ejercicios que pueden ayudarle a repasar los temas vistos.

Ejercicios

Ejercicio 1. Diga si las siguientes afirmaciones son verdaderas (V) o falsas (F).

  a. La variedad estándar es una variedad sin prestigio.   V F

  b. Los dialectos sólo tienen diferencias de pronunciación.   V F

c. El español es una lengua minoritaria en Estados Unidos.   V   F

d. El judeo-español es otro nombre para el sefardí.   V   F

e. La comunidad mexicanoamericana es la comunidad más
grande de hispanos en Estados Unidos.   V   F

f. El sociolecto se determina por diferencias regionales.   V   F

g. El catalán es una variedad de español.   V   F

h. El quechua es la lengua indígena más hablada en las Américas.   V   F

i. El papiamento se habla en las Antillas francesas.   V   F

l. El andaluz y el español caribeño tienen muchas características
lingüísticas semejantes.   V   F

Ejercicio 2. Elija la definición que mejor describe los conceptos que aparecen a continuación.

registro	____	dialecto	____
sociolecto	____	bilingüismo	____
acento	____	estándar	____
diglosia	____	lengua criolla	____

a. Variedad histórica.

b. Conocimiento de dos lenguas.

c. Variedad regional.

d. Variedades que se distinguen según factores sociales.

e. Variedad no prestigiosa.

f. Léxico especializado.

g. Características fonéticas de una variedad lingüística.

h. Variedad lingüística según el contexto.

Ejercicio 3. ¿Cuáles son las variedades dialectales de la península?

Ejercicio 4. ¿Cuáles son las variedades dialectales más importantes de Hispanoamérica?

Ejercicio 5. Dé un ejemplo de lengua criolla.

Ejercicio 6. ¿Por qué no se habla el sefardí en España?

Ejercicio 7. ¿Cuál es la diferencia entre judeo-español y sefardí?

Ejercicio 8. Dé dos ejemplos de diferencias léxicas en dos dialectos.

Ejercicio 9. Mencione **dos** lenguas de las que se originan préstamos en el español **antes** de la venida de los españoles a América.

Ejercicio 10. Mencione **dos** lenguas de las que se originan préstamos en el español **después** de la venida de los españoles a América.

Ejercicio 11. Mencione **tres** lenguas con las que el español está en contacto en la Península.

Ejercicio 12. Mencione **tres** lenguas con las que el español está en contacto en las Américas.

Ejercicio 13. ¿A qué hacen referencia los registros?

Ejercicio 14. ¿Qué variedades comparten el empleo de seseo?

Ejercicio 15. ¿Qué variedades mantienen la distinción fonológica entre /y/ y /ʎ/?

Ejercicio 16. ¿Qué características comparten la variedad andaluza y el español hispanoamericano?

Ejercicio 17. ¿Qué características comparten la variedad mexicana/centroamericana y la variedad andina en Hispanoamérica?

Ejercicio 18. ¿Con cuál variedad hispanoamericana comparte más características lingüísticas la variedad canaria?

Ejercicio 19. Mencione el nombre de **un dialecto** en el que se escucharían las siguientes pronunciaciones.

(1) *calle*	[káye]	_____
	[káʎe]	_____
	[káʒe]	_____
(2) *vino*	[víno]	_____
	[bíno]	_____
(3) *necesario*	[neθesári̯o]	_____
	[nesesári̯o]	_____

(4) *humo*   [húmo] _____

              [úmo] _____

(5) *muerto*   [mu̯élto] _____

              [mu̯érto] _____

(6) pan   [pán]   _____

              [páŋ]   _____

(7) *carro*   [káȓo] _____

(8) ¿Querés vos una bebida? _____

     ¿Quieres tú una bebida? _____

(9) ¿Qué tú trajiste de regalo? _____

(10) Híjole, ándale pues, échale _____

(11) La vi a mi maestra en la calle _____

(12) Mis tíos tienen un carro nuevo. Sus carro es de color azul

_____

(13) ¡Llegar temprano! _____

(14) Raúl llegó ayer. Le vi en casa de Mario _____

     Raúl llegó ayer. Lo vi en casa de Mario _____

Ejercicio 20. Analice el siguiente texto tomado de una película. Diga qué características lingüísticas encuentra que son típicas del algún dialecto del español. Nombre el dialecto que emplean los personajes.

Verdá que stán lindah

A.   Preciosah

B.   Cuando stoy feliz / compro flores / y cuando stoy triste / también // yo siempre me stoy regalando flore.

(risas)

Ayer stabah muerto

C.   Sí pero hoy stoy vivo

D.   Bueno … eso é la dialéctica.

(risas)

¿Para qué tú quiereh saber algo de mí?

B.   De tu familia … algo.

A.   Viven en Cabaiguán. Yo soy d'allá.

¡Mira qué lindo stá'l mar!

E.   ¿Qué día es tu cumpleaños?

A.   Yo soy Piscis ¿y tú? ¡No! ¡No! no me diga.

Tú …. Tú ereh Virgo.

B.   ¡Ey! Y ¿cómo tú lo sabe?

A. ¡Ay! Eso se ve a la legua, muchacho.

B. ¿De verdá?

A. Sí. El hombre Virgo y la mujer Piscis se llevan muy bien. ¿Tú lo sabía?

Bibliografía

Alvar, Manuel (dir.). 1996. *Manual de dialectología hispánica*, 2 vols., vol. I: *El español de España*; vol. II, *El español de América*. Barcelona: Ariel.

Barker, George. 1975. Pachuco: An American Spanish Argot and its Social Function in Tucson, Arizona. En *El Lenguaje de los Chicanos*, ed. por Eduardo Hernández-Chávez, Andrew Cohen y Anthony Beltramo, pp. 183-201. Arlington, Virginia: Center for Applied Linguistics.

Bureau of Census. Current Population Reports. Special Studies P23-194. U.S. Department of Commerce.

Courtney, Ellen H. 1998. *Child acquisition of Quechua morphosyntax*. Tesis doctoral de la Universidad de Arizona.

De los Heros, Susana. 1997. Language variation: The influence of speakers' attitudes and gender on sociolinguistic variables in the Spanish of Cuzco, Peru. Tesis doctoral de la Universidad de Pittsburgh.

Elizaincín, Adolfo. 1992. *Dialectos en contacto. Español y portugués en España y América*. Montevideo: Arca.

Escobar, Anna María. 2000. *Contacto social y lingüístico: el español en contacto con el quechua en el Perú*. Lima: Pontificia Universidad Católica del Perú.

Fernández-Ordóñez, Inés. 1994. Isoglosas internas del castellano: el sistema referencial del pronombre átono de tercera persona. *Revista de Filología Española* 74: 71-125.

García Mouton, Pilar. 1999. *Lenguas y dialectos de España*. Madrid: Arco/Libros.

González, María José. 1999. Immediate preverbal placement: a sociolinguistic analysis of Spanish in the Basque country. Tesis doctoral de la Universidad de Illinois, Urbana-Champaign.

Granda, Germán de. 1988. *Sociedad, historia y lengua en el Paraguay*. Bogotá: Instituto Caro y Cuervo.

Granda, Germán de. 1989. *Estudios sobre el español de América y lingüística afroamericana*. Bogotá: Instituto Caro y Cuervo.

Granda, Germán de. 1999. *Español y lenguas indoamericanas en Hispanoamérica*. Valladolid: Universidad de Valladolid.

Hernández Chávez, Eduardo, Andrew Cohen y Anthony Beltramo. 1975. *El lenguaje de los chicanos*. Washington: Center for Applied Linguistics.

Holmquist, Jonathan C. 1985. Social correlates of a linguistic variable: A study in a Spanish village. *Language in Society* 14: 191-203.

Klein, Flora. 1980. Pragmatic and sociolinguistic bias in semantic change. *Papers from the IVth International Conference on Historical Linguistics*, 61-74. Amsterdam: John Benjamins.

Lapesa, Rafael. 1985. *Historia de la lengua española*. Madrid: Gredos.

Lipski, John. 1994. *Latin American Spanish*. London y Nueva York: Longman.

Muñoa, Inma. (en progreso) Spanish-Basque Code-switching. Tesis doctoral de la Universidad de Illinois, Urbana-Champaign.

Muysken, Pieter. 1981. Halfway between Quechua and Spanish: A case for relexification. En *Historicity and Variation in Creole Studies*, ed. por Arnold Highfield y Albert Valdman, pp. 52-78. Ann Arbor: Karoma Publishers.

Muysken, Pieter. 1985. "Contactos entre quechua y castellano en el Ecuador". *Memorias del primer simposio europeo sobre antropología del Ecuador*, ed. por Segundo Moreno, pp. 377-452. Quito: Ediciones Abya.

Patiño Roselli, Carlos. 1989. Una mirada al criollo palenquero. *Estudios sobre el español de América y lingüística afroamericana*, 328-353. Bogotá: Instituto Caro y Cuervo.

Peñalosa, Fernando. 1980. *Chicano sociolinguistics: A brief introduction*. Rowley, Mass.: Newsbury House Publishers.

Perissinotto, Giorgio Sabino. 1975. *Fonología del español hablado en la ciudad de México. Ensayo de un método sociolingüístico*. México: El Colegio de México.

Sánchez, Rosaura. 1972. Nuestra circunstancia lingüística. *El grito* 6,1. 45-74.

Sánchez, Rosaura. 1994 [1983]. *Chicano discourse: A socio-historic perspective*. Houston, Texas: Arte Público Press, University of Houston.

Silva-Corvalán, Carmen. 1994. *Language contact and change. Spanish in Los Angeles*. Oxford: Oxford University Press.

Smead, Robert N. 1999. On the category of Phrasal Calques in Chicano Spanish: Linguistic or Cultural Innovation? Presentado en marzo en la Conference on Spanish en U.S. Coral Gables, Florida.

Suárez, Víctor. 1945. *El español que se habla en Yucatán*. Mérida: Díaz Massa.

Thomason, Sarah y Terence Kaufman. 1988. *Language contact, creolization, and genetic linguistics*. Berkeley: University of California Press.

Vaquero de Ramírez, María. 1996. *El español de América*, 2 vols., *I: Pronunciación; II: Morfosintaxis y léxico*. Madrid: Arco/Libros.

Vidal Figueroa, Tiago. 1997. Estructuras fonéticas de tres dialectos de Vigo. *Verba* 24: 313-332.

Zamora Vicente, Alonso. 1985. *Dialectología española*. Madrid: Gredos.

Índice

Índice

Índice